Manfred Vogel

Godtschen

Manfred Vogel

Godtschen

1766 - 1945

Das Schicksal eines Dorfes

Verlag
Wolfgang Witte
Wistedt bei Tostedt

Satz, Druck und Handeinband
Werkstatt des Verlages Wolfgang Witte
Schrift: Berthold Post Mediaeval
1. Auflage
Wistedt bei Tostedt

ISBN 3-928797-03-4

21. Januar 1945

Der Schnee staubte unter seinen Stiefeln. Es war kalt, aber er fühlte die Kälte kaum. Der Ostwind blies ihm den feinkörnigen Schnee nur auf die Rückseite seines Mantels, Kopf und Ohren wurden von dem weichen Fell der Russenmütze warm gehalten, und über seine Füße hatte er zwei Paar dicke Socken gezogen. Das mußte er tun; denn seine Stiefel waren zu groß. Sie stammten von seiner Tante.

Er hätte mit einer saftigen Bestrafung rechnen müssen, wenn ihn ein Kettenhund, ein Angehöriger des Streifendienstes mit den blechernen Schilden auf der Brust, die an Ketten um den Hals gehängt waren, in dieser Aufmachung erwischt hätten. Kettenhunde, das waren die gefürchteten Soldatenpolizisten, oder sollte man sagen: Polizeisoldaten, der großdeutschen Wehrmacht. Und die Hitlerjugend hatte es dem Militär nachgemacht. Auch bei ihr gab es ähnlich aufgemachte Streifengänger, die Verstöße gegen die HJ-Ordnung ahndeten.

Der Junge trug zwar die schwarze Überfallhose und die schwarze Jacke, die zur Winteruniform der HJ gehörten, unter seinem Mantel; anderes, ziviles Winterzeug hatte er ohnehin nicht. Aber es waren eben keine normalen Zeiten mehr, und seine Tante Lene hatte darauf bestanden, daß er sich so dick anzog, damit er sich nicht den Tod hole, wie sie gesagt hatte.

Noch vor wenigen Wochen war er gern in seiner Uniform auf die Straße gegangen. Er war stolz, mit seinen gerade fünfzehn Jahren bereits die rotweiße Kordel tragen zu dürfen, die ihn als Kameradschaftsführer auswies. Doch jetzt machte er sich keine Gedanken darüber, daß man sein Dienstrangzeichen unter dem Mantel nicht sehen konnte.

Irgendwie war ihm mulmig. Der Weg kam ihm unheimlich, einsam, feindlich vor, obwohl es heller Tag war und obwohl er diesen Weg vom Dorf nach Schulzenwerder kannte wie seinen Schulweg in Berlin.

Es ging sich gut auf dem festgepreßten Schnee, der die von den eisenbeschlagenen Rädern der Ackerwagen tiefgefurchten Fahrspuren in dem Sandboden darunter zugedeckt hatte. Erst kürzlich, nach dem letzten Schneefall, war wohl ein von Pferden gezogener Schneepflug über den Weg gefahren, der den losen Schnee auf die Seiten geworfen hatte.

Rechts des Weges standen Gruppen von Kopfweiden mit armdikken Austrieben, die längst hätten wieder geschnitten werden müssen. Dahinter die weite Ebene der Netzebrüche, schneebedeckt, wie ein riesiges weißes Tuch. Die dunklen Einschnitte waren Fließe, soweit sie nicht zugefroren waren. Fließe, das waren schnurgerade Gräben, vor über hundert Jahren ausgehoben und immer wieder vertieft, wenn zu viel Sand eingeströmt war, durch die das Sickerwasser aus den Drainagerohren abfließen konnte. Im Sommer konnte man früher in den Fließen Krebse fangen, die so schön rot wurden, wenn man sie in kochendes Wasser warf, und als Leckerbissen galten. War der Großvater mal verärgert, dann hellte sich sein Gesicht sofort auf, wenn man ihm im Eimer vier, fünf dieser scherenbewehrten Schalentiere brachte. Doch Großvater war tot, schon bald fünf Jahre, und Krebse gab es auch kaum noch.

Die Wiesen rechts des Weges nannte man die Brüche. Regelmäßig im Frühjahr wurden sie von der Netze überschwemmt und manchmal auch mitten im Sommer, wenn es viel geregnet hatte. Deshalb mußten die Bauern immer zusehen, daß sie ihr Heu so schnell wie möglich aus den Brüchen herausbekamen. Sonst passierte es schon mal, daß die Heuhaufen einfach die Netze hinunter Richtung Landsberg und Küstrin schwammen. Das sah zwar lustig aus, bedeutete aber, daß man im Herbst mindestens ein Stück Vieh würde verkaufen müssen.

In den Brüchen gab es nur ein einziges Gehöft. Seitels Hof. Er lag etwas erhöht auf einem flachen Sandhügel. Es war wohl niemand mehr da, der hätte sagen können, warum dort jemand gesiedelt hatte. Seitels nahmen es in Kauf, daß sie im Frühjahr wochenlang vom Dorf abgeschnitten waren und manchmal auch in nassen Sommern. Für den Fall, daß das Wasser einmal zu lange stehenbleiben sollte, hatten sich Seitels schon vor Jahren einen flachen Kahn angeschafft, der während der Trockenheit immer mal wieder mit Wasser gefüllt werden mußte, damit er nicht spack wurde und absoff, wenn man ihn brauchte. Ihr anderer, schwerer Kahn lag wintertags am Netzeufer, mit einer Kette an einer Weide befestigt, damit er bei Tauwetter und Schneeschmelze nicht weggetrieben werden konnte. Der alte Seitel war nämlich Fischer gewesen; denn die Wiesen konnten eine Familie nicht ernähren. Die Brüche allein gaben eben nicht genug her.

Zur Linken ein anderes Bild. Nur ein einziges Fließ, das zum Dorf hin jenseits der Gehöfte verschwand. Dieses Fließ wand sich in Krümmungen und Bögen durch die schneebedeckten Wiesen, es war auch breiter als die anderen Gräben und somit der einzige natürliche Bach. Breitausladende Sumpferlen und dazwischen schlanke Pappeln standen an seinen Rändern. Obwohl die Gräben vor langer Zeit von Menschenhand gezogen worden waren, nannte man auch sie *Fließe*. Schließlich floß in ihnen das Wasser, vor allem, wenn es stark geregnet hatte, genauso schnell wie in dem *richtigen* Fließ.

Das war der Anger. Der war früher ein Moor gewesen, ehe die ersten Siedler ihn drainiert und ihre Felder angelegt hatten. Er wurde praktisch nie von der Netze überschwemmt, vor allem nicht, seit man diesen Damm erhöht hatte, auf dem der Junge gerade langging.

Weiter hinten der Wald, Kiefern. Hier war das Gelände höher, daß sich kein Wasser stauen konnte. Die Felder davor nannte man die Heide. Es wuchs nicht viel darauf, noch weniger als auf den Äckern im Anger.

Unterhalb des Waldes verlief die Straße nach Guscht. Rechts war sie geteert und links verlief der Sommerweg, ein Sandweg, den die Bauern für ihre Gespanne lieber benutzten, wenn es nicht so viel zu ziehen gab. Die Hufeisen nutzten sich nicht so schnell ab, und man sagte, daß die Pferde von den Teerstraßen lahm würden. Die Fesseln würden zu sehr beansprucht.

Noch vor Guscht gabelte sich die Straße.

Die linke bog nach Süden ab und führte zu einer weiteren Gabelung; entweder weiter nach Süden über Schwerin nach Schwiebus oder aber nach Westen über die Netzebrücke nach Landsberg. Kurz hinter dieser Brücke mündete die Netze in die Warthe.

Die rechte Straße an der Gabelung kurz vor Guscht führte über Friedeberg-Bahnhof nach Friedeberg, der Kreisstadt.

Zurück nach Godtschen. So hieß der Ort. Den Namen konnte niemand genau deuten. Der Lehrer in der Schule pflegte zu sagen, daß die Siedler, die siebzehnhundertsechsundsechzig hierhergekommen waren, gesagt haben sollen, das sei ein „Gudsheim", also eine gute Stätte zum Bau ihrer Häuser. Aber das stimmte wohl nicht; denn vorher, als hier eine königliche Domäne mit zwei Vorwerken stand, die von den Russen niedergebrannt worden waren im Siebenjährigen Krieg, hieß der Ort schon „Gotschen". Das besagte eine alte Urkunde, die in Driesen im Archiv lag.

Also war der Name schon vor den Siedlern da.

Auf dem Anger außerhalb des Dorfes gab es zwei große Gehöfte, das von Leopold Petsch und das von Wilhelm Lenk. Mit beiden war der Junge verwandt. Sein Onkel, Artur Lenk, der Helene, die Schwester seines Vaters, geheiratet und auf ihren Hof gezogen war, stammte von dem größeren, weiter vom Dorf entfernteren Hof. Und sein Onkel Oskar, der jüngste der vier Jungen seines Großvaters, des Schneidermeisters Hermann Vogt, hatte Lilly Petsch geheiratet. Oskar hatte Schneidern lernen und seinen Meister machen müssen; denn er sollte die Werkstatt des Vaters übernehmen, wenn er aus dem Krieg zurückkommt.

Leopold Petschens Hof war zwar kleiner als der seines Nachbarn Lenk, aber viel moderner. Er war, außer Gutsbesitzer Virus, der seinen Lastwagen gleich zu Beginn des Krieges hatte abgeben müssen, der einzige Landwirt im Dorf, der motorisiert war. Petsch hatte einen Lanz Bulldog. Und der war nicht eingezogen worden.

Fredy, so hieß der Junge, Fredy Vogt, mochte die Lenks lieber als die Petschens. Deshalb sagte er zu dem einen Opa Lenk, während er den Schwiegervater seines Onkels mit „Herr Petsch" anredete, und jeder fand es gut so.

Die meisten Höfe lagen dicht nebeneinander an der Dorfstraße und der Nebenstraße, die in den Weg nach Schulzenwerder mündete. Zu beiden Seiten der Straßen wuchsen Linden. Linden waren überhaupt der beliebteste Baum der Bauern, nicht als Nutzholz oder Brennholz, dazu gab es die Kiefern im Wald. Linden, die waren zur Zierde, zum Schmuck da. Sie schmückten nicht nur die Dorfstraßen und trennten auf beiden Seiten den Fahrweg von den Geh- und Radwegen, deren Sand fest wie Beton gepreßt war. Nein, sie standen auch auf den Höfen. Und Ende Mai, wenn sie blühten, duftete das ganze Dorf nach Lindenblüten.

Die älteste Linde wohl, die es gab, stand vor Hermann Vogts, nein, jetzt müßte man sagen, vor Artur Lenks Hof. Unter den Ästen dieser Linde war eine einfache Holzbank, wohl eher nur ein dickes Brett auf drei hölzernen Beinen, auf der nach getaner Arbeit die Nachbarn zusammenkamen, um zu klönen. Meistens hatten sich ja nur die Frauen etwas zu erzählen. Die Männer hörten zu oder auch nicht und rauchten dabei ihre Pfeife. Hier konnte man sogar sitzen, wenn es ein bißchen regnete. Das Dach aus Lindenblättern war dicht genug, die Leute drunter trocken zu lassen.

Fredy kam an die Abzweigung nach rechts. Folgte man der, dann erreichte man nach einer guten Viertelstunde Seitels Gehöft.

Auch dieser Weg war geräumt. Warum auch nicht? Die Leute von Seitels Hof, es waren da nur Frau Seitel, die eigentlich Wartner hieß, und ihre Mädchen, mußten schließlich auch von Zeit zu Zeit ins Dorf gehen und wollten sicherlich nicht durch den dicken losen Schnee stapfen, der einem in die Stiefel von oben hineingelaufen wäre.

Der Junge hielt inne. Da war es wieder, dieses fremde und deshalb wohl so unheimliche Grummeln, und es schien, als wenn es jetzt deutlicher zu hören war als gestern.

Herbert Blumenhöf, der Ortsgruppenleiter und in Personalunion Bürgermeister, hatte sich gestern in seiner braunen Uniform vor dem Kriegerdenkmal postiert, auf dem oben und auf der Platte an der Vorderseite ein großes Eisernes Kreuz zu sehen war und auf den Platten der anderen drei Seiten die Toten der vergangenen Kriege:

1813: Johannes Vogt, 1781 - 1813
1864: Hermann Schubert, 1844 - 1864
1866: zwei Namen
1870/1871: sechs Namen
1914 - 1918: 27 Tote.

Für die Gefallenen des jetzigen Krieges war kein Platz mehr, es sei denn, man würde das Eiserne Kreuz auf der Vorderseite entfernen.

„Auf eine einzige Tafel wird man die Namen gar nicht alle schreiben können", hatte voriges Jahr Hermine Jablonski gesagt, als sie die Nachricht bekommen hatte, daß nach ihrem Mann und ihrem älteren nun auch ihr jüngerer Sohn gefallen war. „So viele sind das." Darauf war sie zum Ortsgruppenleiter befohlen worden, der ihr mit dem Straflager gedroht hatte, falls sie derartige defätistische Reden noch einmal hielte.

Blumenhöf hielt die offiziellen nationalen Feiern und Paraden immer vor diesem Kriegerdenkmal ab. Er fühlte sich gestärkt durch den „Hauch der Geschichte, der hier weht", wie er einmal gesagt hatte. So hatte er wohl auch den Rückhalt der Geschichte gesucht, als er gerade hier versuchte, den Leuten das ungewöhnliche Geschehen zu erklären und die Realität der sich nahenden Front zu verdrängen, zu leugnen.

„Das sind nur Sprengungen, Volksgenossen, man sprengt das Eis auf der Weichsel, damit die Roten Horden nicht herüberkommen können."

Die paar Frauen, die, eingehüllt in dunkle Tücher, um ihn herumgestanden hatten, einige mit einem Kind an der Hand oder auf dem Arm, schienen mit ihren Gedanken ganz woanders zu sein und gar nicht zu verstehen, was er da sagte.

Darum wurde der Parteimensch deutlicher: „Ich sage euch, hierher zu uns kommen die Bolschewiken niemals. Ich weiß es aus höchst geheimen Quellen: Der Führer wird schon in den nächsten Tagen Wunderwaffen einsetzen, über die sich diese Untermenschen mehr als wundern werden. Sie werden rennen wie die Hasen. Deshalb wäre es unverantwortlich, ich betone: unverantwortlich, zu fliehen und damit die Straßen für unsere Armeen zu blockieren."

Er hielt inne und erwartete nun endlich eine Reaktion. Aber die Frauen schwiegen weiter.

„Außerdem, eure Männer, soweit sie nicht an der Front sind, und dazu alle Hitlerjungen gehören dem Volkssturm an. Die haben sowieso hierzubleiben und die heimatliche Scholle hier vor den Toren Godtschens zu verteidigen, wo wir die unüberwindbaren Panzersperren bauen. Kein Deutscher darf in dieser Schicksalsstunde den Führer im Stich lassen. Ich werde hier in Godtschen, wo der Führer mich hingestellt hat, dafür sorgen mit eiserner Faust, daß jeder seine Pflicht tut wie ich, unser Führer und die Soldaten an der Front in ihrem heroischen Abwehrkampf."

Er straffte sich, wippte ein paarmal auf und ab, wobei er sich jedesmal kurz auf die Zehenspitzen stellte, sah über die Frauen hinweg hoch in die Weite, als sähe er dort Visionen, obwohl da doch nichts anderes zu sehen war als die Dorfstraße und das trockene Geäst der Linden.

„Sag uns lieber, wann du uns endlich unser Milchgeld auszahlen wirst, Herbert", rief eine weibliche Stimme aus der inzwischen größer gewordenen Menge.

Das war der Auslöser.

„Seit drei Monaten warten wir nun schon auf das Milchgeld", und „mit dem Geld hast du es ja nie so genau genommen, Herbert. Schon damals in der Schule..."

Sie wurde von einer anderen, noch schrilleren Stimme unterbrochen: „Alles Lügen! Unser Geld werden wir nie mehr sehen. Bis der es ausgezahlt hat, ist der Russe schon lange hier."

„Das ist Hochverrat, ja noch mehr: das ist Verrat an unserem geliebten Führer, der Tag und Nacht für euch, sein Volk, wacht."

Der Kopf des Parteifunktionärs wurde so hochrot wie seine Armbinde mit dem Hakenkreuz am linken Oberarm, und er schien sich aufzublähen wie ein übervoller Luftballon.

„Ich könnte euch alle ins Straflager bringen, an die Wand stellen oder aufhängen lassen, ihr...“ Er holte tief Luft und tat so, als könne er die Ungeheuerlichkeit, an ihm und an dem Führer zu zweifeln, nicht verkraften. „Da sorgt man sich Tag um Tag darum, unser Godtschen verteidigungsfähig zu machen, Panzergräben zu bauen, Straßensperren zu errichten. Und Ihr? Ihr habt nichts anderes im Sinn, als nach euren läppischen paar Groschen Milchgeld zu fragen.“

Er besann sich. War er vielleicht doch zu weit gegangen? Wenn sich einer bei der Kreisleitung beschweren sollte, dann könnte er verfluchten Ärger bekommen und müßte vielleicht sogar das Geld herausrükken, das er in den kommenden unsicheren Zeiten gut würde gebrauchen können.

„Also gut, ich sage euch, Ihr bekommt euer Milchgeld“, lenkte er ein. „Sobald ich hier wieder mehr Zeit habe, fahre ich nach Driesen und hole das Geld. So wahr ich ein Mann des Führers bin.“

Er reckte sich, blickte noch einmal herrisch-verhalten in die Ferne, wie er es seinem großen Meister abgesehen hatte, und stiefelte davon.

Die ihm nachlaufenden Fragen der Frauen, wann er denn endlich Zeit für die Fahrt nach Driesen haben werde, und die deutlichen Zweifel in diesen Fragen schien er nicht mehr wahrzunehmen.

So war es gewesen, gestern, und heute waren die Sprengungen viel deutlicher zu hören als am Tage zuvor. Einhundertfünfzig Kilometer waren es bis zum westlichen Weichselbogen. Berlin war etwa gleichweit entfernt. Bemerkte man hier eigentlich etwas von den Bombenangriffen auf die Reichshauptstadt? Die massiven Bombendetonationen und das Flakgebell müßte man doch weit besser hören können als das läppische Sprengen der Eisdecke auf der Weichsel.

Sie wollten also die Weichsel unpassierbar machen, so mußte man doch den Blumenhöf verstehen, um dort die Russen aufzuhalten. Andererseits bauen sie draußen auf der Heide quer über die Äcker Panzersperren. Unüberwindliche Panzersperren, hatte er gesagt. Und vor den Toren des Dorfes solle die heimatliche Scholle verteidigt werden. Fredy wunderte sich, daß er solche Widersprüche erst jetzt bemerkte.

Das Wort Lüge ging ihm durch den Kopf. Ortsgruppenleiter Blumenhöf mochte fähig sein, die Unwahrheit zu sagen. Das mit dem Milchgeld war doch oberfaul. Früher wurde es jeweils ein paar Tage nach Monatsanfang für den Vormonat ausgezahlt. Dann plötzlich, seit dem letzten Herbst, nur noch vierteljährlich, aus Rationalisierungsgründen, wie Blumenhöf gesagt hatte. Und jetzt stand diese langfristige Zahlung des vierten Quartals immer noch aus.

Doch was den Führer und die Wunderwaffen anging, da hatte Blumenhöf sich ausdrücklich auf höchst geheime Quellen berufen. Die V1 und die V2, die London so erfolgreich beschossen, die gab es ja. Dann könnte es ja auch noch andere Waffen geben.

Aber wenn an der Weichsel andere Wunderwaffen eingesetzt werden sollen, warum baut man hier, einhundertfünfzig Kilometer hinter der Front, Panzersperren, warum hört man dieses Grummeln und warum soll der Volkssturm hier vor Godtschen eingesetzt werden?

Dem Jungen war nicht wohler geworden bei diesen Gedanken. Der Wehrmachtsbericht sprach schon seit Tagen von einer erfolgreichen Abwehrschlacht im Weichselbogen mit ungeheuren Verlusten für den Gegner. Und dann die Sprengungen! Kann man sie wirklich so weit hören? Und wie kommt es, daß man sie nahezu ununterbrochen wahrnimmt. Beim Sprengen gibt es normalerweise doch nur einen Knall, ein kurzes Beben, vielleicht noch ein Echo, und dann ist Stille.

Plötzlich stutzte der Junge. Die Telegrafenleitungen auf der linken Seite des Weges hingen an einem Mast herunter. Er hatte die beiden Drähte die ganze Zeit über eigentlich gar nicht richtig wahrgenommen, solange sie normal hingen, wie sie vor sieben Jahren gespannt worden waren. So sehr war man an sie gewöhnt wie zum Beispiel an das Bild des Großvaters an der Wand in der Werkstatt, das man nach seinem Tode aufgehängt hatte. Aber als es jetzt nicht mehr da hing, weil es heruntergefallen war und man kein neues Glas bekommen konnte, da war es ihm sofort aufgefallen, als er vor vierzehn Tagen aus Berlin hierhergekommen war.

Genauso fiel ihm auf, daß die Telegrafendrähte gerissen waren. Das passierte immer schon mal im Winter, wenn die Kälte die Drähte spannte und zudem noch dicke Eisklumpen an ihnen hingen.

Das also war der Grund, weshalb man keinen Anschluß nach Schulzenwerder bekommen hatte, weshalb er jetzt hier durch den Frost stapfen mußte.

Aber hier stimmte eine ganze Menge nicht. Fast immer riß im Winter nur einer der Drähte und dann meist in der Mitte zwischen zwei Telegrafenmasten. Hier jedoch waren beide Drähte gerissen und zwar ganz dicht an den Isolatoren. Noch merkwürdiger: Auf der anderen Seite hingen genauso kurze Stummel an dem Mast, und die langen Enden lagen weiter weg im Schnee.

Vier Drähte sollten durch den Frost zur gleichen Zeit am gleichen Mast gerissen sein? Das konnte doch nicht mit rechten Dingen zugehen.

Und dann sah er im Holz ganz frische Einkerbungen, rechts und links, wie sie entstehen, wenn man den Mast mit Steigeisen erklettert. Diese Kerben kannte er, weil er als Angehöriger der Nachrichten-HJ öfter auf Telegrafenmasten hatte steigen müssen.

Wer konnte das gemacht haben? Ein dummer Scherz war es sicher nicht. Der Junge hatte das Gefühl, daß er beobachtet wurde. Er blickte sich um, nach rückwärts in Richtung auf das Dorf. Und sofort schlug ihm der staubige Schnee ins Gesicht. Aber er sah niemanden. Um ihn herum nur Erlen am Rande des Fließes neben dem Weg und, weiter entfernt schon, Weidengebüsch, dazwischen ein paar Kopfweiden, an denen er vorhin vorbeigegangen war.

Und dann war es wieder da, dieses Gegrummele. Jetzt, da der Schnee ihm ins Gesicht wehte, war es noch viel deutlicher zu hören als vordem.

Ob das ein entlaufener Kriegsgefangener war? Man erzählte sich ja immer wieder, daß gerade in letzter Zeit Gefangene, vor allem Russen, wegliefen und sich in den Wäldern versteckt hielten. Keiner traute sich deshalb noch allein in den Wald.

Aber hier unten in den Brüchen und am Anger, da gab es doch kein Versteck. Hier würde Schultze, der Gendarm, jeden meilenweit sehen und wieder einfangen und dann richtiggehend verprügeln. Eigentlich hätte er jeden sofort erschießen müssen. Entflohene Kriegsgefangene mußten erschossen werden.

Das war Führerbefehl!

Aber das hatte Schultze nie getan. Sie waren ja alle wieder zurückgekommen, die Gefangenen, wenn sie weggelaufen waren, nach ein paar Stunden, am nächsten Morgen, spätestens nach zwei Tagen. Dann waren sie ja gar nicht richtig geflohen, sie hatten sich nur verspätet. Und dafür gab es eben Prügel. Mehr nicht.

Fredy sah sich um. Spuren waren keine vorhanden. Das wäre auch nicht möglich gewesen. Auf der festen Schneedecke des Weges hätte der Wind alle verräterischen Zeichen sofort verweht. Über die Wiesen können sie nicht gegangen sein. In dem halbmeterhohen losen Schnee wäre bestimmt noch eine Spur zu sehen gewesen. Also waren sie entweder durch das Dorf gegangen oder durch Schulzenwerder oder an Seitels Gehöft vorbei.

Er wunderte sich darüber, daß es für ihn schon feststand, daß hier irgendwo entlaufene Kriegsgefangene gewesen sein mußten. Er überlegte, ob er nicht zurückgehen und dort bei Seitels einmal fragen sollte. Vielleicht hatten die etwas gesehen.

Oder die Entlaufenen hatten die Frau und die drei Kinder inzwischen gefangengenommen und sich in dem Gehöft verschanzt. Und er würde denen direkt in die Arme laufen.

Nein. So mutig war er nun auch wieder nicht. Er hatte ja einen plausiblen Grund, so schnell wie möglich weiterzugehen.

Er mußte Onkel Richard, eigentlich war er ja sein Großonkel, der ältere Bruder seines verstorbenen Großvaters, des Schneiders, Bescheid geben, daß heute keine Kirche ist und er sich mit seinen vierundachtzig Jahren den Weg von Schulzenwerder bis ins Dorf und wieder zurück ersparen könne.

Gestern Abend war nämlich die Lise gekommen, das Landjahrmädchen, deren Mutter vor ein paar Monaten bei einem Bombenangriff umgekommen war und das bei Pastors arbeitete. Ihre Eltern hatten sie Elise genannt, vielleicht, weil ihr Vater oder ihre Mutter begeisterte Anhänger von Beethovens Musik waren. Sie selbst nannte sich Lisa, und daraus hatten die Dörfler Lise gemacht.

„Morgen findet kein Gottesdienst statt, soll ich bestellen, Pasters mußten weg, Synode oder so was. Genau habe ich das nicht verstanden", bestellte sie und fragte, ob wir in Schulzenwerder Bescheid geben könnten, der Paster, sie sagte immer *Paster*, käme mit dem Telefon nicht durch.

„Ich muß noch weiter, den anderen Bescheid sagen."

Doch dann hatte sie viel Zeit, als ihr Lene eine Tasse Milchkaffee vorsetzte, „gegen die Kälte, Mädchen, du siehst ja ganz verfroren aus, trink erst mal was Heißes."

Also, Pastors waren zusammen mit der Schwiegertochter und dem Baby in dem alten Super 6 mit dem Holzvergaser drauf nachts losgefahren.

„Das Auto wollte erst gar nicht anspringen. Der Paster hat sich seine Hände und sogar seinen guten Mantel, den hatte er an, ganz schwarz gemacht. Ich wollte den Wiezorke holen, den Schmied, der kennt sich ja mit dem Holzkocher aus. Aber das wollten sie auf keinen Fall. Und was die alles mitgenommen haben! Den halben Haushalt! Für mich war dann kein Platz mehr im Auto."

Sie trank die Tasse leer. Lene füllte sie wieder auf.

„Eigentlich ist mir das auch lieber, als mitten in der Nacht auf der Straße zu liegen. Wenn es jetzt nur nicht so einsam im Pfarrhaus wäre. Aber sie wollen spätestens bis zum nächsten Sonntag zurück sein. Dann ist auch wieder Gottesdienst."

Aus Schulzenwerder kam regelmäßig nur Richard Vogt zum Gottesdienst. Er war der *alte* Bürgermeister, wie die Leute immer noch sagten. Mit 75 Jahren abgelöst von Herbert Blumenhöf, der damals schon Ortsgruppenleiter der NSDAP war.

Nun hatte Richard Vogt nur noch ein einziges Amt, nämlich das des Kirchmeisters. Und das nahm er sehr ernst. Trotz seiner Schwerhörigkeit saß er jeden Sonntag auf seinem Platz in der Bank der Kirchenältesten quer zum Altar und tat so, als könne er dem Gottesdienst noch folgen. Aber jeder wußte, daß er nichts von der Predigt mitbekam. Man mußte schon ziemlich laut in sein Hörrohr sprechen, das wie der Schalltrichter eines veralteten Grammophons aussah, wenn man sich verständlich machen wollte. Dann hellte sich sein Gesicht auf.

Den Rückweg pflegte Richard Vogt genauso regelmäßig bei seiner Nichte Helene, oder besser gesagt, bei ihrem Mann Artur Lenk zu unterbrechen. Als jungem Mann hatten sie dessen rechtes Bein amputieren müssen. Knochenfraß. Das war damals sein Leid gewesen und jetzt sein Glück. Er war einer der wenigen Männer, die noch zu Hause waren.

Als Behinderter hätte er später natürlich nicht den väterlichen Hof mit über dreihundert Morgen Land und Wiesen übernehmen können, den Fredy vorhin auf dem Weg nach Schulzenwerder hatte liegen sehen. Deshalb war er Viehhändler geworden, der regelmäßig in der ganzen Umgebung bis weit hinter Friedeberg Schweine und frischmelkende Kühe und Kälber aufkaufte und mit seinem Pferdegespann nach Vordamm zum Bahnhof brachte, wo sie nach Berlin verladen wurden.

Mit seinem Motorrad, einer zehn Jahre alten Zweihunderter NSU, fuhr er erst mal herum, sich die Tiere anzusehen und den Preis auszuhandeln. Ferkel nahm er gleich auf dem Motorrad mit in einer Kiste, die er an Stelle des Soziussitzes aufgeschraubt hatte. Das Motorrad hing jetzt im Wagenschuppen aufgehängt unter der Decke. Lenk hatte keinen roten Winkel bekommen und durfte deshalb auch nicht mehr mit dem Motorrad fahren, weil es im Krieg mit dem Viehhandel sowieso nichts mehr war.

Lene hatte sich damals, als sie miteinander gingen, ein bißchen geniert, mit einem Einbeinigen verlobt zu sein. Es hatte gedauert, bis sie fast dreißig war, ehe sie sich endlich zur Hochzeit bereit erklärt hatte und er auf den kleinen Hof seines Schwiegervaters ziehen konnte. Jetzt war sie froh, ihren Mann bei sich zu haben. Drei seiner vier Brüder hatte der Krieg schon geholt, und der vierte lag mit einer schweren Rückenverletzung im Lazarett.

Die beiden ungleichen Männer verstanden sich gut, obwohl sie kaum miteinander sprachen. Sie tranken einen Korn und dann noch einen, der im Sommer gut gegen die Hitze und im Winter gut gegen die Kälte war. Im Sommer saßen sie unter der großen Linde vor dem Gehöft, oder, wenn das Wetter unfreundlicher war, in der Laube vor dem Hauseingang, und jetzt im Winter in der früheren Schneiderstube von Hermann Vogt.

Umständlich pflegte der Alte nach einiger Zeit seine Taschenuhr herauszuziehen, sie aufzuklappen, lange anzusehen. Die Augen waren noch gut, vielleicht als Ausgleich für die fast tauben Ohren, und er brauchte keine Brille.

„Na denn, ick muß gon. Selma wartet nicht gern mit dem Essen."

Und dann stapfte er davon. Den knorrigen Stock brauchte er eigentlich gar nicht; so sicher war er noch auf den Beinen.

Wie gesagt. Heute brauchte der Alte den Weg nicht zu machen. Es würde keinen Gottesdienst geben, heute am Sonntag.

Fredy mußte sich beeilen. Zu lange hatte er sich bei den abgerissenen Telegrafendrähten aufgehalten.

Er fing an zu laufen, weit und schnell zu laufen, wegzulaufen, so als könne er dem ungesehenen Unbekannten entfliehen. Er hatte Angst und beruhigte sich erst wieder, als er hinter der kleinen Biegung die Gruppe der großen Erlen mit ihren blattlosen Ästen und Zweigen sah, unter denen sich die ziegelroten Häuser zu ducken schienen.

Der Weg hatte seinen tiefsten Punkt erreicht. Hier war früher das Fließ vom Anger über den Weg geflossen, hinein in die Brüche. Und wenn der Schnee auf dem Anger und den dahinter liegenden Äckern abtaute und das ganze Wasser abfloß, dann war Schulzenwerder vom Dorf genauso abgeschnitten wie Seitels Gehöft, nur nicht so lange.

Deshalb hatte man schon lange vor dem Krieg, als man den Damm erhöhte, unter ihm ein großes Betonrohr verlegt, durch das das Fließ hindurchfließen konnte. Als man im nächsten Frühjahr merkte, daß das Schmelzwasser immer noch nicht richtig abfloß, hatte man im Jahr darauf halbschräg darüber noch eine Röhre gelegt, die normalerweise trocken lag und nur dafür da war, daß das Frühjahrswasser nicht mehr über den Weg lief.

Der blieb seitdem auch immer trocken.

Bei Vogts im Haus wunderte man sich gar nicht so sehr über die überstürzte Abreise der Pastorenfamilie.

„Das hätte man sich denken können, daß der sich abtut, wenn es zu brennen anfängt; schließlich ist er ja auch nicht von hier."

Vielmehr erstaunter war man darüber, daß Fredy in diesen Zeiten aus Berlin hierhergekommen war.

„Meine Mutter hat es so gewollt, damit ich nicht bei den Bombenangriffen unter die Räder komme. Sie meinte, hier sei ich sicher."

In Berlin, wo er früher zur Schule gegangen war, war er aber auch nur ein paar Wochen gewesen. Seine Schule hatte nämlich das hinter Lodz gelegene KLV-Lager, eine alte polnische Kaserne, in die man sie im Sommer 43 wegen der Luftangriffe ausgelagert hatte, plötzlich von heute auf morgen aus militärischen Gründen, wie es geheißen hatte, räumen müssen.

Sommer 1938

„Sehen Sie, das alles hat der Führer ermöglicht, Vogt."

Breitbeinig stellte sich Herbert Blumenhöf vor den alten Mann. Der Ortsgruppenleiter hatte sich angewöhnt, selbst bei einem Zwiegespräch in dieser Haltung zu verharren und so zu bellen, als wenn er vor einem ganzen SA-Sturm stände, weil er glaubte, dann besonders überzeugend zu wirken.

Aber jetzt schrie er sein Gegenüber förmlich an. Er meinte wohl, noch lauter als gewöhnlich sprechen zu müssen; denn er wußte natürlich, daß Richard Vogt schwerhörig war, und er wußte auch, daß sich sein Gegenüber von ihm kaum einschüchtern ließ, was ihn stets aufs Neue ärgerte und - noch schlimmer - zutiefst verunsicherte.

Sein Gesicht glänzte vor zur Schau getragener Selbstzufriedenheit und von zu fettem Essen, das er sich jetzt leisten konnte. Seine braune Uniform saß wie maßgeschneidert und seine Beine wiegten den ganzen Körper abwechselnd leicht vorwärts und wieder ein wenig zurück. Sie steckten in etwas dunkleren Stiefeln aus weichem Leder und glänzten staubfrei, als wenn er keinen Schritt gegangen wäre.

Weit war er ja auch nicht gelaufen; sein schwarzer Dienstwagen stand keine hundert Schritt dorfwärts kurz vor dem Arbeitswagen, der ihn daran gehindert hatte, noch weiter auf dem Dammweg zu fahren.

„Immer noch Herr Vogt, Herr Bürgermeister."

„Bitte nicht Herr Bürgermeister und bitte überhaupt nicht Bürgermeister. Sagen Sie Ortsgruppenleiter oder meinetwegen auch Ortsbauernführer, aber lassen Sie diese andere Bezeichnung aus der Systemzeit weg, die der Führer sowieso demnächst abschaffen wird und auf die Sie ja scheint's immer noch stolz sind."

Richard Vogt verkniff sich eine entsprechende Antwort; denn er wollte hier keine Auseinandersetzung mit dem Ortsgewaltigen der NSDAP. Er dachte auch an seinen kleinen Großneffen Fredy neben sich, der erstaunt nach oben schaute auf die Gesichter der beiden Männer. Gewöhnlich redeten sich doch alle Leute im Dorf mit dem Vornamen an und sagten du zueinander.

„Ja, Vogt. Nun sind Sie kein Bürgermeister mehr. Und trotzdem verschafft Ihnen der Führer einen Telefonanschluß, was Ihren früheren

Herren ja offensichtlich nicht gelungen war, obwohl Sie damals Bürgermeister waren."

Ein schallendes Lachen sollte seinen Witz, für den er ihn hielt, unterstreichen.

„Das sind eben die Segnungen des Führers, den Sie noch vor ein paar Jahren bekämpft hatten."

„Ich hatte das Telefon nicht für mich allein haben wollen, Herr ... Ortsgruppenleiter, sondern für uns alle zusammen, die wir in Schulzenwerder leben. Die Anträge laufen eben so lange, und jetzt wird der Anschluß endlich gelegt."

„Ich glaube, Vogt, trotz Ihrer fast achtzig Jahre muß ich Ihr Lehrer sein. Es heißt nicht Schulzenwerder, auch so ein Begriff aus der Systemzeit, sondern Godtschen-Abbau, und es heißt nicht Herr Ortsgruppenleiter, sondern Ortsgruppenleiter ."

„Ich verstehe, Herr Blumenhöf. Es soll nichts mehr an die frühere Zeit erinnern. Aber das eine muß ich Ihnen doch sagen. Der Name Schulzenwerder stammt, wie die Siedlung selbst, nicht aus der Systemzeit, wie Sie sie nennen, sondern aus dem vorigen Jahrhundert. Aus der Kaiserzeit. Und gegen den Kaiser hat doch Ihr Führer nichts, glaube ich. Die Leute fingen an, von Schulzenwerder zu sprechen, als Millings und unsere Familie aus dem Dorf zum Werder umgezogen waren. Da sagten die Leute dann eben Schulzenwerder. Und dabei ist es geblieben."

„Eben nicht. In unserer neuen Zeit ist vieles anders und besser. So auch das. Heute wohnen Sie darum in Godtschen-Abbau. Und nicht in Schulzenwerder. Haben Sie das nun endlich kapiert?"

Er verfiel in seinen Befehlston, den er sich in den knapp drei Jahren seiner Amtszeit angewöhnt hatte.

„Wenn Sie auch uneinsichtig sind, Vogt", fuhr er fort, „das Volk hat die Segnungen unseres Führers zu sechsundneunzigkommaacht Prozent verstanden."

96,8 Prozent der Bevölkerung Godtschens haben ihn gewählt, dachte der Alte, aber solche sprachlichen Fehlleistungen waren bei Blumenhöf nichts Ungewöhnliches.

„Sehen Sie sich doch um. Sehen Sie Arbeitslose? Nein, Sie sehen keine. Auch die Arbeitsscheuen hat der Führer zu Arbeitswilligen gemacht. Unser Führer hat uns unsere Ehre wiedergegeben, die uns der Schandvertrag von Versailles genommen hatte. Die Neger aus dem

Ruhrgebiet sind verjagt, das Saarland ist wieder deutsch. Jetzt baut der Führer Autobahnen, etwas Einmaliges auf der ganzen Welt. Bis Frankfurt ist sie fast fertig. Und wenn der Führer erst den Polen den Korridor entrissen hat, wird sie weitergeführt werden bis nach Königsberg. Dann geht sie direkt hier bei uns vorbei. Und hier wird die Telegrafenleitung gelegt. Ich sage Ihnen, als nächstes kommt hier eine ordentliche Straße hin, nicht dieser Feldweg, auf dem sich die Pferde plagen müssen und auf dem man mit dem Auto steckenbleibt."

Wenn Blumenhöf erst mit seinen Schlagwörtern und ideologischen Tiraden anfing, die man ihm auf der Parteischule beigebracht hatte, dann war er nicht zu halten. „Die Stahlerzeugung ist von 9,6 Millionen Tonnen im Jahre 1933 auf 19,2 Millionen Tonnen, das ist mehr als das Doppelte, angestiegen. Das sind die jüngsten Zahlen! Der Reichsnährstand steht wieder auf gesunden Beinen. Die Bauern sind entschuldet. Ihr Boden ist auf ewig unteilbar. Und diesen Eisermann, diesen Volksschädling, der die Bauern hinten und vorne betrogen und für die Eier zehn Pfennig gegeben hat, um sie dann für achtzehn Pfennig in Driesen auf dem Markt wieder zu verkaufen, diesen Juden habe ich verjagt."

Er verstand es gut, diese Phrasen und Zahlen mit Beispielen aus dem örtlichen Raum zu beleben und die Vorteile, die beispielsweise die Erbhofgesetze den Bauern gebracht haben, herauszustreichen. Das war es wohl, was die Leute immer wieder beeindruckte. Daß Millings Herta nun den Eier- und Butterhandel betrieb und auch nur dasselbe bezahlen konnte wie der alte Eisermann, das verschwieg er natürlich.

„96,8% haben für den Führer gestimmt. Der Kreisleiter hat sich mir gegenüber sehr lobend über das gute Wahlergebnis in Godtschen ausgesprochen. Aber mir ist das noch zu wenig. 96,8% bedeutet nämlich, daß hier bei uns in Godtschen immerhin noch fünfzehn - ich sage: fünfzehn - Volksgenossen gegen Hitler gestimmt haben. Wenn ich diese fünfzehn herausfinde - und seien Sie überzeugt, ich bekomme das heraus - dann werde ich denen mit aller Härte zeigen, wie man seine Dankbarkeit gegenüber unserem Führer erweist."

Er sah sein Gegenüber starr an. „Da fällt mir ein, auch im Stimmbezirk Schulzenwerder, ich meine, in Godtschen-Abbau, gab es Nein-Stimmen, zwei Nein-Stimmen. Sollten die von Ihnen sein, Vogt? Ich nehme kein bißchen Rücksicht auf Ihre achtzig Jahre!"

Grußlos drehte er sich um und stiefelte davon, sorgfältig jede Schmutzstelle umgehend.

„Ich mag ihn nicht, Onkel Richard. Er brüllt immer so."

„Ich auch nicht. Aber das dürfen wir nur ganz leise sagen, Fredy."

Der Junge hatte noch eine Frage: „Onkel Richard, warst Du wirklich in ganz Godtschen ein Bürgermeister oder nur in Schulzenwerder?"

„Schulzenwerder gehört zu Godtschen. Es hatte deshalb keinen eigenen Bürgermeister. Nein, ich war Bürgermeister von ganz Godtschen. Als ich ein kleiner Junge war, etwas älter als du jetzt, Fredy, da sind wir nach Schulzenwerder gezogen mit ein paar anderen Bauern, weil es im Dorf zu eng war und wir unsere Höfe vergrößern wollten. Wir drainierten ja immer mehr Land damals, und da brauchten wir mehr Pferde, wir konnten mehr Kühe halten, und so wurden unsere Höfe im Dorf zu klein."

Fredy wußte nicht, was drainieren ist, aber eine andere Frage war ihm wichtiger: „Also warst du Bauer und auch Bürgermeister. Ging das denn? Herr Blumenhöf ist doch auch Bürgermeister oder so etwas ähnliches. Aber den sieht man immer nur so herumlaufen. Ein Bauer ist der doch nicht?"

„Nein. Das war er eigentlich nie. Früher war er Knecht bei Petschens. Kein guter, sagt man. Dafür ist er jetzt Ortsbauernführer, was das auch immer sein soll. Zu meiner Zeit war man Bürgermeister nur nebenbei. In der Hauptsache war man Bauer."

„Wie wird man denn Bürgermeister, Onkel Richard? Einfach so? Dann würden sich doch viele hinstellen und sagen: Ich bin der neue Bürgermeister."

‚Nein, Fredy, so einfach ist das nicht. In der letzten Zeit, ich meine, ehe der Hitler Reichskanzler wurde, wurde der Bürgermeister von allen Leuten hier gewählt."

„Ach, solch eine Wahl wie vor zwei Wochen hier bei uns?"

„Ja und nein, Fredy. Bei dieser Wahl konnte man nur ankreuzen, ob man Hitler weiter als Reichskanzler und Führer haben wollte oder nicht. Damit auch alle das richtige Kreuz machten, war der Kreis für das Ja viel größer als der für das Nein . Es gehörte viel Mut dazu, ..."

Der Alte brach ab, um dann fortzufahren: „Bei den früheren Bürgermeisterwahlen standen eine ganze Reihe von Namen auf dem Stimmzettel. Der Wähler mußte einen Namen ankreuzen. Wer die meisten Stimmen erhielt, der war Bürgermeister."

„Und du hast die meisten Stimmen bekommen, Onkel Richard?"

„Ja, Fredy. Ich weiß gar nicht mehr, wie oft ich gewählt worden bin. Und davor war mein Vater Bürgermeister, Julius Vogt, und davor dessen Vater. Der hieß August Vogt. Aber der nannte sich noch nicht Bürgermeister, sondern Schulze, Dorfschulze."

„Kommt daher der Name Schulzenwerder?"

„Wahrscheinlich, Fredy."

„Und weiter?"

„Ja, der Vater von August Vogt war Johannes Vogt. Der war kein Bürgermeister, ich meine, kein Schulze. Der ist in den Befreiungskriegen gegen Napoleon gefallen, als er noch ein junger Mann war. Sein Name steht auf dem Kriegerdenkmal."

„Und davor?"

„Vor August war lange Zeit sein Großvater Ferdinand Vogt Dorfschulze und davor dessen Vater Balthasar Vogt. Der hatte siebzehnhundertsechsundsechzig den Treck aus Österreich nach Godtschen geführt."

Vogt merkte, daß sein kleiner Großneffe das alles noch nicht richtig verstehen konnte und deshalb wohl viele weitere Fragen hatte. Er holte seine Taschenuhr aus der Westentasche heraus und klappte sie auf.

„Es ist Zeit. Tante Selma wartet nicht gern mit dem Essen. Und du solltest auch nach Hause gehen."

Sie gingen auseinander. Richard Vogt schritt mit erstaunlicher Frische in Richtung Schulzenwerder, beziehungsweise Godtschen-Abbau, der neunjährige Fredy Vogt jedoch blieb nach ein paar Schritten wieder stehen. Deshalb war er ja eigentlich hierher gekommen. Er wollte den Arbeitern zuschauen, wie sie die Telegrafenmasten eingruben.

Ein richtiges Eingraben war es eigentlich nicht. Sie hatten einen Trecker, an dem hinten ein riesiger Bohrer saß. Der wurde auf den Boden gesetzt, der Motor brummte laut auf, aus dem nach oben gehenden Auspuff, der wie ein Schornstein aussah, stieg schwarzer Qual, und der Bohrer fing an, sich zu drehen und in den Boden einzuwühlen. Dabei warf er andauernd frische Erde heraus, die ein paar Arbeiter mit ihren Schaufeln wegschoben, so schnell sie konnten.

Plötzlich ein knirschendes Geräusch unter dem Bohrer.

„Anhalten", schrie einer, „wir sitzen wieder auf so einem verdammten Stein."

Der Bohrer blieb stehen und fing dann an, sich rückwärts aus der Erde herauszudrehen.

„Versuchen wir es einen Meter weiter. Wenn nicht diese Findlinge wären, würden wir doppelt so viel schaffen."

Beim zweiten Versuch klappte es. Der Bohrer grub sich rasch in das Erdreich ein bis zur notwendigen Tiefe. Der Trecker drehte ihn wieder heraus wie vorhin, als man auf den Stein gestoßen war. Dann wuchteten die Arbeiter einen Mast, an dem oben schon die Halterungen mit den Isolatoren angeschraubt waren, in das Loch und versuchten, ihn aufzurichten.

„Junge, geh da weg, wenn der Mast abrutscht, schlägt er dich tot." Erst jetzt hatten sie bemerkt, daß Fredy dicht neben ihnen stand. Mit zwei dünneren Stangen, die am oberen Ende mit einer Lederlasche verbunden waren, stellten sie den Mast senkrecht und ließen ihn vorsichtig in das Loch hineinrutschen.

„So, der sitzt. Nun noch eindrehen und dann feststampfen. Und schaufelt das andere Loch wieder zu. Sonst fällt der neugierige Bengel da noch hinein."

„Werden denn keine Drähte gelegt?" wollte Fredy wissen.

„Wenn wir fertig sind, kommt ein anderer Bautrupp. Der spannt die Leitungen."

Der Trecker mit dem großen Bohrer fuhr vorsichtig an, drehte, fuhr ein Stück weiter in Richtung Schulzenwerder und begann, ein neues Loch zu bohren.

Fredy ging nun endlich nach Hause.

Er bekam keinen Ärger. Das Essen war nämlich noch nicht fertig. Also schlich er sich in seines Großvaters Nähstube. Der saß oben auf seinem Schneidertisch, hatte ein dickes Kissen vor sich auf dem Schoß liegen und nähte an einem schwarzen Stoff. Es waren nur noch der Geselle und der Lehrjunge in der Stube. Das waren alle.

Früher hatte Hermann Vogt vier Gesellen und zwei Lehrjungen gehabt. Aber das war lange her. Jetzt fuhren viele mit dem Zug nach Driesen und kauften sich dort ihre Sonntags- und Hochzeitsanzüge.

„Du Opa, was ist eine Systemzeit?"

„Wo hast du denn dieses Wort aufgeschnappt?"

„Herr Blumenhöf hat das gesagt. Ich glaube, er hat sich mit Onkel Richard gestritten."

„Wo denn?“ fragte er und dachte sich, daß sich Richard, sein älterer Bruder, noch einmal um Kopf und Kragen bringen würde. Bei nächster Gelegenheit würde er mit ihm ein ernstes Wort reden müssen. Es hatte doch keinen Zweck, sich mit denen von der Partei anzulegen, auch wenn sie ihm noch so unrecht getan hatten. Man zog da doch immer den kürzeren.

„Ach, auf dem Weg nach Schulzenwerder. Da bauen sie doch jetzt eine Telefonleitung. Und da ist der Blumenhöf plötzlich gekommen.“

„Fredy, Herr Blumemhöf ist Ortsgruppenleiter. Das ist nun einmal so. Sag: der Herr Ortsgruppenleiter, dann kann nichts passieren.“

„Aber der Herr Blumenhöf hat doch zu Onkel Richard gesagt, daß man jetzt nicht mehr *Herr* sagt. Das habe ich ganz genau verstanden.“

„Ich weiß nicht, worum es da ging. Ich werde Richard danach fragen. Der soll dir nicht immer solche Flausen in den Kopf setzen. Was hat er dir denn noch alles erzählt?“

„Ach sonst nichts, nur daß er Bürgermeister war und vor ihm sein Vater und vor ihm sein Opa und so weiter. Aber das wußte ich ja schon.“

„Am besten, du vergißt ganz schnell, was die beiden Männer da miteinander besprochen haben. Das war bestimmt noch nichts für so kleine Jungen.“

Nun verstand Fredy gar nichts mehr. Erstens hatte er es genau gehört, daß man nicht mehr *Herr* sagt, zweitens hat ihm Onkel Richard überhaupt keine Flausen in den Kopf gesetzt, er hatte sogar gesagt, er solle schnell nach Hause gehen, damit er keinen Ärger bekommt, drittens wußte er jetzt immer noch nicht, was eine Systemzeit ist, und jetzt wollte sein Großvater, daß er das alles ganz schnell vergessen sollte. Als wenn das ginge.

Und dann fiel ihm ein, daß er ja auch noch fragen wollte, wie man Land drainieren kann.

23. Januar 1945

„Tante Lene, Tante Lene, sieh doch mal rüber auf die Straße!"

„Schrei doch nicht so, Fredy! Ich habe Aufregung genug. Was gibt es denn zu sehen?" Die Frau ging vorsichtig auf den Jungen zu. Sie trug, wie üblich, Holzpantinen und mußte nun aufpassen, daß sie nicht aus den Pantinen herausrutschte und mit den dicken, aus selbstgesponnener Wolle gestrickten Socken nicht in den Schnee trat.

„Da kommen Flüchtlinge. Lauter Pferdegespanne, richtige Planwagen. Und sie ziehen durch das Dorf. Die ersten sind schon am Friedhof. Die wollen bestimmt Richtung Guscht fahren. Und das Ende kann man überhaupt noch nicht sehen."

Lene schüttelte den Kopf. Tränen stiegen ihr in die Augen.

„Dann müssen wir doch auch losfahren. Bestimmt ist der Russe schon hinter ihnen her. Und ausgerechnet heute ist Artur nicht da. Alles im Stich lassen! Das Vieh, das Haus, alles! Nein, das überlebe ich nicht."

Sie konnte keinen klaren Gedanken fassen. „Weißt du denn, wo sie herkommen?"

‚Natürlich nicht. Ich habe sie ja auch gerade erst gesehen. Ich werde gleich mal hingehen und sie fragen."

„Wo Artur nur bleibt."

„Der kann noch gar nicht zurück sein. Aber morgen bleibt er ja hier, Tante Lene. Dann bin ich wieder dran mit den Verpflegungsfahrten."

Artur Lenk und sein Neffe Fredy hatten seit einigen Tagen den Auftrag, mit einem Gespann zu den Schanzleuten zu fahren und denen zu Mittag warme Suppe und am Nachmittag heißen Kaffee und Marmeladenbrote zu bringen. Dazu benutzten sie den Ferkelwagen, den sie gründlich abgewaschen hatten.

Die Schanzleute waren fast alle Kriegsgefangene oder polnische Fremdarbeiter. Die waren zwar auch nicht viel besser dran als die Gefangenen, hatten aber seit einiger Zeit das Privileg, auf den Bauernhöfen übernachten zu dürfen, während die Gefangenen, meist Russen und dazu ein paar Franzosen, jeden Abend zum Spritzenhaus gehen mußten, wo sie über Nacht eingesperrt wurden.

Eine unsinnige Bestimmung. Denn wer hatte fliehen wollen, der hatte es am Tage tun können. Aber jeder aus dem Dorf war wiedergekommen, spätestens am zweiten Tag.

Warum also die Gefangenen nachts einsperren? Wenn sie am Morgen endlich kamen, war es immer zu spät zum Viehfüttern. Kühe lassen sich nun einmal besser melken, wenn sie gleichzeitig fressen können. Und fängt man zu spät mit dem Melken an, dann ist der Milchwagen schon da, ehe man fertig ist.

Die Pferde mußten die Bäuerinnen ohnehin jeden Morgen selbst füttern; denn ein Pferd muß zwei Stunden fressen können, ehe man es anspannen kann. Das weiß jedes Kind. Wann sollte man endlich aufs Feld kommen, wenn die Gefangenen so spät kamen und sie dann erst mit dem Füttern anfangen würden?

Deshalb waren die Bäuerinnen froh, wenn sie einen Polen auf dem Hof hatten. Und wenn der gut behandelt wurde und man zum Beispiel den zweiten Tisch, an dem der Pole essen mußte, nahe an den für die Bauersfamilie heranrückte, dann kam man miteinander auch ganz gut aus.

Es war nämlich strenge Vorschrift, daß die Gefangenen oder die polnischen Fremdarbeiter keinesfalls mit den Deutschen an einem Tisch sitzen durften. Blumenhöf kontrollierte das immer wieder. Nur allzugern fand er sich deshalb zur Mittagszeit ein, wobei er eine Einladung, einen Teller mitzuessen, nie ablehnte.

Jetzt also waren die Fremdarbeiter und die Gefangenen schon seit Tagen abgezogen worden zum Bau des Schutzwalls östlich des Dorfes. Feindwärts wurde ein tiefer Graben ausgehoben, und der Boden wurde dahinter angehäuft. Damit er nicht zurück in den Graben rutschen konnte, wurde er teilweise durch palisadenartig eingerammte Bretter oder schwächere Stämme abgestützt. Die Straße nach Driesen blieb noch offen. Es lagen aber schon dicke, frisch geschlagene Kiefern bereit, um eine unüberwindliche Barrikade gegen die anrollenden Panzer zu schaffen.

Dieser Abwehrwall, der dem Lateinschüler Alfred Vogt, genannt Fredy, dem Limes nachempfunden schien, wenn er auch nicht ganz so breit und nicht ganz so hoch war, sollte sich nach Norden bis zur Netze und auf der anderen Seite bis zu den großen rund neunzig Jahre alten Kiefernwäldern erstrecken; denn diese wären nach Meinung von Blumenhöf sowieso ein undurchdringliches Hindernis.

Bislang waren aber nur geringe Teilstücke des Schutzwalles fertiggestellt; denn bei dem tiefgefrorenen Boden kamen die Leute ohne die Hilfe von Baggern nur mit Spitzhacke und Schaufel kaum voran.

Die Leute, das waren neben den Fremden die alten Männer und die Hitlerjungen aus dem Dorf, die nicht mehr oder noch nicht wehrtauglich waren, nun aber auf dem rechten Ärmel die weiße Binde mit dem schwarzen Kreuz und der Rundumschrift „Großdeutsche Wehrmacht" trugen. Volkssturmmänner. Die V3, wie man hinter der verbergenden Hand flüsterte. Aber das durften der Ortsgewaltige und einige andere immer noch Hundertfünfzig-Prozentige natürlich nicht hören. Doch die kannte man inzwischen im Dorf, und man hatte im Laufe der Jahre gelernt, plötzlich vom Wetter zu reden, wenn sie kamen.

Artur Lenk war auf der Rückfahrt. Er reihte sich mit seinem Wagen in den Flüchtlingstreck ein. Es war nicht so schneidend kalt wie auf der Hinfahrt. Der Wind blies jetzt von hinten, und er wurde außerdem gebrochen durch die hinterherfahrenden Gespanne. Vor ihm fuhr ein viel zu schwer beladener Wagen, mit einer dachartig aufgebauten Plane bedeckt, den die beiden Pferde selbst hier in der Ebene nur mit Mühe ziehen konnten. Um es den Tieren ein wenig leichter zu machen, waren die beiden Frauen abgestiegen und gingen hinter dem Wagen her. Vielleicht wollten sie aber auch nur deshalb laufen, um sich ein wenig warm zu machen. Die ältere der beiden hielt sich an einem Kälberstrick fest, der von dem Wagen herunterhing, und ließ sich ziehen.

Der Treck hielt an. Lenk rief den Frauen zu, doch zu ihm auf den Wagen zu kommen. Sie würden sicher noch genug zu laufen haben.

Zu dritt auf dem Kutschbock konnten sie sich gegenseitig unter den dicken Flickerdecken wärmen. Sie kamen aus Kalischka, einem kleinen Dorf hinter Wongrowitz, und waren schon den vierten Tag unterwegs.

„Anfangs hatten wir auch noch die Anna mit, unsere beste Milchkuh. Aber die hat sich die Füße an dem Eis so blutig gerissen, daß wir sie in einem Stall stehen lassen mußten. Nur die Pferde sind uns jetzt noch geblieben, von all unserem Vieh. Aber die machen es auch nicht mehr lange. Das eine hat, glaube ich, schon Fieber."

Die Worte der Alten kamen stoßweise. Dazwischen machte sie immer wieder lange Pausen.

„Sitzt euer Mann da vorne und lenkt die Pferde?"

„Mein Mann ist vor zwei Jahren gestorben. Unser Franzose wurde ins Gefangenenlager zurückgeholt. Nun muß meine Schwiegertochter mit meinem Enkel das Gespann führen. Und der ist doch erst zwölf. Und die Hermine, was meine Schwiegertochter ist, ist doch noch kaum mit Pferden umgegangen."

„Laß mal, Oma, die Mama macht das aber ganz gut."

Lenk sah hinüber zu der rechts außen Sitzenden und bemerkte erst jetzt, daß es noch ein Kind war, das da zu ihm auf den Wagen geklettert war.

„Am besten, Sie kommen mit ihrem Gespann mit mir auf unseren Hof. Neben uns wohnt der Tierdoktor, der kann sich die Pferde einmal ansehen und ihnen vielleicht eine Spritze geben. Aber das kann ich Ihnen schon sagen: Sie haben Ihren Wagen total überladen. Und geschmiert müßte er auch mal werden. Man hört ja bis hier oben hin, wie die Räder auf den Achsen quietschen. Vor allem aber: Jedesmal, wenn der Treck hält, müssen Sie Decken über die Pferde legen. Die Pferde schwitzen, und wenn sie stehenbleiben, friert der Schweiß. Die Pferde verkühlen sich dann."

Er sah sich nach hinten um. Auch die hinter seinem Wagen stehenden Pferde trugen eine dicke Reifschicht auf ihrem Fell.

„Das machen anscheinend viele von Ihnen falsch."

Niemand antwortete.

„Sie haben doch Pferdedecken mit?"

Die Alte schien an anderes zu denken. Sie hatte wohl überhaupt nicht zugehört und verstanden, was Lenk gesagt hatte.

„Wie weit ist es denn bis zu Ihnen?" fragte das Mädchen.

„Ungefähr vier Kilometer. Aber ob der Treck direkt bei uns vorbeikommt, weiß ich nicht. Unser Hof liegt an einem Nebenweg."

„Au ja, Oma. Wenn Mama wieder hält, renne ich nach vorn und sage ihr, daß wir bald da sind."

„Aber das können wir doch nicht annehmen. Übrigens, wir heißen Schmidtgen."

„Lenk, mein Name", stellte er sich vor und tippte dabei etwas unbeholfen mit dem linken dicken Fausthandschuh an seine Mütze.

„Wir haben keinen Mann mehr auf dem Hof. Wir Frauen müssen jetzt alles alleine machen. Dabei hatten wir zwei Söhne. Der eine ist schon in Frankreich gefallen und ihr Vater hier ist vermißt im Donezbecken."

„Das ist schlimm. Bei den Russen in Gefangenschaft zu geraten. Aber leben wird er sicher noch. Wir waren sogar zu fünf Jungen zu Hause. Drei sind gefallen, und einer liegt im Lazarett, schwerverwundet.“

„Und du, bist du auch verwundet?“ fragte die Kleine.

Ehe sie die Großmutter wegen dieser Frage rügen konnte, antwortete Lenk: „Nein. Ich war nicht an der Front.“

„Ja, das haben wir auch gehört, wenn zwei Söhne, glaube ich, gefallen sind, dann wird der dritte nicht mehr eingezogen.“

„Ich bin der Älteste. Aber ich habe nur ein Bein.“ Dabei klopfte er mit dem unteren Ende der Peitsche gegen seinen linken und seinen rechten Stiefel. Die Geräusche unterschieden sich deutlich voneinander.

„Knochenfraß.“

Er hielt inne und zügelte den Braunen, der dem vorausfahrenden Wagen fast aufgefahren wäre. Das Pferd hatte wohl bemerkt, daß hinten in dem Wagen ein Heuballen lag.

„Und jetzt wollen sie mich doch noch holen. Volkssturm. Mit einem Bein!“ Er deutete auf seine Binde am rechten Oberarm.

Langsam schlich der Treck vorwärts.

„Wenn wir wieder halten, kletterst Du vom Wagen runter und sagst deiner Mutter, daß wir im Dorf an ihr vorbeifahren werden. Da ist die Straße breiter. Sie soll an die Seite fahren und dann hinter uns herkommen.“ Lenk liebte keine langen Diskussionen.

„Unser Dorf muß aber zusammenbleiben. Unser Ortsgruppenleiter hat uns gesagt, daß wir verloren sind, wenn wir den Treck verlassen“, wandte die Alte ein.

Lenk ließ das nicht gelten. „Ich habe vorhin eure Pferde gesehen. Sie brauchen ein paar Tage Pause. Sonst brechen sie euch zusammen, und Ihr verliert erst recht den Anschluß, und zwar für immer. Dann kann euch euer Ortsgruppenleiter auch nicht mehr helfen.“

Nach einer Weile, als er merkte, daß die alte Frau immer noch unschlüssig war, fuhr er fort: „Außerdem: Ob die Russen bis hierher kommen, ist doch unwahrscheinlich. Dann könnt Ihr von hier aus wieder zurückfahren, wenn unsere Truppen den Gegenstoß durchgeführt haben.“

Lenk merkte, wie verlogen das war, was er zuletzt gesagt hatte. Und dabei war es doch nur die offizielle Sprachregelung, die der Ortsgruppenleiter verkündet hatte.

Auch die Alte hatte ihren Glauben an den Führer, den größten Feldherrn aller Zeiten, wie er sich gern nennen ließ, und seine Unbesiegbarkeit und seine Unfehlbarkeit Stück für Stück verloren, spätestens in diesen letzten vier Tagen. Dabei hatte sie Hitler verehrt und geliebt, neununddreißig, als er Posen-Westpreußen von den Polen befreit und sie heimgeholt hatte in sein Großdeutsches Reich.

Aber wenn sie ganz ehrlich zu sich selbst war: Von den Greueltaten, die die Polen an den Deutschen begangen haben sollen, ehe der Krieg begann, davon hatte sie damals nichts bemerkt. Davon hatte sie erst später gehört und gelesen.

Doch das ist lange her. Jetzt saß sie neben einem Fremden auf dessen Wagen, ihre ganze Habe, die ihnen verblieben war, schaukelte vor ihr auf ihrem Gefährt, und sie sah den Fremden von der Seite an und wußte nicht, was sie von ihm halten sollte. War das, was er gesagt hatte, bitterer Sarkasmus oder blinde Einfalt oder war er gar einer von den braunen Amtsträgern?

Beide schwiegen. Man hörte nur das Stampfen der Hufe, das Ausblasen des heißen Atems der Pferde und die rutschenden, leicht knakkenden Geräusche der eisernen Reifen auf dem festgefahrenen Schnee, wenn die Räder aus der eingefahrenen Spur kamen.

„Als wir losfuhren, waren die Russen dicht hinter uns," unterbrach das Mädchen die Stille. „Sie schossen auf uns. Aber sie haben nichts getroffen."

„So schlimm war das?"

„Ja, wir sind wirklich im letzten Augenblick herausgekommen. Ein paar Granaten schlugen nicht weit von der Straße entfernt ein. Und hinter uns hörte man auch Maschinengewehrfeuer."

Maschinengewehrfeuer! Was ist das für eine Zeit, dachte Lenk, daß alte Frauen, er schätzte seine Nachbarin auf mindestens sechzig Jahre, erfahren mußten, was Maschinengewehrfeuer und was Granateinschläge sind und wie sich das anhört.

Aber er sagte nichts. Man war vorsichtig geworden mit den Jahren. Sie kamen aus der Gegend um Posen - wie hieß der Ort noch gleich? Waren also Volksdeutsche, erst neununddreißig heim ins Reich gekommen, wie es damals hieß. Und die waren vielleicht jetzt noch hitlergläubig. Zumindest war sie dem Ortsgruppenleiter hörig.

So mißtraute und beargwöhnte der eine den anderen, hier auf diesem Wagen genau wie bei unzähligen anderen Gelegenheiten überall im Reich.

„Wißt Ihr, wir heizen die Schneiderstube ein, dann könnt Ihr euch richtig aufwärmen. Die Pferde stellen wir in die Scheune. Sie werden ordentlich abgerieben. Und Lene, das ist meine Frau, hat bestimmt noch Suppe übrig. Wir haben nämlich gerade erst geschlachtet."

Es fiel überhaupt nicht auf, daß Schmidtgens Gefährt in Godtschen aus der Kolonne ausscherte. Es blieb auch nicht nur bei dem einen Wagen; es waren mehrere Gespanne, die zur Seite fuhren und erst einmal im Schutze der Häuser Rast machten.

„Geh rüber zu deiner Mutter und sag ihr, sie soll hier auf mich warten. Ich muß erst die beiden Suppenkessel zurückbringen. Ich bin gleich wieder da und hole euch ab."

Kurze Zeit später waren sie auf Lenks Hof.

Die junge Frau und ihr Junge, reichlich klein für sein Alter, waren so verfroren, daß sie die Pferde nicht auszuspannen vermochten. Das übernahm Lenk und führte erst das linke und dann das rechte Pferd in die Scheune. Das war gar nicht so leicht, weil die Tiere scheuten und nicht in das für sie unbekannte Dunkel treten wollten.

Der Junge nahm, genau wie Lenk, Stroh und rieb die Pferde ab. Er kam zwar nur bis zur Hälfte der nassen dampfenden Leiber, aber er gab sich Mühe, es gut zu machen, und man sah, wie er sich quälte. Fredy war inzwischen auch dazugekommen. Er wollte wissen, wer da mit seinem Onkel auf den Hof gekommen war, er wurde von ihm aber gleich rüber zu Dr. Hollander, dem Tierarzt, geschickt.

Mit dicken Flickendecken bedeckt, sahen die Pferde schon viel besser aus. Sie soffen und fingen an, von dem Heu zu fressen, das ihnen Lenk vorgeworfen hatte.

„Ein gutes Zeichen. Ein krankes Pferd frißt nicht."

Das sagte auch Dr. Hollander, nachdem er die Tiere untersucht und gründlich mit seinem Stethoskop abgehorcht hatte. „Keine Lungenentzündung. Ein paar Tage Ruhe, und Ihre Pferde sind wieder die alten. Sie sind nur überanstrengt."

Es wurde dunkel. Der Treck aus Kalischka war irgendwo im Westen verschwunden.

„Da ist es wieder, das Sprengen."

„Du spinnst ja, Fredy," die Kleine kam sich recht erwachsen vor, weil sie mehr wußte als er. „Das ist kein Sprengen. Wer hat dir denn das erzählt? Das sind Kanonen, die da schießen. Man hört es doch ganz deutlich. Das ist aber noch weit weg. Wenn die Kugeln dichter einschlagen, hört sich das ganz anders an. Und erst recht die Maschinengewehre. Da kann man richtig Angst kriegen."

Er könnte ihr jetzt sagen, daß das keine Kugeln, sondern Granaten sind, die da verschossen werden. Aber das tat er nicht. Ein ungewisser Zweifel verstärkte sich in ihm. Gewiß, der Blumenhöf war unehrlich, verschlagen, ein Lügner. Er hat das Milchgeld immer noch nicht ausgezahlt. Das war schuftig, denn schließlich brauchten die Leute ihr Geld. Aber das mit den Sprengungen, das hat er doch gleichsam offiziell weitergegeben. Wie der Wehrmachtsbericht im Rundfunk.

Oder sollte da auch gelogen werden?

Fredy wollte nicht weiter darüber nachdenken. Vielleicht ahnte er insgeheim, daß ihm dann sein ganzes Weltbild zusammenbrechen würde.

„Sag einmal, wie heißt der Ort, wo Ihr herkommt?" fragte er das Mädchen.

„Kalischka. Das liegt ganz dicht bei Wongrowitz. Aber warum willst Du das wissen?"

„Seid Ihr über die Weichsel gefahren, als Ihr hierherkamt?"

„Weichsel? Ach, Du spinnst ja. Die Weichsel liegt doch viel weiter. Mindestens hundert Kilometer hinter uns. Ich war noch nie da gewesen. Ich weiß das nur von der Schule."

„Und die Russen haben auf euch sogar mit Maschinengewehren geschossen?"

„Ja, aber nicht auf uns. Das war noch weiter weg. Nur die Kugeln aus den Kanonen, die sind bis zu uns geflogen."

Die Kleine sagte die Wahrheit. Da bestand kein Zweifel. Also wird offiziell gelogen. In dem Wehrmachtsbericht aus dem Führerhauptquartier wird gelogen.

Die Russen haben die Weichsel schon längst überschritten. Dabei hatte gestern abend der Wehrmachtsbericht von heftigen Abwehrkämpfen am Weichselbogen gesprochen, wie schon seit Tagen. Und besonders verlustreich für die Russen.

„Gesehen habt Ihr aber keine Russen? Ich meine Panzer oder so."

„Wo denkst du hin? Die Kugeln hat man auch nicht gesehen. Es ist nur der Schnee hochgespritzt, und erst später hat es ganz laut geknallt."

Fredy hatte eine völlige Leere im Kopf. Wie bei einer Lateinarbeit, wenn ihm Vokabeln fehlten und er keinen Sinn in einen Text bekam. Nein, noch schlimmer. Er wußte überhaupt nicht mehr, an was er noch glauben sollte.

Er zwang sich, darüber nicht weiter nachzudenken und ging noch einmal in die Scheune, um nach den Pferden zu sehen. Schließlich trugen sie ja jetzt die Verantwortung. Das Mädchen kam hinterher.

Es war alles in Ordnung. Die Pferde fraßen immer noch. Sie waren jetzt trocken und hatten sich an die neue Umgebung gewöhnt.

„In einer Stunde so rum bekommen sie Hafer. Mein Onkel meinte, sie sollten erst einmal nur Heu fressen, damit sie sich keinen dicken Bauch holen. Komm, wir gehen rein. Sicher gibt es bald etwas zu essen."

„Ich verstehe Dich nicht, Fredy. Du fragst, wie weit die Weichsel von Wongrowitz weg ist, und du fragst alles mögliche über Panzer und Maschinengewehre. Aber wie wir heißen, das hast du noch nicht gefragt."

„Ich weiß doch, du bist die Liesel und dein Bruder heißt bestimmt Hans."

„Ganz falsch. Ich heiße richtig Lieselotte, nur meine Oma sagt immer Liesel zu mir, und ich bin schon elf Jahre alt, na ja, fast elf Jahre alt. Im letzten Jahr kam ich zum BDM. Aber ich habe gar keine Uniform. Die bekommen wir erst, wenn wir gesiegt haben, sagte unsere Führerin. Und mein Bruder heißt Jürgen, Jürgen Schmidtgen."

Es war eine große Runde am Tisch in der Schneiderstube und eine ungewöhnliche dazu. Normalerweise aß man nämlich in der Futterküche im Anbau. Da war es immer schön warm von dem großen Herd, man hatte es nicht weit zum Vieh und man konnte sich ruhig mit den schmutzigen Sachen hinsetzen. Sich zum Essen umzuziehen, darauf wäre weder Artur Lenk noch seine Frau gekommen.

Früher war das anders. Martha hatte sich immer eine gute Schürze umgebunden, wenn sie mit ihrem Mann und den Gesellen und den Lehrlingen zusammen gegessen hatte in der Schneiderstube. Aber das ist lange her. Ihr Mann, der Schneidermeister Hermann Vogt, war schon Ende des ersten Kriegswinters gestorben. Noch ehe man die Kartoffeln gesetzt hatte.

Und nur, wenn Besuch da war, dann aß man noch hier: An den Sonntagen nach den Geburtstagen, wenn die ganze Verwandtschaft kam, oder wenn Fredys Eltern aus Berlin kamen, Erich Vogt und seine Frau. Die waren aber nur gekommen, um Fredy zu bringen oder wieder abzuholen. Vor dem Krieg.

Jetzt war Erich Vogt auch Soldat, Reserveleutnant, und Fredy fuhr mit der Bahn, von Berlin bis nach Vordamm, und von da holte ihn sein Onkel immer mit dem Pferdewagen ab. In den Ferien war er nämlich immer bei seiner Großmutter und seiner Tante und seinem Onkel. Und so auch jetzt, obwohl die Weihnachtsferien längst vorbei waren. Aber jetzt war sowieso alles anders.

Nun saß man also um den großen Tisch in der Schneiderstube. Der Ofen war noch nicht richtig warm. Doch Schmidtgens merkten das überhaupt nicht. Letzte Nacht hatten sie auf dem Wagen in einer halboffenen Feldscheune übernachten müssen. „Dabei hatten wir noch Glück, weil wir ganz vorne im Treck waren. Die meisten, die nach uns kamen, mußten die Wagen ganz im Freien stehen lassen."

Vorn saß Martha Vogt, die Großmutter. Und neben ihr zur Rechten Oma Schmidtgen. Die beiden jüngeren Frauen saßen ihr gegenüber. Die beiden Kinder, Fredy und Artur Lenk schlossen die Runde auf der anderen Seite.

Man schien sich hier viel fremder zu sein als vorhin auf dem Ferkelwagen im Treck.

„Gestern in der Feldscheune konnten wir uns überhaupt nicht waschen. Es gab kein Wasser, nur Eis."

„Liesel, iß lieber. Das interessiert Vogts doch gar nicht, was gestern mit uns war."

„Es ist alles so furchtbar. Wenn ich mir vorstelle, daß wir hier auch fort müssen. Ich würde das nicht überleben."

„Das habe ich vor einer Woche auch gesagt, Frau Lenk. Aber wenn ich daran denke, was die Russen mit uns anstellen, gerade mit uns Frauen, nein, dann gehe ich lieber weg. Man hat ja genug darüber gehört, wozu diese asiatischen Horden fähig sind."

Die Zeitungen und die Wochenschau im Kino hatten ausführlich darüber berichtet, wie die russischen Soldaten im letzten Herbst die deutsche Zivilbevölkerung in Goldap und Umgebung mißhandelt, vergewaltigt, gefoltert und ermordet hatten. Die Bilder, die nach der Rückeroberung durch die deutsche Wehrmacht veröffentlicht worden waren, dokumentierten allen ihr Schicksal, falls sie in die Hände der Russen fallen sollten.

Und das war ja auch wohl so von Goebbels beabsichtigt.

„Aber hier haben Sie erst mal Ruhe. Sie bekommen das Zimmer nach hinten raus. Das war früher unser Schlafzimmer. Aber seit mein Mann tot ist, steht es leer. Nur Bettzeug haben wir keines übrig. Das haben unsere Bombenflüchtlinge aus Dortmund bekommen. Die wohnen oben im Bodenausbau." Martha Vogts Gespür für das im Augenblick Notwendige entspannte und entkrampfte die Atmosphäre.

„Das ist auch gar nicht nötig, Frau Vogt. Bettzeug haben wir genügend auf dem Wagen. Das haben wir natürlich mitgenommen. Nur an die Pferdedecken hatten wir nicht gedacht, Herr Lenk. Nur wir Frauen können so dumm sein."

„Wissen Sie, Frau Schmidtgen, Decken für die Pferde haben wir genug. So viele könnten wir gar nicht mitnehmen."

„Du willst doch nicht etwa sagen, Artur, daß wir hier auch fort müssen?"

„Das habe ich nicht gesagt, Lene. Schließlich bringt ja die großdeutsche Wehrmacht Nachschub und vor allem die Wunderwaffen heran. In wenigen Tagen werden sie hier sein und die Russen werden laufen wie die Hasen. Hat das nicht unser Herr Ortsgruppenleiter so gesagt?"

„Artur," Helene Lenk konnte sehr energisch, fast schulmeisterlich werden, wenn ihr an ihrem Mann etwas nicht paßte. „Was sollen die Leute von uns denken?"

„Lene, vor fast zwölf Jahren haben wir geheiratet. Ich bin hierher gekommen. Wir haben den Anbau hochgezogen, die Futterküche, den Pferdestall, und die Scheune vergrößert. Wenn es keinen Krieg gegeben hätte, hätte ich weiter mit Vieh handeln können, nach Driesen fahren, frischmelkende Kühe nach Vordamm zum Bahnhof bringen. Und in ein paar Wochen hätte es wieder die ersten Ferkel gegeben. Die brachten immer das beste Geld."

Sein ganzer Zorn über ihre Lage, ihre aussichtslose Situation brach aus ihm heraus: „Aber jetzt? Jetzt sitzen wir hier und warten, bis der Befehl zum Anspannen kommt."

„Er redet sich noch um Kopf und Kragen", dachte Lene; sie wußte aber nicht, wie sie ihren Mann bremsen sollte.

„Wir haben unsere Milchkühe, die Schweine, die beiden Pferde, Hühner, Enten, Gänse, Tauben. Was wollen wir mehr, frage ich, was wollten wir mehr? Wir haben diesen Krieg nicht gewollt, der meinem Vater drei Söhne genommen hat und zwei von meinen Schwestern die Männer."

„Artur, wenn dich einer hört! Du bringst uns alle ins Erziehungslager!" Dabei machte sie eine unmißverständliche Kopfbewegung hin zu der alten Schmidtgen.

„Lassen Sie mal, Frau Lenk. Ich kann Ihren Mann nur zu gut verstehen und Sie auch. Der Vater der beiden Kinder ist vermißt, in Rußland, mein jüngerer Sohn vorher schon in Frankreich gefallen. Mein Mann ist tot. Vielleicht würde er heute noch leben. Aber er ist gestorben, kurz nachdem die Vermißtenanzeige von der Front kam. Sein Sohn in Rußland vermißt! Das konnte er nicht ertragen. Und jetzt müssen wir Frauen bei der Kälte über die Straßen ziehen wie..., ja, wie Bettler."

Sie schwieg einen Augenblick, als überlegte sie das, was es noch zu sagen gab: „Sie hatten den Krieg nicht gewollt, Herr Lenk. Das glaube ich Ihnen. Aber ich sage Ihnen auch ganz deutlich: Wir Volksdeutsche wollten ihn auch nicht. Wir hatten gut gelebt bei uns zu Hause, wir waren in Frieden mit den Polen ausgekommen. Sicher, Streit gab es manchmal, auch mit den polnischen Nachbarn. Aber ich frage Sie: Gibt es hier bei Ihnen untereinander keinen Streit?"

Sie stand plötzlich auf. Alle starrten auf sie.

„Wenn jemand sagt, daß der Krieg wegen uns geführt werden mußte, dann sagt er die Unwahrheit, dann lügt er. Dabei bleibe ich, und wenn der, der das sagt, noch so weit oben stehen mag!"

So, nun zeigt mich an, wenn Ihr wollt, schien sie zu denken, als sie eine ganze Weile weiter so stehenblieb. Dann setzte sie sich, um mit normaler Stimme fortzufahren: „Und jetzt sitzen wir hier und wissen nicht, wie es weitergehen soll."

„Jetzt bleibt Ihr erst einmal hier," plötzlich war für Martha Vogt und auch wohl für die anderen das Eis gebrochen. Man verstand einander. „Schlaft euch in Ruhe aus. Artur kümmert sich um eure Pferde."

Lange Zeit herrschte Stille. Jeder dachte darüber nach, was gesagt worden war. Das war im Augenblick vordergründiger als alle Sorge um die nächsten Tage.

„Fredy, du fährst morgen weg?" unterbrach Liesel das Schweigen.

„Ja, ich muß zu den Schanzarbeitern fahren, ihnen Essen bringen."

„Ist das weit?"

„So ungefähr eine Stunde hin und eine Stunde zurück. Aber dort muß man warten, bis sie alle gegessen haben, und die leeren Kessel wieder zurückbringen."

„Mama, dürfen da Jürgen und ich mitfahren?"

„Darüber reden wir morgen. Vielleicht müssen wir morgen schon weiterfahren, Liesel", sagte Hermine Schmidtgen, ihre Mutter.

Es gefiel ihr nicht, ihre Kinder auch nur ein paar Stunden wegfahren zu lassen. Was könnte alles in dieser Zeit geschehen?

24. Januar 1945

Am nächsten Vormittag saßen die drei auf dem Bock vom Ferkelwagen. Fredy ganz links. Der Kutscher sitzt immer links! In der Mitte Liesel und rechts ihr Bruder Jürgen. Hinter ihnen gluckste in den beiden Kesseln die Suppe. Es war für die Kinder gar nicht so schwer gewesen, von der Mutter die Erlaubnis zu dieser Fahrt zu bekommen. Von ihrer gestrigen Meinung und ihrer früheren konsequenten Haltung, die die Kinder oft hatte zurückschrecken lassen, überhaupt einen ungewöhnlichen Wunsch zu äußern, war nichts zu spüren gewesen.

„Warum hast du vorhin bei dem Kreisleiter nicht die Wahrheit gesagt, Fredy?" fragte Liesel. „Es kann doch jeder wissen, daß wir aus Kalischka sind. Da ist doch nichts dabei."

„Eben doch, dumme Kuh", antwortete Jürgen, „wenn der erfahren hätte, daß wir aus Kalischka sind, dann hätte er doch sofort wissen wollen, warum wir unseren Treck verlassen haben. Der weiß doch bestimmt, daß die Leute aus Kalischka hier gestern durchgefahren sind. Fredy hat das goldrichtig gemacht. Da mußte man lügen."

„Goldrichtig" war seit einiger Zeit sein Lieblingswort.

Richtig gelogen hatte ich ja gar nicht, dachte Fredy. Schließlich hatte er sich hier auf dem Hof seines Großvaters immer viel mehr zu Hause gefühlt als in ihrem Haus in Berlin, das vor mehr als einem Jahr total abgebrannt war. Und direkt nach den beiden Kleinen hatte der Kreisleiter ja gar nicht gefragt.

Fredy hatte sich erschrocken, als er bei der Dorfküche den Fremden in der braunen Uniform gesehen hatte. Es sah aus wie ein Abklatsch von Blumenhöf, nur mit noch mehr Orden und noch imponierenden Rangabzeichen ausgestattet. Erst als er von Blumemhöf mit *Kreisleiter* angeredet wurde, wußte Fredy, welche wichtige und für viele gefährliche Funktion der hatte.

Einen richtigen Kreisleiter hatte er bewußt nur ein einziges Mal gesehen, noch in Berlin, als er, kurz ehe man die ganze Schule wegen der Bombenangriffe ins KLV-Lager ausgelagert hatte, zum Kameradschaftsführer befördert worden war. Sie waren eine größere Gruppe von Hitlerjungen gewesen, die eine neue und manche auch eine höherwertige Führerschnur erhalten sollten. Von Herrenmenschen und Zukunftsträgern Europas hatte der geredet, nein eher geschrieen, wie auch Blumenhöf immer schreit.

Ihr Stammführer mit der weißen Kordel von der linken Schulterklappe zur linken Brusttasche, der mit ihm in dieselbe Schule ging, nur ein paar Klassen höher, hatte halbschräg hinter dem Kreisleiter gestanden, und es hatte so ausgesehen, als wenn er dabei gelächelt hatte. Aber sicher war Fredy sich nicht.

Schließlich wurde nicht jeder Vierzehnjährige schon Kameradschaftsführer in der Hitlerjugend, und das, obwohl er sportlich nicht gerade ein As war. Zäh wie Leder, um die damals gebräuchliche Forderung an die Jugend des Führers heranzuziehen, also zäh wie Leder, das mochte noch angehen, aber schnell wie ein Windhund, das war er nicht, und hart wie Kruppstahl, das war ihm zuwider. Starr und stur vorwärtsmarschieren ohne Rücksicht auf Verluste, das war nicht seine Art. Das Opfer von Langemark, in einem Gedicht heroisch beschrieben und von Studienrat Coßmann, ihrem Deutschlehrer, als Vorbild deutscher Jugend interpretiert, hatte er nie verstanden. Wenn man diese jungen kriegsfreiwilligen Offiziersanwärter in ihren Stellungen zurückgehalten hätte, statt sie in das Maschinengewehrfeuer zu schicken, hätte man doch später viele gute, tapfere Offiziere haben können.

Aber so?

Diese Gedanken hatte er natürlich nie geäußert, nicht einmal zu Hause in der Familie. Aber man wußte wohl, daß er dem Ideal des Führers nicht so richtig entsprach. Trotzdem hatte man ihn zu einem Führerlehrgang geschickt und zum Kameradschaftsführer befördert. So etwas ging wohl nur in der Nachrichten-HJ!

Er war damals mächtig stolz gewesen und hatte ein paar Tage lang seine Uniform mit der Führerschnur sogar in der Schule getragen, was er vordem nur getan hatte, wenn man es tun mußte, so beispielsweise am 30. Januar oder an Führers Geburtstag.

„Na, da sind ja unsere tapferen Verpflegungsfahrer", hatte der Kreisleiter zu den Dreien gesagt. „Sehen Sie, Ortsgruppenleiter, wenn sich alle so einsetzen würden wie diese drei jungen Kämpfer hier, dann wäre der Russe schon lange hinter dem Ural. Sie können stolz sein auf Ihre Jugend in Ihrer Ortsgruppe."

„Jawoll, Kreisleiter", hatte Blumenhöf gebellt und dann geschwiegen.

„Dann komm mal her, junger Volksgenosse", hatte der Kreisleiter Fredy von seinem Ferkelwagen gerufen, auf dem die drei immer noch gesessen hatten. „Seid Ihr hier aus dem Dorf?"

„Jawohl, mein Vater ist hier geboren und seine ganze Familie stammt von hier. Wir wurden unter Friedrich dem Großen hier angesiedelt, Kreisleiter."

„Und nun verteidigt Ihr eure Heimat wie einst eure Vorfahren gegen die Russen. Tapfer, tapfer."

Fredy wollte einwenden, daß das Netzebruch von seinen Vorfahren erst nach dem Siebenjährigen Krieg besiedelt worden war und man nie die Gelegenheit gehabt hatte, sich hier vor Godtschen gegen die Russen zur Wehr zu setzen. Aber er schwieg lieber und nahm, so gut es in dem dicken Mantel ging, Haltung an.

Der Kreisleiter griff in seine Manteltasche. „Ich habe den Auftrag, ein Ehrenzeichen für vorbildlichen Einsatz beim Bau der Verteidigungslinie zu vergeben als Anerkennung für alle hier. Du bist ein Vorbild für alle die Parteigenossen und Volksgenossen hier in eurem Dorf. Du sollst es haben."

Und damit heftete er dem verdutzt dreinschauenden Jungen ein buntes Band mit einem ovalen Bronzeabzeichen daran an seinen Mantel. Er straffte seinen Körper, preßte die Linke an seine Seite, grüßte mit der ausgestreckten Rechten und nahm den Arm dann wieder herunter.

„Mach weiter so! Jungens wie dich kann der Führer gebrauchen."

Er sagte *Jungens* wie viele Parteiführer in jener Zeit.

Fredy hatte ebenfalls wie automatisch seinen rechten Arm gehoben, daß er über seine Fingerspitzen hinweg den Horizont sehen konnte, wie es in den einschlägigen Grußvorschriften stand und wie er es einige hundert Mal geübt hatte, im Stehen und im Marschieren.

„Danke, Kreisleiter." Er knallte die Hacken zusammen. „Ich bitte darum, jetzt die Verpflegung abfahren zu dürfen."

„Immer im Dienst", versuchte der Kreisleiter zu scherzen, „so ist es recht. Fahr nur zu, Junge. Die Leute draußen werden schon auf etwas Warmes warten."

Fredy kletterte auf den Bock zurück, nahm die Zügel und schlug mit den Lederstreifen leicht auf den Rücken des Pferdes, das sofort anzog.

„Jetzt fahren wir ja genau auf derselben Straße wie gestern, nur in der anderen Richtung", stellte Liesel fest.

„Ja, wir müssen wieder durch das ganze Dorf hindurch."

Er zeigte mit seiner Peitsche auf ein altes Haus auf der rechten Straßenseite, wo der Nebenweg in die Dorfstraße mündete. „Das ist der alte Hof von Vogts. Das war lange die Bürgermeisterei. Wenn man genau hinsieht, kann man auf dem Türbalken noch die Buchstaben B.V. und K.V., die stehen für Balthasar Vogt und Katharina Vogt, und die Jahreszahl 1766 erkennen."

„Balthasar, was für ein komischer Name", wunderte sich Liesel und wollte dann wissen, warum dieses Haus jetzt nicht mehr die Bürgermeisterei ist.

„Weil mein Urgroßvater weggezogen ist, nach Schulzenwerder. Der Hof hier war ihm zu klein, und vergrößern konnte er sich hier nicht. Er hat es an Petsch verkauft. Der war damals gerade hierhergezogen. Später hat der sich draußen auf der Straße nach Guscht einen großen Hof gebaut. Hier in diesem Haus wohnt jetzt nur noch eine alte Magd von Petschens."

Die Kinder schwiegen und blickten zurück zu dem alten Haus mit den übergroßen Fachwerkbalken, die teilweise abgesackt waren und deshalb schräg standen. Die Felder dazwischen waren erst jüngst weiß gestrichen worden.

„Daß das Haus nicht umfällt, wo die Balken doch so schief stehen", meinte Liesel.

„Das Haus hat gut hundertsiebzig Jahre gestanden. Es wird auch noch lange Zeit so stehen bleiben. Die Balken sind viel dicker als die an unserem Haus. Und wenn sie schief stehen, dann halten sie sich gegenseitig fest."

Sie kamen an einem ganz aus Stein gebauten Haus mit einem Laden vorbei. Das Schaufenster war leer. Nicht einmal die in der Stadt üblichen Attrappen standen darin.

„Das ist die Schlachterei Strauch. Da stammt meine Großmutter her, die Ihr ja kennt. Ihr Vater war im Sommer Flößer und im Winter Schlachter. Sein Bruder, also Großmutters Onkel, war immer Schlachter. Und dazu natürlich Bauer."

„Flößer, was für ein komischer Beruf", staunte Liesel.

Fredy ging auf diese versteckte Frage nicht ein.

Weiter fuhr der Wagen mit den beiden Suppenkesseln. Der auf beiden Seiten mit Linden begrenzte Fahrbereich der Dorfstraße war mit dicken Kopfsteinen gepflastert, wie man sie hier zu Tausenden beim

Pflügen vor allem auf der Heide gefunden hatte. Hinter den Bäumen verlief auf beiden Seiten der Gehweg, auf dem man so gut radfahren konnte. Hier gab es keine Pflasterung. Doch der Sand war über die Jahrzehnte hinweg so zusammengepreßt worden, daß er, solange es trocken war, einen festen Belag bildete.

Trotz der Kopfsteinpflasterung rumpelte der Wagen überhaupt nicht, weil die dicke festgefahrene Schneedecke in den Wagenspuren so glatt und gleichmäßig war, daß die Räder darüberrollten wie über Asphalt. Der Fuchs wußte genau, wie er zu gehen hatte, damit die Zuglast möglichst gering war. Er kam nie aus der Fahrspur, auch ohne daß man ihn mit dem Zügel lenken mußte.

Lenk hatte diesmal den Fuchswallach angespannt, weil er wollte, daß jedes Pferd immer wieder bewegt wird. Außerdem war der Fuchs friedlicher, wahrscheinlich, weil er älter als der Braune war. Besonders Lene war darum bedacht, daß er für Fredy den Fuchs anspannte. „Wenn der Braune durchgeht, dann kann der Junge den doch nicht halten", war immer wieder ihr Einwand.

Mit beiden Pferden durfte Fredy ohnehin nicht allein fahren. Aber er hätte seiner Tante zu gern bewiesen, daß er durchaus imstande war, auch den Braunen zu beherrschen. Doch die Gelegenheit dazu würde er wohl nie bekommen, fürchtete er.

Sie fuhren einen kleinen Linksbogen und sahen auf der linken Seite mehrere Militärlastwagen stehen mit den dicken Holzvergasern vorn auf der rechten Seite der Ladefläche. Die Soldaten luden schwere Holzkisten ab und schleppten sie sofort in den Saal von Wernickes Gaststube.

„Panzerfäuste", wußten beide Jungen, als sie näher herankamen. Jeweils drei der keulenartigen Waffen waren in einem hölzernen Verschlag verpackt, durch den man den Inhalt gut erkennen konnte.

„Das sind ja wenigstens hundert Kisten", staunte Liesel, „ob die Russen denn wirklich so viele Panzer haben?"

Die Jungen hörten nicht auf sie. Da standen nämlich merkwürdige Fahrzeuge, die ihre Aufmerksamkeit viel mehr beanspruchten als Liesels Frage. Es waren einachsige Anhänger, auf denen jeweils ein dickes Rohr montiert war, das wie ein grüngrau gestrichenes übergroßes Ofenrohr aussah und etwa mannshoch war.

Sie hielten das Pferd an. So etwas hatten sie noch nicht gesehen. Es war kein Geschütz, hatte aber ein Kaliber wie eine schwere Artilleriewaffe. Doch für ein Geschütz waren die Rohre zu dünn. Dann wären sie beim ersten Schuß auseinandergeplatzt. Es war auch kein Nebelwerfer. Den kannten sie von der Wochenschau im Kino. Ein Nebelwerfer hatte mehrere Rohre und war in Wirklichkeit ein Raketenwerfer.

„Ob das die V3 ist?" fragte Liesel, „dann können wir vielleicht bald wieder zurück."

„Vielleicht ein großer Raketenwerfer mit nur einem Rohr", meinte Jürgen.

Das hörte einer der Soldaten, ein Unteroffizier mit EK 2, Gefrierfleischorden und silbernem Verwundetenabzeichen.

„Ne, Junge, das sind überschwere Granatwerfer. Kaliber 150 Millimeter."

Granatwerfer kannten die Jungen. Aber nur so kleine, die ein einzelner Soldat wie einen Tornister tragen konnte. Da wurde eine Platte auf den Boden gelegt, das Rohr darauf befestigt und dann die Granate, die hinten kleine Steuerflügel hatte, von oben in das Rohr geschoben. Dabei mußte man schnell die Hand wegziehen und den Kopf wegen des Druckes in den Sand stecken.

„Werden die auch von oben geladen?" fragte Jürgen.

„Ja, das sind Vorderlader. Aber die Zündung verläuft anders als bei den alten Fünfzig-Millimeter-Werfern. Wenn die Granate im Rohr drin ist, wird sie ganz normal wie bei jedem Geschütz gezündet."

Fredy erinnerte sich, daß Reichweite und Zielgenauigkeit bei den kleinen Granatwerfern, die man im Weltkrieg entwickelt hatte, gering waren. Also fragte er, wie weit man mit den neuen Granatwerfern schießen und wie genau man damit zielen könne.

Da wurde der bis dahin so redselige Soldat plötzlich sehr einsilbig.

„Ich habe schon viel zu viel gesagt. Vergeßt es", sagte er und ging weg.

Sie ließen das Pferd wieder anziehen. Es fand sofort wieder die richtige Spur. Sie kamen an der Kirche vorbei mit dem hohen spitzen Turm. Nachempfundene Backsteingotik. Der Kirche gegenüber der Schmied Wiezorke und daneben Spechts Stellmacherei.

„Wie lustig", sagte Liesel, „ein Specht ist Stellmacher."

Dieser unfreiwillige Scherz mit dem Namen war Fredy noch gar nicht aufgefallen.

Allmählich kamen sie aus dem Dorf. Rechts lag der Bahnhof und etwas später links der Straße Kletschens Säge- und Getreidemühle.

Fredy mußte jedesmal in sich hineingrinsen, wenn er hier vorbeikam. Kletschens Sägemühle ist eine richtige Klitsche, pflegte sein Vater immer zu sagen.

Der mußte es wissen; denn er hatte, ehe er eingezogen wurde, in einer großen Aktiengesellschaft eine Abteilung geleitet, die aus elf großen, modernen Sägewerken bestand, die über die ganze Mark Brandenburg, Ostpreußen und Schlesien verteilt waren. Und gegen seine Sägewerke, in denen während des Krieges Holz vor allem für die Wehrmacht, so auch für Lastensegler und für Schnellboote, geschnitten und behobelt wurde, war diese Sägemühle mit ihrem einen Gatter aus den zwanziger Jahren tatsächlich veraltet.

Dafür aber konnte man bei Kletsch Balken für den Bau von Feldscheunen und Dachstühlen in jeder gewünschten Abmessung schneiden lassen. Und das ging in Erich Vogts Sägewerken nicht.

„Für ein paar Kanthölzer kann ich doch die Gattersägen nicht extra umstellen lassen", so Fredys Vater, „das dauert ja mindestens eine halbe Stunde Arbeitszeit."

Fredy hatte einwenden wollen, daß es bei Herrn Kletsch ja doch auch so lange dauern und ihn auch eine halbe Stunde Arbeitszeit kosten würde. Aber er ließ es lieber. Er wußte, daß sein Vater dann unwirsch geworden wäre.

Es war ausgesprochen ruhig auf der Straße. Der Wind hatte sich gelegt. Eine fahle Sonne stand am Himmel. Von den beiden großen Trecks, die durchgekommen waren, erst der zur Mittagszeit und dann der aus Kalischka, zeugten nur die vielen nebeneinanderlaufenden und sich überkreuzenden Spuren der Räder und der von den Stollen der Pferde zerhackte Eisschnee.

„Merkwürdig, all die Tage hatte man das ferne Donnern gehört, das angeblich von den Sprengungen herrühren soll. Aber heute ist es still", stellte Fredy fest, wobei er sich bewußt war, daß das Geräusch nur entfernt Ähnlichkeit mit dem Donner sommerlicher Gewitter hatte.

„Bestimmt sind die Russen schon zurückgeschlagen worden, und wir können nach Hause fahren", freute sich Liesel.

„Oder es ist Kampfpause. Schließlich schießt man an der Front nicht andauernd." Jürgen wies sich als Fachmann aus. „Ich glaube nicht, daß die Russen schon besiegt sind. Die Granatwerfer waren schließlich noch gar nicht im Einsatz."

„Ich glaube, du willst gar nicht wieder nach Hause, weil du dann wieder in die Schule mußt." Und dann zu Fredy gewandt: „Weißt du, er geht nämlich gar nicht gern in die Schule."

„Du doch auch nicht, dumme Kuh!"

Sie mußten das letzte Stück von der Straße abzweigen und über den Acker fahren, um an die Baustelle zu kommen. Die Männer schlurften, als sie den Essenswagen sahen, träge zu den beiden Bauwagen, die man von Zeit zu Zeit immer etwas weiter schob und in denen die Kanonenöfen für etwas Wärme zum Aufwärmen und zum Trocknen der nassen Kleidung sorgten. Jeder holte sein Eßgeschirr und seinen Löffel und reihte sich an dem Wagen an, Fremdarbeiter, Volkssturmmänner, Kriegsgefangene, alle durcheinander. Sie blieben stumm; noch nicht einmal Fredys fremde Begleiter veranlaßten auch nur einen der Männer, eine Bemerkung zu machen. Die Kälte und die schwere, unsinnige Arbeit hatte sie einander näher gebracht, gleich gemacht und doch um jeden eine unsichtbare Mauer gezogen. Der Feind war nicht mehr der daneben arbeitende Russe. Der Feind war die Kälte, der nächste Tag, der das Ende sein könnte, der gestrige Sturm, die Müdigkeit, die manchen sogar veranlaßte, nicht ins Dorf zurückzugehen, sondern in den Bauwagen zu übernachten.

Fredy schämte sich seines Ordens. Diese Leute hier hätten ihn tausendmal eher verdient als er. Mit klammen Fingern löste er die Sicherheitsnadel und steckte das bronzene Oval mit dem bunten Band in die Manteltasche. Er sollte ihn nie wieder tragen.

Nach knapp zwanzig Minuten waren die beiden Kessel leer. Fredy verschloß die Deckel. Da kam der Bauführer an den Wagen und sagte Fredy, daß Lenk morgen das Schweißgerät mitbringen solle. „Aber vergiß es nicht. Wir müssen morgen die Bahnschienen durchschneiden."

Fredy nickte mit dem Kopf. Er nahm die Zügel und ließ den Wallach anziehen.

Juni 1926

„... Und so freuen wir uns, daß Godtschen nun einen eigenen Bahnanschluß hat. Das bringt für unser Dorf wirtschaftlichen Aufschwung. Wir brauchen uns nicht mehr zeitaufwendig mit dem Gespann nach Friedeberg-Bahnhof oder nach Vordamm bringen zu lassen, wenn wir mal nach Landsberg fahren wollen. Und wir können uns unsere Güter bis hierher direkt vor die Haustür transportieren lassen und unsere landwirtschaftlichen Produkte von hier aus in alle Welt verschicken. Das beste Beispiel sehen Sie hier: Der erste Güterwagen mit Ladung nach Godtschen steht vor uns."

Richard Vogt, der Bürgermeister, nahm seinen Hut ab und wischte sich die Stirn. So langes Reden, und noch dazu in dieser Hitze, war nichts für ihn. Aber heute mußte es sein.

„Unser Dank gilt all denen, die mitgeholfen haben, diese Bahnlinie zu bauen. Der Reichsbahn mit Reichsbahnrat Wenzel, den Planern, die die Bahnlinie abgesteckt haben, und vor allem den Bauarbeitern, die das Werk in so kurzer Zeit vollendet haben."

Er machte eine Pause.

„Und nun lade ich euch alle, die Ihr mitgeholfen habt, ein zu einem anständigen Glas Bier und zu unserem bekannten Bauernfrühstück."

Man drängelte in den Wartesaal, der auf einen solchen Ansturm gar nicht vorbereitet war. Aber es war warm, und deshalb nahmen die meisten ihr Bier und eines der zweihandtellergroßen Stullen mit Blutwurst oder Leberwurst in die Hand und stellten sich draußen auf den Bahnsteig.

Zu sehen gab es ja draußen auch viel mehr als drinnen in dem jetzt schon verräucherten Wartesaal.

„Herr Bürgermeister. Haben Sie Verständnis."

Reichsbahnrat Wenzel hielt seine Taschenuhr aufgeklappt in der Hand und sprach etwas lauter als gewöhnlich, nicht nur wegen der allgemeinen Unruhe um sie herum, sondern auch, weil er bemerkt hatte, daß Richard Vogt anscheinend nicht mehr besonders gut hören konnte.

„Die Reichsbahn legt Wert auf Pünktlichkeit. In einer Viertelstunde müssen wir in Guscht sein. Bis dahin sind es acht Bahnkilometer. Wir müssen fahren."

Er und eine Reihe anderer Herren, teilweise in den dunkelblauen, fast schwarzen Uniformen der Reichsbahn, teils im korrekten Zivil, kletterten in den Personenwagen 2. Klasse. Der Bahnhofsvorsteher mit der roten Mütze kontrollierte genau, ob auch niemand mehr einsteigen wollte, rief „zurücktreten", hielt die Kelle hoch und trillerte mit gewichtiger Amtsmiene auf seiner Pfeife, daß sein Gesicht sich sichtbar rötete.

Die Lokomotive stieß einen schrillen Pfiff aus und schien hinter einer breiten Dampfwolke zu verschwinden, die sie nach beiden Seiten ausblies. Der Zugführer mit der breiten rotlackierten Schärpe vergewisserte sich übereifrig, ob auch niemand unter die Räder geriet, und sprang erst auf den letzten der drei Personenwagen, als der Zug schon eine beträchtliche Geschwindigkeit erreicht hatte.

Der Zug bestand außer den nur spärlich besetzten Personenwagen aus einer Reihe von offenen und geschlossenen Güterwagen. Man konnte sehen, daß zumindest die offenen Wagen beladen waren.

Einen Güterwagen hatte man an der Rampe stehenlassen. Auf ihm stand ein dunkel angestrichenes ganz eigenartiges kurzes Gefährt mit einem Schornstein vorn links, der in der Mitte eine Verdickung hatte. Die vorderen Räder waren so groß wie die eines Automobils, die hinteren Räder waren mindestens einen Meter hoch. Es konnte nur eine Person, natürlich der Chauffeur selbst, mitfahren. Er mußte sich zwischen den beiden Hinterrädern auf einen eisernen Sitz setzen, der genauso aussah wie der von einer Mähmaschine.

Niemand der Umstehenden hatte jemals solch ein Fahrzeug gesehen. Und doch wußten einige, daß es ein Trecker war, so stark wie sechzehn Pferde. Und man wußte auch, wem er gehörte: dem Leopold Petsch.

Dessen Vater war mit der Familie vor der Jahrhundertwende hierhergezogen. Der alte Petsch war dann mitten im Krieg urplötzlich gestorben. Einfach auf dem Weg vom Wohnhaus zum Stall umgefallen und tot. Herzschlag.

Die Familie Petsch hatte sich ein Gehöft hingebaut, wie es ihn in Godtschen vordem nicht gegeben hatte. Die Ställe, der Wagenschuppen, selbst das Hühnerhaus waren massiv gebaut. Die ganze Hoffläche war gepflastert, teils mit Kopfsteinpflaster, teils mit gebrannten Ziegeln.

Das Wohnhaus hatte eine hohe Freitreppe wie bei einem Gutshaus. Und neuerdings konnte man in der Küche an einem Hahn drehen, dann kam Wasser heraus. Wohlgemerkt, ohne zu pumpen. Die Pumpe stand unten im Keller und wurde von einem elektrischen Motor angetrieben.

Leopold, der junge Petsch, der sich jetzt diesen Trecker gekauft hatte, war noch verrückter als der Vater. Der ließ nach der Inflation, als niemand Geld hatte, eine massive Scheune bauen mit einem Tor, daß zwei Getreidefuhrwerke nebeneinander hineinfahren konnten. Petsch sagte jedem, der ihn fragte, daß er dort eine moderne Dreschmaschine mit automatischem Gebläse und Kornsortierer installieren werde.

Wenn nur der Kraftstromanschluß bald kommen würde!

Lichtstrom hatten sie ja im Dorf. Dafür hatte sich ihr Bürgermeister, Richard Vogt, eingesetzt kurz nach dem Krieg. Viele Bauern hatten sich dann auch elektrisches Licht legen lassen.

Aber Kraftstrom? Was sollte man denn überhaupt mit diesem Kraftstrom anfangen?

Leopold Petsch hat sein schwarzes Jackett ausgezogen und über den Wagen gelegt, der hinter dem Traktor auf dem Eisenbahnwaggon stand. Ein Ackerwagen mit Gummibereifung wie bei einem Lastwagen. Das hatte man auch noch nicht in Godtschen gesehen.

Fast die ganze Einweihungsgesellschaft hatte sich, Biergläser und manche auch noch ihre Stulle in der Hand, in einiger Entfernung auf der Rampe eingefunden. Man staunte und wartete, was da passieren würde.

Dem Petsch halfen sein älterer Sohn Bernhard und ein Knecht. Erwin, der jüngere, gerade zur Schule gekommen, stand eher im Wege, als daß er half, auch wenn er dies oder das anreichte.

Der Trecker hatte vorn eine dicke eiserne Kugel, die unten abgeflacht war. Unter ihr hing in einem Gestell eine Lötlampe. Die nahm Petsch heraus, füllte Benzin auf, wischte sie mit einem Lappen wieder gut trocken und entzündete sie dann mit einem Streichholz. Er pumpte. Die vorher gelbe rußige Flamme fing an zu prasseln und wurde hellblau. Dann stellte er die brennende Lötlampe unter die eiserne Kugel des Treckers.

Petsch schwang sich auf den Sitz. Gleich würde der Motor zu laufen anfangen, dachten alle. Aber weit gefehlt. Petsch löste das Steuerrad aus seiner Halterung, hielt es in der rechten Hand und sprang wieder vom Trecker herunter. Der hatte neben dem Motorgehäuse eine kreisrunde Scheibe. In deren Nabe steckte Petsch das Steuerrad.

Merkwürdig, wie soll man denn den Trecker lenken können, wenn man immer neben ihm hergehen mußte?

„Na, wollen wir es mal probieren." Petsch packte das Steuerrad mit beiden Händen und drehte es kräftig durch. Eine kleine grau-blaue Wolke stieg aus dem Schornstein auf, man hörte ein leises „Puff". Und das war es.

Ein paar der Umstehenden stießen sich an. Sie grinsten.

„Mit Pferden geht es doch besser, Leopold, schick deinen Trecker wieder zurück. So etwas kann doch nicht laufen", feixten sie.

Petsch tat so, als hörte er das nicht. Er pumpte noch einmal an der Lötlampe, die vorn unter der eisernen Kugel saß, umfaßte das Steuerrad mit beiden Armen, drehte noch kräftiger als vordem, sein Gesicht wurde rot vor Anstrengung, und das Steuerrad fing plötzlich an, sich in seinen Händen von allein zu drehen. Das ganze Fahrzeug vibrierte, es schaukelte vor und zurück und machte dabei einen Höllenlärm. Aus dem Schornstein wurde im Rhythmus der Schaukelbewegungen grau-schwarzer Rauch herausgestoßen.

Petsch nahm das Steuerrad, kletterte wieder auf den Sitz und steckte es dahin, wo es vordem auch schon gesessen hatte. Die Schwingungen wurden heftiger. Petsch hatte mit dem Fuß Gas gegeben. Aber das konnte man von unten nicht sehen. Und deshalb erschrak man erneut und wich, vorsichtig geworden, zurück.

Möglicherweise explodierte das ganze Gefährt.

„Die Lötlampe können wir jetzt ausmachen. Der Glühkopf ist heiß genug."

Bernhard nahm sie aus der Halterung und drehte an einem kleinen Rädchen. Die Flamme erlosch.

Der Motor lief tatsächlich weiter. Petsch bediente einige Hebel, die Schwingungen wurden ruhiger, und der Lärm ließ nach; oder hatte man sich schon daran gewöhnt?

„Man muß sich hüten, mit den Pferden in die Nähe von diesem Ding da zu kommen", meinte einer. „Die Pferde gehen einem bestimmt durch, wenn sie dieses Ungetüm hören und sehen. Mit den Automobilen ist es schon schlimm genug."

Automobile, das war ein Reizwort. Viele Pferde hatten sich noch nicht an sie gewöhnt. Man mußte absteigen und die Pferde am Kopf halten, bis der Kraftwagen vorbei war. Sonst brachen sie aus und galoppierten mit dem Wagen hinter sich davon, so daß der nach kurzer Zeit auseinanderfiel.

Einige der Bauern hatten es mit Scheuklappen vor den Augen der Pferde versucht. Doch der Erfolg blieb zweifelhaft. Bei manchen Pferden mochte es helfen, andere wurden erst recht wild, wenn ihnen die dunklen Klappen seitlich der Augen am Geschirr befestigt wurden.

Inzwischen hatte man oben auf dem Güterwagen den Hänger an den Trecker gekoppelt und die Seitenbretter des Eisenbahnwaggons auf der Rampenseite abgeklappt.

Leopold Petsch fuhr langsam an und rangierte sein Gefährt vorsichtig auf die Rampe. Jetzt konnte man den Trecker von vorn sehen und den Namen LANZ in schräger Schrift mit goldenen Buchstaben lesen.

Schön sah das schon aus und vor allem lustig, wie Leopold Petsch auf seinem gefederten Sitz andauernd ruckartig hoch- und wieder runterwippte.

Die Gaffer schoben sich zur Seite, und Petsch steuerte langsam und sicher durch die Menschengasse hindurch, die sich gebildet hatte. Bernhard, der Knecht und der kleine Erwin standen oben auf dem Hänger; die Erwachsenen mit gewichtiger, ernster Miene, der Kleine sich ein wenig ängstlich an seinem großen Bruder festhaltend.

Als das Gefährt sich auf dem neugebauten Stichweg zum Bahnhof der Dorfstraße näherte, wurde der Trecker plötzlich langsamer. Man glaubte schon, er bliebe wieder stehen, er ruckte und bockte, es stiegen wie vorhin besonders dunkle Wolken aus seinem Schornstein auf. Doch dann fuhren sie in einem Tempo weg, daß da noch nicht einmal ein leichtes Kutschgespann hätte mithalten können.

Ein paar Tage später, am Sonnabendabend, kam Leopold Petsch zu Wernicke in die Gaststube und bestellte gleich eine Runde Korn und eine Runde Bier. Das tat er sonst nie, ja, es war sogar ganz selten, daß er überhaupt in das Wirtshaus ging.

Die Anwesenden barsten vor Neugier; denn seit der Fahrt vom Bahnhof hatten sie den Trecker noch nicht wieder gesehen. Es hatte sich nur herumgesprochen, daß er LANZ BULLDOG hieß. Wollte er mit dem Bulldog vielleicht sogar aufs Feld fahren zur Ernte? War er möglicherweise schon defekt, weil man ihn nicht mehr gesehen hatte seit jenem Dienstag, als der Bahnhof eingeweiht wurde? Wieviel der wohl gekostet haben mochte?

Aber Leopold Petsch hob erst einmal sein kleines Glas mit dem Korn, schwenkte es in der Runde und sagte dann: „Prost!".

Erst als er auch einen großen Schluck aus dem Bierglas genommen hatte, fing er an zu reden.

„Einige von euch haben Sorge wegen der Pferde. Ich sehe das ein. Schließlich habe ich ja meine beiden Gespanne auch noch. Ich werde die nächste Zeit immer, wenn ich einem Pferdefuhrwerk begegne, mit dem Bulldog stehenbleiben und warten, bis es vorbei ist. Nur abstellen kann ich den Motor nicht jedesmal. Das Starten würde dann viel zu lange dauern. Ich lasse ihn aber im Leerlauf laufen; daran werden sich die Pferde schnell gewöhnen. Das ist leiser, als wenn ein Automobil vorbeifährt."

In das teils zustimmende, teils zweifelnde Gemurmel rief einer: „Warum hast du denn überhaupt diesen Trecker gekauft, Leopold? Du sagst ja selbst, daß das lange dauert, bis er erst einmal läuft. Mit Pferden geht es doch viel schneller."

„Wir können ja mal eine Wette machen. Du spannst zwei Pferde an mit Anschirren und allem. Ich werfe den Bulldog an mit Vorglühen und so weiter. Mal sehen, wer schneller ist."

Ein paar lachten leise vor sich hin.

„Aber im Ernst, Leute. Ich prophezeie euch, daß Ihr alle in zwanzig Jahren keine Pferde mehr haben werdet, sondern nur noch solche Trecker. Damit werdet Ihr pflügen, mähen, einfahren, eggen, einfach alles."

„Und unsere Pferde?"

„Na, vielleicht haltet Ihr euch noch ein Gespann, so zum Spaß. Oder Ihr schafft euch eines zum Reiten an?" scherzte er.

„Auf der Straße mag ja dein Trecker ganz gut sein. Aber auf dem Acker versinkt er doch. Dann brauchst du unsere Pferde, um ihn wieder herauszuziehen."

„Eben nicht. Ihr habt doch die breiten Gummipneus hinten gesehen. Die nehmen schon viel Druck auf. Und dann gibt es dazu noch breite eiserne Ackerreifen. Die werden seitlich an die Hinterräder geschraubt. Dann ist die Auflagefläche auf dem Boden noch einmal doppelt so groß. Damit kann ich im Frühjahr schon auf einen nassen Acker fahren, auf dem die Pferde noch bis an die Knie versinken würden. Und auch der Anhänger mit den Gummirädern sinkt viel weniger ein als unsere Ackerwagen mit den eisernen Felgen."

„Aber lohnt sich denn ein solcher Trecker, Leopold? Wir wissen alle, daß du gut betucht bist. Aber hast du dich da nicht doch übernommen?“

„Rechnet doch einmal. Wie lange braucht Ihr, bis Ihr auf den Brüchen unten an der Netze oder oben auf der Heide vor dem Wald auf euern Äckern seid?“

Er sah sich in der Runde um. „Eine halbe Stunde doch mindestens.“

„Das langt nicht. Ich rechne immer fast eine Stunde“, sagte einer, „man will die Pferde ja nicht schon müde haben, ehe man auf dem Acker ist.“

„Seht Ihr. Eine Stunde hin, eine Stunde zurück, macht zwei Stunden. Der Trecker braucht für jede Strecke gerade mal eine Viertelstunde.“

„Dann bist du eben eine Stunde früher bei Selma, Leopold. Ob sich deine Frau so besonders darüber freut, weiß ich nicht“, versuchte einer zu scherzen.

Petsch ging darüber hinweg: „Wenn wir zu dritt fahren, sind das schon über vier Stunden, die wir sparen. Und wir brauchen lange nicht so oft zu fahren wie mit Pferden. Der Hänger kann gut dreimal soviel laden wie ein Ackerwagen. Das macht also schon zwölf Stunden, die man allein beim Fahren einspart. Mehr als ein Arbeitstag!“

„Dann willst du also die Pferde auf den Wagen laden und sie zum Pflügen auf das Feld fahren. Eine gute Idee, dann kommen sie wenigstens ausgeruht an“, versuchte einer erneut zu spaßen und machte dabei einen künstlichen Lacher, in den nur ein einziger einfiel.

„Wenn sie sich nicht da oben die Knochen gebrochen haben“, setzte der noch eines drauf.

„Ich glaube, Ihr habt das noch nicht begriffen. Ich pflüge natürlich mit dem Bulldog. Da gehört ein neuer Dreischarpflug dahinter. Der kommt nächste Woche. Damit schafft man drei-, viermal so viel wie mit einem guten Gespann. Rechnet euch da einmal die Zeitersparnis aus. Mit dem Bulldog kann man zehn Morgen am Tag pflügen, wenn man mit einem Gespann höchstens zwei schafft.“

„Und zum Mähen willst du eine Mähmaschine hinterhängen?“

„Das ist noch ein Problem. Wir wollen es mal probieren. Aber wahrscheinlich müssen wir weiter mit den Gespannen mähen. Der Bulldog ist möglicherweise zu schnell. Die Lager in der Maschine würden das vielleicht nicht aushalten.“

Er trank sein Bier aus und bestellte noch eine Runde.

Nach dem anfänglichen Schweigen erhob sich bald ein undurchdringliches Stimmengewirr.

Es gab ja noch so viel zu erfahren, zu bemängeln, zu rechnen, zu kritisieren und, wenn nichts mehr ging, zu belächeln, wobei nicht immer klar war, ob man sich über sich selbst oder über Leopold Petsch belustigte.

Im Laufe der nächsten Wochen gelang es Petsch, einige der Bauern zu überzeugen, daß sie völlig unwirtschaftlich arbeiten.

Es war wieder in Wernickes Gaststube.

„Ihr braucht Geld. Und woher bekommt Ihr es? Ihr verkauft Eier und Butter an den Eisermann. Der zahlt euch für ein Ei einen Groschen und für die Butter achtzig Pfennig das Pfund."

„Dieser Eisermann, dieser Jude. Er selbst verkauft das dann für den doppelten Preis. Ich habe es selbst gesehen. Achtzehn Pfennig nimmt der auf dem Markt für ein Ei! Richtig verlegen war er da, der Eisermann."

„Und bleibt dabei ein armer Schlucker", antwortete Petsch.

„Erwin, mehr kann er euch nicht geben, sonst würde er selbst verhungern", fuhr Petsch fort, „aber darum geht es jetzt gar nicht. Der macht den gleichen Fehler wie Ihr auch. Ihr verkauft vielleicht noch jedes Jahr ein paar Schweine, eure Bullenkälber, ab und zu eine frischmelkende Kuh. An Artur Lenk. Auch der verdient daran. Das wißt Ihr auch. Und er muß es tun; denn er hat auch Unkosten und irgendwovon muß er ja leben."

Er unterbrach sich.

„Aber bringt das alles wirklich Geld?"

Er sah in die Runde.

„Es ist gerade mal so viel, daß Ihr das kaufen könnt, was Ihr nicht selbst erzeugen könnt."

„Ja, zum Beispiel deinen Kunstdünger. Und du verdienst bestimmt auch nicht wenig, wenn du ihn an uns verkaufst."

Petsch ging darauf nicht ein. Sie alle wußten ja, daß es für sie viel teurer wäre, wenn sie den Kunstdünger sackweise in Driesen kaufen und dafür extra mit Pferd und Wagen fahren würden.

Leopold Petsch überlegte einen Augenblick. Wie sollte er sich nur den Leuten verständlich machen?

„Nehmen wir beispielsweise mal das Holz. Ihr schlagt das ein im Winter in euern Waldschlägen, schleppt es an den Weg, fahrt es nach

Hause, zersägt es, hackt es, stapelt es zum Trocknen, um es dann im nächsten Winter zu verbrennen. Eine Riesenarbeit, nur für das Kochen und die Heizung."

„Stimmt, aber das Torfmachen ist noch umständlicher. Das wissen wir alle von früher. Und eine noch viel schwerere, dreckigere Arbeit."

„Ihr sollt ja nicht wieder Torf stechen. Das habe ich doch gar nicht gesagt."

„Aber womit sollen wir denn kochen und heizen?"

„Ganz einfach. Mit Briketts."

„Ganz einfach, mit Briketts, gekauft von Leopold Petsch, dem Bauern, Kunstdüngerhändler, Kohlenhändler und", höhnte einer und verhielt einen Augenblick, um seiner Ironie noch mehr Würze zu geben, „Bulldog-Besitzer. Auf unsere Kosten."

Aus der Empörung in der Runde erscholl eine schrille Frauenstimme: „Und eben haben Sie noch gesagt, daß die Bauern kein Geld haben, Leopold Petsch. Und nun sollen wir auf einmal Ihre Kohlen kaufen."

Der Einwurf kam von der Bedienung, die sich üblicherweise nie in die Männergespräche einmischte und nur „Ja, noch ein Bier und ein Korn, Herr Specht", oder so ähnlich zu sagen pflegte.

Erst als sich die Unruhe ein wenig gelegt hatte, gelang es Leopold Petsch, sich Gehör zu verschaffen: „Ich bin auch Holzhändler, nebenbei. Und ich würde euch euer Stangenholz frei Bahnhof für, sagen wir, dreizehn Mark den Raummeter abkaufen. Bei guter Qualität und Grubenholzstärke sogar noch für ein paar Mark mehr."

Plötzlich herrschte Ruhe in der Gaststube.

„Wie lange braucht Ihr, um einen Raummeter kleinzumachen zu Brennholz?" Er sah sich in der Runde um. „Sagen wir einen Tag pro Mann, wenn man sich dranhält."

„Wenn das mal klappt. Da muß man sich aber mächtig ins Zeug legen dafür."

„Die Briketts liefere ich euch für Zweimarkachtzig den Zentner. Frei Hof. Bei größeren Mengen kommt es noch billiger. Vier Zentner Braunkohlenbriketts heizen genausoviel wie ein Meter Kiefernholz."

Man merkte, daß einige angestrengt im Kopf rechneten.

„Es kommt euch also billiger, euer Holz nicht bis nach Hause zu fahren, sondern gleich am Bahnhof an der Rampe abzuladen und in Zukunft mit Braunkohle zu heizen. Und Ihr erspart euch die ganze

Arbeit mit dem Brennholzmachen. Zeit ist auch dann Geld, wenn Ihr die Arbeit selbst macht und nicht einen Tagelöhner dafür bezahlen müßt."

„Und du kaufst uns wirklich unser ganzes Holz ab, das wir im Winter schlagen?" Einer suchte irgendwo das Haar in der Suppe.

„Jedes Stangenholz, wenn es nicht gesplittert ist, für dreizehn Mark den Raummeter. Und alles stärkere Holz. Das kann ich noch besser bezahlen. Den genauen Preis kann man aber nur sagen, wenn man das Holz vor sich liegen hat. Bruchholz könnt Ihr dann immer noch kleinmachen. Das braucht Ihr ja zum Anmachen. Briketts kann man nun mal nicht mit einem Streichholz anzünden."

Ähnlich sei es, so Petsch etwas später, mit dem Dreschen. Die Dreschflegel hatten auch in Godtschen ausgedient und hingen höchstens noch irgendwo an einem Nagel in der Scheune, wenn sie nicht inzwischen schon zerschnitten und verfeuert waren. Aber bei den einfachen, mit einem Göpel angetriebenen Dreschkästen hatte man hinterher die Spreu und die Körner zusammen im Sack. Und wie lange dauerte es, bis man damit endlich eine Fuhre Getreide ausgedroschen hatte!

Die Knochenarbeit kam aber dann erst: Es mußte die Spreu vom Korn getrennt werden, in der auf beiden Seiten offenen Scheune, durch die der Wind kräftig wehen mußte. Man warf dazu mit einer Schaufel Korn und Spreu hoch, damit der Wind die Spreu wegtrieb. Man schwitzte und erkältete sich regelmäßig in dem kalten Windzug. Da half auch der Korn nicht, den man dabei einfach trinken mußte.

Etwas besser hatten es die, die eine Gebläsemaschine hatten. Die erzeugte den Wind selbst und blies die Spreu in einem weiten Bogen aus. Die Körner fielen nach unten in einen Sack. Hier zog es zwar nicht mehr, weil die Scheunentore geschlossen bleiben mußten. Krank konnte man davon also nicht mehr werden.

Aber nach einer Viertelstunde Drehen an dem Handrad mußte selbst ein gestandener Mann pausieren. Da dauerte es schon Tage, bis man seine Ernte auf diese Weise gereinigt hatte. Und husten mußte man bei dem fürchterlichen Staub, als wenn einem die Lunge herauskäme. Das ging hinterher noch tagelang.

Petsch erklärte den Bauern nun, daß er bald eine ganz moderne Dreschmaschine bekommen werde, die nicht nur viel schneller arbeite und absolut spreufreie Körner liefere, sondern die Körner sogar noch sortiere. Bruchgetreide würde aussortiert und in einen besonderen Sack gefüllt.

Solange, bis er endlich den Kraftstrom bekäme, wolle er versuchen, die Dreschmaschine mit dem Bulldog anzutreiben.

Damit würde er allen Bauern das Getreide ausdreschen, schneller als je zuvor und . . . billiger, wenn sie für ihre eigene Arbeit nur den Lohn rechnen würden, den sie für einen Knecht bezahlen mußten.

Der bekam damals für den ganzen Tag fünf Mark und drei Mahlzeiten.

Allmählich hatten die Bauern im Dorf aufgehört, Leopold Petsch für einen modernen Spinner zu halten und darauf zu warten, daß er pleite gehen würde. Im Gegenteil. Erst vor kurzem hatte er für sich und seinen Sohn Bernhard einen Sonntagsanzug bei Hermann Vogt schneidern lassen. Aus dem besten Tuch.

Dabei hatte Petsch doch mindestens schon zwei gute Anzüge, und Bernhard war aus seinem Konfirmationsanzug sicher auch noch nicht herausgewachsen.

25. Januar 1945

„Frau Henninghaus, können Sie mal runterkommen. Ich glaube, das ist für Sie."

Lene Lenk stand aufgeregt an der langen Außentreppe des Hauses, die in das Dachgeschoß führte, das sie vor ein paar Jahren ausgebaut hatten, um dort eine ausgebombte Familie aus dem Ruhrgebiet aufnehmen zu können. Trotz des Krieges hatten Lenks wie andere Bauern dafür sogar Bezugsscheine für Bauholz, Kabel, Nägel und andere notwendige Baumaterialien bekommen, weil die Unterbringung der Bombengeschädigten als kriegswichtig galt.

Jetzt wohnte in den zwei großen Dachräumen schon seit über zwei Jahren die Frau Henninghaus aus Dortmund mit ihren beiden Kindern. Es war für sie beschwerlich; denn sie mußten alles, was sie brauchten, vom Feuerholz bis zum Wasser nach oben und Abfall und Dreckwasser wieder hinunter tragen. Das Klosett, eines für alle, die auf dem Gehöft lebten, stand quer über den Hof in der Ecke nahe den Ställen. Aber das war überall im Dorf so. Niemand hatte eine Innentoilette, selbst Dr. Hollander nicht.

„Aber man kann doch die Nächte durchschlafen, Frau Lenk. Das ist das Wichtigste für uns. Da nehmen wir schon die Unbilden in Kauf."

Das hatte Lene Lenk gekränkt. Unbilden, was soll das? Da hat Artur neben aller anderen Arbeit das ganze Bauholz mit seinem einen Bein auf den Boden hochgeschleppt und mit Wilhelm Specht die beiden hübschen Zimmer ausgebaut. Ganz aus Holz und mit Sägespänen isoliert. Und diese Frau Henninghaus nennt das „Unbilden".

Und eine Hilfe auf dem Hof war die Frau auch nicht.

„Wissen Sie, Frau Lenk, ich bin nie aus der Großstadt herausgekommen. Melken und so könnte ich nie lernen. Aber dafür nähe ich Ihnen mal etwas, wenn Sie was brauchen. Wenigstens meine Nähmaschine habe ich noch. Die stand nämlich zufällig bei meiner Schwiegermutter, als unsere Wohnung ausbrannte."

Und dabei war es auch geblieben. Lene Lenk hat Luise Henninghaus seit diesem ersten Tag nie sonderlich leiden mögen. Die Bauersfrauen im Dorf, auch wenn sie zwei kleine Kinder hatten, konnten sich auch nicht den ganzen Tag in die Stube setzen, höchstens mal einkaufen und auf der Dorfstraße promenieren gehen und sonst nichts tun.

Nein, Lene mochte sie nicht. Und deshalb hatte sie auch nie darum gebeten, ob sie ihr mal was stopfen oder einen Knopf annähen könne. Neues zu nähen gab es sowieso nicht. Die Kleiderkarten reichten gerade mal aus, ein paar Arbeitssachen zu kaufen.

Einiges von der Landwirtschaft hatte Luise Henninghaus aber doch gelernt. Hinten im Kartoffelacker zum Fließ zu hatte sie von Artur Lenk ein kleines Stück Land bekommen, auf dem auch ordentlich etwas wuchs. Und neben dem Wagenschuppen hatte ihr Lenk einen kleinen Hühnerstall gebaut, in dem sie ihre vier Hühner hielt. Mehr ging nicht; denn dann hätte sie sechzig Eier für jedes weitere Huhn abgeben müssen.

„Was gibt es denn, Frau Lenk?" fragte Luise Henninghaus. Hinter ihr versteckten sich die beiden Kinder, jetzt fünf und drei Jahre alt. Sie waren immer noch sehr scheu und trauten sich nicht, allein die lange Treppe hinunterzugehen. Das Raufgehen ging da schon eher.

„Horchen Sie doch mal! Der Dorfdiener hat da was über die Evakuierten gesagt. Genau habe ich es nicht verstanden. Aber er wird ja gleich näherkommen."

Beide Frauen warten angespannt. Aber nichts war zu hören außer dem fernen Dröhnen, das irgendwann wieder eingesetzt hatte, ohne daß man richtig sagen konnte, wann das eigentlich war - vorgestern? gestern? -, und das die trügerische Hoffnung der Tage zuvor, als alles ruhig war, zunichte gemacht hatte. Es war lauter, intensiver, eindringlicher als vorher. Und trotzdem nahm man es nicht mehr richtig wahr, es sei denn, man lauschte bewußt.

Da ertönte die Glocke des alten Dorfdieners. Sie war so nahe, als wenn er direkt vor dem Hoftor stand. Und richtig, als die beiden Frauen vor das Hoftor traten, Luise Henninghaus etwas später mit den Kindern an der Hand, da stand der alte Marzan, dem die Jungen zu seinem Ärger schon mal „Mahlzahn" hinterherriefen, vor dem Haus des Tierarztes Dr. Hollander. Er setzte gerade umständlich seine Lesebrille auf, nahm ein schon etwas abgegriffenes Papier aus der Rocktasche, wobei er aufpassen mußte, daß er nicht die bronzene Glocke fallen ließ, die er unter seinen linken Arm geklemmt hatte, und hielt den Bogen mit ausgestreckten Armen vor sich.

„Bekanntmachung!" rief er mit einer für sein Alter erstaunlich voll- und wohltönenden Stimme. Er sah um sich, ob er auch genug Zuhörer hatte. Es waren ihm wohl zu wenig; denn er läutete noch einmal mit der Glocke, lang und anhaltend, wobei er sich nach rechts und links drehte, so als wenn dadurch der Schall der Glocke in die jeweilige Richtung gehen würde.

Dann wartete er, bis noch ein paar Frauen und eine größere Gruppe von Kindern herangekommen waren. Selbst die Jungen hatten den Ernst der Lage begriffen. Niemand kam jetzt auf den Gedanken, den alten Dorfdiener mit seinem Spitznamen zu rufen.

„Bekanntmachung! Die Kreisleitung gibt bekannt: Alle evakuierten Frauen, Mädchen und alle evakuierten Jungen unter fünfzehn Jahre und alle evakuierten Männer über fünfundsechzig Jahre werden auf Anordnung der Gauleitung in neue Quartiere verlegt. Es darf nur soviel Gepäck mitgenommen werden, wie man tragen kann."

Die Zuhörer reagierten zunächst überhaupt nicht, als wenn sie nicht verstanden hatten, was da angeordnet wurde; bis eine Frau „Ach Gott, nun ist alles aus", sagte.

„Jetzt verlieren wir das letzte bißchen auch noch, das uns die Bomben gelassen hatten!"

Und eine andere: „Meinen Jungen lasse ich nicht allein hier, das ist ja noch das reinste Kind."

„Ruhe!" Jetzt schrie der Dorfdiener. Seine Stimme überschlug sich und hörte sich gar nicht mehr so angenehm wohltönend an. „Alle, die ausreisen müssen, versammeln sich heute bis spätestens um fünfzehn Uhr vor dem Kriegerdenkmal. Walter Milling, Leopold Petsch, Hermann Warnemann, Artur Lenk, Wilhelm Specht und Hermann Adler stellen ein . . . ."

Der Rest ging in dem entstehenden Tumult unter.

„Was hat er von Artur gesagt?" fragte Helene Lenk, „Artur ist doch gar nicht hier. Der bringt doch die Verpflegung zu den Schanzleuten."

Niemand konnte ihr genau sagen, was Artur Lenk und die anderen machen sollten. Deshalb fragte sie den Dorfdiener.

Der las noch einmal den letzten Satz vor, aber diesmal leiser und nur für Helene Lenk bestimmt: „Walter Milling, Leopold Petsch, Hermann Warnemann, Artur Lenk, Wilhelm Specht und Hermann Adler stellen ein Gespann und haben pünktlich um vierzehn Uhr vor dem Kriegerdenkmal bereitzustehen, um die Evakuierten nach Friedeberg-Bahnhof zu fahren."

„Aber mein Mann ist doch gar nicht da. Der fährt doch die Verpflegung zu den Schanzmännern."

„Ihr habt doch einen Neffen. Der ist doch groß genug. Dann wird der eben die Leute zum Bahnhof fahren, wenn dein Mann noch nicht zurück ist."

Damit faltete er sein Papier zusammen, schob es wieder in die Rocktasche und stiefelte gewichtig davon, so, als beträfe ihn persönlich die ganze Situation überhaupt nicht.

Pünktlich um zwei Uhr nachmittags standen die sechs Gespanne hintereinandergereiht vor dem Kriegerdenkmal. Alle Wagen, teils Leiterwagen mit eingesetzten Sitzbrettern, teils Kastenwagen, waren doppelt bespannt. Bloß Lenks Wagen mit Fredy Vogt am Zügel wurde von nur einem Pferd, dem Braunen, gezogen.

Lene Lenk war das gar nicht recht. „Wenn doch Artur wenigstens nicht den Fuchs genommen hätte! Der Junge wird doch mit dem Braunen nicht fertig. Wenn der scheut, kann ihn Fredy nicht halten. Daß Artur auch ausgerechnet heute Essen fahren mußte. Hätte er dich doch heute zu der Baustelle fahren lassen."

Aber der Braune, durch die Verpflegungsfahrten an das einspännige Fahren gewöhnt, stand ganz ruhig da. Es störte ihn weder das Hin und Her der aufgeregten Frauen, die Ihr Gepäck, es war doch weit mehr, als sie tragen konnten, auf die Wagen luden, noch das wichtigtuerische Geschrei vom Ortsgruppenleiter Blumenhöf, der hier wohl sein Organisationstalent beweisen wollte und gleichzeitig gleichsam amtlich überprüfte, ob nicht vielleicht ein Junge mitfahren wollte, der schon zu alt, oder ein Alter, der noch zu jung war.

„Ich wollte eigentlich bis zum Bahnhof mitgefahren sein, Leute", brüllte er, „aber kriegswichtige Angelegenheiten halten mich hier fest. Also, beeilt euch. Um neunzehn Uhr dreiunddreißig fährt der Zug. Seht zu, daß Ihr ihn erreicht. Unseren evakuierten Gästen will ich noch sagen, daß überhaupt keine Veranlassung besteht, daß Ihr nicht in ein paar Tagen oder höchstens in ein paar Wochen wieder hier sein werdet. Wir brauchen aber allen verfügbaren Raum für unsere kämpfende Truppe. Die Soldaten sollen es schließlich in den Kampfpausen auch ein bißchen warm haben, und für die mußten wir den Platz schaffen."

Also bekommen wir demnächst Einquartierung, dachte Fredy und fühlte sich beruhigt. Wenn man so viel Platz für die Soldaten brauchte. . .

„Keine Sorge," der Ortsgruppenleiter unterbrach Fredys Gedanken, „unsere tapferen Männer sind zivilisiert. Ihr werdet eure Wohnungen genauso wieder antreffen, wie Ihr sie heute verlassen habt."

Das sollte wohl ein Scherz sein. Aber niemand lachte.

„Wo fahren wir denn überhaupt hin?" wollte eine der Frauen wissen. Das war eine Frage, die alle bewegte. Es war schlagartig totenstill und jeder versuchte zu verstehen, was Blumenhöf sagen würde.

„Im Zug ist ein Reisebegleiter. Der übergibt euch die Fahrtausweise. Ihr fahrt übrigens auf Kosten des Reiches. Und auf den Fahrausweisen steht, wohin die Reise geht. Der Zug fährt die Nacht hindurch, und morgen früh werdet Ihr an eurem neuen", er unterbrach sich, „an eurem Bestimmungsbahnhof sein und dort abgeholt werden."

Selbst das Ziel ihrer Reise war geheim. Die Leute waren schon zu abgestumpft, um noch viel empfinden zu können; der plötzliche Abschied von dem Dorf, in dem die meisten von ihnen weit über zwei Jahre gelebt und in dem sich die meisten gut eingelebt hatten, die Trennung von den zu alten Jungen und den zu jungen Alten, der Verlust der letzten Habe, die sie hier zusammengetragen hatten, von den Leuten aus dem Dorf geschenkt und von Verwandten in Paketen geschickt.

Herbert Blumenhöf stiefelte noch einmal, Energie und Selbstbewußtsein markierend, an den Fuhrwerken vorbei, stolz über sein Organisationstalent, das er hier bewiesen hatte, und wichtigtuerisch, als müsse er zum wiederholten Male kontrollieren, daß alles seine Richtigkeit hat.

Dabei überlegte er, wann es wohl Zeit für ihn sei und wie er es bewerkstelligen könnte, unbemerkt aus dem Dorf zu verschwinden.

„Also los denn! Heil Hitler!"

Er hob tatsächlich den rechten Arm.

Niemand erwiderte den Gruß. Der kleine Treck setzte sich in Bewegung. Starr und stumpf saßen die Leute auf den harten Brettern. Niemand sah nach rechts oder links. Vielleicht dachte der eine oder der andere daran, daß dies vielleicht die Rettung vor der Russen sein könne. Aber keiner wagte es, das laut zu sagen.

Man kam an Vogts Hof vorbei. Da standen Jürgen und Liesel. Sie winkten Fredy zu und riefen: „Wir dürfen mitfahren. Die Mutter hat es erlaubt."

Fredy war erstaunt. Damit hatte er nicht gerechnet. Er hielt den Braunen an, und rasch kletterten die beiden auf den Wagen und setzten sich zu Fredy auf die vordere Bank. Er hatte außer Frau Henninghaus mit ihren Kindern noch zwei weitere Frauen mit ihren Kindern auf dem Wagen. Eine der beiden hatte ihren Sohn zurücklassen müssen und konnte nun nur mit ihren beiden kleineren Kindern fahren. Sie weinte leise vor sich hin. Der Junge sollte, wie alle Männer zwischen fünfzehn und fünfundsechzig Jahren, als Volkssturmmann die Heimat verteidigen helfen.

„Es ist doch gar nicht seine Heimat. Bis hierhin habe ich ihn geschützt. Aus dem Keller unseres Hauses sind wir zusammen rausgeklettert, als es über uns zusammengestürzt war. Und nun mußte ich ihn hier zurücklassen. Er ist doch gerade erst fünfzehn!"

„Bei wem haben Sie denn gewohnt?" fragte Fredy.

„Bei Kordian. Oben in dem Gehöft kurz vor der Mühle."

Fredy kannte den Hof nur flüchtig, den Mann überhaupt nicht.

„Herr Kordian wird bestimmt auf Ihren Sohn aufpassen. Wie heißt denn Ihr Sohn?"

„Helmut. Helmut Wegemann. Wir sind aus Remscheid. Kennst Du ihn denn nicht? Ihr müßt doch zusammen in die Schule gegangen sein."

Fredy wollte sagen, daß er hier in Godtschen nie in die Schule gegangen war. Aber es war ihm zu umständlich, das alles zu erklären, und der Wagen nahm seine Aufmerksamkeit voll in Anspruch; denn inzwischen fuhr die Kolonne den Berg in die Brüche hinunter. Da mußte man aufpassen, daß das Pferd nicht zu schnell wurde. Eine Bremse hatten die Bauernwagen nämlich nicht.

Sie fuhren auf dem Lehmweg, und oben und unten an dem Weg wies ein Schild darauf hin: „Lehmweg. Befahren nur bei trockenem Wetter." Der Weg war eigentlich ein richtiger Damm, der durch die Brüche bis hin zur Netzefähre führte. Selbst bei Hochwasser konnte man über diesen Weg fahren, wenn rechts und links nur Wasser war.

Der Lehmbelag hatte einen großen Vorteil. Die Pferde brauchten sich mit den schwer beladenen Ackerwagen, wenn sie vom Feld kamen, auf dem festgewalzten Lehm viel weniger zu quälen, um auf die Anhöhe zu kommen, auf der Godtschen lag, als etwa auf dem Sandweg von Schulzenwerder, der viel weniger steil war.

Nur trocken mußte es sein. Bei Nässe hätte man mit den Eisenreifen tiefe Spuren in den Lehm gegraben. Deshalb lag unmittelbar neben dem Lehmweg ein Sandweg, den die Gespanne bei nassem Wetter benutzten.

Man hatte Glück mit dem Wetter. Die Sonne hatte sich zwar hinter dichten Schleierwolken verborgen und würde bald untergehen, ohne daß man es zu sehen bekam. Aber es schneite wenigstens nicht und es war fast windstill. Selbst durch die Fahrgeräusche und das Schnauben der Pferde hindurch konnte man jetzt schon das Donnern vernehmen, von dem inzwischen keiner mehr glaubte, daß es Sprengungen seien, dessen offensichtliche Ursache jedoch niemand zu nennen wagte.

Die beiden Kinder vorn bei Fredy auf dem Wagen freuten sich. Sie waren froh, aus dem Haus heraus zu sein, die Enge und die trostlose Stimmung dort für ein paar Stunden vergessen zu können.

In die beginnende Dämmerung hinein deutete Fredy mit der Peitsche weit nach links: „Dort hinten ist noch ein Gehöft. Es gehört Seitels und würde jetzt, wenn kein Schnee und Eis wäre, auf einer richtigen Insel liegen."

„Kann man von hier aus dahinfahren?" fragte Liesel.

„Nein, das geht nur von dem Angerweg, der nach Schulzenwerder führt. Aber zu Fuß kann man von hier gehen. Dann muß man allerdings zweimal durch ein Fließ."

„Aber ich kann noch nicht schwimmen."

„Schwimmen brauchst du dazu nicht, Liesel. Das Wasser geht dir höchstens bis an die Knie. Doch mit einem Wagen kann man da nicht durchfahren."

Sie kamen an dem Sandberg vorbei, der aus der Bruchlandschaft herausragte. Auf der Seite zum Weg hin war der Berg schon abgetragen und fiel steil ab. Oben standen ein paar krüpplige Kiefern, und zur abgewandten Seite neigte sich die Anhöhe langsam zur Ebene. Hier holten alle Leute ihren Sand, schönen weißen Sand, und bezahlten Schuberts, denen der Berg gehörte, für jede Fuhre pro Pferd eine Mark.

„Man erzählt den Kindern, daß hier die Sandmuhme lebt. Wenn die Kinder hier spielen, holt sie sich die Kinder", sagte Fredy.

„Gibt es die wirklich?" fragte Liesel ängstlich.

„Du bist dumm", antwortete ihr Bruder, „natürlich gibt es keine Sandmuhme. Das ist so ein Märchen der Erwachsenen."

„So dumm ist das aber nicht, Jürgen. Hier kommt im Sommer, wenn es trocken ist, öfter ein ganzer Sandhang herunter. Wenn darunter

Kinder spielen, dann werden sie verschüttet. Die Geschichte mit der Sandmuhme soll die Kinder warnen und schützen."

„Ist das wirklich mal passiert, Fredy, daß Kinder verschüttet wurden?"

„Man erzählt es sich, Liesel. So genau weiß ich das auch nicht. Es muß aber schon lange her sein."

Der Weg gabelte sich. Die Kolonne bog nach links ab. Man konnte nur noch ahnen, was auf dem Wegweiser stand: Zur Fähre 1 km .

Der andere Weg verlor sich irgendwo in den Wiesen.

Die Dämmerung nahm schnell zu. Niemand sprach mehr, bis sie an die Netze kamen. Die Pferde an Warnemanns Wagen, der die Kolonne anführte, tasteten sich vorsichtig die eisglatte Rampe hinunter, an der sonst die Fähre anlegte. Dann fuhr der Wagen über das Eis.

„Trägt das Eis auch?" ängstigte sich Liesel. „Ich meine, die schweren Wagen?"

„Das Eis ist dick genug. Aber es ist glatt, höllisch glatt. Wenn hier ein Pferd ausrutscht, kann es sich die Beine brechen. Es ist nur gut, daß Onkel Artur den Pferden die scharfen Stollen untergeschraubt hat. Dann hat der Braune mehr Halt."

„Junge, kannst du das auch?" fragte der alte Adler, schon fast siebzig. Sein Wagen fuhr direkt hinter Fredy, und der Alte war extra abgestiegen. „Ihr aus der Stadt könnt doch nicht mit Pferden umgehen."

Fredy ärgerte es, wenn man so etwas sagte. Sicher, er war aus der Stadt, aus Berlin sogar. Aber er war doch jedes Jahr viele Wochen, während der ganzen Ferien, hier in Godtschen. Da konnte er mit einem Pferd schließlich genauso gut umgehen wie ein Junge hier aus dem Dorf, redete er sich ein, und mußte doch ganz in seinem Inneren zugeben, daß er Angst hatte, jetzt, wo er über das Eis fahren sollte.

Und das mit dem Braunen.

Er zog die Zügel straff, gab aber so viel lose, daß der Braune seinen Kopf gut bewegen konnte. „Langsam, Brauner, ganz langsam."

Der Braune schien die Gefahr zu spüren. Vorsichtig setzte er Fuß vor Fuß. Dabei mußte er den Wagen, der nachdrückte, weil der ja keine Bremse hatte, halten. Auf dem Eis gab Fredy die Zügel frei; denn jetzt mußte das Pferd vorsichtig Schwung holen, um auf die Rampe auf der Nordseite hochzukommen. Die war viel länger und höher, weil die Leute hier Siedler aus dem Holländischen waren und richtiggehende

Deiche gebaut hatten. Hier auf der Nordseite der Netze gab es keine Überschwemmungen, wenn die Netze Hochwasser führte.

Das Pferd drückte die Stollen kräftig in den verharschten Schnee und schaffte es ohne große Mühe, den Wagen die Anhöhe hinaufzuziehen.

Oben warteten sie auf die anderen vier Gespanne.

„Hier über die Netze hat mein Urgroßvater, der Vater meiner Oma, die Ihr ja kennt, im Sommer Holz geflößt. Von Rußland bis an die Oder."

„Ach, darum war er Flößer?" warf Liesel ein. „Du hast mal gesagt, daß er im Sommer Flößer und im Winter Schlachter gewesen ist."

„Ja, und weil er Flößer ist, ist mein Vater Holzhändler geworden."

„Verstehe ich nicht", sagte Liesel.

„Ist doch klar. Sein Urgroßvater hat Holz geflößt, und damit hat sein Vater dann gehandelt. Darum ist er ein Holzhändler." Für Jürgen Schmidtgen waren die Dinge wohl immer unproblematisch und leicht erklärbar.

In der rasch zunehmenden Dämmerung hatten sie noch eine Fahrt von ungefähr zwei Stunden bis zum Bahnhof Friedeberg. Es war nur gut, daß Hermann Warnemann den Weg genau kannte; denn man konnte die Straße unter dem Schnee überhaupt nicht erkennen. Nicht auszudenken, wenn jemand in einen Graben neben dem Fahrweg gekommen wäre.

Die langen Glashäuser, in denen die Bauern vor allem Frühgemüse und Gurken zogen, das sie nach Berlin verkauften, sah man nur schemenhaft. Damit machten die eine Menge Geld. Man sah es den Gehöften und den Wohnhäusern an.

Die Kreisstadt selbst lag oben auf der Höhe, aber die Eisenbahnstrekke führte unten im Tal der Netze und später entlang der Warthe nach Landsberg und Küstrin und dann bis nach Berlin.

„So Leute, wir müssen heute noch zurück. Ladet eure Sachen ab. Im Wartesaal ist es bestimmt warm." Der alte Adler wollte nach Hause. Wer weiß, was sich da inzwischen getan hat. Trotz der Dunkelheit wurde immer noch irgendwo im Osten geschossen. Die Nacht machte das Dröhnen noch unheimlicher.

Kam der Donner überhaupt noch aus östlicher Richtung? Man hatte den Eindruck, als wenn die Geräusche eher von Norden her herüberwehten.

Oder war es, daß sich der Wind gedreht hatte?

Unsinn, es herrschte ja fast Windstille.

Man verabschiedete sich kaum. Die Ausreisenden strebten eilig dem Bahnhofsgebäude zu, so als wenn sie den Zug dadurch eher erreichen würden, der sie in Sicherheit bringen sollte. Jetzt, da sie die aus dem Schnee herausragenden Bahngleise sahen, die sich irgendwo im Westen in der Dunkelheit verloren und die ihnen als sichtbares Zeichen für ihre Rettung vor der tödlichen Gefahr durch die Russen erschienen, war die Starre von den Leuten gewichen. Man wollte nicht mehr zurückblicken und zurückdenken. Man wollte nicht mehr dieses Dröhnen und Donnern hören, das sich immer mehr in alles Denken der Menschen hineinhämmerte.

Die Pferde wurden unruhig bei dem ungewohnten Treiben in der ungewohnten Dunkelheit.

Die Bauern drängten zur Abfahrt.

Mit den leeren Wagen ging es schneller als erwartet. Die Kinder schwiegen, und als sich Fredy zu ihnen hinüberbeugte, sah er, daß beide eingeschlafen waren.

Das Hoftor stand offen. Artur Lenk hatte schon auf Fredy gewartet, der den Braunen gekonnt auf den Hof lenkte und kurz vor der Stalltür die Zügel anzog. Das war reine Angabe; denn das Pferd wäre auch so auf den gewohnten Hof gegangen und kurz vor seinem Stall stehengeblieben.

„Hat alles geklappt, Fredy?" fragte Lenk und spannte den Braunen aus, ohne auf eine Antwort zu warten.

Da erst sah Fredy neben Schmidtgens Planwagen schemenhaft einen zweiten ebensolchen Wagen stehen und erschrak.

„Ja, Junge, bald müssen wir weg. Es ist zwar noch nicht offiziell. Aber es hat sich herumgesprochen." Im Stall bei Licht sah Fredy die Tränen in den Augen seines Onkels.

„Geht rein zu Lene. Ihr müßt doch Hunger haben."

Artur Lenk blieb an diesem Abend lange im Stall bei seinen Pferden.

Juli 1914

Die Kinder saßen in ihrem Leiterwagen und rollten den gerade fertiggestellten Lehmweg zum Anger hinunter. Vorn saß Lene. Sie hielt sich an der Querstange fest und hatte die Deichsel zwischen ihre Beine geklemmt. So lenkte sie den Wagen. Dabei hatte sie Konrad, ihren dreijährigen Bruder, auf dem Schoß. Erich, zwar zwei Jahre älter als seine Schwester, aber kaum größer als sie, saß hinten rückwärts und stieß sich mit den Beinen ab, damit der Wagen noch mehr Schwung bekam.

Ihre Mutter dürfte das nicht sehen. Sie sorgte sich immer, die Kinder könnten sich dabei die Beine brechen oder, noch schlimmer, unter ein Fuhrwerk kommen, weil sie den Wagen nicht bremsen konnten. Aber sie machten es trotzdem, wie alle Kinder hier, denen allen mehr oder weniger deutlich ein solches Tun verboten worden war.

Nur vom Gendarm Schultze durfte man sich nicht erwischen lassen. Der war seit ein paar Monaten hier. Genau wußte niemand, wozu man einen Gendarm im Dorf brauchte. Der machte sich mächtig wichtig mit seinem langen Säbel, den er immer mit sich herumschleppte, was den Jungen im Dorf imponierte und sogleich Respekt einflößte.

„Nun trampele ein bißchen mehr, Erich, der Leiterwagen fährt ja kaum noch."

„Steig aus und zieh. Wir sind fast unten."

„Nein, du bist dran. Ich habe das letztemal als erster gezogen."

Erich gab nach. Er kletterte hinten über die Querstange und nahm die Deichsel. Lene rutschte etwas zurück, so daß sie bequemer sitzen konnte mit Konrad auf dem Schoß, und sie freute sich, weil sie gezogen wurde; noch mehr aber, daß ihr verwöhntes Brüderchen mal etwas für sie tun mußte.

Sie hatte nämlich zu Hause viel mehr Arbeiten zu erledigen als Erich, vor allem, seit Oskar geboren war. Seitdem war sie praktisch das Kindermädchen für Konrad und für alles verantwortlich, was der den Tag über anstellte. Und das war nicht wenig.

Erich war immer kränklich, und er verstand es wunderbar, sich hinter dieser körperlichen Schwäche zu verstecken, nirgends zu helfen, es sei denn, eine Sache interessierte ihn. Er las dafür lieber alles, was er in die Finger bekam, vom Friedeberger Wochenblatt bis zu den Stoffmusterbüchern seines Vaters, und rechnete ihm dann aus, wieviel das Tuch, das Futter und die Knöpfe und Schnallen für einen neuen Anzug kosten würden. Deshalb war er auch der Liebling seines Vaters, der seine schützende Hand über ihn hielt, obwohl er zu ahnen schien, daß sein Ältester kein Schneider werden und seine Werkstatt übernehmen würde.

„Der Erich, der kann zwar keine Nadel einfädeln, dazu ist er zu ungeschickt. Aber er kann rechnen", pflegte er zu sagen, „aus dem wird noch einmal ein Kaufmann."

Helene, die jeder Lene nannte, gerade zehn Jahre alt, mußte dagegen ihrer Mutter auf dem Hof, bei den beiden Kühen, den Schweinen, dem Geflügel, im Garten, also überall, wo es etwas zu tun gab, helfen.

Am liebsten fuhr sie mit Konrad weg in die Wiesen, weil der, neugierig und voller Tatendrang, auf dem Hof andauernd irgendwelchen Unsinn machte und dabei stets Gefahr lief, zu Schaden zu kommen. Mal kletterte er in den Schweinekoben, aus dem er dann nicht wieder herauskam, mal versuchte er, eine Kuh zu melken, wie er es bei seiner Mutter gesehen hatte, was die Kuh mehr als störend empfand und sich entsprechend wehrte. Das wieder hatte zur Folge, daß Lene Schläge bekam, weil sie nicht richtig aufgepaßt hatte.

Das Fahren im Leiterwagen gefiel Konrad. Lene war froh: Viel anstellen konnte er dabei auch nicht.

Und jetzt mußte Erich sie beide auch noch ziehen: ein doppeltes Vergnügen. Das hatte aber bald ein Ende; denn die feste Lehmfahrbahn war zu Ende und mündete in einen sandigen Feldweg, über den der Junge die kleine Fuhre nicht allein ziehen konnte.

So stieg auch Lene aus.

Sie kamen an dem Sandberg vorbei und merkten plötzlich, daß der Wagen sich so leicht zog. Als sie sich umsahen, war Konrad schon nahe an dem steilen Sandhang.

„Konrad, komm zurück", rief Lene, „soll dich die Sandmuhme holen?"

„Ich sehe sie ja gar nicht, sie ist nicht da", antwortete der Kleine und rannte weiter.

Lene holte ihn ein, ehe er auf den Sandhang klettern konnte. Er bekam einen kräftigen Klaps, heulte entsprechend, drohte: „Das sage ich alles dem Großvater", und ließ sich dann doch wieder in den Wagen setzen.

Sie kamen an die Weggabel. Neuerdings stand da ein richtiger Wegweiser: Zur Fähre 1 km . Als wenn nicht jeder den Weg zur Netze kannte.

Von hier aus hatte man einen weiten Blick über die Brüche.

„Ob sie schon da sind?" fragte Lene ihren Bruder.

„Man sieht noch nichts. Aber vielleicht können wir sie an der Fähre sehen. Da kann man bis nach Trebitsch sehen."

Links des Weges arbeiteten ein paar Männer. Die Kinder wußten, es waren polnische Schnitter. So nannte man die polnischen Tagelöhner aus dem nahen Posener Raum, die über den Sommer in Godtschen blieben, sich für einen Taler und zwei Mahlzeiten am Tage verdingten und alle anfallenden Arbeiten erledigten.

Hier gruben sie mit schmalen, langen Spaten etwa zwei Hand breite und mindestens fußtiefe Furchen, in die sie Tonröhren legten. Später, wenn der Bauer die Arbeit begutachtet hatte, wurden die kleinen Gräben, die in dem, Fließ direkt neben dem Weg mündeten, wieder zugeschüttet.

Die Kinder wußten von der Schule: Hier wurde nasses Land drainiert. Schon im nächsten Jahr würde so viel Feuchtigkeit herausgeflossen sein, daß man das Land bewirtschaften kann, zunächst als Wiese, später vielleicht sogar zum Kartoffelanbau. Überall im Anger geschah das. Die Bauern vergrößerten dadurch ihre Anbaufläche. So konnten sie mehr Vieh halten.

„Wenn wir weiter in diesem Tempo drainieren und später umpflügen", pflegten die Alten zu sagen, „wird es bald überhaupt keine neuen Wiesen mehr geben. Schon jetzt liegen die neuen Schläge mehr als eine halbe Stunde vom Dorf weg. Da dauert ja die An- und Abfahrt länger, als das Ganze wert ist."

Der Hauptlehrer in der Schule hatte das anders gesehen: „Wir vollenden die Aufgabe, die uns Friedrich der Große gestellt hat, als er eure Vorväter hier angesiedelt hat. Alles Land muß urbar gemacht werden. Früher hatten hier die Slawen gewohnt, oben in der Heide, niemals unten im Anger und im Netzebruch. Inzwischen haben wir die Anbaufläche unseres Dorfes vervierfacht. Dadurch haben wir uns mit unseren eigenen Händen ein ewiges Anrecht auf unsere Heimat erarbeitet. Und jeder Morgen, der durch Trockenlegung neu gewonnen wird, verstärkt dieses Heimatrecht."

Von zu weiten Wegen hatte der Hauptlehrer nie etwas gesagt.

Und eigentlich leisten die meiste Arbeit gar nicht die Deutschen, sondern die polnischen Schnitter, weil die billiger sind als unsere Knechte, dachte Erich. Aber es kommt wohl mehr darauf an, wer sich die Arbeit ausgedacht hat, wer sich überlegt hat, wie man das Land trockenlegen kann, als wer diese Arbeit dann auch tatsächlich ausführt.

„Das war dein Urgroßvater, der Bürgermeister August Vogt, der die Gräben gezogen hat", hatte der Lehrer zu Erich gesagt. Und das war in doppelter Weise nicht richtig. Denn August Vogt war nicht Bürgermeister, sondern Dorfschulze, so hieß das damals, und die Gräben gezogen hatte er auch nicht.

Die hatten damals vor allem die Soldaten gegraben, einen ganzen Sommer lang, und dazu natürlich die Bauern aus dem Dorf, die aber vor allem die Gespanndienste geleistet hatten. Allein die Tonröhren für die Drainage hatte man von weit weg holen müssen.

Sein Großvater Julius, er hatte als erster den Titel Bürgermeister führen dürfen, hatte ihm das alles im letzten Winter erzählt, als er ihn in Schulzenwerder besucht hatte. Da ging es ihm schon nicht mehr so besonders gut, und vielleicht hatte er deshalb über alles, was früher war, gesprochen.

Der Hauptlehrer konnte das auch nicht so genau wissen. Er kam ja nicht von hier. Manche sagten sogar, er sei eigentlich katholisch und käme aus dem Rheinland. Aber das konnte nicht stimmen; denn er ging immer in die Kirche und spielte dort die Orgel. Seine beiden Töchter waren auch in der Kirche konfirmiert worden. Später hat die eine auch in der Kirche geheiratet, einen Lehrer von auswärts. Die andere hat nicht geheiratet. Die ist jetzt ein Fräulein Lehrerin in Driesen. Komisch, daß ein Fräulein Lehrer werden kann!

Die Kinder näherten sich der Netze. Von dem Großvater und seinem riesigen Floß war immer noch nichts zu sehen. So sehr Erich auch nach Osten in Richtung Trebitsch, bis dahin waren gut sechs Kilometer, starrte.

„Warten wir ein bißchen. Vielleicht haben wir Glück. Und Konrad, daß du mir nicht zu nahe ans Wasser gehst", warnte Lene.

Die Kinder setzten sich auf die Steine, die das Ufer des Flusses befestigen sollten. Lene mußte den kleinen Konrad dauernd im Auge behalten. Im Moment warf er Steine in den Fluß. Er tat dies erstaunlich geschickt und er freute sich jedesmal über die runden Kringel, die die Steine auf dem Wasser erzeugten und sich immer weiter ausbreiteten, bis sich der Wasserspiegel wieder glättete.

Erich sah hinüber auf das nördliche Ufer. Es sah ganz anders aus als ihre Seite. Da waren hohe, grasbewachsene Wälle, Deiche hatte sie der Lehrer genannt, auf denen Schafe weideten.

Schafe, die dürfte man, genau wie die Kühe, bei uns nur dann auf die Wiesen lassen, wenn es lange nicht geregnet hatte. Sonst würden sie bis zum Bauch versinken, und man bekäme sie nicht wieder heraus.

Deshalb hatte man in Godtschen auch nur wenige Schafe, für die eigene Wolle, und die wurden wie die Kühe immer im Stall gehalten. Nur einmal am Tag kamen sie heraus in den Hof zum Saufen. Sie gingen auch ganz friedlich wieder in den Stall zurück und wollten gar nicht weiter laufen, selbst wenn das Hoftor offenstand.

Sie kannten es eben nicht anders.

Drüben, auf der Holländer Seite, wie man sagte, war das alles ganz anders. Der Deich sorgte dafür, daß die Netze niemals das Land überflutete wie auf der Südseite. Deshalb konnte man dort zum Beispiel Wintergetreide anbauen. Das ging in Godtschen nur auf der Heide, und die war mager, da wuchs nicht viel. Vor allem hatten die Holländer dort vor ein paar Jahren angefangen, lange Glashäuser zu bauen. In denen konnte man schon im April Salat ernten und im Sommer Gurken, Tomaten und jede Menge Blumen.

Aber nichts war für sie selbst, sondern alles wurde jeden Morgen ganz früh nach Friedeberg-Bahnhof gefahren, das waren, wenn man sich dran hielt, gut drei halbe Stunden. Der Zug brachte das alles nach Berlin.

„Morgens in Guschterholländer geerntet, mittags in Berlin auf dem Tisch", so lautete ein Spruch, der freilich ein bißchen übertrieben war. So schnell ging es nun doch nicht.

„Die Holländer haben mehr Geld, das stimmt", sagten sich vor allem die Bäuerinnen in Godtschen. „Aber was haben sie davon? Um vier Uhr stehen sie auf, rackern sich in ihren Treibhäusern, weil um sieben Uhr der Zug nach Berlin geht. Das ist doch kein Leben."

Und die Männer wußten zu sagen, daß die Netze ruhig im Frühjahr die Wiesen überschwemmen soll. „Der Fluß bringt uns den Dünger. Unsere Wiesen sind viel fetter als die drüben hinter ihrem Deich."

So beruhigten sie sich. Die meisten Bauern hatten zwar viel Land, mehr wahrscheinlich als die Holländer. Zwanzig Morgen oben auf der Heide, dazu etwa neun Morgen Wald, meist Kiefern mit Wacholder dazwischen.

Diese Flächen hatten die Siedlerbauern schon immer. Dazu kamen die Flächen auf dem Anger und in den Brüchen. Die meisten hatten dort so um achtzig Morgen, einige noch viel mehr.

Es gab aber auch kleine Höfe. Dann hatten die Vorväter den Hof geteilt, weil sie zwei Erben hatten und keinen zurückstecken wollten. Dadurch wurden sie beide arm. Die kleineren Bauern versuchten, möglichst alles anzubauen, was sie selbst brauchten.

„Außer Salz haben wir alles."

Sie erzeugten aber auch kaum mehr und konnten nur weniges verkaufen. Einen Teil ihrer Eier und ihrer Butter an einen jungen Händler, Eisermann hieß er, und im Winter ein paar frisch geschlachtete Gänse.

Dann kam auch der Viehhändler durchs Dorf und kaufte gemästete Schweine.

Wenn das Futter knapp wurde, wollten die Bauern oft mehr verkaufen, als der Händler auf seinen Wagen verladen konnte. Und so konnte er den Preis drücken.

Das so erwirtschaftete Geld reichte gerade, um nötiges Gerät zu kaufen und die Tagelöhner zu bezahlen. Auch die kleinen Bauern brauchten in der Erntezeit Tagelöhner, wenn sie keine heranwachsenden Söhne hatten. Aber die nahmen für ihre Arbeit oft auch Korn oder Mehl, wenn sie kein eigenes Getreide anbauten, und Milch, wenn ihre Kuh oder ihre Ziegen trocken standen.

Am meisten Land hatte Virus, den man allgemein den Gutsbesitzer nannte. Der hatte nach dem Krieg siebzig-einundsiebzig das Vorwerk nach Trebitsch dazugekauft, das noch hinter Kletschens Sägemühle lag. Sein Sohn, der junge Virus, war Offizier. Erich hatte ihn vor ein paar Tagen die Dorfstraße hinunterreiten sehen, von einer ganzen Horde Jungen verfolgt.

Einen Reiter, noch dazu in Uniform, den sah man eben nicht alle Tage!

Lenks wohnten auf der anderen Seite des Dorfes, nach Gutsch zu. Sie hatten über dreihundert Morgen, und man erzählte sich im Dorf, daß sie eigentlich adlig seien.

Ihr Hof war vor gut einem Jahr abgebrannt. Blitzschlag. Die beiden Ställe, die große Scheune. Nur das Wohnhaus hatte man retten können. Der Spritzenwagen war nicht gekommen, solange das Gewitter über dem Dorf stand.

Das war richtig so; denn Lenks Gehöft lag gut zwanzig Minuten vom Ortskern, also vom Spritzenhaus, entfernt. Hätte man die Spritze während des Gewitters zu Lenks gefahren, dann hätte man sie nicht im Dorf einsetzen können, wenn mittendrin der Blitz eingeschlagen wäre, was oft genug geschehen war. Brannte es aber im Dorf und wurde nicht schnell genug gelöscht, dann konnte das ganze Dorf abbrennen.

Deshalb diese Regelung.

Hermann Vogt, der Vater der drei Kinder, die unten an der Netze warteten, war gegenüber den Bauern arm und wohlhabend zugleich. Er hatte zwar nur knapp acht Morgen Land und Wiese, die gerade für seine beiden Kühe reichten, und kein Stück Wald, wie sonst jeder Bauer. Aber er hatte dafür ein Konto auf der Sparkasse in Driesen, und da war, so erzählte man sich, eine ganze Menge Geld drauf. Er war weit und breit der einzige Schneider. Und einen guten Anzug hatte sich jeder Bauer anfertigen lassen. Wenn er heiratete. Oft mußte dafür ein hundert Jahre alter Baum gefällt werden.

Der Hochzeitsanzug wurde zum Sonntagsanzug. Hermann Vogt wußte das und ließ reichlich Stoff in den Nähten. Da konnte er später Hose, Weste und Jacke weiten. So wurde es ein Anzug für das ganze Leben, mit dem man an jedem Sonntag in die Kirche ging und zur Beerdigung, wenn einer im Dorf gestorben war.

Hermann Vogt war nicht nur Schneidermeister, nein, er handelte auch mit Stoffen. Wenn einer sein Tuch selbst mitbrachte für einen Anzug, dann war der Schneiderlohn gleich höher.

Er hatte zwei Musterbücher mit den herrlichen Stoffproben, eines mit einem roten und eines mit einem grünen Rücken. In beiden wurden die gleichen Muster angeboten. Die Leute aus dem Dorf konnten sie sich aus dem grünen Buch auswählen, Fremde aus dem roten. Erich hatte schon lange den Unterschied herausgefunden: Die Stoffe in dem roten Buch waren teurer als die in dem grünen. Später konnte er das auch ausrechnen. Sein Vater berechnete bei seinen Leuten im Dorf und ein paar Verwandten, die nach außerhalb geheiratet hatten, zehn Prozent Zuschlag. Das war das grüne Buch. Im roten Buch war mit zwanzig Prozent Aufschlag kalkuliert worden.

Die Kinder langweilten sich. Nichts geschah auf der Netze.

Etwas flußabwärts lagen wuchtige Stämme. Kiefern, wie Erich sah. Breite, vom Regen schon etwas verwaschene Radspuren zeugten von den Wagen, auf denen die Bäume hierhergefahren worden waren. An den unteren Enden stand, mit einem dicken Blaustift geschrieben, jedesmal ein großes L.

„Die gehören bestimmt Lenks", sagte Erich.

Wilhelm Lenk mußte neue Ställe und eine neue Scheune bauen. Er wollte sie größer haben als vorher und massiv, wie sie Petsch voriges Jahr gebaut hatte. Weil die Provinzial das nicht alles aus der Brandkasse bezahlen wollte, mußte Lenk Holz verkaufen, viel Holz. Und etwas davon lag nun an der Netze, bis Jakob Strauch, der Großvater der drei Kinder, daraus ein Floß bauen und dann damit nach Küstrin flößen würde. Wie er es auch mit den großen Flößen machte, die er jedes Jahr aus Russisch-Polen herüberbrachte.

Auch einige der Bauern hatten in den letzten Jahren gebaut. Ihre alten Fachwerkhäuser, die die Siedler damals errichtet hatten, als sie gekommen waren, waren baufällig gewesen oder zu klein geworden. Die strohgedeckten und völlig bemoosten Dächer ließen das Wasser, vor allem das Schmelzwasser, durchsickern.

Alle hatten es wie Wilhelm Lenk gemacht und in ihrem Wald Kiefern geschlagen. Woher hätten sie auch sonst so viel Geld nehmen sollen? Die meisten haben wieder auf ihrem alten Hof gebaut. Im Dorf. Aber einige waren ihrem Bürgermeister Julius Vogt gefolgt, der in Werder neben seiner Feldscheune gebaut hatte, das seinetwegen bald Schulzenwerder genannt wurde.

Dort hatten sie eine viel größere Hoffläche. Das war der Grund für den Auszug aus dem Dorf.

Julius Vogt hatte gewußt, daß sie aus der Enge des Dorfes heraus mußten. Aber trotzdem hatte er sich nicht so recht damit abfinden können, daß das Haus, in dem er geboren und in dem seine Familie weit über hundert Jahre gelebt hatte, verkauft wurde.

Und dann noch an Petsch, diesen zugezogenen Besserwisser mit seinem neunmalklugen Jungen, von denen niemand sagen konnte, woher sie ihr ganzes Geld hatten.

So hatte Julius Vogt bald nach dem Umzug den Hof und sein Amt weitergegeben an seinen Sohn Richard, Er selbst hatte sich mit seiner Frau auf das Altenteil zurückgezogen.

Eine Folge der plötzlichen Bautätigkeit war, daß der schöne Kiefernwald verschwunden war, den die Siedler vor hundertdreißig Jahren auf Weisung des Geheimen Finanzrates und Obersten Königlichen Kommissars von Brenckenhoff hatten anpflanzen müssen, als sie das frühere Holz zum Bau ihrer Fachwerkhäuser geschlagen hatten. Die Bäume waren damals ersetzt worden durch kaum kniehohe Kiefernstecklinge, denen man nicht ansehen konnte, daß auch sie einmal so große und starke Bäume werden würden.

Die Kinder kannten die Wälder sehr genau. Sie wußten, wo im Spätsommer und Herbst die besten Pilze standen, und im Sommer gingen sie oft raus, um in den Seen mit dem weichen weißen Sand zu baden. So konnten fast alle Kinder aus Godtschen schwimmen. Sie hatten es voneinander gelernt.

„Ich glaube, sie kommen heute nicht mehr“, meinte Erich, „wir sollten wieder nach Hause fahren.“

Die Flößer kamen erst gut zwei Wochen später. Die Kinder waren zwar noch zweimal an die Netze gefahren. Aber als das große Floß dann wirklich anlegte, waren sie nicht da.

Die Kinder wollten gleich mit ihrem Leiterwagen losfahren, um die Sachen vom Flöz zu holen, als sie den Großvater Strauch hinaufkommen sahen mit seinen schweren Schritten. Aber der meinte, daß Ernst lieber mit dem Pferd zur Netze runterfahren solle. Sie hätten doch mehr Gerät, als auf den kleinen Leiterwagen passe. Sie könnten natürlich mitfahren.

Und so saßen sie auf dem leichten Ackerwagen mit ihrem Onkel Ernst. Der war noch jung und lernte in der Schlachterei seines Onkels. Jetzt im Sommer war da weniger zu tun, und so verdingte er sich am liebsten, wenn irgendwo gebaut wurde.

Mit Pferd und Wagen war man doch schneller und vor allem bequemer am Fluß. Die Zeit verging, weil Onkel Ernst immer so lustige Dinge zu sagen wußte.

„Ihr müßt euern Lehrer einmal fragen, ob er auch rechnen könne: Was ist drei Packen weniger zwei Packen?“

„Ein Packen natürlich", sagte Erich, der nicht wußte, ob er seinen Onkel Ernst jetzt ernst nehmen könne.

„Richtig. Und wenn der Lehrer ein-packen sagt, dann packt Ihr eure Ranzen zusammen und geht."

Erst jetzt verstanden die beiden älteren Kinder, was er meinte.

Am Fluß lag, fest angebunden, das große Floß. Es war eigentlich nicht ein Floß, sondern es waren vier Flöße, die hintereinander gekoppelt waren. Vorn hatte es zwei große Ruder und hinten zwei. Die brauchten die Männer, um das Floß in der Strömung zu halten. Und an jedem Floß saß auf jeder Seite auch nochmal jeweils ein Ruder. Auch diese Ruder dienten fast nur zum Lenken.

„Es ist eine Kunst, ein solches Floß auf dem Fluß zu halten, daß es sich nicht an der Uferböschung verhakt", hatte Jakob Strauch, der Großvater, seinem Enkel Erich erklärt. „Dann braucht man nämlich Stunden um Stunden, um es wieder flott zu machen. Und das kostet eine Menge Schweiß."

Mitten auf dem Floß war eine richtige Hütte gebaut mit einem Zeltdach. Darin schliefen die Männer. Und vor der Hütte war eine Lehmplatte. Darauf stand ein niedriger eiserner Ofen mit einem großen Topf obendrauf, in dem die Männer ihr Essen kochten.

Ernst stieg auf das Floß, und die Kinder kletterten hinter ihm her.

„Paßt bloß auf, daß Ihr mit den Beinen nicht zwischen die Stämme kommt. Ihr wäret nicht die ersten, die sich auf einem Floß ein Bein gebrochen haben", warnte er, und Lene hob Konrad, dem das gar nicht paßte und der deswegen laut zu schreien anfing, wieder von den Stämmen.

„Wir warten hier, Konrad. Von hier aus kannst du alles sehen", versuchte sie ihn zu trösten.

Ernst holte Äxte und Sägen von dem Floß, einen kleinen Sack mit den übriggebliebenen Nägeln, Acht-, Zehn- und Zwölfzoller, an dem er furchtbar schleppte, obwohl er doch so stark war. Dann ein paar Decken und die große Werkzeugkiste, die er erst auspacken mußte, um sie überhaupt auf den Wagen zu bekommen. Der Pferdewagen war zwar noch nicht voll. Aber, um ehrlich zu sein, das alles hätten sie nie auf ihren Leiterwagen bekommen.

Als sie zurück waren, war Großvater Strauch mit seinen Leuten nicht mehr da. Lene wußte, daß sie bei Wernicke in der Gastwirtschaft saßen. Nicht so sehr, weil sie bei der Hitze und nach der anstrengenden Arbeit der letzten drei Monate etwas trinken wollten, sondern vielmehr, weil es so viel zu erzählen gab. Wahres und wohl auch manches Übertriebene.

Hier erst erfuhr er, daß der alte Bürgermeister, Julius Vogt, gestorben war. Noch vor der ersten Heumahd. Die erste Beerdigung, die von Schulzenwerder ausging.

Für die Leute vom Dorf war das schon fast vergessen, und sie wollten Neuigkeiten hören. Wer kam schon aus Russisch-Polen nach Godtschen, und wer hatte einen solchen abenteuerlichen Beruf wie Jakob Strauch und seine Männer, Kerle, die alle zwei Zentner heben und einen Zentnersack Korn frei über den Kopf stemmen konnten!

Dabei hatte sich die Arbeit seit einiger Zeit erleichtert. Durch den Kanal zwischen Bromberg und der Netze wurden sie jetzt von einem Dampfboot gezogen.

Früher mußten sie diese knapp dreißig Kilometer staken. Das ging auch nur, wenn Ostwind herrschte, weil es sie bei Gegenwind mehr zurückgedrückt hätte, als sie vorwärtsgekommen wären. Sie hatten früher mindestens eine Woche für diese kurze Strecke gebraucht. Sieben oder acht Tage, die man noch wochenlang in den Knochen spürte.

Jakob Strauch hatte es vor Jahren auch einmal mit einer großen Plane versucht, die er vorn auf dem ersten Floß wie ein großes Segel ausgespannt hatte. Aber das hatte nicht getaugt, und so hatte er sich die Mühe erspart, die Plane erst mit der Eisenbahn und zum Schluß mit einem Mietgespann bis zur San mitzuschleppen.

Die Flößer hatten sich so schön ausgemalt, wie sie erzählen wollten, daß ihr Schleppboot plötzlich in eine dichte Dampfwolke eingehüllt wurde, es fast gleichzeitig einen Riesenknall gegeben habe und sie von dem Seitenwind sofort auf die südliche Uferböschung getrieben wurden, so sehr sie auch gegenruderten.

Fast vierzehn Tage hatten sie dort gelegen, bis das Dampfboot wieder repariert war. Und während der vierzehn Tage, nun, ... der Genießer schweigt, die Polenmädchen waren nicht zu verachten....

Aber sie kamen nicht dazu, über ihre Abenteuer auf dem Bromberger Kanal zu berichten. Es gab Aufregendes, Aktuelles. Der Kaiser hatte die Mobilmachung ausgerufen. Alle Gedienten hatten sich umgehend bei ihrem Regiment einzufinden.

Die Stimmung war gut und das Bier floß reichlich.

Ein Alter meinte, daß sie zu seiner Zeit nicht hätten zum Militär gehen müssen. Da waren sie noch eximiert von Werbung und Enrollierung, so hieß das damals, und er konnte sich gut an seinen Schulunterricht erinnern.

„Aber das war ja schon vierundsechzig vorbei. Ich hatte jedenfalls Glück gehabt, brauchte nicht in den Krieg."

Das erzeugte lautstarken Protest unter den jungen Männern: „Heute ist eine andere Zeit, Großvater, heute müssen wir nicht nur, heute wollen wir in den Krieg ziehen! Es geht um unser Vaterland, und das heißt Deutschland."

„Richtig so, dem Franzmann muß man es zeigen. Uns das Elsaß und Lothringen wieder wegnehmen zu wollen."

„Bald werden wir ihnen Paris abknöpfen, wie siebzig-einundsiebzig. Und das endgültig."

„Aber da brauchte ja unser Alter nicht dabeizusein", feixte einer.

Immer wieder erscholl das Lied von der Wacht am Rhein, die fest stehe, und dem Vaterland, das ruhig sein möge, und das Lied „Deutschland, Deutschland, über alles, über alles in der Welt."

Jakob Strauch hatte Sorgen. Wie sollte er das große Floß nach Küstrin bringen ohne seine Leute? Alle hatten sie gedient und alle mußten sofort einrücken. Ob seine früheren Gesellen da noch mitmachen können? Schließlich sind die Flöße jetzt, da man durch den Kanal gezogen wurde, doppelt so groß wie früher.

Und ob die auch mitmachen wollen? Viele von ihnen haben jetzt einen Hof, meist eingeheiratet; welcher Bauer wünscht sich nicht einen solchen kräftigen Kerl als Schwiegersohn. Sie standen alle mitten in der Ernte und müßten schon auf die jüngeren Männer verzichten.

Liegenlassen konnte er das ganze Holz natürlich auch nicht. Jeder stärkere Wind von Süden würde die sechsundneunzig miteinander vernagelten, verbundenen und in drei Lagen gestapelten Kiefern mit ihren weit über dreihundert Festmetern losreißen und die Netze und Warthe hinuntertreiben. Da könnte Herr von Falkenberg, seines Zeichens Gutsbesitzer, Sägewerksbesitzer und Betreiber eines Kalksandsteinwerkes, sehen, wie seine Stämme an seinem Sägewerk vorbei aus der Warthe herauskommen und auf der Oder in Richtung Stettin schwimmen.

Dabei war es noch gar nicht von Falkenbergs Holz, sondern sein eigenes; denn er arbeitete schon lange auf eigene Rechnung. An der San kaufte er das Holz frei Uferböschung, und in Küstrin verkaufte er es an den adligen Sägewerksbesitzer.

Man mußte also nicht nur ein wetterkundiger Flößer sein, sondern auch ein Holzfachmann, der weiß, welche Ware zu welchem Preis zu verkaufen war und wie teuer man sie höchstens einkaufen durfte.

Von dem Gewinn hatte Strauch stets einen Anteil an seine Leute gegeben, über den Lohn hinaus. Und er hatte drüben in Russisch-Polen immer reichlich eingekauft. Zwei ganze Speckseiten und einen schweren Hinterschinken. Dazu ein Faß mit Sauerkohl. Wer schwer arbeitet, muß was Anständiges zu essen bekommen.

Daran erinnerte man sich, und so war es leichter, als er befürchtet hatte, eine Mannschaft zusammenzubekommen. Leute, die früher bei ihm gearbeitet hatten, und drei halbe Jungen noch, die noch nicht gedient hatten, nun aber wohl bald gezogen werden würden. So konnte er sogar darauf verzichten, Ernst mitzunehmen.

„Wir lassen dich nicht im Stich, Jakob, die zwei Tage hin bis Küstrin und einen Tag zurück, die holen wir bei der Ernte wieder heraus."

Am nächsten Morgen, es dämmerte noch, standen die sechs bei Strauchs auf dem Hof. Ernst brachte sie mit dem Wagen runter zur Netze, und als die Sonne hinter ihnen aufging, legte das Floß bereits ab.

Die Kinder, dachte Jakob Strauch, würden enttäuscht sein, hatten sie sich doch gewünscht, bei der Abfahrt zusehen zu können. Aber sie schliefen wohl noch. Schließlich hatten sie Ferien.

Zusehen konnten sie dann doch, gut drei Wochen später, als Jakob das viel kleinere Floß mit Lenks Stämmen zusammenstellte. Er hatte nur zwei Mann Hilfe, seinen Sohn Ernst und einen älteren Tagelöhner, Fritz, von Lenks Hof. Beide unerfahren.

Später, beim Flößen, würde es sehr knapp mit dieser Mannschaft werden.

Zu der gehörte auch Erich, sein Enkel, dessen Eifer aber viel größer war als sein Können. Um ehrlich zu sein, er war eher eine Belastung.

Man rollte einen Stamm ins Wasser, den man am schwächeren Ende mit einem Seil gesichert hatte. Daneben kam der nächste Stamm, und so ging es weiter, bis neun Stämme nebeneinander im Wasser schwammen. Die vernagelten sie mit mehreren Querhölzern aus schwächerem Holz vorn, am ersten und am zweiten Drittel. Dazu brauchten sie die langen zehn- und zwölfzoller Nägel.

Das war die schwerste Arbeit; denn die noch losen Stämme drehten sich natürlich im Wasser und wehrten sich so gegen das Nageln. Das war am Anfang deshalb besonders schwierig, weil man die ersten beiden Stämme, bis zur Brust im Wasser stehend, vernageln mußte. Später konnte man sich dann schon auf diese beiden Stämme stellen, die sich ja jetzt nicht mehr drehen konnten.

Das Vernageln hinten ging schon viel leichter. Die Stämme konnten hier nur noch seitlich weggehen, sich aber nicht mehr drehen.

Somit war der Unterbau der ersten Tafel fertig. Über Hölzer, die mit einem Ende auf dem Ufer lagen und mit dem anderen auf die Tafel ragten, rollten sie jetzt nacheinander acht weitere Stämme. Sie fanden ihren Platz jeweils in den Lücken zwischen zwei Stämmen des Unterfloßes.

Die wurden nur vorn mit einem Querholz vernagelt und am zweiten Drittel mit Seilen an dem Unterfloß verbunden. In gleicher Weise wurde darauf eine dritte Schicht Stämme, diesmal aber nur sieben Stück, auf das Floß gebracht.

Anschließend bauten die Männer eine zweite Tafel. Das ging schon besser, weil die beiden Helfer inzwischen wußten, was zu tun war.

Beide Tafeln wurden zu dem Floß mit dicken Stricken zusammengebunden. Ein paar Querhölzer sorgten zusätzlich für den richtigen Halt.

Es blieben aber noch drei Kiefernstämme übrig, die noch auf die Tafeln gerollt wurden.

„Normalerweise dürfen wir keine vier Schichten bauen, weil die obere Netze und auch die Weichsel hinter Warschau zu flach sind. Aber hier am Unterlauf der Netze und auf der Warthe können wir es wagen“, erklärte Jakob seinem Enkel, dessen wichtigste Aufgabe es war, jeweils einen der langen Nägel vorzuhalten, bis der gebraucht wurde.

Die Steuerruder bestanden aus langen Stangen, auf denen wasserseits ein Brett genagelt war. Sie wurden mit Stricken an dem oberen Ende von kurzen, ziemlich dicken Hölzern montiert, die, vorn angespitzt, zwischen zwei untere Stämme gekeilt und dann auf der mittleren Lage gegen einen Stamm genagelt wurden, mit zwei zwölfzölligen Nägeln. Jetzt konnte man sie fast genauso betätigen wie die Ruder auf einem Kahn, nur daß man hier nicht sitzen konnte, sondern seitlich der Stangen stehen mußte, oft, wenn viel Kraft nötig war, zu zweit, einander gegenüberstehend.

Auch die Zelthütte wurde aufgebaut. Ein paar Ballen Stroh waren die Unterlage. Nur die Feuerstelle fehlte.

„Für die zwei, drei Tage lohnt sich das nicht. Bis die Lehmdecke fest ist, sind wir schon in Küstrin", meinte der Großvater. „Die Else", gemeint war die Großmutter, „hat uns genug zum Trinken mitgegeben und einen ganzen Korb voll Stullen. Verhungern und verdursten werden wir nicht, auch wenn wir einen Esser mehr haben."

Er meinte den Erich, dem seine Großmutter zusätzlich einen großen Napf voll festen Grießpudding und eine Flasche Himbeersaft dazu mitgegeben hatte. Lene stand mit Konrad am Ufer, ein wenig traurig vielleicht; aber sie wußte, daß sonst niemand auf den Jungen aufpassen könnte. Außerdem gehören Mädchen sowieso nicht auf ein Floß. Das hatte ihre Mutter gesagt, die aber auch Erich die Mitfahrt nicht hatte erlauben wollen.

Zum Ablegen begannen zwei Mann, das Heck des Floßes mit starken Ruderschlägen in die Strömung zu bringen. Das erforderte viel Kraft, weil der Wind zunächst das Floß immer wieder an das Ufer zurückdrängen wollte. Der Großvater drückte zusätzlich mit einem Staken, vor allem, um das Floß immer dann am Zurückgleiten zu hindern, wenn die beiden Männer ihr Ruder, das der Großvater Riemen nannte, durch die Luft zurücksetzten. Erst ganz allmählich und dann plötzlich schneller werdend, drückte die Strömung das Heck zur Flußmitte.

Jakob ließ seine Stange fallen und lief mit großen Schritten zum Bug, um die Leine, die das Floß vorn noch am Ufer hielt, zu lösen. Mit einem Schlag hatte er den Schifferknoten gelöst; denn jetzt galt es, das Floß auch mit dem Bug in den Fluß zu bringen, damit es nicht quer schlug und mit der Breitseite voran den Fluß hinuntertrieb. Spätestens an der Zantocher Brücke wäre dann Feierabend gewesen und das Floß auseinandergebrochen.

„Nach vorn, Leute, vorn rudern", rief er. Bei einer eingespielten Mannschaft wäre ein solches Kommando überflüssig gewesen.

Er selbst stakte mit aller Kraft.

Allmählich stellte sich das Floß in die Strömung und schob sich vorwärts, genau so schnell, wie das Wasser lief.

„Einer bleibt vorn und einer achtern", ordnete Strauch an, „und Ihr achtet genau auf meine Kommandos. Damit es kein Mißverständnis gibt: Achterlich Steuerbord heißt, daß du das Floß hinten nach rechts drücken mußt, Ernst. Vorlich Backbord heißt, daß du, Fritz, das Floß vorn nach links schieben mußt."

Sie machten erst vorn und dann achtern ein paar Ruderschläge und merkten, wie das schwere Floß, es mochten gut neunhundert Zentner Holz sein, reagierte.

„Wenn ich hart Backbord oder hart Steuerbord sage, dann reißt Ihr die Riemen so kräftig wie möglich durch das Wasser. Und paßt auf, es passiert oft, daß der eine Backbord und der andere Steuerbord rudern muß. Verwechselt mir das ja nicht."

Es war kein geruhsames Tun auf dem Holzgefährt. Strauch mußte viel mehr aufpassen als sonst bei einem viermal so großen Floß; denn da wußte jeder an den Riemen, wann und wie stark er rudern mußte. Nicht so jetzt. Dauernd lag das Floß schräg zur einen oder zur anderen Seite. Er hatte seinen Sohn nach Achtern gestellt, weil hier noch mehr Übersicht notwendig war als vorn am Bug. Aber der Junge zeigte kein Einfühlungsvermögen.

Er wäre nie ein Flößer geworden, dachte Jakob und war froh, daß sein Sohn bei seinem Bruder Schlachter lernte. Dabei hatte Jakob früher immer gehofft, wenn er bei seiner Rückkehr im Spätsommer sehen konnte, daß sein Sohn Jahr für Jahr in den Sommermonaten sichtbar größer und vor allem kräftiger geworden war, ihn nach der Schule mit auf das Floß nehmen zu können. Aber Else war immer dagegen gewesen, und eines Tages hatte ihm Ernst eröffnet, daß er Schlachter werden wolle, wie sein Onkel.

Er würde wohl später sein Floßgeschäft an einen seiner Gehilfen abgeben müssen.

Für Erich Vogt wurde es allmählich langweilig. Es gab nichts zu helfen. Die schweren Riemen konnte er nicht einmal aus dem Wasser heben. Die Landschaft schob sich so langsam vorbei, daß man meinen könnte, das Floß stände still. Es gab wirklich nicht viel zu sehen. Rechts die unendliche Länge des Deichs mit den unvermeidlichen Schafen darauf, links nur Wiesen. Ab und zu wurde der Deich unterbrochen durch ein Tor, das offenstand, bei Hochwasser aber mit großen Balken geschlossen werden konnte. Die Balken konnte man jedoch nicht sehen. Sie lagen wohl auf der anderen Seite des Deiches.

Diese Tore nannte man Siele.

Die Orte lagen auf der Nordseite unsichtbar hinter dem Deich und auf der Südseite weit von der Netze entfernt, wie auch Godtschen, am oberen Rande der Heide. Absolut sicher vor dem Hochwasser.

Es war schon später Nachmittag, als sie unter der Brücke von Zantoch hertrieben. Das gab noch einmal große Aufregung; denn man mußte das Floß weit von den Brückenpfeilern fernhalten, auf die es die Strömung zuzutreiben schien.

Kurze Zeit später mündete die Netze in die von Süden kommende Warthe. Aus dem Flußverlauf hätte man schließen können, daß der Fluß auch nach der Einmündung Netze heißen müßte; denn er fließt in gerader westlicher Richtung weiter, während die Warthe kurz hinter Pollychen bei der Mündung der Netze eine Biegung von einem rechten Winkel machen mußte.

Kurz hinter der Mündung wollte Jakob Strauch Rast machen. Sie legten auf der Nordseite der Warthe an, damit man nachher noch auf ein Bier nach Zantoch rübergehen konnte. Vielleicht hatte man dort schon neuere Nachrichten über den Kriegsverlauf.

Besorgniserregend vor allem der Einfall der Russen in Ostpreußen. Daß der Kaiser auch alle seine Truppen im Westen einsetzte und den Osten nur durch ein paar Landwehrregimenter schützen lassen wollte! Nicht auszudenken, wenn die russische Armee die Weichsel überschreiten und nach Brandenburg einfallen sollte.

Strauch knotete einen langen Tampen an der achterlichen Verstrebung der Stämme fest und rollte ihn so weit ab, daß man ihn vorn am Floß halten konnte. Eine zweite Leine wurde direkt am Bug festgetäut.

Dann ruderten sie das Floß, so dicht es ging, mit dem Bug ans Ufer. Ernst und Fritz sprangen, jeder mit einem Seilende in der Hand, hinüber ans Ufer, rannten den Deich hinauf und schlangen ihre Seile mehrfach jeder um einen Pfahl.

Der vordere Tampen wurde lose gehalten, so daß sich der Bug wieder vom Ufer entfernte. An der hinteren Leine zog Ernst, so stark er konnte. Strauch unterstützte ihn mit seinem Staken.

So trieb das Heck langsam ans Ufer. Als es festlag, schob die Strömung den Bug ganz von allein ans Ufer.

Das Floß wurde mehrfach vertäut, so daß es auch bei aufkommendem nördlichen Wind nicht wegtreiben konnte.

Der Besuch in der Gastwirtschaft brachte nicht sonderlich viel Neues. Es gab keine Extraausgabe der Zeitung. So wußte man auch nichts Genaues über die neueste Lage in Ostpreußen. Es gab nur Gerüchte.

Ein pensionierter General soll den Oberbefehl in Ostpreußen übernommen haben. Hindenberg oder Hinnenburg oder so ähnlich soll er heißen. Nie den Namen gehört. Und wenn man sich das überlegt: Ein alter Rentner soll die Russen aufhalten!

Ob das man gut geht?

Das Ablegen am nächsten Morgen ging besser als erwartet. Ein leichter Wind aus Nordost trieb das Floß ganz von allein in die Strömung. Das ging so schnell, daß Ernst und Fritz bis an den Hosenbund durch das Wasser waten mußten, um noch auf das Floß zu gelangen.

Am übernächsten Mittag waren sie in Küstrin kurz vor der Mündung der Warthe in die Oder. Von Falkenberg bekam das meiste Rundholz per Floß und hatte entsprechend eine gutausgebaute Rampe mit schweren Pollern, an denen die Flöße sicher vertäut werden konnten. Die Leinen wurden vorn und achtern rübergeworfen und von den Leuten auf dem Sägewerk um die Poller geschlungen.

Schon schob sich das Floß an seinen Liegeplatz. Solch ein kleines Floß bereitete überhaupt keine Mühe.

Von Falkenberg sprang, wie es seine Art war, auf das Floß. Der linke Arm fehlte ihm. Verwundet im deutsch-französischen Krieg. Trotzdem hatte er überhaupt keine Schwierigkeiten, auf dem glitschigen Holz das Gleichgewicht zu halten.

„Nun, Herr Strauch, wie ist das Holz?"

„Gute Ware, Herr von Falkenberg, im Januar, Februar geschlagen, der letzte Posten von Lenk."

„Dann bleibt es beim Preis vom letzten Mal", sagte er und hielt Jakob Strauch die ausgestreckte Hand hin.

„Jetzt ist aber Krieg, Herr von Falkenberg, da bekommen Sie bestimmt mehr für ihre Bretter als im Frieden. Und Herr Lenk wird auch sicher mehr für seinen Neubau bezahlen müssen. Dann muß unser

Holz auch teurer werden", mischte sich Erich Vogt in das Gespräch der Erwachsenen ein.

„Außerdem ist es das beste Holz, das Lenks geschlagen haben", fügte er hinzu, um sein Argument noch gewichtiger zu machen.

Von Falkenberg war überrascht und verwundert. Verärgert war er nicht. „Wer bist du denn?"

Erich sah den Zorn in dem Gesicht des Großvaters. Ihm war jeder Mut vergangen. Er brachte keinen Ton heraus.

Auch Strauch antwortete nicht sofort. So verärgert war er über seinen Enkel. Sonst war er doch nicht so vorlaut. Oder kannte er ihn zu wenig?

„Ihr Enkel, Herr Strauch?"

„Ja, der älteste meiner Tochter Martha. Und er wird sich für sein vorlautes Verhalten sofort entschuldigen."

„Nein, laß mal, mein Junge. Du hast recht. Die Preise werden jetzt natürlich anziehen. Und warum soll ich allein davon profitieren?"

Er dachte einen Augenblick nach. „Also gut, ich lege einen Taler pro Festmeter drauf. Wieviel sind es denn genau?"

„Rund Dreiundneunzig Festmeter, Herr von Falkenberg."

„Siehst du, jetzt hast du mich glatt um fast dreihundert Mark gebracht, Junge. Wie heißt du denn?"

„Erich Vogt, Herr von Falkenberg."

„Du bist mir ein aufgewecktes Bürschchen, und das Handeln scheinst du mit der Muttermilch eingesogen zu haben. Was will du denn später werden? Schneidermeister, wie dein Vater?"

Von Falkenberg kannte die näheren Familienverhältnisse seines langjährigen Holzlieferanten.

„Nein, nicht Schneider. Ich werde Kaufmann."

„Wie alt bist du denn, mein Junge?"

„Zwölf Jahre, Herr von Falkenberg."

„Dann mußt du noch zwei Jahre zur Schule gehen. Anschließend besuchst du ein Jahr die Handelsschule, ich bezahle das . . ."

Jakob Strauch wollte ihn unterbrechen.

„Nein, lassen Sie mal, Herr Strauch, solche Jungen kann ich gebrauchen. Also, am ersten April neunzehnhundertsiebzehn meldest du dich bei mir pünktlich um sieben Uhr zum Antritt deiner Lehre. Und, wie gesagt, die Kosten für die Handelsschule übernehme ich."

„Danke, Herr von Falkenberg. Ich werde bei Ihnen lernen. Ich freue mich schon jetzt."

Dem Adligen gehörte nicht nur das dampfbetriebene Sägewerk mit drei Vollgattern und einem Horizontalgatter für das Schneiden dicker Eichenstämme, die Dampfmaschine wurde mit den anfallenden Sägespänen beheizt, sondern auch ein Kalksandsteinwerk und vor allem das Rittergut mit der im weiten Umkreis bekannten Pferdezucht. Seine Hengste waren die Väter der meisten Fohlen im Kreis Küstrin und drüben, jenseits der Oder, im Raum Seelow.

Er gab Erich die Hand: „Also, in drei Jahren."

Mit Strauch stieg er vom Floß hinunter. Beide gingen in Richtung Kontor.

„Ihr Enkel scheint ein gutes Gespür für Geschäfte zu haben. Oder hatten Sie über den Verkauf vorher miteinander gesprochen?"

„Nein überhaupt nicht, Herr von Falkenberg. Aber das mit den Kosten der Handelsschule. Das ist meinem Schwiegersohn bestimmt nicht recht."

„Ihr Enkel wird mir das Geld gut verzinst wieder hereinbringen. Bis dahin ist der Krieg natürlich längst vorbei. Aber für die Zukunft brauche ich gute junge Leute, solche Leute wie Ihren Enkel."

Er hielt inne. „Das wissen Sie ja sicher noch gar nicht. Die achte Armee unter General von Hindenburg hat die Russen bei Tannenberg geschlagen. Die russische Narew-Armee wurde vollständig aufgerieben. Neunzigtausend Gefangene. Samsonow hat sich auf dem Schlachtfeld erschossen. Und Hindenburg treibt die zweite Armee des Zaren auf die masurischen Sümpfe zu. Da werden sie wie die Maus in der Falle sitzen."

Er nahm eine Zigarre aus der inneren Brusttasche, biß sie ab, steckte sie in den Mund und riß sich mit seiner einen Hand ein Streichholz an.

„Und in Frankreich geht es auch vorwärts. Ich glaube, dieser Krieg dauert nicht länger als der siebzig-einundsiebzig. Obwohl", er hatte doch wohl leichte Zweifel, „wir auf zwei Fronten kämpfen müssen."

Erich war den beiden gefolgt, und weil von Falkenberg sehr laut gesprochen hatte, hatte er alles verstanden. Also stimmte das Gerücht, das sie in Zantoch gehört hatten.

Was er zu der Zeit nicht wissen konnte: Sein späterer Schwiegervater, der Unteroffizier der Reserve und Mittelschullehrer Paul Bergmann, hatte an der Schlacht bei Tannenberg teilgenommen und wurde am gleichen Tage, als Erich den Holzpreis hochgetrieben hatte für Lenk, von seinem Regimentskommandeur im Auftrage des Generals von Hindenburg mit dem Eisernen Kreuz ausgezeichnet.

26. Januar 1945

„Du solltest die beiden nicht so schwer arbeiten lassen, Fredy", mahnte Artur Lenk. Er stand in einer etwa hüfttiefen Grube, knapp einen Meter breit und gut einen Meter lang, die er in einer Ecke der Scheune gegraben hatte. Die dicke Deckschicht der Tenne aus Lehm, hart gefroren, hatte er seitlich gelagert, der gelbgraue Sand türmte sich zu einem großen Berg auf.

„Sie machen das doch gern, Onkel Artur, und außerdem rollt ihr Leiterwagen ganz von allein runter zum Fließ. Unten brauchen sie nichts zu tun. Ich hebe die beiden Eimer heraus und schütte den Sand ins Wasser."

„Ehe du weiter machst, bringe die Lehmbrocken in die Futterküche, lege sie in den Trog und schütte heißes Wasser drauf."

„Hoffentlich haben die Frauen warmes Wasser."

„Ich hatte Frau Marthe gesagt", Lenk redete seine Schwiegermutter immer so an, „daß sie den Kessel anheizen sollen. Sonst schaffen wir es nicht mehr. Das Zeug würde zu langsam auftauen."

Es stimmte. Das Feuer unter dem großen Kupferkessel, in dem man Wäsche, Rübensaft, Wellfleisch und Wurst zu kochen pflegte und natürlich auch das Wasser zum Baden erhitzte, brannte, das Wasser war schon warm.

„Geh du mal wieder Artur helfen, Fredy, ich mache das hier schon", meinte Martha Vogt, Fredys Großmutter. „Seht zu, daß Ihr den Sand wegbekommt. Sonst ist die ganze Arbeit umsonst. Lene packt schon das ganze Porzellan zusammen."

Sie machten es wie viele Bauern im Dorf. Von Hof zu Hof hatte es sich herumgesprochen. Man wollte verstecken, was man nicht würde mitnehmen können. Die meisten Bauern hatten nur einen gestampften Lehmboden in der Scheune und keinen Betonboden wie Leopold Petsch. Den Lehm konnten sie aufhacken.

Lenk hatte die Futterkiste aus dem Pferdestall geholt. In der wollten sie ihre Wertsachen vergraben. Damit der frisch aufgeschüttete Sand den Russen später keinen Hinweis auf das winterliche Buddeln geben konnte, ließ Lenk den überflüssigen Sand in das Fließ kippen, das wegen seiner Strömung trotz der Kälte nicht zugefroren war.

Wie recht Lenk hatte, hatten sie später erfahren, als sie nach Godtschen zurückkamen. Aber nicht so sehr die Russen, sondern vielmehr die Polen hatten eifrig überall dort mit langen Stangen in den Boden gestochen und so nach vergrabenen Schätzen gesucht, wo sie verdächtige Erdhaufen sahen.

Fredy schaufelte erneut Sand in seine Karre, in der man sonst den Mist aus dem Stall schaffte, und schob sie den flachen Hang hinunter zum Fließ.

Jürgen und Liesel warteten schon. „Wir wollten schon einen Eimer ausschütten. Aber er war zu schwer."

„Das sollt Ihr auch nicht tun. Wenn der Sand danebenfällt, haben wir nachher die doppelte Arbeit."

Fredy entleerte die beiden Eimer, die auf dem kleinen alten Leiterwagen standen, eine anstrengende Arbeit auch für ihn, und kippte dann seine Karre um. Sie fiel in das Fließ und mit ihr der Sand. So ging es am schnellsten. Nur die inzwischen nasse und vereiste Karre wieder aus dem Wasser herauszuholen, das war mühsam.

Helene Lenk kam in die Scheune. Sie weinte.

„Meine ganze Aussteuer. Das vermodert doch alles hier in der Erde."

„Wir packen alles Leinen in Ölpapier, Lene. Mitnehmen können wir das nicht. Wir dürfen die Pferde nicht überanstrengen."

„Daß wir hier weg müssen. Womit haben wir das verdient?"

„Ich weiß es nicht, Lene. Nimm es hin, wie es kommt. Wir kommen bestimmt zurück. Vielleicht schon bald."

„Können wir nicht hierbleiben? Vogts in Schulzenwerder und die anderen und Seitels Hannelore mit ihren Mädels, die wollen auch nicht weg."

„Die wohnen auch alle abseits. Vielleicht kommen da die Soldaten nicht hin."

Lenk hatte sich seit ein paar Tagen angewöhnt, nicht mehr von den Russen zu sprechen, sondern nur noch von den Soldaten. Es sollte sich harmloser anhören.

„Ich gehe jetzt ins Dorf, Artur. Ich will endlich unser Milchgeld haben. Und dann will ich mal hören, wer sonst noch hierbleiben will. Mutter macht das Essen."

Die Schufterei war fürchterlich. Es dauerte bis in den späten Nachmittag, ehe sie die Grube so weit und so tief ausgehoben hatten, daß die große Futterkiste hineinpaßte. Sie mußte auch noch mindestens drei Handbreit unter der Decke enden, damit es nicht etwa dröhnte, wenn jemand darüberging.

Es paßte dafür aber auch eine Menge hinein. Das ganze extra verpackte Porzellan, das Leinen, das Besteck, Lenks Schrotflinte, das Oberteil der Nähmaschine des Großvaters, die eingerahmte Urkunde, die der Großvater im Dreikaiserjahr zusammen mit einer Medaille erhalten hatte, weil er der beste Schütze des Regiments war, und der Regulator, der genauer ging als die Kirchturmuhr. Seitdem man den Volksempfänger hatte, wußte man das. Freilich, die Kirchturmuhr war, wie die Kirche selbst, schon über achtzig Jahre alt.

Lene ließ sich nicht mehr in der Scheune blicken. Sie konnte es nicht mit ansehen, wie das, an dem sie hing, unter der Erde verschwinden sollte. Das Leinen, das sie als junges Mädchen Stück für Stück mit ihren Initialen HV bestickt hatte, das Porzellan und das Besteck, das sie in all den Jahren gesammelt hatte. Ihr Geburtstagswunsch war immer der gleiche gewesen: vielleicht drei Kaffeelöffel oder ein Besteckpaar, das eigentlich aus drei Teilen bestand, oder den Suppenschöpfer. Alle mit dem gleichen Muster von WMF.

Nur benutzt hatte man das alles fast nie. Höchstens, wenn ihr Bruder Erich aus Berlin kam und seine Frau mitbrachte. Die war immer so etepetete. Sie war ja auch eine Lehrerstochter, nein, keine gewöhnliche Lehrerstochter, sondern ihr Vater war Mittelschullehrer gewesen, und sie hatte auch auf Lehrerin studiert, aber ehe sie damit fertig war, den Erich geheiratet.

Lene kam erst wieder in die Scheune, um zum Abendessen zu rufen. Da war die Kiste schon zugeschüttet. Auf den festgestampften Sand schmierte Lenk den inzwischen geschmeidig gewordenen Lehm. Morgen würde er über die ganze Ecke Heu werfen. So könne, so meinte er, wirklich niemand auf die Idee kommen, daß darunter die Wertsachen lagern.

Arturs Frau stand lange in dem großen Scheunentor. Die Lampe beleuchtete sie nur schwach. Deshalb bemerkte sie niemand.

„Stell dir vor, Artur, der Blumenhöf ist weg. Und er hat das ganze Milchgeld mitgenommen". Sie weinte, und man konnte sie kaum verstehen.

„Wer sagt das?"

„Erna Janetzki, die hat es gesehen."

Erna Janetzki, weitläufig sowohl mit Vogts als auch mit Lenks verwandt, betrieb einen der beiden Kaufläden im Dorf, direkt neben der Dienststelle des Herrn Ortsgruppenleiters und Ortsbauernführers. Der hatte damals den Besitzer, einen ehemaligen polnischen Schnitter namens Kamintzki, für ein paar Mark - „der Kerl kann froh sein, daß er nicht sofort enteignet wird" - herausgekauft und das ganze Anwesen völlig umgebaut. Auf Kosten der Partei, hatte man damals gemunkelt, woher sollte der Blumenhöf sonst plötzlich das Geld dafür herhaben?

Bei Erna Janetzki hatte man zu Friedenszeiten alles Notwendige kaufen können, vom Schreibheft für die Schule bis zum schwarzen Halstuch für die HJ-Uniform. Aber Pg, eine Parteigenossin, war sie trotzdem nie geworden, wie übrigens fast alle Bauern im Dorf, außer Petsch.

Also Erna Janetzki hatte gesehen, wie Blumenhöf mit seiner Frau und den beiden Kindern ganz früh am Morgen, es war noch dunkel, losgefahren war, Richtung Guscht. Die Frauen hatten sich auf dem Hof des Ortsgruppenleiters umgesehen. Der Dienstwagen mit dem Holzvergaser drauf stand noch im Schuppen. Aber frische Reifenspuren im Schnee zeigten, daß er mit einem anderen Auto vom Hof gefahren war.

„Da hat der Blumenhöf doch tatsächlich zwei Autos gehabt, wo man sonst alle Kraftfahrzeuge eingezogen hatte für den Krieg". Die Frauen, es waren immer mehr gekommen, waren erst sprachlos und redeten dann alle durcheinander.

„Wiederkommen tut der mit Sicherheit nicht mehr, und unser ganzes Milchgeld hat er bestimmt mitgenommen", vermutete eine.

„Erst der Pfarrer und jetzt der Blumenhöf. Und die Soldaten sind auch alle weg."

„Und die Russen auch", wußte eine andere zu sagen. Sie meinte die Kriegsgefangenen.

„Sind die nicht draußen beim Schanzen?" fragte eine.

„Eben nicht. Nichts ist mit Schanzen. Kein Mensch ist mehr da draußen."

Das mit den Soldaten stimmte nicht ganz. Wohl waren die überschweren Granatwerfer verschwunden und die Lastwagen. Aber vor Wernickes Gaststube standen noch vier Landser herum und rauchten.

„Wohin sind die Soldaten denn mit den Granatwerfern gefahren?" wollte Fredy von seiner Tante wissen.

„Von Granatwerfern weiß ich nichts. Und wenn sie weggefahren sind, woher soll ich das wissen", antwortete seine Tante.

Fredy dachte bei sich, daß man das doch an den Spuren erkennen müsse. So viele Spuren von Gummireifen gab es doch nicht, und außerdem waren seit gestern keine Trecks mehr durchgekommen. Er nahm sich vor, gleich morgen früh gründlich nachzuforschen. Frauen haben für so etwas eben kein Gespür.

Dabei war es lebenswichtig zu wissen, ob die Soldaten Richtung Driesen, also Richtung Front, gefahren waren. Denn das würde doch bedeuten, daß man eine Verteidigungsstellung, vielleicht an der alten deutsch-polnischen Grenze vor neununddreißig, errichtet hat. Und das wiederum wäre die Rettung für Godtschen!

Artur Lenk hatte gerade das Grabwerkzeug, Spitzhacke, Spaten und Schaufel, in den Geräteschuppen gebracht, als Felix durch das Tor hereinkam.

Felix war als Siebzehnjähriger vor vier Jahren ins Dorf gekommen. Polnischer Fremdarbeiter. Weil er geradebrecht hatte, daß er etwas vom Schlachtern verstehe, hatte man ihn auf den Hof von Strauchs geschickt. Man wußte anfangs nicht so recht, was man mit dem Jungen hätte anfangen sollen. So mager, wie er war, und deutsch sprach er auch kaum. Und außerdem machte man jetzt nur noch Hausschlachtungen, weil keiner mehr Fleischmarken bekam, eben wegen der Hausschlachtungen.

Aber Felix hatte sich bald als anstelliger und gescheiter junger Mann entpuppt, der überall zupacken konnte, wo es etwas zu tun gab. In ganz kurzer Zeit hatte er deutsch gelernt und konnte es bald so gut sprechen, daß man schon genau hinhören mußte, um bei ihm die polnische Zunge herauszuhören.

Zu Artur Lenk hatte er schon früh Vertrauen gefaßt. Es war ein Verhältnis fast wie ein Sohn zu seinem Vater. Artur und Lene Lenk hatten ja keine Kinder. Weil die Fremdarbeiter unter anderem keinen Tabak kaufen und auch keinen Tabak anbauen durften, hatte Artur schon seit Jahren mehr Tabakpflanzen zwischen die Kartoffeln gepflanzt, als er selbst brauchen würde. Vorher wurden sie in Blumentöpfen aufgezogen, bis man sie auspflanzen konnte. Den Samen nahm man immer von den stärksten Pflanzen des Vorjahres.

Von dem Tabak gab er Felix immer welchen ab.

Jeder Bauer durfte offiziell 25 Tabakpflanzen anbauen. Mehr nicht. Weil das natürlich nicht langte, pflanzte jeder Bauer heimlich Tabak an, in einem Getreidefeld, zwischen den Rüben oder dem Mais. Lenk hatte herausgefunden, daß sie am besten mitten unter den Kartoffeln wuchsen. Der Tabak wurde zur gleichen Zeit wie die Kartoffeln reif, die Kartoffeln erdrückten den Tabak nicht wie der Mais. Zwischen dem Getreide mußte man ihn zu früh ernten, wenn er noch ganz grün war. Dann schmeckte er nicht. Nur waren die Tabakpflanzen größer als die Kartoffeln. Deshalb mußte man ihnen oben die Triebe abschneiden. Aber das schadete den Pflanzen überhaupt nicht.

„Artur, ich möchte die Maria heute zurückholen."

Lenk holte seine Pfeife aus der Joppentasche und die alte Blechdose mit Tabak, dem selbstgezogenen und mit Sirup selbstfermentierten Tabak, stopfte umständlich seine Pfeife, das tat er immer, wenn er nachdenken mußte, und reichte die Dose dann Felix, dessen Nachnamen niemand kannte.

„Meinst du, das ist richtig?"

Das war eine schlimme Sache gewesen mit Maria, im Herbst, vor vier, fünf Monaten. Maria war fremd im Dorf. Erst dachten die Leute, sie wäre auch eine Polin. Aber das stimmte nicht. Sie war Volksdeutsche. Warum sie allein ins Dorf gekommen war und bei Wernickes arbeitete, in der Wirtschaft bediente, im Haushalt und auf dem Feld half und nicht bei ihrer Familie wohnte, das wußte eigentlich niemand genau. Anfangs hatte es zwar eine Menge Gerüchte gegeben, vor allem, als man noch glaubte, daß sie Polin sei, weil sie das Deutsche mit einem typisch polnischen Akzent sprach und, wenn sie meinte, sie werde von niemandem gehört, mit sich selbst polnisch.

Von den Menschen im Dorf war sie nie richtig akzeptiert worden. Aber die Ablehnung gegen sie war anders als das Lächeln über das Unvermögen der meisten Landjahrmädels, die immer für ein Jahr aus der Stadt gekommen waren. Bei den Mädchen aus der Stadt wußte man, daß sie nichts von der Landwirtschaft verstünden und auch nicht arbeiten konnten. Die meisten jedenfalls. Man duldete sie und meinte, daß sie ja wenigstens so viel täten, um ihr Essen zu verdienen. Außerdem waren die meisten der Mädchen offen und fröhlich, wenn sie sich erst an ihr neues Leben gewöhnt und das Heimweh überwunden hatten.

Maria dagegen kam ja vom Lande, offensichtlich. Sie konnte zupakken. Das sah man. Aber es war da eine Schranke zwischen ihr und den

Bauersleuten. Man wußte nicht, woher sie wirklich kam, und deshalb wohl lehnten vor allem die Bauersfrauen sie ab.

Wenn sie in der Gaststube abends bediente, kam es bisweilen vor, daß einer der Gäste über ihre vollen Hinterbacken strich. Meist waren das alte Männer; denn wenn wirklich die Soldaten Fronturlaub hatten, dann brachten sie ihre eigenen Mädchen mit, falls sie überhaupt in die Gastwirtschaft gingen. Dann wehrte sie sich nicht, sie zierte sich auch nicht, nein, sie tat so, als ob sie das gar nicht bemerkte. Im Laufe der Zeit wurde es denn auch langweilig, und man ließ sie in Ruhe.

Daß Maria mit Felix ging und sogar von ihm schwanger war, wußte niemand im Dorf. Das war das einzig Gute für die beiden. Eine Deutsche schwanger von einem polnischen Untermenschen, zwar nicht so sehr Untermensch wie ein Russe, aber doch eben rassisch minderwertig. Das gefundene Fressen für Blumenhöf! Todesurteil oder zumindest KZ, wenn der das gewußt hätte!

In dieser Ausweglosigkeit war Felix zu Lenk gekommen und hatte ihm seine Not geschildert.

„Ich weiß nicht, ob ich euch da helfen kann, Felix. Wenn man sieht, daß sie schwanger ist, wird sie der Blumenhöf solange nach dem Namen des Vaters ausquetschen, bis sie die Wahrheit sagt."

„Das wäre der Tod für uns beide, für mich und für sie."

„Kennst du nicht jemanden, der sagen würde, daß er der Vater ist. Ein Deutscher?" schlug Lenk vor.

„Wen denn, Artur?"

Es war eine Frage, ein verzweifeltes Suchen nach einer Lösung. Mehr nicht.

Lenk dachte nach. Er mußte einfach helfen. Was für unsinnige Gesetze. Da wohnt der eine hier und die andere ein paar Kilometer weiter, etwa in Birnbaum. Der eine war Deutscher und sie war Polin; nein, es war ja umgekehrt. Und wenn die jetzt heiraten wollten, dann käme es einem Todesurteil gleich.

Oder noch schlimmer. Beide kommen aus demselben Dorf drüben jenseits der alten Grenze. Ihre Familie deutsch, volksdeutsch, wie es jetzt hieß, und seine Familie polnisch. Nicht auszudenken, dieser Irrsinn!

„Felix, ich kenne in Trebitsch jemanden, dem habe ich manchen Gefallen getan. Der könnte uns helfen."

„Willst du, daß der sagt, er sei der Vater von Marias Kind?"

„Nein, da werden wir Maria unterbringen, bis alles vorbei ist."

Mit dem Vorbeisein hatte Lenk natürlich nicht entfernt daran gedacht, daß die Russen in ein paar Monaten herkommen und so das Problem lösen würden. Sondern er meinte das viel einfacher, aber auch vager. Hauptsache, man gewann erst einmal Zeit.

„Sie waren früher Sozialdemokraten. Ihre beiden Söhne sind tot."

„Gefallen für Führer, Volk und Vaterland, für das Großdeutsche Reich?"

„Felix, du solltest vorsichtiger sein. Du machst der Maria ein Kind, und jetzt bringst du dich noch um Kopf und Kragen mit solchen dummen Sprüchen. Im übrigen stimmt es nicht. Sie waren keine Soldaten. Wenigstens zuletzt nicht mehr."

Er hielt inne. Hatte er zuviel gesagt?

„Vergiß es, Felix! Und dumm sind deine Sprüche ja eigentlich nicht, sondern traurige Wahrheit. Und heute üblich. Aber wenn du das sagst, Felix, dann klingt es so unverbesserlich ironisch."

Lenk stopfte seine Pfeife erneut und setzte sie in Brand.

„Du brauchst es so genau nicht zu wissen. Die Leute werden für Maria sorgen, das sollte genug sein."

Jetzt hielt er seine blecherne Tabaksdose auch Felix hin. Der stopfte seine Pfeife auch ein zweites Mal.

„Und noch etwas, Felix. Besuche sie nicht. Bringe die Leute nicht in Schwierigkeiten!"

So kam es, daß Maria bei Warnkes Unterschlupf fand. Sie trug das Kind von Paul, Lenks nächst jüngerem Bruder, der im Herbst auf Urlaub und gleich nach der Rückkehr zu seiner Einheit gefallen war. Um seine Frau nicht zu belasten, sollte nicht bekannt werden, noch nicht bekannt werden, wer der Vater des Kindes war.

Warnkes glaubten das natürlich nicht. Zu viel Widersprüchliches in der ganzen Geschichte. Aber sie ahnten, daß die junge Frau Schwierigkeiten mit den Nazis hatte oder bekommen würde. Und das genügte ihnen, um zu helfen. Mehr wollten sie auch gar nicht wissen. Wer zuviel wußte, konnte zu viel reden. Wenn Franz, ihr jüngerer Sohn, weniger von seines Bruders Tun gewußt hätte, dann würden heute vielleicht beide noch leben!

So war Maria im letzten Herbst zu Warnkes nach Trebitsch gekommen.

Und nun wollte Felix sie wieder holen.

„Meinst du, das ist klug, Felix?" fragte Artur noch einmal.

„Trebitsch wird genauso wie Godtschen in Kürze evakuiert. Wenn sie mit den Leuten mitzieht, werde ich sie vielleicht nie mehr wiedersehen. Außerdem kann ich sie hier schützen, wenn die Russen kommen; das können die Leute in Trebitsch nicht."

Lenk hätte noch viel einwenden können. Wenn Trebitsch auf den Treck ginge, dann entflöhe sie ja gerade den Russen. Und ob eine Deutsche, die von einem Polen ein Kind bekam, verschont werden würde?

„Ich habe mich an unser Abkommen gehalten und nie danach gefragt, bei welcher Familie du die Maria untergebracht hast. Ich bin auch nie heimlich nach Trebitsch gefahren, um sie zu suchen. Deshalb mußt du mir jetzt sagen, wo ich sie finden kann."

Vielleicht ist es doch das Beste, wenn Felix die Verantwortung für sie übernimmt. Lenk sagte ihr den Namen.

„Und noch etwas, Artur. Wenn Ihr weg seid, dann ziehen wir auf euren Hof. Ich bringe sie gleich zu euch. Wir versorgen euer Vieh und passen auf den Hof auf, bis Ihr wieder zurück seid. Du kannst dich auf uns verlassen."

Felix ging zu Fuß nach Trebitsch. Er hatte überlegt, ob er das diffamierende Zeichen abtrennen sollte, das alle Polen tragen mußten, ein auf die Spitze gestelltes gelbes Quadrat mit dem violetten Rand und dem violetten P darin.

Aber es kannten ihn zu viele. Und er wollte nicht riskieren, daß man ihn deswegen verhaften würde. Zurückgehen würden sie erst bei Dunkelheit. Niemand sollte ja die Maria sehen mit ihrem dicken Leib. Und mit ihm zusammen.

Er zog den Leiterwagen hinter sich her, mit dem die Kinder vor ein paar Stunden noch den Sand für das Versteck gekarrt hatten. Aber das wußte Felix natürlich nicht. Der würde genügen, um Marias Gepäck und vielleicht sie selbst zurückzubringen, falls es ihr nicht so gut gehen sollte.

Felix war mit Maria gerade zurückgekommen, als man wieder den Ausrufer, noch von ferne, hörte. Und das am Abend, bei völliger Dunkelheit. Wenn die beiden nur eine Viertelstunde später gekommen wären, wären sie den zusammengerufenen Leuten genau in die Arme gelaufen.

Fredy rannte rauf ins Dorf. Dann konnte er eher erfahren, ob es diesmal tatsächlich der Abmarschbefehl ist. Außerdem wollte er nun doch jetzt schon die Reifenspuren untersuchen, trotz der Dunkelheit. Und nicht erst am nächsten Morgen.

Dazu nahm er seine Dynamotaschenlampe mit. Die hielt man in der Hand und drückte kräftig auf ihren Hebel. Dann leuchtete die kleine Birne für ein paar Sekunden auf, lange genug, um sich zu orientieren.

Der Junge mußte einfach wissen, in welche Richtung die Wehrmachtsfahrzeuge gefahren waren.

Das war nicht schwer zu ergründen: Sie sind ab nach Westen, Richtung Guscht. Die Reifenspuren waren eindeutig.

Fredy lief ein kalter Schauer den Rücken hinunter. Die Russen vorn, und die schweren Waffen wurden zurückgezogen. Wie weit mochten die Granatwerfer schießen? Bestimmt nicht so weit wie die schwere Artillerie.

Wer sollte jetzt noch die Russen aufhalten?

Der Geschützdonner war inzwischen viel lauter und deutlicher geworden. Er setzte aber immer wieder aus, oder besser gesagt, die Zeiten, in denen man nichts hörte, waren viel länger als die Phasen, in denen geschossen wurde. Und seine Wahrnehmung vom Bahnhof Friedeberg - wie lange ist das eigentlich schon her? - bestätigte sich: Der Schall kam eher von Norden als aus dem Osten.

Man müßte also, wenn man schon floh, nach Süden, vielleicht nach Südwesten fliehen. Fredy versuchte, sich die Karte ins Gedächtnis zu rufen. Schwerin lag im Südwesten. Das lag an der Warthe, die man also da überqueren müßte. Und dann müßte man Schwiebus ansteuern. Von da aus konnte es bis zur Oder nicht mehr weit sein. Das wäre doch bestimmt nicht viel weiter als die Strecke genau nach Westen in Richtung Küstrin.

Merkwürdig, wie sich in Fredy die Vorstellung festigte, daß man hinter der Oder in Sicherheit sei.

„Bekanntmachung. Der Ortskommandant gibt bekannt."

Man hatte jetzt also einen Ortskommandanten. War ja auch logisch. Der Blumenhöf war schließlich weg. Und irgendeiner mußte doch das Sagen haben.

„Alle zum Volkssturm gemusterten Männer finden sich morgen früh um acht Uhr bei der Gaststätte Wernicke ein. Das erste und zweite

Aufgebot mit Marschgepäck und Verpflegung für drei Tage, das dritte und vierte Aufgebot mit einem Handfahrzeug zum Empfang panzerbrechender Waffen."

Also kein Abmarschbefehl, noch kein Abmarschbefehl.

Und panzerbrechende Waffen, das konnten nur Panzerfäuste sein.

Fredy dachte nach. Ungereimtheiten über Ungereimtheiten. Sollten sie, Fredy und Lenk gehörten zum dritten Aufgebot, keine Verpflegung mitnehmen und dafür so viele Panzerfäuste bekommen, daß sie ein *Handfahrzeug* dazu brauchten; ein ganz neuer Begriff, den er noch nie gehört hatte.

Lenk und Fredy blieb am nächsten Morgen gerade so viel Zeit, um zu essen und sich etwas Anständiges, wie Lene sagte, anzuziehen.

„Laß mal, Lene, Hauptsache, es ist warm genug", sagte Lenk und behielt seine normalen Arbeitsklamotten an. Darüber zog er den dikken fellgefütterten Mantel.

„Wenn Ihr auch noch weg seid, Artur!" jammerte Lene. „Ich bekomme doch nicht einmal die Pferde angeschirrt."

„Hermine Schmidtgen mußte das auch können, Lene, und der Wagen ist fertig gepackt. Vielleicht kommen wir ja auch bald wieder", tröstete er sie und glaubte selbst nicht dran.

Er nahm seinen Krückstock, auf den er sich mehr als notwendig stützte, Fredy zog den Leiterwagen, der wohl schon gut dreißig Jahre alt sein mochte, aber immer wieder frisch gestrichen und abgeschmiert worden war, so daß er noch lange halten würde. Monatelang hatte er im Schuppen gestanden und war nicht gebraucht worden. Und jetzt war er plötzlich dauernd im Einsatz. Erst zum Sandkarren, dann, um die Maria zu holen, und jetzt für die panzerbrechenden Waffen.

Als die beiden schon unterwegs waren, kam ihnen Liesel nachgelaufen. Sie hatte es ihrer Mutter abgetrotzt, mitgehen zu dürfen. „Bis Wernicke ist ja nicht weit. Das kann man ja von hier aus schon sehen."

Nach und nach kamen die Männer zusammen.

Ein Unteroffizier, blutjung noch, verwundet, mit einem Arm in einer Schlinge, stand auf der obersten der drei Stufen zum Saaleingang. Er war wohl der Ortskommandant. Drei Landser warteten unterhalb, ein Gefreiter mit einem dicken Verband um den Hals und zwei alte Männer ohne sichtbare Verwundungen.

„Männer", sagte er. Er schrie nicht wie der Blumenhöf, und doch konnte man ihn gut verstehen. „Wenn wir hier einigermaßen gut aus der Sache herauskommen wollen, dann verlange ich von euch zwei Dinge: Gehorsam und Pünktlichkeit. Pünktlich waren die meisten von euch nicht."

Einige wollten etwas einwenden.

„Ich weiß, manchen wird die Meldung gestern abend nicht mehr erreicht haben. Aber in Zukunft verlange ich Pünktlichkeit. Und Gehorsam", setzte er hinzu, als wenn er das nicht eben schon gesagt hätte.

„Das erste und das zweite Volkssturmaufgebot rechts raustreten, das dritte Aufgebot links raustreten."

Eine Erklärung, was nun geschehen würde, gab er nicht. Und von einem vierten Aufgebot war überhaupt nicht mehr die Rede.

Lenk, Fredy, neben ihm Liesel, die gar nicht dazugehörte, und sein Freund Hans-Jürgen Witzorke, dessen Vater früher nebenbei die Briefe ausgetragen hatte, weil ihr Hof zu klein war, um die Familie satt zu bekommen. Schon mit zehn Jahren hatte er diese Aufgabe des Vaters übernehmen müssen, als der eingezogen wurde. Daß die Post nun erst am Nachmittag ausgetragen wurde, wenn Hans-Jürgen aus der Schule gekommen war, störte niemanden.

Um diese Familie nicht mit der des Schmiedes zu verwechseln, deren Namen zwar nicht gleich geschrieben, die aber fast gleich ausgesprochen wurden, sprach man im Dorf immer von dem Schmied-Wiezorke und dem Post-Witzorke.

Fredy hörte, wie Lenk Kordian ansprach, der unter seinen dichten schwarzen Augenbrauen furchterregend dreinblickte. Also das war der, bei dem die Frau Wegemann aus Remscheid gewohnt hatte, die er mit dem Wagen zum Zug gebracht hatte. Der Junge neben ihm mußte dann wohl der Helmut Wegemann sein.

Es standen noch eine Reihe anderer alter Männer da und eine Menge bleichgesichtiger Jungen, die plötzlich Männer sein sollten. Sie waren also das dritte Aufgebot. Fredy kannte nicht alle. Manche sahen auch nur so fremd aus in dem morgendlichen Licht und in ihren dicken Jacken.

Dazwischen stand, alle überragend, ein weißhaariger Herr in einem grünen Offiziersmantel mit einem Pelzkragen. Er trug eine Militärmütze, die merkwürdig veraltet aussah, und auf den Schultern antiquiert aussehende Majorsschulterstücke.

„Gutsbesitzer Virus", flüstere Lenk seinem Neffen zu. Fredy hatte schon viel von ihm und seiner großen Entenzucht gehört, für die er das Fließ oberhalb von Kletschens Mühle extra hatte aufstauen lassen, damit die Enten genug schwimmen konnten. Das hatte für den Sägewerker den Vorteil, daß er seitdem immer gleichmäßig Wasser hatte, auch wenn es längere Zeit nicht geregnet hatte.

Vor dem Krieg hatte Virus die geschlachteten Tiere mit einem eigenen Lastwagen während der Nacht nach Berlin fahren lassen, so daß sie am nächsten Morgen schlachtfrisch in die Läden kamen.

Aber gesehen hatte er den Gutsbesitzer, über den man im Dorf so viel zu erzählen wußte, noch nie. Er hatte sich völlig auf seinen Besitz zurückgezogen. Vor allem, als im zweiten Kriegswinter seine Frau gestorben war.

„Um es kurz zu machen: Das erste und zweite Volkssturmaufgebot wird das Dorf an der Schanze verteidigen. Sie ist zwar noch nicht fertiggestellt. Aber es muß auch so gehen. Das Kommando übernehme ich."

Unruhe entstand.

„Das erste und zweite Aufgebot geht hier im Gasthof Wernicke in Quartier. Das Quartier wird nicht verlassen. Urlaub gibt es nur von mir. Jeder von euch weiß: Wer die Truppe verläßt, kommt vor ein Kriegsgericht."

Eben hatte er noch einen friedfertigen, begütigenden Eindruck gemacht, und von *einigermaßen gut aus der Sache herauskommen* gesprochen, und jetzt drohte er mit dem Kriegsgericht.

„Erstes und zweites Volkssturmaufgebot, in das Gasthaus weggetreten!" kommandierte er.

Die Männer aber dachten gar nicht daran, den Gasthaussaal zu betreten, sondern sie standen in einer dichten Traube um den Unteroffizier herum und redeten auf ihn ein.

Der gab überraschend schnell nach: „Also gut. Ihr habt alle Urlaub bis heute, achtzehn Uhr. Dann ist mir jeder hier."

Die Gruppe um ihn löste sich auf, und er stand wieder allein auf der Treppe.

Er wandte sich an den kläglichen Rest: „Das dritte Aufgebot verteidigt den Treck. Dazu erhält jeder Volkssturmmann eine Handfeuerwaffe und drei Panzerfäuste. Sie sind auf den Treckwagen mitzuführen. Das Kommando hat Major der Reserve Virus. Sie, Gefreiter Wagner, sind sein Adjutant. Wagner, vortreten!"

Der Soldat mit dem dicken Halsverband trat vor.

„Wagner, das sind Ihre Leute. Übergeben Sie die Waffen."

Der Gefreite drehte sich zu den Männern um, streckte die Hände seitlich nach unten und kommandierte: „Einheit, in einer Reihe angetreten."

Es geschah überhaupt nichts.

„Nun los, Männer, beeilt euch. Ihr wollt doch auch wieder nach Hause zu Muttern ins Warme."

Es war keine militärisch gerade Linie, die sich da bildete, und nach der Größe waren die Männer überhaupt nicht geordnet. Aber es stand wenigstens einer neben dem anderen. Nur Virus hatte sich ausgeschlossen. Er sprach mit dem Unteroffizier, der sichtbar Haltung angenommen hatte.

„Einheit, rechts um!"

Das klappte auch nicht. Vier Männer standen sich plötzlich gegenüber, weil sich zwei von ihnen verkehrt herum gedreht hatten. Nur die Jungen, die hatten es richtig gemacht. In der HJ gelernt und immer wieder geübt.

„Ohne Tritt, marsch! Mir folgen!"

Wie eine Gänseherde liefen alle hinter dem Gefreiten her. Einer hielt dem anderen die Saaltür auf.

Drinnen auf der linken Seite ein Stapel mit Holzkisten. Fredy kannte sie schon. Es waren die verpackten Panzerfäuste. Auf der Theke lagen, mit den Schäften zum Saal hin, Gewehre.

„Jeder nimmt eine Kiste Panzerfäuste. Sie werden auf den Treckwagen mitgeführt."

Anschließend wurden die Gewehre ausgegeben. Artur Lenk bekam einen, wie sich später herausstellte, tschechischen Karabiner mit sechs Drei-Schuß-Magazinen, Fredy eine Jagdwaffe, die für jeden Schuß neu geladen werden mußte, und dazu acht Patronen, die er in seine Manteltasche steckte.

Es war schon ein erbärmliches Häuflein, das sich vor dem Gasthaus trennte, um auf die Höfe zurückzugehen. Vierzehn-, fünfzehnjährige Jungen, sechzigjährige Männer und ein Invalide, Lenk, mit einem Bein. Sie hatten ihre Gewehre umgehängt und schoben Schubkarren oder zogen Handwagen mit den Panzerfäusten.

Hoffnungslosigkeit, Resignation, Trauer, Wut und Trotz in den Gesichtern. Die Angst der letzten Tage, gering gegen den Zustand jetzt, war weg.

Und mit dieser Truppe sollten die Heimat und der Treck des Dorfes verteidigt werden? Gegen russische Panzer, Artillerie und Massen von Infanterie?

Wo waren nur die regulären Truppen, die Soldaten, die vor ein paar Tagen doch erst Quartier bezogen hatten mit ihren überschweren Granatwerfern, und deren Anwesenheit auf alle irgendwie beruhigend gewirkt hatte?

So fragten sie.

Fredy kam es vor, als wenn nur er von der Ungeheuerlichkeit wußte, daß man die regulären Truppen mit ihren Waffen nach Westen abgezogen hatte.

Von Maria nahm niemand Notiz, so als wenn sie gar nicht existierte. Lene Lenk hatte sie sofort in die Dachstuben gebracht und ihr den Verschlag neben dem linken ausgebauten Zimmer gezeigt, in dem sie sich verstecken könnte, falls jemand Fremdes die Treppe heraufkommen sollte. Feuerholz war noch oben. Wasser, etwas zu essen und einen Zinkeimer hatte Lene schon vorher hingestellt.

Felix ging sofort wieder zurück in sein Quartier bei Strauchs.

„Ich bin so froh, daß mich Felix geholt hat", sagte Maria mit ihrem harten Akzent am nächsten Morgen, als Lene sie aufsuchte. Maria hatte sich die Nacht über in den Verschlag gehockt und die Tür von innen verriegelt.

„Warnkes müssen morgen losfahren, und sie wollten mich unbedingt mitnehmen. Ich wußte nicht, was ich tun sollte."

„Ihr wäret doch sicher durch Godtschen gekommen, dann hättest du ja hier aussteigen können", beschwichtigte sie Lene.

„Das schon. Aber wußte ich, ob Felix überhaupt noch hier war? Bei uns haben sie alle", sie stockte, „alle Fremdarbeiter und Kriegsgefangenen weggebracht. Niemand weiß, wohin."

„Die Russen sind auch alle weg aus Godtschen. Ein paar Franzosen sind noch da. Aber die Polen haben sie hiergelassen", mischte sich Fredy ein, der mit einem Arm voll Brennholz nach oben gekommen war.

Seine Tante wollte ihn wegen seiner Unvorsichtigkeit tadeln, wie leicht hätten die Kinder hinterherkommen können, aber sie unterließ es.

„Ein paar von den Polen sind auch weg, aber heimlich, und sie haben die russischen Soldaten weggebracht, in den Wäldern versteckt", sagte Maria. Sie wußte es von Felix. „Ein Teil der Franzosen ist auch dabei, aber nicht alle. Manche wollten nicht. Vielleicht trauten sie sich nicht."

„Und ich dachte schon, man hätte die Russen ..."

„... erschossen, wolltest du sagen. Das weiß niemand. Aber weil es möglich gewesen wäre, haben Felix und seine Freunde sie aus dem Spritzenhaus herausgeholt und in den Wald gebracht."

„Wann war das?" fragte Fredy und dachte an die zerschnittene Telefonleitung.

„Frag doch nicht so viel, Junge", mahnte ihn Lene. Das alles geht uns doch nichts an.

„Doch, Frau Lenk, das geht uns alle etwas an. Vielleicht sind wir in ein paar Tagen froh, daß den russischen Gefangenen hier in Godtschen nichts geschehen ist."

So entschieden kannte Lene die Maria überhaupt nicht. Aber wann hatte man früher schon mal etwas mit ihr zu tun gehabt?

„Deine Frage, Fredy. Es war vorletzte Nacht. Beinahe wäre ihnen noch der Blumenhöf in den Weg, nein, nicht gelaufen, sondern gefahren. Aber der hatte es zu eilig, wegzukommen."

„Dann hat Felix den Blumenhöf gesehen, wie er abgehauen ist?"

„Ja, und zwar mit einem Wagen, den überhaupt keiner kannte. Jedenfalls war es nicht der mit dem Holzvergaser drauf."

Das war inzwischen schon bekannt.

Die beiden ließen die Maria alleine. Jetzt waren sie überzeugt, daß sie mit ihrer Lage fertig werden würde.

In der Futterküche nahm Lenk Fredys Gewehr, das der an einen Nagel gehängt hatte, und sah es sich an.

„Eine schöne Waffe, um Rehe und Schweine zu jagen, Fredy. Zeig mal die Patronen."

Fredy tat es.

„Das Gewehr, Fredy, nimmst du nicht. Wenn die Russen dich damit erwischen, bist du tot. Das sind Jagdpatronen, die im Krieg verboten sind. Sieh hier, die Spitze ist abgeflacht. Man nennt sie auch Dumm-Dumm-Geschosse. Wer mit denen gefangengenommen wird, ist sofort zu erschießen. Das ist altes Kriegsrecht."

Von Dumm-Dumm-Geschossen hatte Fredy natürlich schon gehört, sich aber ganz etwas anderes darunter vorgestellt. Daß so harmlos aussehende Patronen so gefährlich sein sollten, konnte er sich immer noch nicht glauben.

„Recht hat er", trumpfte jetzt Martha Vogt auf, die hinzugekommen war und zumindest den letzten Teil von Lenks Warnung gehört hatte.

„Was das soll! Kinder mit Gewehren in den Krieg schicken! Das Gewehr bleibt hier, und die Patronen auch. Nichts wird mitgenommen auf den Treck."

Sie nahm das Jagdgewehr und stellte es in die Ecke. Wenn sie nicht Artur zurückgehalten hätte, dann hätte sie die Patronen glatt ins Feuer geworfen.

„Morgen muß ich es auf jeden Fall haben. Morgen müssen wir um zehn Uhr zur Übung."

Artur hatte an diesen letzten Befehl gar nicht mehr gedacht, der sie erreichte, als sie den Gasthaussaal schon verlassen wollten.

„So, jetzt ist genug geredet. Das Gewehr kommt weg, und wir müssen die Kühe melken."

Martha Vogt, zweiundsechzig Jahre alt, hatte das Kommando übernommen. „Wer weiß, wie oft wir das noch können", fügte sie hinzu.

Draußen hörte man schon wieder die Schelle des Ausrufers. Es begann schon, dunkel zu werden.

Seine Bekanntmachung, es sollte seine letzte sein, brachte die traurige Gewißheit, die, genährt durch die vielen Gerüchte, alle befürchtet hatten. Am morgigen Sonntag hatten sich alle um vierzehn Uhr auf der Straße nach Guscht, beginnend auf der Höhe des Friedhofs, mit den Treckwagen einzufinden.

Futter mußte für vierzehn Tage, Verpflegung für mindestens zwanzig Tage mitgenommen werden, dazu einfaches Werkzeug, extra Stollen für die Pferde, die ausgehändigten Waffen und die Munition. Rinder und andere Tiere hatten im Stall zu bleiben. Die zurückbleibenden Männer würden das Vieh füttern und die Kühe melken.

Auch die Unterschrift vergaß Marzan nicht zu verlesen: „Der Treckkommandant, Virus, Major der Reserve."

Herbst 1830

„Freunde, es ist unbedingt notwendig, daß wir jetzt endlich Ernst machen. Wir brauchen Land, Wiesen und Äcker. Wenn wir im kommenden Frühjahr nicht anfangen, geht wieder ein ganzes Jahr verloren. So günstig wie heuer wird es nie mehr sein."

Der da sprach, war ein noch junger Mann, verglichen mit den anderen, die ihm zuhörten. Es war August Vogt, seit wenigen Jahren Dorfschulze.

Neben ihm saß sein Großvater Ferdinand, der dieses Amt fast vierzig Jahre innegehabt hatte. Er ging auf die achtzig zu und war der einzige noch lebende männliche Teilnehmer des großen Trecks vor vierundsechzig Jahren. Außer ihm lebten nur noch ein paar Frauen, die als Kinder mitgetreckt waren. Alle anderen im Dorf kannten den Treck nur aus den Erzählungen der Eltern oder der Großeltern.

„Warum habt Ihr es auch zugelassen, Schulze Vogt, daß das ganze Land hinter dem Werder verkauft wurde?" fragte einer der Bauern.

„Noch dazu an einen Fremden", fügte ein anderer hinzu.

„Dann hätten wir jetzt Land in Hülle und Fülle, ohne uns mit der Drainage abplagen zu müssen", sagte ein dritter.

Die Frage ging an Ferdinand Vogt, den alten Dorfschulzen. Und sie war ungerecht.

Jeder wußte das.

Das große, über dreihundert Morgen große Landstück, dessen Verkauf die Bauern immer wieder erregt hatte, gehörte nämlich gar nicht zum Dorf. Es war eines der drei Reststücke des alten Lehens derer von Avencron, das an den König zurückgefallen war, weil deren Linie im Siebenjährigen Krieg ausgestorben war.

Das hatte Freiherr von der Lenk erworben, vor über zehn Jahren, gekauft von der Königlichen Domänenverwaltung.

Rittmeister von der Lenk war eine Mesalliance eingegangen. Er hatte die Erzieherin seiner Nichten, eine Bürgerliche, geschwängert und gegen den Widerstand seiner gesamten Familie geheiratet.

Die Folge war, daß er den Dienst hatte quittieren müssen.

Weit ab von der Heimat, er stammte aus dem Mecklenburgischen, hatte er sich hier bei Godtschen von dem Geld, das er von seinem

Großvater mütterlicherseits geerbt hatte, auf dem alten, zerfallenen Vorwerk angesiedelt.

Ferdinand Vogt, der Dorfschulze, war damals nicht einmal gefragt worden.

Wie gesagt, das Vorwerk hatte nie zum Dorf gehört, und nicht einmal alle großen Bauern im Dorf zusammen hätten Geld genug gehabt, um es zu kaufen.

Adalbert Lenk hatte mit seiner Vergangenheit vollkommen gebrochen und sogar seinen Adelstitel abgelegt. Und trotzdem blieb er für die Bauern im Dorf immer noch der Baron, ein Fremder, der sich hier eingenistet hatte.

„Freunde", der junge Dorfschulze verschaffte sich wieder Gehör, nachdem das Geraune abgeebbt war, „unsere Eltern und Großeltern haben den Damm zum Werder gebaut und den Anger drainiert. Dadurch hatten sie Land und Wiesen genug. Aber wir sind inzwischen mehr geworden, viel mehr. Wenn wir nicht wollen, daß unsere nachgeborenen Kinder wegziehen, müssen wir die Brüche urbar machen."

„Dann wollt Ihr, August Vogt, genau wie die Holländischen drüben auf der anderen Netzeseite, einen richtigen Deich bauen?"

„Der von Trebitsch bis hinter Guscht reichen müßte!"

„Das Beste wäre es. Besser jedenfalls als so etwas wie dieser flache Damm zum großen Werder, bei dem in jedem Frühjahr unten an der Tiefe das Fließ drüberläuft..."

„... und die Netze, wenn ihr Wasser nach tagelangem Regen bis hierher kommt", warf einer ein.

Es war eine turbulente Sitzung.

August Vogt hatte es schwer. Er hatte sein Amt übernommen, als der Großvater fünfundsiebzig wurde. Sein Vater Johannes war tot, achtzehnhundertdreizehn gefallen als Landsturmmann bei Gadebusch. Der hätte nicht zu dienen brauchen. Aber er hatte sich freiwillig gemeldet wie so viele im Kampf gegen Napoleon. Er war der einzige Tote im Dorf während der Befreiungskriege.

Der junge Dorfschulze hatte schon früh erkannt, daß manches falsch gelaufen war in den letzten Jahrzehnten, daß man in Gewohnheiten verfallen war, die sich bitter zu rächen begannen. Er hatte sich umgesehen, in der näheren und weiteren Umgebung, wo gesiedelt worden war, und er hatte gesehen, daß man anderswo vieles anders und manches besser gelöst hatte.

Ein grober Mißstand von Godtschen war die vielfach praktizierte Güterteilung unter Geschwistern, die zwangsläufig zur Verarmung führen mußte. Eine Reihe von Familien hatte einfach das väterliche Ackerland aufgeteilt, wenn zwei oder gar drei Söhne da waren. Anfangs hatte wohl der Mut gefehlt, einen der Söhne gegenüber den anderen zu bevorzugen. Später wurde daraus Gewohnheit. Dadurch waren inzwischen manche Wirtschaften so klein geworden, daß sie die Ihren nicht mehr ernähren konnten.

Hier hätten die jüngeren Söhne besser ein Handwerk erlernen oder eben Neuland gewinnen sollen, wenn sie hätten Bauern bleiben wollen.

Mädchen bekamen vielfach anstelle von Geld, das dann nicht da war, ein paar Morgen Land als Aussteuer. Die Folge war, daß die Flächen mancher Höfe noch kleiner geworden waren und daß viele zu zerstückelt waren und zudem die Ackerflächen weit auseinander lagen. Andererseits hatten andere Bauern ihren Besitz schon innerhalb der ersten beiden Generationen verdoppeln können.

Dem Alten, seinem Großvater, hatte wohl in den vielen Jahren seiner Amtszeit die Einsicht gefehlt, die sich anbahnende Entwicklung zu erkennen, zumindest aber die Kraft, um ihr entgegenzusteuern. Jetzt drohte eine ganze Reihe von Familien zu abhängigen Knechtsbauern zu werden, die sich wie Tagelöhner verdingen müßten, um ihr Leben und das ihrer Familie zu fristen.

Dabei hatte das Dorf Neuland für die nächsten hundert Jahre, und es könnte sogar wohlhabend werden, wenn es den Deich geben würde!

August Vogt wußte, daß er zum Handeln gezwungen war im Interesse des Dorfes. Er wußte aber andererseits, daß der Großvater immer noch die große Autorität im Dorf war. Wenn er zu schnell zu viele Neuerungen durchsetzen wollte, dann würde es zu einem Bruch mit seinem Großvater kommen, und die Bauern würden in der Mehrheit natürlich auf den Alten hören und seine eigenen Ideen ablehnen.

Deshalb war er froh, daß er den Großvater hatte überzeugen können, wenigstens die Abflußkanäle für das Sickerwasser im gesamten Bruch anzulegen, die unbedingte Voraussetzung für vernünftige Drainagearbeiten.

Das ganze Unterfangen war zwar weit weniger wirkungsvoll als der Deichbau, aber immerhin besser als gar nichts. Daß der nicht durchsetzbar war, hatte August inzwischen erkennen müssen.

„Ich meine", der alte Vogt erhob seine Stimme, „man sollte keinen Deich bauen."

Die zustimmenden Zurufe unter den versammelten Bauern zeigte August, wie allein er mit seinem Deichbauprojekt gestanden hätte.

„Ihr solltet Gräben ziehen und Drainagen anlegen. Und mehr nicht. Im Anger hat das schließlich auch genügt. Der Boden im Bruch ist so sandig, sandiger als Teile im Anger, daß er schnell austrocknen wird. Auch wenn Wasser darauf gestanden hat. Man muß der Nässe nur einen Weg zeigen, wohin sie abfließen kann. Drüben, auf der anderen Netzeseite, ist das ganz anders. Da ist der Boden fetter. Der würde das Wasser länger halten."

Der alte Vogt bemühte sich sichtbar um einen Kompromiß. Ob er nun die Argumente seines Enkels voll verstanden hatte oder ihm nur zur Seite stehen wollte, eben weil er sein Enkel und sein Nachfolger im Amt war, das wußte er wahrscheinlich selbst nicht genau.

Trotzdem war auch das für einige Bauern zu fortschrittlich, nämlich für die, die genug Land oben auf der Heide hatten und deren jüngere Söhne auf andere Höfe heiraten konnten. Mädchen, die einen Hof als Aussteuer mitbrachten, waren die begehrtesten Heiratskandidatinnen im Dorf! Alter und Aussehen spielten da nur eine geringe Rolle.

Aber diese Bauern waren deutlich in der Minderheit. Die meisten fühlten oder verstanden, daß etwas getan werden mußte, und meinten, daß das Programm, für das sich nun neuerdings auch der Alte einsetzte, völlig ausreichend und im übrigen das kleinere Übel war als der neumodische Kram des Jungen mit seinem Deichbau.

Sie hofften, daß Ferdinand Vogt, der alte Dorfschulze, noch lange genug leben würde, bis sich der August seine Hörner abgestoßen haben würde, und fragten, warum der Alte sein Amt schon so früh an seinen Enkel abgegeben hatte, dessen Anschauung er schließlich gekannt hatte wie sie alle im Dorf. Die fünfundsiebzig Jahre hatte man ihm nämlich nicht angesehen.

So gaben sie schließlich alle ihre Zustimmung zur Anlage der Abflußgräben im kommenden Frühjahr als ersten Schritt für die Drainierung der Brüche, die meisten erleichtert und bereitwillig, aber andere unter dem Zwang, nicht als Außenseiter abgestempelt zu werden.

Dem Enkel indes war klar, daß er jetzt keine Möglichkeit mehr hatte, den Deichbau durchzusetzen.

Man würde so zwar Wiesen gewinnen. Viele neue Wiesen, um die Rinderhaltung zu vergrößern. Doch auch Kühe nur mit Heu durch den Winter zu bringen, ist schwierig, wenn man keine Rüben hat, weil sie beim Sommerhochwasser auf dem Anger verfault sind.

Aber man wird durch die Drainage kaum neue Äcker bekommen. Wie bisher wird im Frühsommer vor der neuen Ernte das Brotgetreide knapp werden; und dieser Mangel wird sogar zunehmen.

Man wird weiter die Schweine verkaufen müssen im Winter, wenn sie den Menschen zu viele Kartoffeln wegfressen. Und wer kauft schon Schweine, wenn sie zu jung und zu mager sind?

Wenn zu viele Esser da sind, wird man wie bisher in der Fastenzeit beginnen, das Mehl mit Sägespänen zu verlängern, die man beim Brennholzsägen schon vorsorglich gesammelt hatte. Man wird weiter zusehen müssen, wie die Gesichter der Kinder einfallen und die Augen tiefer in ihre Höhlen rutschen würden. Der Totengräber wird wie in jedem ausgehenden Winter viele Gräber in den gefrorenen Boden graben müssen, kleine, sehr viel kleine, und große für die Alten. Specht wird weiter jedes Jahr Särge auf Vorrat bauen müssen, damit die Toten dereinst nicht auf ihre Beerdigung warten müssen.

Drüben, die Holländer, die mit Sielen das überschüssige Wasser in die Netze leiteten, ohne daß das Netzewasser bei Hochwasser in die Äcker laufen konnte, kannten alle diese Sorgen nicht. Sie hatten noch riesige Brachflächen guten Ackerlandes, die für die Kinder und die Enkel reichen würden. Bei denen war es nur eine Frage der Arbeitskräfte und der zur Verfügung stehenden Gespanne, wieviel Land gepflügt werden konnte.

Godtschens Brüche dagegen würden weiter Jahr für Jahr überschwemmt werden. Sie würden für immer und ewig nur Wiesen bleiben und kein Ackerland werden mit Ausnahme der paar sandigen Hügel, die man Werder nannte und auf denen der eine oder der andere heute schon versuchte, Kartoffeln anzubauen oder auch Rüben.

Wenn kein Sommerhochwasser kam, gelang das auch.

Aber nur dann.

Alle in Wernickes neuer Gaststube waren erleichtert, daß sich die Meinung des Alten durchgesetzt hatte. Der meilenlange Deichbau hätte Jahre, wenn nicht Jahrzehnte, Arbeit bedeutet. Viele Tausende von Wagenladungen mit Steinen hätten herangefahren werden müssen.

Gerade die Steine! Den jungen Dorfschulzen hätte man fragen sollen, wo er überhaupt diese Unmengen von Steinen hätte hernehmen wollen. Die Findlinge, die sie aus der Heide herausgeholt hatten, waren sämtlich in den Damm nach Werder gegangen. Und selbst das waren noch viel zu wenige gewesen.

Im Anger und erst recht in den Brüchen würde man so gut wie keine Steine finden.

Das wußte doch jeder.

Ein unsinniges Unterfangen, dieser Deichbau!

Deshalb sollte man so schnell wie möglich mit dem Ausbau der Gräben beginnen, solange der Alte noch lebte, damit dem jungen Dorfschulzen jede Lust an seinem Deichbau auf ewig vergällt würde.

Es schien so, als sähe nur August Vogt, daß die Drainage kaum ein weiteres Wachsen des Dorfes ermöglichen würde.

Die Arbeit in den Brüchen ging schneller voran, als alle gedacht hatten. Die Bauern bekamen Hilfe.

Der Landrat hatte zugesagt, daß Soldaten kommen würden, junge Männer, die an der Urbarmachung der Godtschener Brüche mitarbeiten sollten. Gegen freie Kost und Logie. Das ganze Sommerhalbjahr über.

Da es keinen Krieg gab, kamen die Soldaten. Mehr als genug.

August hatte auf Flurkarten, die er selbst gezeichnet hatte und die deshalb vielleicht nicht ganz genau stimmten, die Gräben eingezeichnet.

„Wir beginnen unten an der Netze mit vier Hauptgräben. Die werden bis an die Höhe herangezogen. Sobald die fertig sind, werden die Bautrupps geteilt und beginnen mit den Seitengräben. Dabei fangen wir an der Dorfseite an. So kann das Wasser schon ablaufen und behindert uns nicht bei der Arbeit."

Die Bauern nickten zustimmend. Das mußte man dem jungen Schulzen lassen: Was er anpackte, hatte Hand und Fuß!

Mit ein paar jüngeren Männern begann er, die Pfähle einzumessen als Markierungspunkte für die Hauptgräben und die erhöhten Wege, die angefüllt werden sollten mit dem Boden aus den Gräben und den Steinen, wenn man welche fand.

„Bis zum Herbst müssen die Haupt- und die wichtigsten Nebengräben, die zum Dorf zu, fertig sein. Dann kann jeder, der es braucht, einen Schlag übernehmen zur Drainage. Jeder Schlag ist, wie Ihr hier seht, zwischen einem und drei Morgen groß."

„Und was kostet der Morgen?"

„Wie beim Anger. Einen Silbertaler, abzuführen an die königliche Kommission."

Die Bauern nickten.

„Ich glaube, es werden mehr als hundert Jahre vergehen, ehe alle Schläge drainiert sind."

Der Bauer, der das sagte, sollte recht behalten.

Was zu dieser Zeit niemand wissen oder ahnen konnte: Mitten in den Brüchen fanden sie das Torffeld.

Sie legten einen Weg hin zu dem Feld, um den Torf leichter abfahren zu können.

Da der Schlag noch nicht verkauft war, blieb er Eigentum der Gemeinde. Man beschloß die allgemeine Nutzung. Jeder sollte für jede Torffuhre pro Gespann sechs Groschen an die Dorfkasse zahlen. Wer nur mit einem Pferd kam, bekam den Torf für die Hälfte.

Junge Männer, die nicht das Glück hatten, einen Hof zu erben, taten sich zusammen, stachen und trockneten den Torf und verkauften ihn im Dorf selbst und fuhren ihn im Kahn rüber ins Holländische, die nur wenig Wald hatten und deshalb gut zahlten.

So kam etwas Geld ins Dorf.

Auch ohne den Deich.

28. Januar 1945

Fredy stellte sich auf seinen Findling, am Eingang des Friedhofs, um den langen Treck besser überblicken zu können, der sich allmählich sammelte.

Er liebte diesen Stein. Jedesmal hatte er unbedingt auf den Granitbrocken klettern müssen, wenn seine Tante mit ihm quer über die Wiesen zum Friedhof ging, um die Gräber des Bruders seines Vaters und die seiner beiden Schwestern zu pflegen. Dann kam auch noch das breite Grab seines Großvaters dazu, auf dem später einmal seine Großmutter Martha ruhen sollte.

Als kleiner Junge hatte ihn seine Tante hochheben müssen, weil der Stein zu hoch und vor allem zu glatt war. Wie stolz war er dann gewesen, als es endlich geklappt hatte, den Stein allein zu erklimmen, auch wenn er sich dabei die Knie wundgerieben hatte, daß ihn seine Tante zu Hause mit Jod hatte einpinseln müssen. Später hatte er es verstanden, mit einem langen Anlauf in einem großen Satz auf den Findling zu springen. Man durfte nur nicht zu viel Schwung haben; denn dann rutschte man auf der anderen Seite gleich wieder hinunter.

Und nun stand er wieder auf seinem Findling und benutzte ihn diesmal als Beobachtungsstand.

Es war nahezu windstill. Leicht und gleichmäßig fiel ein trockener Schnee. Der lange Treck, dessen Ende sich im Schneedunst irgendwo hinter der langen Kurve zum Dorf hin verbarg, bot einen imponierenden und zugleich deprimierenden Anblick. Imponierend die Menge der dreiundachtzig schweren Wagen, die dampfenden Nüstern der Pferde. Deprimierend die drückende Lautlosigkeit über allem, Resignation in den Bewegungen, Trotz und Tränen im Gesicht. Obwohl alles bereit schien, bewegte sich der lange Zug noch nicht. Vielleicht wartete man auf irgendeinen Befehl von irgendeiner Stelle, die gar nicht mehr vorhanden war. Vielleicht brachte es auch niemand fertig, die Abfahrt anzumahnen.

Vorn als erste die drei Wagen von Gutsbesitzer Virus. Er hatte keine Familie mehr. Die Frau war schon lange tot und beide Söhne hatte der Krieg genommen. Die Franzosen waren bei ihm geblieben und hielten die Zügel der Gespanne. Virus selbst hatte sein 97er Sachs-Motorfahrrad mitgenommen. Damit wollte er immer ein Stück vor dem Treck vorausfahren, um zu erkunden, welche Strecken frei seien. Nicht auszudenken, wenn dem Treck mit den schwerfälligen Wagen eine Wehrmachtseinheit entgegenkommen würde, mit Panzern und Geschützen. Die hätten die ganze Breite der Straße benötigt und die Treckwagen glatt in die Straßengräben gedrängt.

Dann kam schon Leopold Petsch mit seinem von drei Pferden gezogenen Wagen. Ursprünglich hatte er auch seinen alten Bulldog einsetzen wollen. Als ob er diesen Notfall erahnt hatte, hatte er schon lange die gehörige Menge Dieseltreibstoff und Benzin für die Lötlampe gehortet. Aber vor drei Tagen hatte die Wehrmacht den Bulldog und den gummibereiften Hänger beschlagnahmt. „Für eine kriegswichtige Maßnahme", hatte es geheißen. Da halfen ihm auch nicht sein Parteibuch und seine guten Beziehung zur Kreisleitung. Und er hatte den Soldaten sogar noch zeigen müssen, wie man den Einzylinder-Glühkopfmotor in Gang setzt.

Petsch hatte neben Selma, seiner Frau, auch seine beiden Töchter bei sich, Lilly, die Oskar Vogt geheiratet hatte, der auf einem Flughafen in Ostpreußen stationiert war, und Lotte, die mit einem Pastor verheiratet war, der aber schon lange irgendwo im Generalgouvernement als Reichsarbeitsdienstführer diente. Wo die beiden Männer jetzt waren und ob sie sich vor den anstürmenden Russen hatten in Sicherheit bringen können, das wußte man natürlich nicht.

Lilly hatte Heimaturlaub und war deshalb bei ihren Eltern zu Hause. Sie war als Rote-Kreuz-Schwester irgendwo im Osten hinter der Front eingesetzt gewesen. Sie empfand ihr Elternhaus immer noch als das Zuhause und nicht ihren kurz vor Kriegsausbruch fertiggestellten Neubau, in dem sie mit ihrem Mann gerade ein paar Wochen gewohnt hatte.

Ein paar Wagen weiter stand Artur Lenks Gespann. Er hatte seinen Wagen besonders geschickt beladen: Unter die leinene Plane hatte er den Teppich aus der guten Stube gespannt. So sollte es in dem Wagen etwas wärmer werden, hoffte er, und hinten hatte er die Heuballen bis zur First des Planendaches gepreßt und davor von außen mit Stricken eine weitere Plane gespannt. So konnte der Wind nicht durch den ganzen Wagen hindurchblasen. Fredy hatte, von niemandem bemerkt, das ihm von den Soldaten anvertraute Jagdgewehr so weit unter das Heu geschoben, daß man es nicht mehr sehen konnte. So glaubte er, gleichermaßen den Anordnungen des

Gefreiten Wagner und den Warnungen seines Onkels und seiner Großmutter zu entsprechen. Die Patronen trug er in der Manteltasche.

Hinter Lenks Wagen stand der von Schmidtgens mit Hermine Schmidtgen auf dem Bock. Sie hatten einiges abgeladen und auf Lenks Hof zurückgelassen. Aber das war immer noch nicht genug. Der Wagen an sich war schon ungewöhnlich schwer, fast wie ein vierspänniger Gutswagen, und er würde die Pferde, wenn sie ihn erst über die Berge ziehen müßten, überlasten, obwohl Lenk die Achsen sorgfältig abgeschmiert hatte.

Es war merkwürdig. Als wollte die Front signalisieren, doch zu Hause zu bleiben: Man hörte nichts. Kein Schießen, nichts, gar nichts. Eine unheimliche bleierne Ruhe, als dämpfe der leise, senkrecht fallende Schnee alle Geräusche. Selbst die Pferde standen reglos da, kaum einmal ein Schnauben, kein Scharren mit den Hufen, an denen frisch scharfgeschliffene Stollen untergeschraubt waren.

Die beiden alten Frauen gingen noch einmal auf den Friedhof; Sie glaubten, dazu noch Zeit zu haben. Sie blieben an einem Doppelgrab stehen; eine Hälfte war länglich und eine als Rondell bepflanzt. Auf dem geschliffenen Stein stand: Hermann Vogt, Schneidermeister, geb. 10. Januar 1868, gest. 15. April 1940, und Martha Vogt, geb. Strauch, geb. 24. September 1876, gest... Das Datum des Todes fehlte.

Struppi, Lenks Hund, eine Terriermischung, der anfangs, als die Wagen den Hof verließen, nicht gewußt hatte, ob er zu Hause bleiben oder mitkommen sollte, lief hinter den beiden Frauen her und setzte sich neben dem Grab in den Schnee. Er schaute zu ihnen hoch und schlug mit dem Schwanz, daß der Schnee ein wenig aufwirbelte, als erwartete er eine Antwort auf die Frage, warum sie jetzt hier hinausgegangen waren.

„Ob ich hier je werde beerdigt werden? Ich glaube es nicht", sagte die ältere der beiden. Sie sollte recht behalten und ihre letzte Ruhestätte ebenfalls im Sandboden, aber fünfhundert Kilometer weiter westlich, finden.

Sie stapften ein paar Schritte weiter durch den tiefen Schnee und kamen an ein Einzelgrab mit einem eingelegten Foto auf dem Grabstein. Konrad Vogt, war da zu lesen und die Daten von Geburt und Tod. Darunter standen die Worte: „Gott weiß warum."

„Das war unser Konrad. Er war immer unser Sorgenkind. Unbändig. Wild. Und dabei konnte er so lieb sein. Er hätte später einmal die Schlachterei von meinem Bruder bekommen können. Dessen Söhne hatten nicht Schlachter werden wollen und etwas anderes gelernt."

Sie nahm sich ein Taschentuch und trocknete sich die Tränen, die über ihre faltigen Wangen liefen. „Es hat alles nicht sollen sein, Frau Schmidtgen."

Im alten Teil des Friedhofs zwei verwitterte Kindergräber dicht nebeneinander. Mit Mühe nur konnte man die eingemeißelten Buchstaben und Daten lesen. Luise Vogt, knapp zwei Jahre alt geworden, und Hermine Vogt, sechs Wochen alt.

„Meine Älteste und die Dritte. Dazwischen war Erich, Fredys Vater. Der lebt noch. Ja, damals hatten wir Diphtherie im Dorf, und der Arzt kam wohl zu spät. Erich war der Schwächste, aber der war nicht krank geworden. So geht es nun einmal."

Still standen die Frauen da, weinten und vergaßen die Zeit.

„Oma, es ist Zeit. Es geht gleich los." Fredy stand neben den Frauen und neben ihm die Liesel.

„Da hilft nichts. Kommen Sie, wir gehen."

Gewollt energischen Schrittes stapfte Martha Vogt mit ihren enganliegenden Stiefeln voran und bahnte den anderen eine breite Spur durch den Schnee. Sie drehte sich nicht mehr um zu den Gräbern.

Sie alle, die Kinder eingeschlossen, sahen viel dicker aus als gewöhnlich. Das lag an der doppelten und dreifachen Unterwäsche, die sie angezogen hatten.

„So viel Wäsche unterziehen, wie man kann", hatte Hermine Schmidtgen gesagt, „nur das wärmt."

Man hatte sich daran gehalten; denn Schmidtgens hatten ja schon vier Tage Treckerfahrung hinter sich bei Schnee, Kälte und Sturm.

Artur hatte auf seinem Wagen auch Pastors Lise mitnehmen wollen, das Landjahrmädchen. Aber das wollte Lene nicht. Vor allem nicht, als sie die beiden großen Koffer sah, die das Mädchen auf der Heukarre herangebracht hatte.

„Mußt du dir alles aufladen, Artur? Sie kann doch bei irgend jemandem anderen mitfahren. Die Pferde haben schon genug zu trecken."

Obwohl sie ganz leise zu ihrem Mann gesprochen hatte, mußte Lise es gehört oder wenigstens erahnt haben. Sie hatte sich darauf verlassen, daß sie mit ihnen fahren würde, obwohl man darüber, genau genommen, nie gesprochen hatte, und so verstand sie Frau Lenks ablehnende Haltung nicht.

Sie weinte, mehr aus Enttäuschung über Lene Lenk als darüber, daß sie jetzt nicht mehr weiter wußte.

Sonst war die Frau Lenk doch immer so nett zu ihr gewesen.

Da sagte Felix, der schon angefangen hatte, sich auf dem Hof einzurichten: „Lise bleibt hier bei uns. Hier geschieht ihr nichts. Und Maria wird bald Hilfe gebrauchen können."

Das überzeugte das Mädchen, und es wunderte sich, daß es überhaupt daran gedacht hatte, mit dem Treck mitzufahren. Ein Ziel hätte sie ohnehin nicht gehabt. Ihre elterliche Wohnung war zerstört, die Mutter bei dem Luftangriff umgekommen.

Nun konnte sie nichts mehr umstimmen, auch nicht, daß Lene plötzlich drängte, sie doch mitzunehmen, gleichsam, um es wieder gutzumachen, daß sie vorhin so grob gewesen war. Obwohl sie sich im Inneren natürlich immer noch sagte, daß sie recht hatte. Man sah es ja an Schmidtgens Wagen, wie schnell man die Pferde überlasten konnte.

Gleich hinter Schmidtgens Wagen stand Janetzkis Fuhrwerk mit Karl-Heinz auf dem Bock. Mit dem und ein paar anderen Jungen hatte Fredy abends immer gern Treibeball gespielt und meistens verloren, weil Karl-Heinz, obwohl über ein Jahr jünger, viel kräftiger war als er.

Irgendwo war auch Kordian, der immer so finster blickte. Fredy sah Helmut dabeistehen, den Bombenevakuierten, der sich vor ein paar Tagen von seiner Mutter hatte trennen müssen. Ein Stück weiter der leichte Einspänner von Dr. Hollander, dem Tierarzt.

Dahinter das einzige Ochsengespann. Helmke besaß kein Pferd, nur den einen alten Ochsen, neben den er eine Kuh gespannt hatte. Die Schwinge war ungleich, damit der Ochse am kürzeren Hebel mehr zu ziehen hatte als die Kuh.

„Eine verrückte Idee", sagte Lenk, als er das sah, „das kann nicht gutgehen."

Es blieben, trotz des Befehls, viele zurück. Alle Frauen mit ihren Kindern, oder fast alle, deren Männer zum ersten oder zweiten Volkssturmaufgebot gehörten, dann alle aus Schulzenwerder, der alte Lenk; wie sollte er auch fahren mit der fast gelähmten Frau, Artur Lenks

Mutter. Und Seitels Hannelore, die jetzt Wartner hieß, mit den Kindern fehlte auch.

„Wir hätten auch hierbleiben sollen, Artur, schlimmer als den anderen kann es uns auch nicht gehen." Lene schien es unter ihrer dicken Kleidung immer noch kalt zu sein. Es war ein inneres Frieren, gegen das noch so viel Kleidung nichts half.

„Laß uns wieder zum Hof fahren."

„Hier aus der Schlange kommen wir nicht heraus, Lene. Und du weißt, daß Fredy und ich beim Treck bleiben müssen. Befehl."

Außerdem wohnten die aus Schulzenwerder und die Seitels abseits, verborgener und dadurch geschützter. Artur und Lene hatten es die letzten Tage oft mit Martha besprochen, als sie gehört hatten, daß die Vogts aus Schulzenwerder nicht weggehen wollten. Es war fraglich, ob die Soldaten da jemals hinkommen würden.

Richard Vogt hatte sich zudem mehr als halsstarrig gezeigt: „Alle unsere vier Pferde bringen mich hier nicht weg. Ich war immer ein Gegner der Nazis und von diesem Blumenhöf. Das weiß jeder hier im Dorf. Was sollen mir altem Mann da die Russen schon antun?"

Sein Wort hatte in seiner Familie immer noch Gewicht. Und so weigerten sich alle Vogts aus Schulzenwerder, auf den Treck zu gehen, und dazu alle ihre Nachbarn, als die hörten, daß der Bürgermeister - das war er für viele geblieben trotz des aufgeblasenen braunen Amtsträgers oder das war er jetzt, in den letzten Tagen, wieder geworden - mit seinen Leuten bleiben würde.

„Du mit deinem Befehl. Hast dich ja sonst auch nicht an die Bestimmungen gehalten. Denke nur an deinen Tabak." Lene versuchte immer noch, ihren Mann zur Umkehr zu bewegen, obwohl sie sich sagen mußte, daß man aus dieser langen Schlange heraus mit dem Wagen tatsächlich nicht würde wenden können.

„Das ist hier etwas anderes, Lene. Wir müssen. Wir haben oft genug darüber gesprochen. Wenn Felix auf unser Vieh und unseren Hof aufpaßt ...", er unterbrach sich, „siehst du, du kannst ganz beruhigt sein."

Waren es Schneeflocken, die auf seinem Gesicht tauten, oder waren es Tränen? Man hätte es nicht sagen können.

„Es geht los." Jürgen Schmidtgen kam vom vorderen Ende des Trecks, wohin er unbemerkt gegangen sein mußte. „Der Mann mit dem Motorrad ist zurück. Bis Gusch ist alles frei, hat er gesagt."

Es hätte Guscht heißen müssen, aber das konnte Jürgen natürlich nicht wissen.

Fredy überlegte. Wenn Gutsbesitzer Virus über Guscht fahren wollte, dann ging es also entweder direkt nach Westen über Pollychen und Landsberg und bei Küstrin über die Oder oder aber über Schwerin nach Südwesten in Richtung Oder. Jedenfalls aber nicht auf Friedeberg zu, nach Nordwest.

Das beruhigte ihn. War es doch die Tage vorher unverkennbar gewesen, daß nördlich von ihnen Geschützdonner zu hören war, also gekämpft wurde oder jedenfalls gekämpft worden war. Andererseits, weil es jetzt schon fast zwei Tage ruhig geblieben war, war es natürlich auch möglich, daß deutsche Einheiten einen eingedrungenen russischen Keil zurückgeschlagen oder aufgerieben hatten. Aufgerieben, das war das Schlagwort, das man in den Kriegsjahren immer wieder gehört hatte.

Aufgerieben wurden natürlich immer nur die gegnerischen Einheiten, nie die Deutschen. Das gab es nicht, den Wehrmachtsberichten zufolge.

Daß in Wahrheit die russischen Einheiten die Deutschen überrollt oder weit nach Hinterpommern bis fast in die Ostsee hinein gedrängt hatten, soweit die deutsche Führung sie nicht hinter die Oder als Auffanglinie zurückgezogen hatte, daß also überhaupt keine regulären deutschen Einheiten mehr zwischen ihnen und den Russen standen und der einzige fragwürdige Schutz aus der schneebedeckten nach Norden hinter der Netze ansteigenden Höhe bestand, das konnten Fredy und alle anderen an diesem Tag noch nicht glauben und erst recht nicht wissen.

Man hörte das verfremdete „Hü" der Franzosen. Die Gutsgespanne setzten sich in Bewegung. Ein Wagen nach dem anderen fuhr los. Der Braune und der Fuchs spannten ihre Hinterhände, als ihnen Lenk leicht mit der Leine auf die Rücken schlug, und zogen an. Nach und nach setzte sich so der ganze traurige Zug in Bewegung. Jeder nahm auf seine Weise Abschied von Godtschen, das für manche die Heimat über sechs oder sieben Generationen gewesen war.

Alle gingen zu Fuß. Selbst Lenk stapfte mit seinem Krückstock in der Linken und den Zügeln in der rechten Faust neben dem Braunen her, der immer links des Fuchses gespannt wurde. Man wollte sich warm machen, vor allem aber wollte man die Pferde schonen. Sie würden in den nächsten Wochen Arbeit genug haben.

Allmählich blieb das Dorf zurück. Die Chausseebäume beiderseits der Straße zeigten ihnen den Weg. Doch jetzt sah die Chaussee anders aus als in früheren Wintertagen: Die vielen hundert Treckwagen, die inzwischen nach Westen gezogen waren, hatten tiefe Furchen in den Schnee gegraben. Es hatte die letzten Tage nicht geschneit, und der heutige Schneefall war noch zu gering, um die Spuren zu verdecken.

Zur Rechten lag die große weiße Weite der Brüche. Die Fließe und Gräben waren an den Erlen, Kopfweiden und Pappeln zu erkennen, die wie schwarze gradlinig gepflanzte Mahnmale das Weiß des Schnees durchschnitten. Ganz in der Ferne konnte man die zugefrorene Netze eher ahnen als erkennen.

Merkwürdig, dachte Fredy, die Fließe waren größtenteils offen und hatten Strömung. Gerade deshalb waren sie ja nicht zugefroren. Nur an den Rändern hatten sich Eisüberhänge gebildet. Aber die Netze hatte auch Strömung; doch sie war eisbedeckt, und das Eis war so dick, daß sie mit dem Wagen hatten darüber fahren können. Wie konnte das Wasser in den Fließen noch strömen, wenn die Netze zugefroren war? Strömte das Wasser in der Netze unter dem Eis weiter und waren die Fließe zu flach dazu? Ja, so mußte es wohl sein.

Zur Linken wuchs der Kiefernwald langsam an die Straße heran. Die meisten Flächen waren mit schenkelstarken, etwa dreißigjährigen Bäumen bewachsen. Hin und wieder sah man aber auch wuchtige, mannsdicke Kiefern, die an die hundert Jahre alt sein mochten oder noch älter. Dazwischen immer wieder Wacholderbüsche, die wie große grünbemantelte Männer dastanden.

Fredy kannte den Wald. Hier hatten sie im Sommer Blaubeeren gepflückt und später Pilze gesucht, Pfefferlinge und Birkenpilze vor allem; kaum Steinpilze. Fredy wußte auch, daß eine Viertelstunde hinter der Straße, auf einem Feldweg gut zu erreichen, ein schöner Waldsee lag mit herrlichem weißem Sandstrand. Da hatte man so gut baden können. Alle Kinder im Dorf hatten darin schwimmen gelernt. Ihre Eltern konnten unbesorgt sein, das Wasser ging einem nur an wenigen Stellen weiter als bis zum Hals. Stehen konnte man also fast überall. So ist dort auch niemand ertrunken, all die Jahre nicht.

Struppi, Lenks Hund, der anfangs aufgeregt hin- und hergelaufen und einmal fast unter die Pferdehufe gekommen war, hatte inzwischen einen geschützten Platz gefunden: Er lief unter dem Wagen her, kurz vor der zweiten Achse. Da konnte ihm niemand etwas antun.

Der Treck kam an einem einsam gelegenen Bauerngehöft vorbei. Es war noch bewohnt. Ein alter Mann ließ ein Pferd, offensichtlich einen Jährling, an der Longe immer im Kreis herumlaufen. Da, wo der Alte stand, und auf der Spur des Tieres war der Schnee zu schmutzigbraunem Matsch zertrampelt. Der Mann zog das Pferd zu sich heran und versuchte, ihm das Ledergeschirr aufzulegen, mit dem ein Pferd angespannt werden konnte. Das gelang nicht. Das Pferd scheute, bäumte sich auf und trat, traf den Alten aber nicht. Der knallte mit der Peitsche, die er vom Boden aufgehoben hatte, machte die Longe wieder lang und ließ das Pferd erneut im Kreis herumlaufen.

„Das wird nichts", sagte Lenk zu Fredy, „selbst wenn es ihm gelingt, das Pferd einzuspannen. Es wird kein bißchen ziehen. Kein Pferd, jünger als drei Jahre, kannst du vor einen Wagen spannen."

Zu Fredys Entsetzen bog man dann doch an der Gabelung kurz vor Guscht nach Friedeberg, also fast genau nach Norden, ab.

„Wir sollten Richtung Landsberg fahren, Onkel Artur", sagte er, „schon damals, als ich die Evakuierten nach Friedeberg-Bahnhof gebracht hatte, hatte man im Norden deutlich Geschützdonner gehört. So fahren wir genau auf die Front zu."

Damals, dachte Fredy, und da fiel es ihm ein, daß ja noch nicht einmal ganz drei Tage vergangen waren, seit er die Bombenevakuierten aus dem Ruhrgebiet zum Bahnhof gefahren und dabei die Netze auf dem Eis überquert hatte. Dadurch war die Strecke wohl nur halb so lang wie jetzt, da sie über die Chaussee fahren.

„Jetzt hört man nichts, Fredy. Virus wird schon wissen, warum er hier abbiegen läßt, und wir dürfen den Treck nicht verlassen. Das weißt du ganz genau."

Aber Virus wußte auch nicht, warum sie den Weg über Friedeberg nahmen, oder besser, nehmen mußten. Er trug einen Marschbefehl zur Evakuierung bei sich, in dem die Strecke angegeben war, die der Treck zu nehmen hatte: Friedeberg, Bernstein, Stargard, Oderübergang Stettin, und als Ausweichroute Friedeberg, Berlinchen, Pyritz, Oderübergang Greifenhagen.

„Ein Abweichen von der angegebenen Strecke gefährdet die Aufmarschgebiete der Großdeutschen Wehrmacht und gilt deshalb als

Wehrkraftzersetzung. Auf die entsprechenden standrechtlichen Folgen wird verwiesen." Das war der letzte Satz des Marschbefehls, den ein SS-Hauptsturmführer, der Name war unleserlich, unterschrieben hatte.

Der Marschbefehl war vorgedruckt. Nur der Ortsname und der Weg waren mit einer Schreibmaschine eingetragen worden. Soweit hatte die Parteiadministration also vorgeplant, dachte Virus, daß man sogar an den Druck dieser Marschbefehle gedacht hatte.

Und zur gleichen Zeit hatte die gleiche Institution den Leuten einzureden versucht, daß kein Feind je den Fuß auf deutschen Boden setzen würde. Genau solch eine Lüge wie die des Herrn Reichsmarschalls, der versprochen hatte, daß es nie einem feindlichen Flugzeug gelingen würde, über eine deutsche Stadt zu fliegen.

Virus hatte sich vorgenommen, in jedem Fall die Ausweichstrecke zu fahren. Er kannte nicht die augenblickliche Frontlage und er konnte sie angesichts der absoluten Stille auch nicht einschätzen. Daß der Geschützlärm angeblich zuletzt im Norden zu hören gewesen sei, hatte man ihm mehrfach gesagt. Aber als Frontoffizier des Großen Krieges wußte er, daß sich da selbst erfahrene Soldaten hatten täuschen lassen. Um wieviel mehr konnten dann erst Zivilisten oder diese Kindersoldaten, diese Hiltlerjungen, irren!

Vielmehr hatte er sich für diese Route entschieden, weil er auf dem schnellsten Weg über die Oder kommen wollte. Daß sich der direkte Weg nach Küstrin aus militärischen Gründen verbot, war verständlich. Über die Reichsstraße 1 liefen mit Sicherheit Militärtransporte.

An den Weg über Schwerin und Schwiebus dachte er überhaupt nicht.

So war für Virus von Anfang an klar: Friedeberg, Berlinchen. Dann würde man weitersehen. Einen Grund für die Wahl der Ausweichstrecke würde er schon parat haben, wenn man ihn dafür zur Rede stellen sollte. Im Zweifelsfall hatte eben ein Hindernis die reguläre Straße versperrt. Weil er immer am Morgen und während einer Rast mit seinem Motorrad vorauszufahren beabsichtigte, würde ihn niemand anschwärzen können, die Unwahrheit zu sagen.

Selbst Schultze nicht, der alte Gendarm, dem er nicht mehr so recht über den Weg traute, seit der ein doch offensichtlich gutes Verhältnis zu dem Parteibonzen Blumenhöf gesucht und sich bereitgefunden hatte, die Kriegsgefangenen auf dessen Befehl selbst für bisweilen kleinste Vergehen zu verprügeln.

Der Treck überquerte die Netzebrücke. Ihre Holzbohlen dröhnten, als die schweren Wagen über sie hinwegrollten. Jeder Wagen wartete, bis der vordere die Brücke verlassen hatte. Man wollte nicht riskieren, daß sie unter den schwerbeladenen Fuhrwerken zusammenbrach. Die Verkehrsschilder auf beiden Seiten erlaubten zwar eine Belastung bis zu zwölf Tonnen, aber wer konnte wissen, wie stabil die Konstruktion jetzt noch war.

Die Brücke war zur Sprengung vorbereitet worden. Kabel liefen am Geländer entlang und verschwanden an verschiedenen Stellen unter der Brücke genau über den Pfeilern auf beiden Seiten. Fredy schaute zurück: Die Zündung sollte von Süden her erfolgen. Jetzt, da er auf die Zündkabel aufmerksam geworden war, sah er, daß sie nach dort weiterliefen. Man erwartete also, daß der Feind von Norden kommen würde, um dann, wenn die ersten Fahrzeuge schon auf der Brücke wären, zu sprengen. Und sie fuhren nach Norden!

Fredy sah das als weiteres Zeichen, daß sie dem Feind direkt in die Arme fuhren, und nahm sich vor, Herrn Virus sofort beim nächsten Halt auf diesen Widerspruch aufmerksam zu machen.

Er sollte keine Gelegenheit dazu finden, sei es, daß Virus anderes zu tun hatte, sei es, daß Fredy im entscheidenden Moment, in dem er ihn hätte ansprechen können, den Mut dazu nicht fand.

Der Treck näherte sich Friedeberg-Bahnhof. Hier hatte sich schon im letzten Jahrhundert ein regelrechter Ort gebildet, als die Eisenbahnstrecke Berlin - Küstrin - Landsberg - Schneidemühl - Elbing bis hin nach Königsberg gebaut und ein Bahnhof errichtet wurde, eine gute Stunde unterhalb der Kreisstadt, die an der oben über die Höhe verlaufenden Reichsstraße 1 lag, während die Eisenbahntrasse im Tal von Warthe und Netze verlief.

Es wurde dämmrig. Sie waren nicht weit gekommen, weil sie viel zu spät am Tage losgefahren waren. Wegen der unsinnigen und unnötigen Instruktion über den Umgang mit den Panzerfäusten, die die Volkssturmmänner am Vormittag noch über sich hatten ergehen lassen müssen. Sie hatten nur gelernt, wie man die Waffe entsichert, wie man sie hält, wie man zielt und wie man abdrückt. Schießen durften sie nicht. Dazu waren die Waffen zu kostbar, hatte es geheißen.

Ganz durch Zufall war dabei noch herausgekommen, daß es Panzerfäuste des ersten Baumusters waren, die sie mitschleppten. Mit denen konnte man höchstens dreißig Meter weit schießen. Die neueren sollten doppelt so weit tragen und waren wohl für die regulären Truppen oder gar nur für die sogenannten Eliteeinheiten der SS reserviert.

Virus beschloß, den Treck auf dem Vorplatz des Bahnhofs anzuhalten und dort zu übernachten. Da war Platz genug, um die Wagen in mehrere Reihen nebeneinanderzustellen. Man hatte Wasser für die Pferde, und vielleicht war es in der Wartehalle sogar warm.

Wenn er geahnt hätte, was ihn auf dem Bahnhof erwartete, wäre er sicher direkt durch den Ort und den Berg hinauf nach Friedeberg gefahren.

Es mußte noch Militär da sein. Auf dem Bahnhofsvorplatz stand nämlich ein VW-Kübelwagen, mit einem SS-Mann als Fahrer am Steuer, der eine Zigarette rauchte.

Hinter dem Gebäude qualmte eine Lok. Ihr Rauch stank stechend nach Schwefel. Hinter ihr ein Güterzug, fast ausschließlich mit offenen Waggons. Darauf hockten Frauen, man konnte nicht erkennen, ob sie jung oder alt waren mit ihren grauen Gesichtern und in ihrer Vermummung, ein paar alte Männer, und dazwischen Kinder, Säuglinge, Kleinkinder. Die Alten saßen da, gottergeben, reglos, tonlos, wie steifgefroren; die meisten Kinder weinten, schreiend, klagend, schluchzend. Nur einige schienen zu schlafen. Oder waren sie schon tot, erfroren? Viele von den Kindern waren mit Stricken angebunden, damit sie nicht vom Waggon fallen konnten.

Dazwischen das Stampfen der Lok, wenn ihre Pumpe Wasser in den Kessel preßte.

Man hörte auch ein paar Kommandos. Da waren sie, die Kettenhunde, jene von allen gefürchteten Feldgendarmen. Es waren drei SS-Männer, in feldgrauer Uniform wie die anderen, aber deutlich erkennbar an ihrem herrischen Auftreten. Den unrühmlichen Namen hatten sie bekommen wegen des breiten quer über die Brust getragenen Schildes, das sie an einer Kette um den Hals trugen oder zumindest früher getragen hatten. Unter den Mänteln konnte man ihr Signum natürlich nicht sehen, selbst wenn sie es noch nicht abgelegt hatten.

Der jüngste von ihnen war der Führer des Trupps, ein SS-Sturmführer. Aber nur mit einem EK zwo und dem Kriegsverdienstkreuz zwo dekoriert. Das war für einen Offizier von Himmlers Eliteeinheiten merkwürdig wenig.

Sie marschierten dicht an den Waggons entlang über den nahezu leeren Bahnsteig und durchkämmten offensichtlich den Zug nach Soldaten oder solchen Männern, die volkssturmtüchtig waren und mit diesem Zug fliehen wollten. Fahnenflüchtige, wie man sie pauschal nannte, die nicht wußten, ob sie mehr die Russen oder mehr diese Exekutionskommandos der Deutschen fürchten sollten.

„Die sollen sich mal nicht so wichtig machen, sonst hängt man sie selbst auf", sagte einer auf dem Bahnsteig, der irgendwie auf einen Waggon zu klettern versuchte. Er war oberschenkelamputiert und hing an seinen zwei Krücken mehr, als er ging. Obwohl er also selbst für ein fünftes Volkssturmaufgebot nicht mehr tauglich schien, wenn es das gegeben hätte, schaute er sich doch angstvoll um, ob nicht ein Fremder oder gar die SS-Männer gehört hatten, was er beim Anblick der drei spontan und wohl zu laut gedacht hatte.

Mühsam zog sich der Einbeinige auf seinen Waggon hoch und wurde prompt von einem der Kettenhunde angeschrieen: „Haben Sie einen Marschbefehl?"

„Vor allem habe ich nur ein Bein, wie Sie sehen", antwortete der, stellte sein gesundes Bein wieder zurück auf den Bahnsteig, stützte sich vorsichtig auf nur eine Krücke, zog mit den Zähnen den Handschuh von der rechten Hand, faßte in den linken Armaufschlag, zog ein Stück Papier heraus und reichte es dem Feldjäger, einem Unterscharführer.

Der las es und reichte es dem Invaliden zurück: „Das nächste Mal bitte ich mir mehr Haltung aus. Das gilt selbst für Verwundete", nörgelte er lautstark und stiefelte davon.

Er hatte also nichts gehört.

Plötzlich ein Pfiff von der Lok, und fast gleichzeitig rückten die Waggons an. Der Ruck setzte sich von vorn nach hinten fort.

Der Zug hatte den Bahnhof schon fast verlassen, als eine Frau angelaufen kam und fürchterlich schrie: „Anhalten, anhalten, da sind doch meine Kinder drauf."

Als der Zug schon außer Sicht war, setzte sie sich auf eine Bank. An dem Beben ihrer Schultern konnte man sehen, wie sie markerschütternd weinte.

Der Offizier kam auf sie zu. „Warum haben Sie denn den Zug verlassen? Sie wissen, daß das verboten ist", raunzte er sie an.

„Mein Jüngster ist doch noch ein Säugling und hat den ganzen Tag über noch nichts zu trinken bekommen. Ich dachte, hier gibt es Bauern, bei denen ich etwas Milch kaufen könnte. Ich selbst habe doch keine Milch mehr, seit wir auf der Flucht sind."

„Sie sind nicht auf der Flucht, Frau, sondern Sie werden planmäßig aus dem Aufmarschgebiet der deutschen Wehrmacht herausgebracht. Merken Sie sich das gefälligst. Und Sie sollten wissen, daß man auch als deutsche Frau Befehlen zu folgen hat. Die Konsequenz aus Ihrem Ungehorsam erleben Sie ja jetzt."

Mitgefühl schien der Mann nicht zu kennen.

„Auf dem Zug sind ja noch mehr Frauen, die werden sich schon um Ihre Kinder kümmern." Das war sein einziger Trost für sie.

Er ließ sie allein und marschierte strammen Schrittes durch das Bahnhofsgebäude hindurch auf den Vorplatz und stieg neben den Fahrer in den Kübelwagen. Die beiden anderen Männer setzten sich auf die Rücksitze.

Der Sturmführer fragte nach hinten, ob sie noch genug Stricke und Holzbretter hätten, und gab den Fahrbefehl: „Marschrichtung Ber - lin - chen!" um dann grinsend fortzufahren, „ich habe den Eindruck, daß wir heute noch ein paar Fische fangen werden."

Die drei Soldaten, zwei von ihnen hätten fast der Vater des Offiziers sein können, konnten nicht darüber lachen.

Sicher, Fahnenflüchtige mußten sterben. Das ist richtig und war schon immer so, in allen Armeen.

Aber auf diese Weise umzukommen, das war unwürdig, selbst für einen, der seine Kameraden im Kampf im Stich gelassen hatte.

Und war es wirklich immer Fahnenflucht? Waren es nicht öfter einfach Versprengte gewesen, die ihre Einheit verloren hatten und von ihnen bei der Suche nach ihren Kameraden aufgegriffen worden waren?

Auf den Einfall, auch den Treck aus Godtschen nach Fahnenflüchtigen zu durchsuchen, kamen die SS-Männer nicht.

Sie hätten auch niemanden gefunden.

Mai 1766

Der Treck zog sich langsam über den staubigen Weg. Die Dörfer zeigten, als die Fahrenden Franken verlassen hatten und über die Berge nach Sachsen hineingekommen waren und dann endlich nach Preußen, deutlich Spuren des Krieges, der gerade erst drei Jahre vorbei war.

Die eigenen kaiserlich-österreichischen Truppen, Friedrich der Große mit seinen Preußen, die russischen Armeen, sie alle waren hier durchgezogen, requirierend, plündernd, brandschatzend. Sie sahen ausgebrannte Gehöfte, in denen nur Ratten umherhuschten und in deren unkrautübersäten Gärten hier und da noch rote Ribisel reiften, wie sie die Johannisbeeren nannten und wie sie ihre Kindeskinder noch nach hundertfünfzig Jahren nennen sollten. Es gab aber auch schon viele wieder instandgesetzte oder neuerbaute Häuser, Ställe, Scheunen, Höfe.

Manche Äcker lagen noch brach, doch größer waren die frisch bestellten Ackerflächen mit dem wogenden Gelbgrün des heranwachsenden Getreides und mit merkwürdigen, zwischen Furchen wachsenden Pflanzen, die die Einwandernden noch nie gesehen hatten.

Als sie danach fragten, lachte man vielwissend: „Die werdet Ihr auch bald kennenlernen. Das sind Kartoffeln. Der Alte Fritz hat sie uns gebracht. Sie werden gekocht und an die Schweine verfüttert. Das macht sie fett. Selber essen soll man sie auch können, aber das haben wir noch nicht getan. Wir bleiben lieber bei unserer Grütze."

Die Leute vom Treck staunten. Diese grünen Pflanzen, die wie Unkraut aussehen, sollte man selbst essen können? An die Schweine verfüttern, nun, das mochte ja gerade noch gehen. Aber selber essen?

„Ihr werdet die anpflanzen müssen", setzte einer der Bewohner noch eins drauf, „das wird streng observiert."

Die Wanderer glaubten es nicht. Hatten sie doch Urkunden über so viele Privilegien. Freiheit zur Ausübung jeglicher Religion, sei es lutherischen, reformierten, katholischen oder jüdischen Glaubens, Eximierung von Werbung und Enrollierung bis zum dritten Glied, Akzisefreiheit, Freiheit von körperlichen Lasten und Gespannfreiheit.

Keinen Frondienst also, keinen Militärdienst und keine Steuern für sich, ihre Kinder und ihre Kindeskinder, das alles hatte ihnen der preußische Kommissär in Regensburg zugesagt und es mit Brief und Siegel feierlich bestätigt.

Der hatte ihnen auch ihre Passeports ausgehändigt, die ihnen freien Durchzug durch Bayern, Franken, Sachsen und Preußen gewährten. Da hatte es nie Malesche gegeben. Im Gegenteil. Wenn sie an einem Stadttor ihre Dokumente zeigten, wurden sie fast immer freundlich hereingebeten. Sie bekamen meist gratis Quartier und ihre Tiere gutes Futter. Selten nur hatten sie draußen vor den Toren in ihren Wagen kampieren müssen.

Wenn die Passeports so gut waren, dann mußten es erst recht die anderen, die gesiegelten Urkunden sein.

Sie hatten bestimmt auch das Privileg, anbauen zu dürfen, was sie wollten. Sie müßten gewiß nicht diese Kartoffeln anbauen und womöglich auch noch selbst essen. Das galt vielleicht für die Preußen, die schon immer hier waren, aber nicht für sie.

Diese Zuversicht geriet ins Wanken, als sie in einem der nächsten Dörfer erfuhren, daß dort auch Siedler wohnten; die waren im letzten Sommer gekommen, aus dem Badischen, und heuer mußten sie auch Kartoffeln anpflanzen. Jeder hatte einen ganze Sack voll Saatkartoffeln unter die Erde zu bringen, im Abstand von drei Fuß zur Seite und zwei Fuß zur nächsten Pflanze in derselben Reihe.

Es kamen Zweifel auf, wie es dann wohl mit den anderen Privilegien sein würde. Aber man beruhigte sich. Eine Freiheit vom Kartoffelanbau war da nicht erwähnt, und man überlegte nun, was für Freiheiten nicht genannt waren, die man dann auch nicht haben würde. Doch man fand nichts Auffälliges.

Sie waren schon gut zwei Monate unterwegs. Im zeitigen Frühjahr waren sie aufgebrochen, als das Eis schmolz und die Wege wieder frei waren bei ihnen zu Hause in den Bergen.

Es hatte viele Gespräche gegeben bei ihnen. Die alten Eltern und auch Eugen, der ältere Bruder von Balthasar Vogler und erst recht Katharinas Eltern wollten verhindern, daß sie auswanderten ins Preußische, ins Ungewisse.

„Niemand hindert uns, unseren Glauben zu leben. Niemand wird verfolgt wie damals unsere Salzburger Brüder durch den Erzbischof Firmian und besonders seinen Kanzler Zillerberg, den Intriganten. Warum wollt Ihr dann weg?“

„Euer Hof, Bruder Eugen, reicht just für euch allein. Zwei taugten noch nie auf einem Hof."

„Du hättest auf einen Hof heiraten können, Balthasar. Du hattest Möglichkeiten. Du wolltest nur nicht." Der Mutter hatte es von Anfang an nicht gepaßt, daß Balthasar die Häuslerstochter Katharina geheiratet hatte.

„Du weißt, die Liebe geht mir über das Geld, Mutter. Die Katharina und ich, wir hatten uns schon lange versprochen, als wir noch gar nicht daran dachten, wo und wie wir später einmal leben würden."

Die Mutter antwortete nicht. Zu oft hatten sie ähnliche Gespräche geführt.

„Früher, da konnte man rüber gehen ins Salzburgische, Bergknappe werden, wie der Großoheim und wie Vaters Brüder."

Bergknappen, die sich auf den Salzabbau verstanden, waren zu jener Zeit geachtet und geehrt. Sie brachten dem Erzbischof, dem Salzburger Landesherrn, die Gelder ein, die er dringend brauchte, um sein Schloß oberhalb von Salzburg und seinen Hofstaat zu unterhalten. Deshalb wurden sie hofiert. Deshalb wurde ihr Glaube toleriert.

„Ehe der Erzbischof Firmian kam, hatten die Bergknappen noch das Privileg, ihren Glauben frei zu leben nach dem Abkommen vom Westfälischen Frieden. Aber damit ist es seit dem einunddreißiger Jahr vorbei."

Und Balthasar fügte hinzu: „Und römisch werden, das Abendmahl nicht mehr in zweifacher Gestalt zu empfangen, an Prozessionen teilnehmen, dem Pfarrer die Gedanken beichten, zu diesen Götzen, den Bildern der Heiligen, beten, nein, das wollen wir nicht. Deshalb können wir auch keine Bergknappen im Salzburgischen werden."

„Meine Brüder mußten deshalb aus dem Salzburgischen auswandern, wohin sie als Knappen gezogen waren", sagte der Vater. „Auch sie sind nach Preußen gegangen. Wie Ihr es jetzt wollt. In Stettin sind sie auf Schiffe verladen worden. Als sie in Königsberg ankamen, waren Bruder Nikolaus tot und die Frau von Bruder Andreas und zwei Kinder."

Balthasar nickte.

„Ihr aber müßt nicht auswandern. Maria Theresia hat uns unsere Privilegien ausdrücklich bestätigt."

„Und das heißt? Andacht nur in der eigenen Familie. Kein Gottesdienst in der Öffentlichkeit. Kein studierter Prediger, der uns das

Evangelium auslegt. Kein lautes Gebet am Grab. Sind das deine Privilegien?"

„Luther hat geschrieben, daß jeder Hausvater so gut ein Priester ist wie der in der Kirche."

„Und wenn Joseph Kaiser wird? Verlängert der eure Privilegien? Oder wird er wie Erzbischof Firmian?"

„Joseph ist kein Priester. Er steht nicht so sehr unter dem Zwang des Papstes wie ein Kirchenfürst. Er wird uns unsere Rechte lassen."

„Gut, aber damit haben wir immer noch kein Auskommen. Auf Dauer, meine ich."

„Wenn von euch sieben Familien vier ankommen, dann werdet Ihr auch kein Auskommen haben. Damals waren es zwanzigtausend Leute. Für die hatte man sorgen müssen. Und trotzdem hatten nach einem Jahr nur noch gut die Hälfte gelebt. Wer wird sich um euch paar Leute kümmern?"

„Wir sind neununddreißig mit den Kindern, Vater. Die Salzburger wußten, daß sie nach Ostpreußen kommen sollten und dabei über das Meer fahren mußten. Sie kamen in die Herbststürme. Deshalb die vielen Toten. Wir fahren nur über Land. Und wir fahren nur ins Brandenburgische, nicht nach Ostpreußen. An die Netze kommen wir. Da ist gutes Land. Siedlungsland."

„Versprechen kann man viel."

„Gibst du uns hier Land? Dann bleiben wir. Aber du kannst das nicht. Unser Boden hier reicht gerade für eine Familie. Die letzten Winter waren hart genug. Du weißt, daß es nicht für uns alle gereicht hatte. Hungern kann ich auch woanders."

Es war kein fröhliches Abschiednehmen. Die Frauen weinten, auf beiden Seiten. Sie wußten, daß man sich nie wieder sehen würde. Die Männer waren eher trutzig. Nur die Kinder freuten sich auf das Abenteuer, das vor ihnen lag.

Balthasar Vogler hatte nur Familien mitgenommen; keine einzelnen Männer und keine einzelnen Frauen. Er wollte alles vermeiden, was zu Rivalitäten führen könnte. Deshalb war er auch froh, daß die Zahl der Jungen und die der Mädchen einigermaßen gleich war.

Das alles war vor zwei Monaten und lag weit zurück. Nur in der Nacht, wenn man nicht schlafen konnte, wischten die Gedanken an Zuhause durchs Hirn.

Die Ochsen vor den schweren Wagen kamen nur langsam vorwärts. Trotzdem hat der Treck hatte heute auch schon ein gutes Stück zurückgelegt. Drei Meilen etwa. Bei Krossen waren sie vor Tagen über die Oder gegangen. Mit einer Fähre, die an Seilen hing. Zwei Tage später waren sie in Schwiebus, auf einem Weg, der fast ständig bergauf ging. Sie hatten vorspannen müssen wie vor ein paar Wochen im Fränkischen. Und weiter war es bergauf gegangen, eine gute Meile. Dann waren sie in Jordan, einem kleinen Dorf. In Meseritz hatten sie einen Fluß, die Obra, über eine Furt durchfahren.

In Schwerin endlich hatten sie erfahren, wo das genau Ziel ihrer Reise sein würde. Der Ort hieß Godtschen. Keine Neusiedlung, aber von den Bewohnern völlig verlassen, hieß es.

Also auch ausgeplündert und abgebrannt. Nun, man hatte ja auch nicht damit gerechnet, in ein fertiges Haus zu kommen.

Zimmermannswerkzeug hatten sie alle genug auf ihrem zusätzlichen Wagen, den Katharina lenkte. Auf ihm hatten sie alle das Material und die Geräte, die sie alle gemeinsam gebrauchen würden. Und einen gelernten Zimmermann hatten sie auch. Das war Franz-Joseph Specht.

Nur ein Schmied fehlte. Von den Gesellen war niemand zu bewegen, mit auf den Treck zu gehen. Schmiede brauchten sich ja zu Hause auch keine Sorgen wegen fehlender Arbeit zu machen.

„Wir haben schon seit Tagen auf euch gewartet", hatte der alte Korporal im Torgang von Schwerin gesagt, nachdem er umständlich ihre Dokumente begutachtet und mit seinen Papieren verglichen hatte.

Dann fragte er alle Namen durch: „Ernst Milling und Frau, drei Kinder, Leopold Adler und Frau, vier Kinder, Rupert Schubert und Frau, fünf Kinder ...

„Nein, nur noch vier Kinder. Das jüngste ist unterwegs gestorben", sagte eine Frauenstimme.

„Also vier Kinder." Der Soldat kratzte schwerfällig mit der Gänsefeder über das Papier.

„Ernst Seitel und Frau, fünf Kinder, Franz-Joseph Specht und Frau, vier Kinder, Dietrich Strauch und Frau, ein Kind, Balthasar Vogt und Frau, drei Kinder."

„Ihr meint sicher uns", wandte Balthasar ein, „wir heißen aber Vogler."

Verunsichert sah der Soldat in sein Pergament.

„Einen Balthasar Vogler gibt es nicht. Überhaupt keinen Vogler. Nur einen Balthasar Vogt. Wenn Ihr der nicht seid, könnt Ihr nicht weiterziehen."

Was blieb Balthasar anderes übrig? Er würde eben als Balthasar Vogt im Brandenburgischen leben müssen, so ungewohnt es ihm vorkam.

„Am Nordtor von Schwerin findet Ihr eine Fähre. Damit setzt Ihr über die Warthe. Das ist unser Fluß hier. Folgt dem Weg entlang der Warthe, dann stoßt Ihr nach zwei Meilen auf die Netze. Netzeaufwärts geht es dann noch eine Meile weiter."

Die acht Ochsengespanne setzten sich widerwillig und träge in Bewegung.

„Und immer oben am Wald bleiben, nicht zu dicht an die Netze fahren. Da ist es nämlich sumpfig", rief ihnen ein anderer zu, der neugierig den Treck beobachtete, und lachte dabei.

Die Wege waren nie gut gewesen. Aber jetzt, am letzten Tag, auf dem letzten Stück, war es wieder einmal besonders schwierig. Es gab eigentlich überhaupt keinen Weg mehr. Mehrfach mußten die Männer Äxte und Sägen von ihren Wagen herunterholen, um sich eine Spur für die Wagen freizuschlagen. Dazu mahlten sich die Räder tief in den Sand ein.

Hier war schon lange kein Fuhrwerk mehr gefahren, wenn überhaupt jemals.

„Es hat keinen Zweck, Leute, wir schinden die Tiere zu Tode. Joseph, spann aus und mach Vorspann."

Die Tiere waren von selbst stehengeblieben.

Was nun kam, hatten sie viele Dutzend Mal während ihrer langen Fahrt erprobt, so daß alle wußten, was zu tun war, selbst die Tiere. Vier Ochsen, zwei vor dem Wagen selbst und die beiden anderen an der Deichsel vorgespannt, stemmten sich mit ihrer Stirn in die Zugbretter und zogen den Wagen an.

So ging es besser. Ein Junge in einer ledernen Kniebundhose schlug auf die beiden Kühe ein, die hinten am Wagen angebunden waren, daß die sich nicht noch mitziehen ließen.

Dann lichtete sich der Wald, und der Weg wurde besser. Man spannte aus, ließ den Wagen stehen und hieß den Jungen dabeibleiben.

„Paß auf, Ferdi, daß nicht noch Räuber kommen und alles stehlen", flachsten die Männer und machten sich mit den beiden Ochsengespannen auf den Rückweg, um den nächsten Wagen zu holen.

Von hier oben konnte man, nach links zwischen den Kiefernstämmen hindurchblickend, grüne Flächen sehen, ab und zu mit braunen Abschnitten dazwischen, die aussahen wie Flicken auf einer grünen Decke, und ganz hinten einen Fluß. Ferdinand wußte, daß das die Netze sein mußte, von der man seit Monaten gesprochen hatte. Die Netze, an der sie siedeln sollten.

Ferdinand war Balthasars älterer Sohn; aber alle nannten ihn Ferdi. Es hielt ihn nicht hier bei dem Wagen. Wer sollte hier schon etwas stehlen wollen? Er ging ein paar hundert Schritt weiter, kam an den Rand des Waldes und sah direkt vor sich das Dorf.

Das mußte ihr Ziel sein. Es hatte wohl früher aus einem größeren Anwesen und einer Reihe kleinerer Katen bestanden. Jetzt aber sah man nur verfallene, verkohlte Balken, die teilweise klagend in den Himmel ragten, und dazwischen ein paar gemauerte rechteckige Säulen: die Kamine, die die Brände unbeschadet überstanden hatten.

Es sah von hier oben so aus, als stünden die Ruinen in zwei Reihen gegenüber. Also mußte ein Weg durch sie hindurchführen.

Der Junge setzte sich auf einen großen runden Stein. Steine hatte man zu Hause auch genügend, aber nie solche völlig runden Steine, die aussahen, als hätte sie ein Riese glattgeschliffen. Er stützte sich auf seinen rechten Arm und dachte nach.

Hier also sollten sie wohnen, weit weg vom Großvater und von der Großmutter, die er wohl nie mehr wiedersehen würde. Zu weit waren sie gefahren, mehr als zwei Monate. Die Sonne schien. Es war heiß geworden an diesem Tag des zu Ende gehenden Mai des Jahres siebzehnhundertsechsundsechzig. Das Wetter war viel besser als noch vor Tagen, als es tagelang geregnet hatte und sie einmal sogar warten mußten, ehe sie weiterfahren konnten.

Zuerst war es richtig abenteuerlich gewesen, mit den schweren Ochsenwagen Tag für Tag zu fahren, all die alltäglichen Arbeiten nicht verrichten zu müssen, die sonst seine Aufgaben waren, nicht wie sonst wintertags den Schulunterricht besuchen zu müssen, bei dem sie lesen und auch ein wenig schreiben gelernt hatten.

Der Vater und der Großvater hatten großen Wert drauf gelegt, daß er vor allem richtig lesen lernte.

„Später mußt du deiner Familie die Schrift auslegen und den Katechismus. Dazu muß man gut lesen können."

Aber je weiter sie gezogen waren und je mehr ihm die zunehmende Entfernung bewußt wurde, desto stärker sehnte er sich nach Hause zurück. Um ehrlich zu sein, manchmal hatte er des Nachts, wenn die anderen schliefen, geweint und gleichzeitig trotzig Pläne geschmiedet, heimlich umzukehren, zu seiner Großmutter und zu seinem Großvater, zu seinem Onkel und zu dessen Kindern, die hatten bleiben dürfen, und zu seinen Ziegen, die er immer gehütet hatte, aber nicht hätte mitnehmen dürfen, weil sie seinem Vater eigentlich gar nicht gehört hatten.

Der Vater war es gewesen, der zum Aufbruch gedrängt hatte, schon im vorigen Sommer.

„Auf dem bißchen Land von unserem Vater können wir uns nicht alle ernähren. Das reicht kaum für eine Familie. Und Knecht auf einem anderen Hof möchte ich nicht werden. Außerdem möchte ich nicht in der steten Angst leben, Gott nicht mehr so dienen zu dürfen, wie es die Schrift sagt."

Aber niemand hatte geglaubt, daß er es ernst meinte mit dem Auswandern.

Erst die Flugblätter, die dann plötzlich im Herbst im Dorf auftauchten, hatten den Ausschlag gegeben, daß schließlich sieben junge Familien beschlossen, ihre Heimat zu verlassen. Es herrschte nach dem großen Krieg, den man jetzt, da er zu Ende war, den Siebenjährigen nannte, Frieden, und ein Kommissär, der sich als Abgesandter des Königs von Preußen bezeichnet hatte und sicher im Krieg ein Offizier gewesen war, hatte ihre Zukunft im fernen Brandenburg mit beredten Worten geschildert.

Religionsfreiheit, keine Akzise, kein Gespanndienst, keine Enrollierung bis ins dritte Glied.

Ferdinand hatte während des ganzen letzten Winters wieder und wieder diese Worte gehört und erst allmählich begriffen, was sie bedeuteten, welche Privilegien sie versprachen.

Eines freilich hatte er sofort verstanden: Dreißig Morgen Land für jede Familie! Das war doppelt so viel, wie der Großvater besaß. Dazu zehn Morgen Wald. Und jeder könne im Moor zusätzliches Land drainieren, soviel er wolle.

Was drainieren ist, das wußte Ferdi freilich schon wieder nicht.

Das Land sollte zunächst im Besitz des Königs bleiben. Später sollte ein Kommissär - schon wieder ein Kommissär! - kommen. Wenn die Höfe ordentlich geführt waren, dann würden sie spätestens in zehn Jahren in ihr Eigentum übergehen. Für ewig und akzisefrei.

Dazu kam noch mehr: Jede Familie sollte ein Gespann Pferde bekommen, drei Milchkühe, Schweine und Geflügel. Und hundertzwanzig Scheffel Getreide für die Aussaat.

In den Netzebrüchen sollten sie siedeln. Das hatte schon der Kommissär gesagt, als er dem Vater die Akzessionsrolle für die sieben Siedler übergab und die Passeports und einen Plan, der ihre Reiseroute beschrieb.

Die Siedlung sollte sich selbst verwalten. Einer aus ihrer Mitte sollte der Älteste sein, der dieses Amt, wenn er sich bewährte, auf Lebenszeit innehaben würde. Es bestand kein Zweifel, daß Balthasar Vogler, jetzt: Balthasar Vogt, dieser Älteste würde.

„Sobald Er mit seinen Leuten die preußische Grenze überschritten hat, ist Er Preuße."

Ob das etwas so Erstrebenswertes war, Preuße zu sein? Wichtiger war ihnen, daß sie genug Land bekämen, um sich und ihre Familien zu ernähren, und daß sie ihre ganze Kraft und ihre ganze Zeit für ihren Hof und ihre Äcker einsetzen konnten. Einen Herren vom Gutshof würde es nicht geben, der kommen und sie zur Fron und zum Gespanndienst hätte pressen können.

Den ganzen Winter über wurde beraten und geplant. Jeder sollte mit zwei Ochsen fahren, Pferde hatte man nicht im Dorf, und dazu zwei Kühe hinten an den Wagen anbinden.

Franz-Joseph Specht, der Zimmermann, ein Mann über sechs Fuß groß und stark wie ein Bär, übte während des ganzen Winters Tag um Tag, einen Stier neben einen Ochsen zu spannen. Der Ochse zog zwar besser als der Stier, aber ein Stier mußte sein. „Was sollen wir mit unseren Kühen, wenn wir keinen Stier dabei haben?" Spätestens in einem Jahr würden sie alle trocken stehen.

Schweine? Erst hatte man daran gedacht, auch Schweine mitzunehmen. Aber dann ließ man es. „Schweine in Verschlägen auf dem Wagen, die kotzen und scheißen alles voll."

Außerdem sollten sie ja in Preußen Schweine bekommen.

Die Hühner sperrte man in Käfige, und Gänse- und Enteneier packte man sorgfältig in Heu.

„Die Eier können die Hühner ausbrüten, wenn Ihr da seid", meinte die Großmutter. Aber daraus sollte nichts werden. Erst wollten die Hühner nach der langen Reise nicht glucken, und dann waren die Eier faul.

Einige nahmen auch Schafe und Ziegen mit. Sie wurden mit den Kühen an die Wagen angebunden. Zunächst hatten sie nicht mitlaufen wollen. Sie waren es nicht gewohnt, daß sie immerfort am Hals gezogen wurden. Aber allmählich hatten sie sich mit dem täglichen Trott abgefunden.

Was lag noch auf den mit Planen überdachten Treckwagen? Die Aussteuer, Bettzeug, ein paar Töpfe, Teller, Tassen, Messer und Löffel, ein großer Kupferkessel, Werkzeug aller Art, Pflug und Egge, Spaten, Hacken, Forken, Sensen, einen kleinen Dengelamboß, um die Sensen zu schärfen, Saatgetreide, hartes Brot, Speck, Schmalz, Gerstengrütze, ein Wasserfaß, Stricke, Lederriemen, Klampen, Nägel, ein paar Hocker und vier gebrannte Ziegelsteine, auf denen man während der Fahrt abkochen wollte.

Was an Werkzeug nicht auf den eigenen Wagen paßte, wurde auf Balthasars zweiten Wagen geladen, den Katharina lenkte.

Man hatte an alles gedacht.

Futter für das Vieh brauchte man kaum. Die Ochsen konnten immer grasen, wenn man anhielt oder am Tagesziel war. Das hatte während der ganzen Fahrt auch gut geklappt. Nur das dumme Federvieh machte Schwierigkeiten. Man ließ es am ersten Nachmittag aus den Käfigen heraus; aber man hatte sie am späten Abend mühsam einfangen müssen, und zwei Hühner und ein Hahn waren ganz verschwunden. Sie wollten einfach nicht in ihre Käfige zurück, obwohl man sie mit ein paar Körnern angelockt hatte.

Dabei hatte man die Hühner zu Hause schon an die Käfige gewöhnt, und sie waren schließlich auch ganz von allein zurückgekommen.

Also mußte man sie während der weiteren Fahrt in den Körben lassen. Und das kostete eine Menge von dem Saatgetreide.

Als sie die Oder überschritten hatten, etwa vor einer Woche, hatten sie schon gehofft, ganz nahe am Ziel zu sein. In Schwerin, so hatte es geheißen, hatten sie sich melden sollen. Dort sollten sie weitere Instruktionen erhalten.

Einige der Leute, die sie unterwegs fragten, wußten wohl, daß es da weit weg eine Stadt Schwerin gäbe. Aber mehr hatte man nicht sagen können. Nur ein Händler, der viel herumgekommen war, sagte ihnen, daß er Schwerin kenne. Es liege an der Warthe.

Das hatte seinen Vater und die anderen verunsichert, hieß es doch ausdrücklich in ihrem Akzessionspergament, das der Vater sorgfältig in dem Kutscherkasten aufbewahrte, daß sie an der Netze siedeln sollten. An der Netze, und nicht an der Warthe!

Diese Unsicherheit hatte sich erst gelegt, als ihnen der Korporal in Schwerin den weiteren Weg zur Netze und damit zu ihrem Ziel beschrieben hatte.

Ferdinand erschrak fürchterlich. Plötzlich fiel ein Schatten auf ihn. Ein Berittener in blauer Soldatenuniform saß vor ihm hoch zu Roß und sah auf ihn, der immer noch auf dem großen runden Findling saß, herunter. Neben dem Reiter stand ein Soldat zu Fuß.

Der Gegensatz zwischen den beiden war groß. Der Reiter trug eine saubere blaue Uniform, blanke Stiefel und eine weiße Perücke unter dem Dreispitz. Links am Sattel hing ein Degen, rechts steckte eine Pistole in einer ledernen Hülle.

Der andere trug zwar auch eine blaue Uniform, aber die war zerschlissen, und weder Perücke noch Hut. Dafür hatte der einen schweren, schwarzen Ranzen auf dem Rücken, wie ihn sonst die Handwerksburschen tragen, wenn sie auf Wanderschaft gehen.

„Woher kommt Er?“ fragte der Berittene mit Kommandostimme.

„Aus Innfelden. Aber das ist weit weg“, antwortete Ferdinand, nachdem er sich wieder gefaßt und seine Angst hinuntergeschluckt hatte.

Der Reiter holte eine Rolle aus der Satteltasche, wickelte sie umständlich auf und hielt sie vor sich, mit der rechten Hand das obere und mit der linken Hand das untere Ende des Schriftstück fassend. Er las lange und sagte lange nichts.

„Ist Er der Vogt?“ fragte er dann.

Ferdinand wollte erst „nein“ sagen. Zu sehr war er noch an ihren früheren Namen gewöhnt.

„Ja, aber der richtige Vogt das ist mein Vater. Ich heiße Ferdinand Vogt. Die anderen sind da hinten, die anderen Wagen zu holen. Sie müßten bald kommen. Ich soll hier auf den Wagen aufpassen.“

„Ich sehe hier keinen Wagen. Und dann sollte Er den Wachposten auch nicht verlassen und erst recht nicht schlafen, wenn Er auf den Wagen aufpassen soll", lachte der Reiter.

„Unser Wagen steht etwas weiter oben im Wald. Ich bin hier heruntergegangen, um besser sehen zu können."

Der Soldat zu Pferde ging nicht auf die Antwort des Jungen ein, so als interessiere ihn überhaupt nicht, wo sein Wagen stünde, sondern fragte, sehr sachlich und amtlich geworden: „Dann hat sein Vater wohl auch die Akzession?"

„Er hat die Pergamente. Ja. Auf dem Wagen."

„Den Er allein gelassen hat?"

„Ja, dort liegen sie im Kutscherkasten."

„Das werden wir sehen."

Er blickte sich um. Von Ferne hörte man Anfeuerungsrufe. Die nächsten Gespanne kamen also heran.

Der Reiter gab seinem Pferde die Sporen und galoppierte auf die Siedler zu. Ferdinand und der Soldat gingen zu dem unbespannten Wagen zurück.

„Sag einmal, Junge, habt Ihr auch einen Schmied bei euch?"

Ferdinand dachte einen Augenblick nach. „Wir haben den Franz-Joseph Specht, der ist Zimmermann. Die anderen sind alle Bauern. Nein, einen Schmied haben wir nicht dabei."

Der Fremde antwortete nicht. Inzwischen waren sie bei dem Wagen angekommen und sahen, wie zwei schwere Wagen von jeweils vier Ochsen durch das Dickicht gezogen wurden.

Der Reiter wendete und kam zurück.

„Warum ist Er hier stehengeblieben? Eine Viertelmeile weiter, und Er wäre am Ziel gewesen. Euer Ort heißt Godtschen."

Es war mehr eine Feststellung als eine Frage an den Jungen.

„Ist hier wirklich Godtschen und ist das dahinten die Netze?" fragte der Junge, noch immer ein wenig zweifelnd, obwohl er sich doch vordem sicher war, zumindest an der Netze zu sein.

Zu oft hatten sie seit Schwerin diesen Ortsnamen genannt, ein Ziel, das man anstrebte, um sich jetzt sofort darüber klar zu sein, daß man wirklich da war.

Die Ochsengespanne hielten, und Balthasar Vogt ging auf den Reiter zu.

Der legte die rechte Hand an den Dreispitz. „Von Bissow, Leutnant vom dritten Grenadierregiment", stellte er sich vor.

„Wir sind die Siedlergruppe aus Innfelden. Balthasar Vogt mein Name, und diese hier sind die anderen aus unserem Dorf."

Vogt wollte sie einzeln vorstellen.

„Laß Er das. Hat Er die Akzessionsurkunde?" fragte er und schwang sich gekonnt von seinem Pferd.

„Ja, Herr Leutnant. Auf meinem Wagen."

Er ging, sie zu holen.

Als der Offizier das umfangreiche Schriftstück gelesen hatte, wurde er viel freundlicher.

„Er muß schon verstehen, daß wir inzwischen vorsichtig geworden sind. Immer wieder hat sich besitzloses Gesindel unter die Siedler gemischt ohne Siegel und Brief. Hinterher hatten sie schon gebaut, und man kann sie dann schlecht hinausjagen, solange sie sich bei uns nichts haben zuschulden kommen lassen."

Er unterbrach sich.

„Aber lassen wir das."

Ich schlage vor, wir gehen erst hinunter ins Dorf. Die Wagen kann Er später nachholen. Die stiehlt hier keiner.

Dabei hatte er eben noch von besitzlosem Gesindel gesprochen.

Die Siedler, die Kinder und ein Teil der Frauen, die inzwischen herangekommen waren, gingen den sanften Abhang hinunter ins Dorf. Nur der Leutnant hatte sich wieder auf sein Pferd geschwungen. Es waren alle Männer dabei, dazu der Soldat mit der verschlissenen Uniform, aber nicht alle Frauen und alle Kinder, weil einige noch bei den im Wald zurückgelassenen Fuhrwerken geblieben waren.

Sie durchwateten einen kleinen Bach und standen ein paar Schritte weiter vor den abgebrannten Katen.

Viel kleiner als die Häuser in Innfelden. An den Fundamenten aus dicken runden Steinen konnte man ihre Ausmaße erkennen. Vor der einzigen größeren Ruine blieben sie stehen.

„Alle herhören!" rief der Leutnant mit einer angenehmen, jetzt gar nicht mehr militärisch klingenden Stimme.

„Ich begrüße euch hier in eurem Dorf im Namen des Grafen Franz Balthasar von Brenckenhoff, dem Obersten Königlichen Kommissar für die Ansiedlung im Warthe- und im Netzebruch. Der Graf wird demnächst selbst zur Inspektion herkommen und jedem die Besitzurkunde und die Freibriefe übergeben."

Ein paar der Frauen begannen zu klatschen, und die anderen taten es ihnen nach.

„Er, Balthasar Vogt, hat den Treck hierhergeführt. Auf ihn lautet die Akzessionsurkunde. Er ist der Dorfschulze."

Er blickte auf Vogt, als erwartete er eine Antwort, eine Zustimmung. Aber der schwieg. Denn für Balthasar und alle anderen war das klar. Das hatte doch schon der Kommissär in Regensburg angeordnet.

„Der Schulze hat das Kommando über das Dorf und die Rechte der niederen Gerichtsbarkeit", erläuterte der Offizier.

Die Leute schwiegen. Daß einer das Sagen haben mußte, war klar. Und mit Gerichten wollten sie eh nichts zu tun haben.

„Nun zur Aufteilung des Dorfes."

Er holte einige Rollen aus seiner Satteltasche, sah sie sich kurz an und steckte sie bis auf eine wieder zurück. Die rollte er auf. Er wollte sie Vogt vom Pferd aus zeigen. Aber als sich das schlecht bewerkstelligen ließ, stieg er wieder vom Pferd. Die Zügel gab er dem Soldaten.

„Vor uns ist der alte Herrensitz. Die Familie von Avencron ist ausgestorben. Er und sein älterer Sohn gefallen, die Baronin und die beiden kleinen Kinder ermordet, von den Russen. Das Lehen fiel somit an den König als dem Kurfürsten von Brandenburg zurück. Hier der Platz, auf dem der Herrensitz war, bleibt zunächst unbebaut. Darauf wird später die Kirche errichtet werden und daneben die Schule.

„Eine richtige Schule, keine Winterschule wie bei uns?" fragte Ferdinand erstaunt.

„Eine Schule mit einem Lehrer", belehrte ihn der Offizier. „In Preußen gehen jeder Junge und jedes Mädchen zur Schule, bis sie vierzehn Jahre alt und konfirmiert sind."

Ferdi freute sich. Er war schon fünfzehn. Er brauchte also nicht mehr zur Schule zu gehen. Aber konfirmiert war er noch nicht.

„Der Lehrer, den das Dorf bekommen wird, wird aber auch die älteren Jungen prüfen, ob sie lesen, schreiben und rechnen können. Wer das nicht kann, muß auch zur Schule gehen. Kabinettsorder Seiner Majestät, des Königs in Preußen und Kurfürsten von Brandenburg: Es soll in Zukunft keinen männlichen Bewohner in Preußen geben, der nicht rechnen, schreiben und lesen kann."

Ferdinand wurde rot vor Verlegenheit.

„Vor allem rechnen hat jeder zu können, bis zum Einmaleins. Darauf legen Seine Majestät, der König, größten Wert."

Ferdi ärgerte sich. Hätte er doch bloß nicht nach dieser dummen Schule gefragt. Vielleicht hätten sie vergessen, in dieses kleine Dorf mit den paar Kindern extra einen Lehrer zu schicken. Doch nun war es zu spät. Jetzt vergaß es der Offizier bestimmt nicht mehr.

Rechnen konnte er nämlich nicht gut. Das hatten sie zu Hause kaum gelernt. Was ein Einmaleins sein sollte, das wußte er überhaupt nicht.

„Kommen wir zur Sache, Vogt."

Leutnant von Bissow sah wieder auf den Plan und hielt ihn so, daß auch der neue Dorfschulze hineinsehen konnte.

„Das sind die Schnitterhütten. Hier hatten die Gutsleute gewohnt. Ich schlage vor, Er sucht sich die besten davon heraus und verteilt sie an seine Leute. Hinter jeder Hütte ist ein Stück Land, das bis zum Fließ reicht."

Durch dieses Fließ waren sie gerade gegangen.

„Jeder richtet seine Hütte so her, daß er darin überwintern kann. Abdecken muß er sie mit seiner Plane. Im Winter kann er an der Netze Schilf schneiden zum Decken der Häuser."

Alles ist anders, dachte Ferdinand. Erst die Schule und jetzt Schilf für das Dach. Zu Hause hatte man Holzschindeln. Da kam kein Regen und kein Schnee durch. Aber durch Schilf kann doch das Wasser durchlaufen, vermutete er.

„Im Winter schlagen alle in ihrem Wald Bauholz. Damit kann jeder im nächsten Jahr ein festes Haus bauen. Hat Er einen Zimmermann bei sich?"

„Ja, ich bin Zimmermann," meldete sich Franz-Joseph Specht, den man gar nicht übersehen konnte, so sehr überragte er die anderen.

Der Leutnant sah zu dem Soldaten hinüber, der sein Pferd auf Halfter hielt.

„Ist auch ein Schmied unter euch?"

„Nein, es wollte kein Schmied mit uns kommen. Sie hatten alle genug Arbeit zu Hause. Ich meine, in unserer alten Heimat", antwortete Vogt und verschwieg dabei, welche Mühe er sich gegeben hatte, um einen jungen Schmied zum Mitfahren zu bewegen.

„Gut. Hier ist der Grenadier Wiezorke aus meiner Kompanie, ausgemustert und katholisch, aber sonst ein guter Soldat. Er war der Kompanieschmied und versteht sich auf Hufbeschlag und Wagenbau."

Ohne eine Antwort auf seinen Hinweis abzuwarten, kommandierte er: „Grenadier Wiezorke, Achtung!"
Der nahm sofort Haltung an: „Jawoll, Herr Leutnant!"
„Grenadier Wiezorke. Er ist ab sofort aus der preußischen Armee entlassen und wird der Schmied von Godtschen. Er hat allen Befehlen des Schulzen zu gehorchen. Richte er sich drüben die alte Gutsschmiede ein! Abgetreten!"
Von Bissow gab den Wiezorke nicht gern ab. Er hatte aber Order, die Kompanie aufzulösen. Man brauchte die Soldaten nicht mehr, nach dem Krieg. Er versuchte, seine Männer bei den Siedlern unterzubringen. Das war besser, als eine reine Soldatensiedlung zu gründen.
Wiezorke strahlte. Nicht mehr Soldat sein! Eine eigene Schmiede haben! Was könnte er sich besseres wünschen?
Vor sechs Jahren, mitten im Krieg, hatte man ihn zum Militär gepreßt, mit Schnaps und drei Talern, die mehr Blei als Silber enthielten.
Jetzt wurde er entlassen, und was besonders gut war: Man brauchte ihn, den Moritz Wiezorke.
Er würde nicht das Los vieler Soldaten teilen und als Landstreicher durch die Gegend ziehen müssen.
Doch etwas gab es, was ihm noch fehlte: eine Frau, eine Familie, einen Erben für die Schmiede.
Aber auch hierbei war er heute ein großes Stück weiter gekommen. Ein Dorfschmied ist ein geachteter Mann. Als Soldat hätte er nie eine Frau nehmen können. Und als Stromer hätte ihn keine gewollt.
Er hielt immer noch das Pferd am Zügel.
„Also, Leute, damit ist alles geregelt. Ich schicke Ihm in den nächsten Tagen den Feldmesser, der vermißt Euren Acker, dreißig Morgen pro Familie, und den Wald, zehn Morgen. Wiezorke bekommt zehn Morgen, aber dafür zwanzig Morgen Wald. Er braucht mehr Holz für seine Holzkohle."
Niemand sagte etwas.
„Ist eine Familie dabei mit schon erwachsenen Söhnen?"
„Nein", sagte Vogt, „mein Ferdinand ist fünfzehn. Er ist der Älteste von allen Kindern."
„Gut, Er ist der Schulze und hat schon einen fast erwachsenen Sohn. Er bekommt zehn Morgen Acker extra."

Er stieg wieder auf sein Pferd.

„Ehe ich es vergesse. Zur Getreideaussaat ist es zu spät. Aber für die Kartoffeln ist es noch früh genug. Ich schicke Ihm für seine Leute ein paar Sack Kartoffeln. Das Bestellen ist ganz einfach: Acker pflügen, kurz eggen, mit einem Spaten die Kartoffeln in Reihen setzen. Drei Fuß Reihenabstand, zwei Fuß Abstand innerhalb der Reihe. Später anhäufeln. Dann verhungert keiner von Seinen Leuten über den Winter."

Also würden sie wohl oder übel den Winter über diese Kartoffeln essen müssen. Und sie hatten keine alte Frau dabei, die sie erst einmal probieren lassen könnten.

Das mit den Abständen beim Setzen der Kartoffeln, das wußten sie ja schon.

„Hat er Rübensamen? Das Vieh muß ja auch etwas haben über den Winter. Wenn er sich beeilt, könnte es gerade noch klappen mit der Ernte." Friedrich von Bissow war als jüngerer Sohn auf dem väterlichen Gut aufgewachsen. Deshalb seine Kenntnisse von der Landwirtschaft und deshalb seine Profession als Offizier, weil Wilhelm, der Erstgeborene, der Erbe war.

„Nein, Herr Leutnant. Den haben wir nicht. Wohl Saatgetreide."

„Ich sagte ja schon, dafür ist es in diesem Jahr zu spät. Also, ich schicke Ihm auch noch einen Sack Rübensamen mit. Kann Er mit dem umgehen?"

Rüben hatten sie auch in Innfelden angebaut. Und Vogt sagte das.

„Ach ja, und dann noch die Pferde. Wir lösen gerade eine Schwadron auf. Die zugesagten Pferde bekommt dann Sein Dorf. Ein Gespann für jeden Siedler, eines für Wiezorke und ein Einzelpferd für Seinen Sohn. Aber es sind Militärpferde. Seine Leute werden sie erst an den Wagen gewöhnen müssen."

Wiezorke strahlte. Es wurde ja immer besser. Jetzt bekam er auch ein Gespann Pferde. Und Ferdinand war stolz. Ein eigenes Pferd. Das hätte er in Innfelden nie bekommen.

„In den nächsten Tagen werden ihm Bauern aus Guscht Ferkel, Küken und Gössel bringen. Im nächsten Jahr wird Sein Dorf Ferkel und Junggeflügel an andere, neue Siedler abgeben. Sie werden aus der Königlichen Kommissionskasse bezahlt. Nur mit dem Rindvieh wird es schwieriger. Er bekommt es später. Fürs erste haben Seine Leute ja Kühe."

Kühe, dachte Vogt, die hätten sie schon noch gebrauchen können.

Ihre Kühe gaben nach der langen Fahrt kaum noch Milch. Pferde waren da weniger wichtig. Sie hatten ja die Ochsen. Mit denen umzugehen waren sie gewohnt. Aber vielleicht würde man später mit den Pferden genausogut ackern können.

„Also dann, zum Gruße", verabschiedete sich der Reiter, legte die Rechte an seinen Dreispitz und galoppierte davon, weiter netzeaufwärts.

Später erfuhr man, daß er in Driesen, knapp zwei Meilen entfernt, stationiert und ein umsichtiger Helfer des Geheimen Finanzrates, des Grafen von Brenckenhoff war, der als königlicher Kommissar die gesamte Besiedlung der Brüche vom Oderbruch über das Warthebruch bis hinauf in das Netzebruch geleitet hat.

Der junge Offizier sollte den Siedlern in den nächsten Jahren ein fürsorglicher und sachkundiger Berater werden.

„Ehe wir die Hofstellen verteilen, holen wir erst einmal unsere Wagen ins Dorf. Unsere Frauen sollten auch ein Wort darüber mitreden, wo jeder wohnen soll."

So gingen alle wieder auf den Wald zu, auch Wiezorke, der Schmied, der seinen Ranzen irgendwo in der Schmiederuine abgelegt hatte und der ungefragt anpackte. Man merkte, arbeiten konnte der.

Als die Wagen langsam auf das Dorf zurollten, gingen Vogt und Wiezorke nebeneinander her. Vogt hielt dem Schmied eine Hand hin, ohne sein Ochsengespann aus den Augen zu lassen.

„Balthasar, mein Name, und wie heißt du?"

„Moritz! Moritz Wiezorke." Und fügte fast entschuldigend hinzu, daß er katholisch sei.

„Das hat der Leutnant schon gesagt, Joseph, uns stört es nicht. Wir haben zu Hause", er sagte immer noch zu Hause, „unter vielen Katholischen gelebt. Ärger hatten wir mit denen nie."

Ferdinand hatte die Gespanne vorbeiziehen lassen und sich auf den gleichen Findling gesetzt, auf dem er schon gesessen hatte.

Wie lange war das her? Zwei Stunden? Ein halber Tag? Er könnte es nicht sagen. Zu ereignisreich war der Tag gewesen, der jetzt zu Ende ging. Die lang gewordenen Schatten, die die hinter dem Wald langsam sinkende Sonne warf, zeigten ihm, daß es bald dunkel werden würde.

Zu viel war auf ihn eingestürmt an diesem Tag. Sie hatten ihr Ziel erreicht, woran am Morgen so recht niemand hatte glauben wollen. Ihre große Sorge, wie es losgehen würde in den ersten Tagen, war behoben. Sicher, alle Hütten waren abgebrannt, und zu klein waren sie auch. Aber man würde es richten können bis zum Winter.

Die Zusagen, die ihnen zu Hause gemacht worden waren, schienen alle erfüllt zu werden. Sie bekamen ihren Acker und ihren Wald. Und sogar er sollte zehn Morgen für sich bekommen, kaum weniger, als sein Großvater für die ganze Familie besaß.

Das war mehr, als man versprochen hatte.

Er sah den davonfahrenden Gespannen nach. Die Kühe hinter dem letzten Wagen liefen mit und ließen sich kein bißchen ziehen, als wüßten sie, daß der lange Weg nun zu Ende war.

Was Ferdi nicht wissen konnte: Auf den Tag genau einhundertachtundsiebzig Jahre und sechs Monate später, also mitten im Winter, würde auf genau diesem Findling, den niemand weggeräumt hatte, weil er sehr schwer war und eigentlich niemanden gestört hat, sein Nachfahre in der siebten Generation, fast genauso alt wie er jetzt, neben einem Gespann warten, das genau in der entgegengesetzten Richtung stehen würde, allerdings mit Pferden bespannt statt mit Ochsen.

Diesen Jungen nannten sie auch fast genauso wie ihn, nämlich Fredy. Tatsächlich aber hieß er Alfred.

29. Januar 1945

„Junge, wir müssen aufstehen, Pferde füttern. Es geht bald weiter“, weckte Lenk seinen Neffen.

Sie beide hatten auf dem Wagen geschlafen, über den Federbetten und eingekuschelt in die Decken, die sie reichlich mitgenommen hatten, angelehnt an die dicken Heuballen hinter ihnen. Struppi war zu ihnen auf den Wagen gesprungen und hatte dadurch sich selbst und den beiden zusätzlich Wärme verschafft. Die Pferde standen angeschirrt vor dem Wagen. Nur das Zaumzeug hatte Lenk ihnen gleich nach der Ankunft herausgenommen, als er die Tiere tränken wollte. Die dicken Pferdedecken hatte er mit ein paar Kälberstricken an dem Geschirr festgebunden, daß sie nicht von den Pferderücken herunterrutschen konnten.

Die Großmutter und Lene hatten, wie die meisten Frauen und Kinder, in der Wartehalle übernachtet. Auf dem Boden; eine Decke unter sich, zwei Decken über sich.

Lenk gab den Pferden mit einem Zinkeimer Wasser, das er aus dem Bahnhof geholt hatte, und füllte dann die Futterkrippe, die noch vom Abend an der Deichsel direkt vor den Tieren hing, mit Hafer. Sie hatten sie während der Nacht ganz leergefressen. Trotz der Kälte schienen sich die Pferde wohlzufühlen. Sie soffen und fraßen. Das war das wichtigste.

„Wenn die Frauensleute nicht kommen wollen, dann essen wir eben allein“, sagte Lenk, holte aus der Kiste, die zugleich als Sitz für den Kutscher diente, ein Brot heraus und ein Stück Speck, die in weiße Leinentücher eingewickelt waren. Dazu nahm er seinen Schneider, ein ganz besonders scharf geschliffenes und ziemlich langes Messer, das wegen seiner Schärfe von niemandem sonst benutzt werden durfte und das er in einer Lederscheide am Gürtel trug.

„Kaffee müßte auch noch da sein, wenn er nicht eingefroren ist“, meinte Lenk und schüttelte an der großen blauen Blechkanne. Man hörte nichts. Er öffnete den Deckel. „Das reine Eis. Wir hätten die Kanne den Frauen mitgeben sollen.“

„Ich gehe eben in den Bahnhof. Wo hast du das Wasser für die Pferde hergeholt?“

„Gleich neben der Schalterhalle ist ein Kran."

Fredy nahm die Kanne und ging zum Bahnhof. In der Tür begegnete ihm seine Tante.

„Das ganze Kreuz ist einem kaputt. Ich habe kaum geschlafen die Nacht. Und Mutter auch nicht." Lene dehnte sich und beugte ihren Rücken nach hinten.

„Nächste Nacht solltet Ihr auch auf dem Wagen schlafen. Platz ist genug, und weich ist es auch."

„Habt Ihr denn nicht gefroren? Es ist ja hier draußen noch kälter als drinnen im Bahnhof." Sie unterbrach sich. „Wären wir doch zu Hause geblieben. Wir erfrieren noch alle auf der Straße."

Fredy konnte dieses ewige *wären wir doch zu Hause geblieben* seiner Tante kaum noch hören.

„Komm erst mal zum Wagen. Wir wollen etwas essen."

„Ja, gleich. Ich muß erst Mutter Bescheid sagen."

Die Zeit verstrich.

Sie hätten weit länger schlafen können. Virus war zwar schon im Dämmerlicht losgefahren. Aber er war immer noch nicht zurückgekommen. Lenk hatte den Pferden inzwischen Heu in die Futterkrippe gegeben.

„Es wäre ein Fehler, sie mit reinem Hafer zu überfüttern. Sie bekommen sonst nur eine Kolik."

„Das ist auch wahr. Hermine, gib den Pferden nicht so viel Hafer. Und tue ihnen Heu rein", rief Großmutter Schmidtgen ihrer Schwiegertochter zu, die auch gerade dabei war, ihre Pferde zu füttern.

Schmidtgens hatten ihre Pferde ganz allein draußen gelassen und im Bahnhof geschlafen. Sie hatten Lenk gebeten, auf ihre Tiere zu achten. Das hatten Artur und Fredy auch getan, ehe sie einschliefen. Aber so allein hätte Lenk seinen Braunen und den Fuchs nie stehenlassen.

„Der Kutscher gehört zu seinem Pferd", hatte er schon immer gesagt, wenn ihn früher jemand hatte animieren wollen, nach einem guten Handel für ein Bier in ein Wirtshaus zu gehen.

Am Ende des Trecks entstand Unruhe.

„Ich gehe einmal hin und sehe nach", sagte Fredy und rannte los.

Er kam bald wieder zurück. „Gleich geht es los. Reihenfolge wie gestern. Die Straße nach Friedeberg ist frei, aber ziemlich glatt, hat Herr Virus gesagt. Und weiter fahren wir dann in Richtung Berlinchen, das wäre der kürzeste Weg zur Oder. Und dann hat er noch gesagt, wir sollten uns auf etwas ganz Schlimmes gefaßt machen. Aber was es ist, wollte er nicht sagen. Ihr werdet es schon gewahr werden, meinte er nur noch."

Fredy machte sich seine Gedanken. Ob da oben ein russischer Panzer liegt? Abgeschossen und ausgebrannt natürlich. Sollte tatsächlich ein einzelner Panzer - oder vielleicht auch ein paar, und die anderen haben wieder kehrtgemacht - durch die deutschen Linien gebrochen und bis hierher gekommen sein? Abgeschossen. Mit einer Panzerfaust. Die brennt sich mit ihrer Termitladung durch den Stahl.

Termit, das ist eine genau dosierte Mischung aus Eisenoxydpulver und Aluminiumpulver. Gut gemischt. Wenn die erst einmal brennt, mit Magnesium entzündet, dann entwickelt sie eine ungeheure Temperatur. Sie hatten einen solchen Versuch in der Schule im Chemieunterricht gemacht. Und das Ganze ging völlig lautlos. Deshalb hatte man von der Vernichtung der Panzer oben in Friedeberg nichts gehört. Und deshalb hörte man auch von der Front nichts mehr. Die deutschen Truppen verteidigten sich lautlos, mit Termitladungen.

Fredy durchlief bei diesen Gedanken ein Gefühl der Sicherheit, der Zuversicht.

Aber etwas begriff er doch nicht. Wenn sie von hier aus nach Altenfließ und dann nach Landsberg fahren würden, der Wegweiser stand vorn an der Kreuzung, dann wären es nur noch knapp fünfzig Kilometer nach Küstrin, zur Oder. Das wußte Fredy von den vielen Fahrten mit dem Auto, wenn ihn seine Eltern von Berlin nach Godtschen gebracht oder wieder von dort abgeholt hatten. Schon der Weg über Friedeberg-Bahnhof war ein Umweg gewesen, wenn man zur Oder wollte.

Und sollten bis da oben schon russische Panzer - nein, ein russischer Panzer - vorgedrungen sein, dann ist es doch erst recht dumm, dem entgegenzufahren. Es könnte da ja immer noch ein anderer versprengter Panzer herumkurven.

Aber er hatte es nicht gewagt, Major Virus danach zu fragen. Die anderen hatten es ja auch nicht getan.

„Junge, geh und suche zwei Hölzer, so einen Meter lang oder noch ein bißchen länger, und armdick. Wir werden die bald brauchen. Hinten am Güterbahnhof liegt Grubenholz. Da kannst du dir was suchen." Lenk holte seinen Neffen aus seinen Gedanken zurück in die rauhe Wirklichkeit.

Fredy verstand. Der Berg hoch nach Friedeberg, die Straße vereist, und der Wagen hatte, wie alle Ackerwagen, keine Bremse.

„Und hole für die da", Lenk zeigte auf Schmidtgens Wagen, „auch welche. Jürgen kann dir ja tragen helfen."

Liesel lief natürlich auch mit, und als sie, ziemlich schwer schleppend, zurückkamen, setzte sich der Treck schon in Bewegung.

Lenk warf die Hölzer auf seinen Wagen.

Struppi sprang unter den Wagen an die Stelle, die er gestern gefunden und für gut befunden hatte. Dort lief er so synchron mit dem Wagen, als wäre er angebunden. Wenn der Wagen anhielt, setzte er sich, fuhr er wieder an, stand er auf und lief ergeben weiter.

Eher, als man es vermutet hatte, brauchten sie die Hölzer. Kaum war man an der steileren Strecke der Straße angekommen, die, anders als die gestern befahrene Allee, nicht zwischen Linden oder Ahornbäumen verlief, sondern mit knorrigen alten Apfelbäumen bestanden war, da hielten die Wagen. Mit dem Holz, hinter die Hinterräder gelegt, konnte man die Pferde entlasten. Der Wagen blieb stehen und rollte nicht rückwärts.

Fredy ging nach vorne, um nachzusehen, warum der Treck schon wieder angehalten hatte; und natürlich kam Liesel mit. Eines von Virus Pferden war hingefallen. Virus schob ihm eine Decke unter die Hufe, rief ihm ein paar aufmunternde Worte zu, und das Pferd bekam wieder Halt, so daß es aufstehen konnte. Seine Lenden zitterten, sein Fell war schweißbedeckt.

Man legte ihm eine Decke über und wartete, bis es sich beruhigt hatte.

„Leute, ganz vorsichtig", rief Virus seinen Franzosen zu, „es geht nicht immer so gut ab wie eben."

Die Pferde hatten die Gefahr inzwischen erkannt, die von der glatten ansteigenden Straße ausging. Sie setzten ihre Hufe erst behutsam auf den Boden, so als prüften sie, ob sie wegrutschen würden, und dann erst drückten sie sich vorwärts.

Schon wieder ein Halt. Diesmal war es Schmidtgens Wagen. Auf dem Platz vor dem Bahnhof hatte Lenk Frau Schmidtgen aufgefordert, vor ihm zu fahren. So konnte er besser beobachten und eher eingreifen, wenn etwas schief gehen sollte.

Es war zwar kein Pferd gefallen; Hermines Tiere wollten einfach nicht mehr weitergehen. Jürgen hatte schon sein Holz von der Seite her unter ein Hinterrad geschoben. Fredy hatte Lenks Wagen gesichert.

„Nimm du die Zügel, Fredy, ich gehe nach vorn." Lenk warf seinem Neffen die Lederriemen zu.

„Artur", schrie Lene ganz aufgeregt, „der Junge ist noch nie mit zwei Pferden gefahren. Und jetzt hier, auf dieser glatten Straße", und sie setzte das fast schon Unvermeidliche hinzu: „Ach, wären wir doch bloß zu Hause geblieben."

„Laß mal, Tante Lene, ich mache das schon", beruhigte sie Fredy, dem das Herz bis zum Halse schlug. Er hätte nicht gewußt, was er machen sollte, wenn ein Pferd ins Rutschen kam. Aber so jammern wie seine Tante, das wollte er auch nicht.

„Lene, zieh das Holz weg, wenn der Wagen anfährt, und wirf es auf den Wagen." Lenk versuchte, seine Frau zu beruhigen. „Und wenn der Wagen wieder stehenbleibt, nimmst du das Holz und legst es einfach hinter das Hinterrad auf deiner Seite."

Es mußte eines der beiden Hinterräder sein, die man mit dem Holz blockierte. Legte man das Holz hinter ein Vorderrad, dann würde unweigerlich die Deichsel herumschlagen und das Pferd verletzen.

Lenk ließ sich von Hermine Schmidtgen, die auf dem Wagen saß, die Zügel herunterreichen, schnalzte leicht mit der Zunge, berührte behutsam mit den Zügeln die Rücken der Tiere, und sprach zu ihnen mit sanfter, fast einschläfernder Stimme wie zu Kindern: „Nun geht weiter. Es passiert überhaupt nichts."

Und siehe da, die Pferde strafften sich, drückten die Stollen in das Eis und zogen wieder an. Vorsichtig lenkte Lenk den Wagen etwas seitlich, so daß die Pferde nicht auf dem völlig glatt gewalzten Eisbelag zu laufen brauchten.

„Fahre genau hinter mir her, Fredy", rief er nach hinten, ohne sich umzudrehen.

Das wäre gar nicht nötig gewesen; Lenks Pferde schienen ein Gespür dafür zu haben, wo es sich leichter lief. Sie folgten genau dem vorherfahrenden Wagen.

Ein paarmal blieb der Treck noch stehen. Immer wurden die Wagen mit den Hölzern gesichert. Aber man kam nach oben auf die Höhe und durchfuhr Friedeberg. Eine Geisterstadt. Obwohl es schon später Vormittag war, sah man keinen Menschen. Kein Schornstein rauchte, keine Geräusche außer den Fahrgeräuschen der Gespanne. Nur ein einzelner Hund kläffte den Treck an, verzog sich dann aber in einen Garten, als er merkte, daß er nichts bewirken konnte.

Man hörte kein Schießen. Das beruhigte. Fredy versteigerte sich gedanklich immer mehr in seine Theorie von den durchgebrochenen und mit der Panzerfaust abgeschossenen Panzern. Er reicherte sie phantasievoll mehr und mehr an. Wenn er erst den ausgebrannten Panzer sehen würde, dann wüßte er bestimmt, daß er recht hatte.

Virus blieb an einer Straßengabelung stehen. Ein übereifriger Vaterlandsverteidiger hatte den Wegweiser mit ein paar Axtschlägen umgehauen, wohl in der Hoffnung, daß der Feind sich irritieren lassen und in die falsche Richtung fahren würde.

Virus kümmerte sich nicht um das am Boden liegende Anzeigenkreuz. Er kannte den Weg und ließ den ersten seiner Wagen in Richtung Berlinchen abbiegen.

„Weiter, Leute", sagte er.

Als sie die letzten Häuser hinter sich gelassen hatten, merkten sie, daß Wind aufkam, Ostwind, und leichter Schneefall einsetzte, feinkörniger, pulvriger, trockener Schnee, den der Wind allmählich in jede Ritze hineinwehte. Schlimmer als der Schnee gestern, der nur von Zeit zu Zeit von den Wagenplanen heruntergerutscht war. Nach kurzer Zeit schon lag selbst im Inneren der Wagen dünner, feiner Schneestaub.

Virus hatte sich mit seinem Motorrad an den Straßenrand neben einen Baum gestellt und munterte die Leute auf: „Wir müssen weiter, möglichst noch bis vor Berlinchen. Also keine Müdigkeit vorschützen."

Und dann sagte er noch etwas Unverständliches, Unheimliches: „Erschreckt nicht gleich, da hängen zwei in den Bäumen."

Kurze Zeit später sah man sie. Zuerst hätte man meinen können, irgend jemand hatte Vogelscheuchen in die Apfelbäume gehängt. Aber es waren keine Vogelscheuchen, die an einem Ast an zwei nebeneinanderstehenden Bäumen aufgehängt worden waren. Es waren Soldaten mit einem hölzernen Brett vor der Brust, das um den Hals gehängt war. Ich hänge hier, weil ich feige war.

Arme und Beine hingen wie bei Gliederpuppen herunter. Der Kopf seitlich verrenkt, die Haare, die Schultern und Teile des Rückens mit feinpulvrigem Schnee bestäubt. Ein paar Krähen waren durch die Wagen verscheucht worden. Sie hatten sich ein paar Meter abseits gesetzt und krächzten wegen der Störung. Sie ließen sich nicht gern von ihrem Futterplatz vertreiben.

Es mußte wohl so gewesen sein, daß die beiden ihre Schilder selbst vor ihrem Tode hatten beschreiben müssen; denn die Handschriften auf beiden Brettern waren verschieden.

„Man sollte sie herunternehmen. Man kann sie doch nicht von den Krähen auffressen lassen", sagte Fredy.

„Sieh nicht hin, Fredy," antwortete sein Onkel und fügte eine merkwürdige Entschuldigung an: „Ich habe keine Lust, hier auch noch zu hängen. Außerdem haben wir jetzt keine Zeit, sie unter die Erde zu bringen."

Das war also das Schlimme, auf das sie sich gefaßt machen sollten.

Fredys Theorie mit den abgeschossenen Panzern war völlig falsch gewesen. Aber der Tod der beiden in den Apfelbäumen hatte ihn so sehr erschüttert, daß er nur noch an sie, ihr Schicksal, die letzten Minuten in ihrem Leben, an ihren schrecklichen Tod denken mußte.

Er überlegte sich, ob die Angehörigen dieser Gehenkten, ihre Mütter oder ihre Frauen, wohl auch eine Nachricht bekämen, daß ihre Söhne oder ihre Männer für „Führer, Volk und Vaterland" gefallen seien, oder ob man ihnen mitteilen würde, daß sie wegen Fahnenflucht zum Tode verurteilt und hingerichtet worden seien, oder ob man eine bloße Vermißtenmeldung machen würde.

Wie ehrlich waren überhaupt solche Meldungen? Hatte er nicht gehört, daß Schwerverwundete, vor allem solche mit Bauchschüssen, schrecklich geschrien haben sollen, ehe sie starben. Hat man das den Angehörigen nach Hause mitgeteilt?

Er kannte aus der Verwandtschaft und aus der Nachbarschaft immer nur die beruhigende Mitteilung, daß die Gefallenen entweder sofort tot gewesen oder im Lazarett friedlich eingeschlafen seien, wobei ihr letzter Gedanke der Mutter oder der Frau oder der Braut gegolten habe.

Stimmte das denn? Oder wurde auch hier gelogen?

Er dachte daran, was wohl seiner Mutter amtlicherseits mitgeteilt würde, wenn er hier erfrieren oder verhungern oder irgendwie umgebracht würde. Von einem deutschen Hinrichtungskommando oder von den Russen, wenn er in Gefangenschaft geraten sollte. Er wußte, daß auch er - wie sein Onkel und die anderen - Angehöriger der Großdeutschen Wehrmacht war, als Volkssturmmann. Er trug ja auch noch die entsprechende Binde an seinem rechten Oberarm.

Sollte noch einmal eine Wehrmachtsstreife kommen, dann war es nur gut, daß er sein Gewehr heimlich auf den Wagen geschoben hatte und daß ihre sechs Panzerfäuste auf dem Wagen lagen. Unnützes Gewicht, hatte seine Großmutter mehr als einmal gesagt, aber auch Lenk hatte darauf bestanden, die Geschosse mitzunehmen. Wenn man sie kontrollieren würde, könnten sie zeigen, daß sie befehlsgemäß bereit waren, den Treck gegen die Feinde zu verteidigen.

Und wenn plötzlich die Russen kommen sollten? Auf sie schießen würde er nicht. Das wußte er, spätestens, als man ihm klar gemacht hatte, was für Geschosse er in seiner Manteltasche trug. Aber würde er Zeit genug haben, um das Gewehr beiseite zu schaffen, das Gewehr und die Patronen? Die Patronen, das müßte gehen. Die hätte er schnell in den Schnee geworfen. Aber das Gewehr? Es müßte doch auffallen, wenn er es aus dem Heu herauszuholen versucht.

Fredy sah noch einmal zurück zu den beiden Gehenkten. Die Krähen waren durch den rieselnden Schnee nur als grauschwarze Flecken auf dem Weiß zu erkennen.

Es waren die ersten Toten, die Fredy zu sehen bekam außer seinem Großvater. Aber den hatte man feierlich in seinem guten schwarzen Anzug, auf den man seine Ehrenzeichen vom Kriegerverein und die Silbermedaille als bestem Schützen des Regiments geheftet hatte, in der Scheune aufgebahrt, auf weißem Leinen liegend, den Kopf leicht aufgerichtet, so als schaute er durch seine geschlossenen Augen hindurch die Leidtragenden an. Später, ehe der Sarg zugenagelt wurde, nahm man die Silbermedaille wieder ab und gab sie Erich Vogt, Fredys Vater, als dem ältesten Sohn. Die Nadeln vom Kriegerverein ließ man stecken.

Virus kam mit seinem Motorrad vom Ende des Trecks zurück. Der Motor heulte immer wieder auf, wenn das Hinterrad durchdrehte und seitlich wegrutschte. Virus ließ die Stiefel auf dem Schnee mitschleifen, um das Krad halten zu können. „Ab dem Tierarzt fehlen alle Wagen“, schrie er, den knatternden Motor übertönend, „wissen Sie, wo die abgeblieben sind?“

Lenk zuckte mit den Schultern: „Nichts gesehen, Herr Virus. In Friedeberg-Bahnhof waren sie noch alle da."

„Der halbe Treck, nein, mehr als der halbe Treck fehlt."

„Lassen Sie uns doch kurz halten; die Pferde sollten auch mal ruhen. Dann kann einer mit Ihrem Motorrad zurückfahren und sehen, was los ist."

„Halten geht nicht. Wir müssen weiter. Wenn möglich bis nach Berlinchen." Er sah zurück, so als könne er den fehlenden Teil des Trecks herbeifixieren. „Ich schicke unseren Gefreiten zurück. Der soll einmal sehen."

Er wollte schon zu dem Wagen fahren, an dem er den Gefreiten Wagner vermutete. Aber er überlegte es sich anders und wollte doch lieber selbst fahren. Sonst hängen sie den Gefreiten auch noch auf, wenn er ohne Marschbefehl durch die Gegend fährt.

Der Treck rollte weiter, Virus verschwand hinter einer Schneewolke, die sein Motorrad aufwarf, und fuhr den Weg zurück nach Friedeberg, den sie gekommen waren.

Oder noch weiter.

29. Januar 1945

Es geschah von einem Moment zum anderen. Helmkes Kuh, die neben einen Ochsen gespannt war, brach zusammen. Helmke versuchte, sie mit der Peitsche zum Aufstehen zu bewegen, aber sie sah ihn nur mit solchen traurigen, treu ergebenen, hilflosen Augen an, daß er die Peitsche wieder sinken ließ. Die Kuh klagte nicht, sie lag einfach nur da, halb auf dem Bauch, halb auf der rechten Seite, das Zugbrett vor der Stirn zwang ihren Kopf in die Höhe.

„Lassen Sie mal sehen, Helmke." Dr. Hollander, der vor ihm gefahren war, hatte wohl gefühlt, daß da etwas nicht stimmen konnte, und war zurückgekommen. Zu Fuß. Seine schwarze, abgegriffene Arzttasche, ohne die man ihn überhaupt nicht kannte, trug er bei sich.

„Schirren Sie das Tier erst einmal aus, und dann müssen wir es ganz auf die Seite legen. Haben Sie eine Decke bei sich?"

Beflissen tat Helmke, was der Tierarzt ihm sagte, wie früher als Junge in der Schule, wenn er einen Auftrag des Lehrers ausführen sollte. Dabei war er schon über ein halbes Jahrhundert aus der Schule raus.

Dr. Hollander hatte etwas Bestimmendes, daß niemand an Widerspruch auch nur dachte. Und Hollander konnte etwas! Wie viele Tiere, Rinder und vor allem Pferde, hatte er wieder gesund bekommen, wenn es schon hoffnungslos schien. Man war froh, daß man einen Tierarzt im Dorfe hatte. Ein Arzt für die Menschen war da nicht so wichtig. Und wenn es ganz schlimm kam, half Dr. Hollander auch einem kranken Menschen.

„Da haben wir die Bescherung, die linke Vorderhand ist gebrochen." Das freilich konnte jeder schon sehen, als sie das Rind auf die Seite gelegt hatten.

Der Tierarzt nahm sein Stethoskop aus der Arzttasche, steckte die Hörmuscheln unter seiner Fellmütze in die Ohren und hielt den kleinen Gummitrichter an den Hals des Tieres. Er schüttelte den Kopf: „Ich glaube, die Kuh ist nicht weggerutscht auf dem Eis und dadurch gefallen, Helmke. Sie hatte einen Kreislaufkollaps, überlastet, total überlastet. Da ist sie gestürzt, und dabei hat sie sich noch dazu das Bein gebrochen."

„Was sollen wir denn machen?" fragte Helmke, obwohl er wußte, daß man einer Kuh genau wie einem Pferd das Bein nicht schienen kann. Die Tiere würden immer wieder versuchen, sich hinzustellen. Und das hielte der beste Gips nicht aus.

„Erschießen. Aber wenn Sie wollen, kann ich ihr auch eine Spritze geben. Das kommt auf dasselbe heraus."

„Machen Sie es, Doktor. Wenn wir hier schießen, werden die anderen Tiere unnütz unruhig, und es stürzt uns noch ein Tier", meinte einer der Umstehenden. Helmke sagte überhaupt nichts. Er stand nur reglos, teilnahmslos da.

Dr. Hollander kniete sich neben die Kuh in den Schnee, nahm eine Spritze aus der Tasche, setzte eine Nadel auf, erstaunlich, wie sicher er das trotz der vor Kälte blauen Hände machte, zog aus einer Flasche die Flüssigkeit in die Spritze, fühlte kurz nach der Schlagader der Kuh, schob die Nadel unter die Haut, zog den Kolben ein wenig heraus, in der gläsernen Spritze färbte sich die Flüssigkeit rot, und drückte dann den Kolben der Spritze gleichmäßig hinunter. Er wartete einen Augenblick, zog die Nadel wieder heraus und massierte mit den Fingern die Einstichstelle.

„Gleich ist es vorbei. Das Tier wird nichts merken, einfach einschlafen", sagte er und legte sein Besteck wieder in seine Tasche zurück.

Alle standen und warteten.

Nach weniger als einer Minute schlug die Kuh mit ihren Hinterbeinen. Dann sackte sie in sich zusammen. Ihr Kopf fiel hinunter.

„Sie hat es überstanden. Räumt sie zur Seite." Dr. Hollander stand wieder auf.

Man spannte ein Pferd aus, schlang ein Seil um die Hörner der Kuh, zog es fest und knotete es an den Schwengel des Pferdegeschirrs. Das Pferd zog an und zerrte die Kuh an den Straßenrand.

„Das genügt so. Sonst stolpert das Pferd in den Straßengraben unter dem Schnee und bricht sich selbst noch ein Bein. Man kommt ja jetzt vorbei auf der Straße."

Der vordere Teil des Trecks war längst verschwunden.

Niemand hatte daran gedacht, der Spitze des Trecks Bescheid zu geben, und niemand schien das zu bedauern. Es bestand auch gar keine Frage darüber, ob man den anderen folgen sollte. Im Gegenteil.

Ohne etwas abzusprechen, begann der letzte der Kolonne mit dem Wenden. Das war gar nicht so einfach. Die Straße war nicht so sonderlich breit, und niemand wollte seinen Wagen in den Straßengraben stürzen lassen, den man gar nicht erkennen konnte, weil er vollgeweht war. Man mußte die Pferde mehrfach vor- und zurückstoßen lassen. Die paar Männer, die noch dabei waren, alle weit über sechzig, halfen dabei und griffen in die Speichen, so gut es ging. Der erste Wagen stand also wieder mit der Deichsel in Richtung Friedeberg-Bahnhof.

So ging es weiter. Soweit bislang Frauen die Gespanne hatten lenken müssen, übernahmen die Männer die Zügel zum Wenden.

Schließlich standen nur noch Helmkes Wagen und davor der des Tierarztes in der verkehrten Richtung.

„Spann den Ochsen aus, wir nehmen zwei Pferde. Mit dem Ochsen bekommst du den Wagen nie herum." Und so wurde auch dessen Wagen gedreht.

Blieb nur noch Dr. Hollander. Aber das war kein Problem, sein Einspänner war kürzer und darum beweglicher. Ohne Hilfe wendete er, und mancher staunte, wie geschickt der Arzt mit seinem Pferd umgehen konnte.

Der Zug setzte sich in Bewegung. Helmke hatte es jetzt noch schwerer. Er mußte an Stelle der Kuh neben der Deichsel einhergehen und den lange Baum immer wieder in die richtige Richtung schieben oder ziehen. Außerdem drohte ihm sein Wagen in die Hacken zu rollen, weil es bergab ging. Der Ochse hatte wegen seines einfachen Zuggeschirrs keine Möglichkeit wie die Pferde, den Wagen zurückzuhalten.

Der Tierarzt, der jetzt als letzter direkt hinter dem Ochsenfuhrwerk fuhr, erkannte die Gefahr und ließ die letzten Wagen noch einmal halten. Sie bauten eine primitive Bremse, bei der ein Holz von Hand als Hebel auf den linken Radkranz gepreßt werden konnte. Ein zweiter mußte jetzt zusätzlich neben dem Gefährt einhergehen.

„So müßte es gehen. Wenn wir erst unten sind, kommt ja kein Gefälle mehr", sagte einer.

Sie bogen nicht ab zum Bahnhofsgebäude Friedeberg, wo sie übernachtet hatten. Aber der Treck hatte haltgemacht. Kurz vor der Kreuzung. Dr. Hollander sah, wie sich vorn einige Männer stritten. Er ging hin.

„Und ich sage dir, die einzige Möglichkeit, dem Russen zu entkommen, ist sofort von hier aus in Richtung Landsberg zu fahren."

„Kennst du den Weg?" fragte ein anderer, „das sind reine Feldwege von hier nach Zantoch. Erst dann kommt eine richtige Straße. Kaum bei Sommerwetter zu finden. Jetzt verfährst du dich garantiert. Du kannst ja kaum sehen, wo der Weg entlang geht. Dann stehst du womöglich mitten auf einem Feld und kommst nicht vor und nicht zurück."

„Dann lade ich eben die Hälfte ab. Ich will den Russen nicht in die Hände fallen. Und wenn ich euch raten kann, kommt mit mir."

Jetzt sah Dr. Hollander erst, wer für die Abkürzung nach Landsberg über Zantoch war: Hermann Adler, dessen Hof schräg gegenüber von seiner Praxis lag. Ein alter, besonnener Mann. Er hatte vier Frauen auf dem Wagen, seine eigene, seine beiden Töchter und seine Schwiegertochter. Das war wohl mit ein Grund, daß er den kürzesten Weg nach Westen suchte. Jeder hatte schließlich gehört, daß die Frauen am meisten zu leiden haben würden unter den Russen.

„Wir wollen dich nicht zwingen, Hermann, beim Treck zu bleiben. Du mußt wissen, was du tust." Auch Dr. Hollander war skeptisch, zumal die Dämmerung langsam hereinbrach. „Komm mit uns bis zur Gabelung vor Guscht, dann kann jeder für sich entscheiden, ob wir zurück nach Godtschen fahren wollen oder auf der Chaussee nach Landsberg.

„Aber das sind mindestens zwanzig Kilometer Umweg, praktisch ein Tag, und der kann entscheidend sein."

Und dann sein letztes Argument: „Ihr müßtet zweimal über die Netze. Wer garantiert euch, daß die Brücken, unsere hier und die bei Zantoch, nicht gesprengt sind? Wie wollt Ihr dann weiterkommen?"

Adler bog also nach rechts ab. Sofort versanken seine Pferde und der Wagen kniehoch im Schnee.

Sein Entschluß, über die Felder zu fahren, war ein Fehler. Ein tödlicher Fehler. Eine Polikarpow sah am nächsten Morgen das Fuhrwerk, das mitten auf freiem Gelände von der Nacht überrascht worden war, und feuerte mit dem Maschinengewehr auf Wagen und Pferde. Andere haben sie erst viel später gefunden. Die Pferde lagen vor dem ausgebrannten Wagen. Man konnte nicht mehr sagen, ob die Verletzungen von den Geschossen stammten oder von den Krähen gerissen waren. Eine Frau, eine von Adlers Töchtern, hatte es geschafft, noch vom Wagen herunterzukommen. Sie lag gut zwanzig Meter entfernt. An den ovalen Messingschildern, die die Pferde am Geschirr trugen mit der Gravierung „Hermann Adler" - eine Marotte des Alten - konnte man erkennen, daß es tatsächlich Adlers Wagen sein mußte. Die Menschen auf dem Wagen waren so verkohlt und verstümmelt, daß man sie nicht mehr hatte identifizieren können.

Die anderen fuhren weiter, in die beginnende Dämmerung hinein. Jeder mochte an Hermann Adler denken und grübeln, ob er oder ob sie richtig entschieden hatten.

Die Brücke über die Netze war noch nicht gesprengt worden. Die Kabel hingen immer noch, wie gestern, an dem Geländer und verschwanden südlich der Brücke im Neuschnee. Man sah nichts davon, wo die Sprengung gezündet werden sollte. Die Kabelenden blieben unsichtbar.

Es war auch kein Soldat zu sehen, der die Sprengung hätte durchführen können.

Die Dämmerung war bereits eingebrochen, als sie an die Kreuzung auf ihre Chaussee kamen, die entlang der Bahnlinie nach links wieder zurück nach Godtschen führte und nach rechts über Guscht und dann über die Brücke bei Zantoch nach Landsberg ging.

Und außerdem bestand dann noch ein paar Kilometer hinter Guscht die Möglichkeit, weiter auf der Straße parallel zur Eisenbahnlinie zu bleiben und nach Schwerin zu fahren.

Wieder standen sie vor einer Entscheidung. Zurück nach Godtschen bedeutete, sich den Russen auf Gedeih und Verderben auszuliefern; denn das war allen klar, dorthin würden die Russen kommen, wenn sie nicht schon da waren.

Die Frauen gaben den Ausschlag. Sie waren es, die wieder nach Hause wollten.

„Vielleicht sind sie gar nicht so schlimm."

„Was sollen sie uns schon tun? Wir haben unsere Gefangenen immer gut behandelt."

„Zu Hause sterben ist immer noch besser, als auf der Straße zu erfrieren."

So machten sie sich gegenseitig Mut, den Mut der Verzweiflung. Aber das merkten sie jetzt im Augenblick der Entscheidung nicht. Schließlich waren sie doch vor gut vierundzwanzig Stunden alle losgefahren in der Überzeugung oder zumindest mit dem Funken Hoffnung, vor dem Russen fliehen zu können.

Nur Elfriede Meiser war entschieden gegen eine Rückkehr nach Godtschen. Sie hatte von ihrem Mann zu viel über die Russen gehört und ihre Greueltaten und wußte auch, wie schlimm sich auch die deutschen Soldaten, vor allem die SS, gegenüber den Russen verhalten hatten. Ihr Mann hatte erst beim letzten Urlaub davon gesprochen, daß deutsche Spezialeinheiten hinter der Front die Partisanen und die, die sie angeblich unterstützt hatten, mit Genickschuß erschossen oder erhängt hatten.

„Dabei hatten uns die Leute in der Ukraine als Befreier begrüßt, als wir einundvierzig dort einrückten", hatte ihr Mann gesagt.

Wie dumm waren die Verantwortlichen doch gewesen, die aus Freunden erbitterte Feinde gemacht hatten, die dann voller Haß und Verzweiflung, oft als letzte Rettung, Partisanen wurden und in die Wälder gingen!

Elfriede Meiser hatte mit niemandem darüber gesprochen. Aber sie wußte, daß sie alle der grausamen Rache der Russen ausgeliefert würden, wenn sie ihnen in die Hände fallen.

Sie hatte vier Kinder, Herbert, den ältesten, und drei Töchter. Denen mußte sie ein solches Schicksal ersparen. So oder so.

„Ich hätte schon mit Hermann Adler mitfahren sollen. Dazu ist es jetzt zu spät. Aber den Russen direkt entgegenfahren? Nein, lieber erfriere ich mit meinen Kindern auf der Landstraße."

Aber sie glaubte nicht, daß es dazu kommen würde. Die letzte Nacht war doch gar nicht so schlimm. Sie hatte als eine der wenigen Frauen auf dem Wagen geschlafen, zusammen mit ihren Kindern.

Niemand sagte etwas. Vielmehr schauten die, die sie gehört hatten, betreten, unsicher, unentschlossen um sich.

„Ich weiß, was auf uns zukommt, wenn wir den Russen in die Hände fallen. Die wollen sich rächen an uns", sie unterbrach sich. Hatte sie schon zuviel gesagt? „Und wenn keiner von euch mitkommt, ich fahre. Macht Platz, ich will weg hier."

Sie lenkte ihre Pferde aus der Spur heraus um den davorstehenden Wagen, fuhr an vier, fünf Gespannen vorbei auf die Straßengabelung zu und bog dann nach rechts ab in Richtung Guscht.

Sie kam an jenem Abend noch bis Alt-Lipke, ein Dorf hinter Guscht. Der Ort war dunkel und leer, menschenleer. Ein paar Katzen liefen über die Straße; hier und dort bellte ein Hund. Mitten im Dorf brachte sie die Pferde in einen Stall, versorgte die Tiere ordentlich, Futter war genug vorhanden, und ließ Herbert, ihren vierzehnjährigen Sohn, Holz holen und einheizen.

Es war alles ganz normal. Sogar das elektrische Licht brannte, als sie den Schalter betätigten. Trude, die älteste ihrer drei Mädchen, sollte Kartoffeln abkochen, daß sie nachher essen könnten.

Elfriede Meiser ging derweil in den Kuhstall. Als es dort hell wurde und die Kühe merkten, daß da jemand kam, fingen sie an zu brüllen. Sie standen schon den zweiten Tag ohne Futter und, was noch viel schlimmer ist, ohne gemolken zu sein. Die beiden Kälber, die lose zwischen den Kühen herumliefen und sich jetzt ängstlich in einer Ecke zusammendrängten, hatten wohl gar nicht soviel an den Eutern saugen können, wie notwendig gewesen wäre, um die Kühe von dem Druck der Milch zu befreien. Und vielleicht gingen sie auch nur zu ihren Müttern zum Saugen. Elfriede wußte es nicht.

Die Frau warf den Kühen Heu in die Raufen, nahm sich einen Melkschemel und einen Eimer und fing an, eine Kuh auszumelken. Sie war drauf und dran, alle sieben Kühe zu melken, nicht, weil sie soviel Milch haben wollte, sondern aus jahrelanger Gewohnheit und wohl auch, weil sie die Not der Kühe erkannte.

Aber das ging nicht. Schließlich hatte sie die Kinder im Hause, in einem fremden Haus.

Die Überraschung war perfekt. Ihre Älteste hatte nicht nur die Kartoffeln gekocht, sondern auch ein paar Scheiben Speck gebraten, der durch das ganze Haus duftete.

„Kinder, wir lassen uns nicht unterkriegen", sagte sie, als alle satt waren. „Jetzt legen wir uns schlafen. Wer zuerst munter ist, füttert die Pferde. Und dann geht es so schnell als möglich weiter."

Am nächsten Morgen hörte man wieder das Schießen. Aber das war anders als in der Woche davor. Kein dunkles, grollendes Rollen, Man glaubte vielmehr, Abschuß und Einschlag von Granaten unterscheiden zu können.

„Eindeutig von Norden, Mutter", stellte Herbert fest. „Wir sollten nicht noch einmal über den Fluß fahren."

Das hätten sie ja tun müssen, wenn sie über Landsberg fahren wollten.

„Da oben sind die Russen. Vielleicht beschießen sie gerade unseren Treck."

„Meinst du nicht, daß das Schießen noch weiter entfernt ist, Herbert?" fragte eines der Mädchen.

„Keine Ahnung. Ich meine aber, wir sollten keinesfalls auf das Schießen zufahren. Ich bin für Schwerin."

Der Meinung waren alle fünf.

Sie fuhren weiter auf der Chaussee, die über eine lange Strecke neben der Bahnlinie einherlief - genau genommen war damals die Bahntrasse neben die Straße gelegt worden - und ließen die Abzweigung nach Zantoch rechts liegen, die sie über die Netzebrücke nach Landsberg geführt hätte.

Richtung Schwerin. Das war das einzig Richtige.

Links neben ihnen hinter der Bahnstrecke die endlos scheinenden Kiefernwälder. Einmal ratterte ein Flugzeug, das ziemlich dicht über den Baumkronen flog, über sie hinweg. Ein schwerfälliger Doppeldekker war es, man konnte die beiden Piloten in der offenen Kanzel sitzen sehen, hintereinander, und die dicken roten Sterne unter den Flügeln. Halb verdeckt durch die Chausseebäume flog er Richtung Norden.

„Er hat uns gottseidank nicht gesehen", sagte Herbert und zog jetzt viel zu spät den Kopf ein, als wenn das etwas genützt hätte. „Die Bäume nahmen ihm die Sicht. Sonst hätte er bestimmt umgedreht und auf uns geschossen."

„War das wirklich ein Russe, Herbert?" fragte eine seiner Schwestern, und die anderen beiden echoten die gleiche Frage.

„Natürlich. Der rote Stern. Und glaubt ihr, wir Deutschen hätten solche uralten Flugzeuge, die sich anhören wie eine alte Nähmaschine?"

Was Herbert nicht wissen konnte und erst zwei Monate später in der letzten Stunde seines Lebens erfahren sollte: Es war eine Polikarpow, von den Landsern gefürchtet wie kaum ein anderes Flugzeug. Nach unten stark gepanzert, daß man ihr mit Handfeuerwaffen überhaupt nichts anhaben konnte.

Und wann hatten die Landser in Rußland schon eine Zweizentimeterflack zur Hand?

Die Polikarpows schossen mit ihren beiden vorderen Maschinengewehren auf alles, was sich unten bewegte, trugen meist ein paar fünfzig-Kilo-Bomben unter ihrem Rumpf, und die Piloten warfen sogar

Handgranaten und Stahlpfeile. Einfach per Hand über Bord. Das dritte Maschinengewehr bediente der Beobachter, der hinter dem Piloten saß. Damit konnte er aber nur nach oben schießen, zur Abwehr angreifender Flugzeuge.

Zu der Zeit wußte Herbert noch nichts von dem großen Respekt, den die Landser dieser Maschine zollten. Nur in einem hatte er recht: Wegen des stakkatohaften Ratterns ihres luftgekühlten Sternmotors nannten die Deutschen dieses Flugzeug tatsächlich Stalins Nähmaschine.

Einen Nachteil hatten die Maschinen: Die Piloten konnten zwar ganz gut seitlich über die Bordwand, jedoch nur schlecht direkt vor sich nach unten sehen. Daran hinderte sie der unförmige Motor. Das hatte manchem Landser und vielleicht eben auch Meisers das Lebens gerettet.

Kurze Zeit später hörte man das durchdringende harte Tack-Tack russischer Maschinengewehre. Herbert meinte auch, einen Explosionsknall vernommen zu haben.

Die Maschine kam nicht wieder zu ihnen zurück.

Am späten Mittag waren sie in Schwerin. Der Ort war noch nicht evakuiert. Die Leute liefen vermummt und mit schwerem Gepäck alle in eine Richtung. Manche schleppten ihre Koffer, andere hatten sie auf Schlitten, Kinderwagen, Handkarren gepackt. Ihr Ziel war der Bahnhof. Der mußte da sein, wo eine grauschwarze Wolke aufstieg, die eine Lokomotive ausstieß.

Elfriede Meiser schickte ihren Sohn, sich nach der Lage zu erkunden. Sie wollten von hier in Richtung Küstrin fahren. Das hatten sie sich unterwegs überlegt.

Diese Straße südlich der Warthe kannte sie. Sie war hier lange vor dem Krieg mit ihrem Mann, als sie noch verlobt waren, mit dem Fahrrad langgefahren. Drei Tage mit zwei Übernachtungen, die erste in Sonnenburg, die zweite auf der Rückfahrt in Landsberg. Das hatte damals gewaltigen Ärger mit ihren Eltern gegeben.

Aber das ist lange her. Im Sommer Neunundzwanzig muß es gewesen sein. Im Jahr darauf hatten sie geheiratet.

Die Frau nahm die Futterkrippe und schüttete den Pferden Hafer hinein.

Die Tiere fraßen noch, und die Mädchen aßen ihre Stulle zu der kalten Milch, als Herbert schon zurückkam.

„Küstrin geht nicht. Da soll der Russe schon sein. Von Norden durchgebrochen."

„Wer sagt das?" fragte seine Mutter.

„Ein Feldwebel am Bahnhof. Ich soll aber nicht darüber reden. Es geht nur über die Berge Richtung Meseritz, Schwiebus und in Krossen über die Oder. Und wir sollen uns beeilen. Wir können aber auch mit dem Zug fahren. Der geht über Frankfurt. Doch dann müßten wir natürlich den Wagen und die Pferde stehenlassen."

Das wollte keiner. Trotzdem, es war etwas Unheimliches, Beängstigendes, so mutterseelenallein über Schwiebus und Krossen zu fahren! Das kannten sie nicht und das hörte sich so fremd und so unendlich weit an. Bis Meseritz war Elfriede einmal mit dem Zug gekommen. Das war aber auch das äußerste. Die Straße dorthin kannte sie nicht.

Und nun noch viel weiter darüberhinaus?

„Wenn wir doch nur eine Karte hätten, Herbert, dann wüßte man wenigstens, wo das alles liegt", klagte die Mutter.

„Das weiß ich von der Schule, Mutter. Heimatkunde. Da hatten wir eine große Karte von der Neumark und der Grenzmark. Also, Meseritz liegt etwa fünfzehn Kilometer weiter südlich. Schwiebus noch einmal zwanzig Kilometer weiter. Alles runde Zahlen. Bis dahin ist es hügelig. Und dann noch einmal ungefähr fünfzig Kilometer, dann sind wir in Krossen, das liegt an der Oder. Von Schwiebus aus geht es wieder bergab."

„So weit, Junge! Das sind ja mehr als hundert Kilometer. Doppelt so weit wie bis nach Küstrin."

„Hundert Kilometer wohl nicht. Aber weiter als bis Küstrin in jedem Fall. Aber hör einmal, Mutter. Das Schießen ist wieder leiser geworden. Hier unten sind noch keine Russen. Da hält unsere Front noch. Das hat auch der Feldwebel gesagt. Der mußte es wissen, der hatte das EK Eins, das Deutsche Kreuz, das silberne Verwundetenabzeichen und noch ein paar Orden. So viele konnte man sich gar nicht so schnell merken."

„Und der meint, das schaffen wir?"

„Er sagte, er würde lieber mit uns kommen. Das wäre sicherer als mit dem Zug, weil der Russe jetzt immer mit Jabos angreift. Besonders Züge. Der kennt die Bahnlinien ganz genau. Die Straße dagegen geht fast immer durch Wald. Da sieht man uns nicht so schnell. Du hast es ja heute vormittag selbst erlebt."

Das letzte mit der größeren Sicherheit auf der Straße hatte er von sich aus hinzugefügt. So gesprächig war der Feldwebel gar nicht gewesen.

„Was sind denn Jabos, Herbert?“ fragte eine der Schwestern.

„Jagdbomber. Vielleicht auch diese Mühle, die wir heute früh gesehen hatten. Aber der Feldwebel darf nicht mit uns kommen. Er muß mit dem Zug fahren. Befehl!“

Sie kamen am gleichen Tag noch bis Meseritz und wußten nicht, daß einhundertneunundsiebzig Jahre vorher ein Treck durch genau diese Stadt und genau auf der Route, die sie nahmen, gefahren war. Nur in entgegengesetzter Richtung. Und ihre Vorfahren waren auch dabei. Ein Ernst Milling mit seiner Frau und drei Kindern.

Die Schwiegermutter von Elfriede Meiser war eine geborene Milling.

In der Stadt war kaum noch Bevölkerung. Kein Wunder. Der Zug nach Frankfurt hatte ihren Wagen vor Stunden überholt. Er war rechts von ihnen vorbeigefahren, als sie gerade über eine unbewaldete Hochebene fuhren. Sicher hatte er später auch noch Leute aus Meseritz mitgenommen. Oder es war ein anderer Zug gefahren.

Es war ein Militärtransport. Militärlastwagen, ein paar Geschütze und sogar ein Panzer waren auf den offenen Waggons des Zuges verladen. Wer in den Personenwagen saß, konnte man natürlich nicht erkennen. Es sah recht friedlich und gar nicht nach einer überstürzten Flucht aus.

Ein beruhigender Anblick.

In Meseritz war noch Militär, und es war schwieriger, einen Stall für die Pferde zu bekommen. Doch die Soldaten wußten Rat und führten sie zu einem Schuppen, in dem die Pferde untergestellt werden konnten. Man nächtigte in einem fremden Haus, ebenso wie in Guscht; nur gab es diesmal keine Milch.

„Wißt Ihr übrigens, was heute für ein Tag ist?“ fragte Herbert.

„Was soll schon sein, ich glaube Dienstag. Ja, Sonntag sind wir ja weg von Godtschen.“

„Sind das wirklich nur erst zwei Tage“, wunderte sich die Mutter, „mir kommt es schon wie eine Ewigkeit vor, seit wir Godtschen verlassen mußten.“

„Heute ist der dreißigste Januar. Der Führer ist genau zwölf Jahre Reichskanzler.“

„Sag das nicht so laut, Herbert. Vielleicht wäre es besser gewesen, er wäre damals nicht Reichskanzler geworden. Dann hätten wir wenigstens noch unsere Heimat. Und wo unser Vater ist, das wissen wir auch nicht."

Sie selbst sollte auch vorsichtiger mit ihren Bemerkungen sein. Schließlich kamen sie immer weiter in ein Gebiet, in denen die Deutsche Wehrmacht und damit die Partei zur Zeit noch Herr der Lage waren.

Meisers durchfuhren am nächsten Tag Schwiebus und übernachteten in Rentschen, das noch völlig bewohnt war. Eine Bauersfrau hatte sie aufgenommen. Es gab auch wieder Milch für die Kinder. Einen Tag später machten sie eine Gewalttour und überquerten vor Krossen die Oder und am gleichen Tag auch noch die Bober.

Es war schon fast dunkel, als sie in Braschen halt machten. Hier schien noch niemand zu glauben, daß man überhaupt fliehen müßte. Der alte Bauer, bei dem sie diesmal Unterkunft fanden, wollte sie überreden, doch zu bleiben. Sie ruhten sich aber nur einen Tag aus, die Pferde hatten das verdient, und machten sich dann wieder auf den Weg, um bei Guben die Neiße zu überqueren, jenen Fluß, der wenige Monate später Geschichte machen sollte.

Herbert half die Flucht wenig. Anfang April wurde er zur Großdeutschen Wehrmacht eingezogen, die wohl zu jener Zeit nur noch über wenige und noch dazu wenig intakte Divisionen verfügte, die mit Kindern aufgefüllt waren, wie er es war, unerfahren, unausgebildet. Er lag in seiner Militäruniform, die viel zu groß für ihn war, vor Neuenhagen, östlich von Berlin, in Stellung, direkt hinter der Trasse der Reichsautobahn, dem kurz vor dem Kriege fertiggestellten Teil um Berlin.

Das letzte, was Herbert Meiser hörte, war ein nähmaschinenartiges Geräusch in der Luft, das ihn an irgendetwas erinnerte, er wußte nur nicht, an was, und den Ruf: „Junge, eine Polikarpow, zieh den Kopf ein." Er verspürte einen Schlag am Körper und dann nichts mehr.

Ein Landser sagte, als man ihn hastig an der Stelle, an der er gestorben war, begrub: „Der war doch mal gerade vierzehn Jahre alt. Ein Verbrechen."

„Recht hast du," sagte der andere, „aber sag das nicht so laut. Es gibt immer noch braune Ohren."

29. Januar 1945

„Im nächsten Dorf übernachten wir." Wagner, der Gefreite, stand am Straßenrand, eine Pfeife zwischen den Zähnen, und rief jedem Wagen das gleiche zu. Sein Uniformmantel war schneebedeckt. Feiner staubiger Schnee.

Er hielt es für das beste, nicht viel weiter zu trecken, obwohl es noch hell war, solange Major Virus fehlte. Er war ein erfahrener Frontsoldat und kannte auch ungemütliche Situationen, wenn man mit seiner Einheit irgendwo lag und nicht wußte, wo denn eigentlich die Front verlief, weil praktisch auf allen Seiten geschossen wurde.

Aber hier war es anders: Er war allein. Die beiden Gehenkten hatten ihn verunsichert, verängstigt. Irgendwo mußte das Standgericht doch herumfahren. Lange hatten die bestimmt noch nicht gehangen. Würde man ihm glauben, daß er hier zu diesem Treck kommandiert war? Sein Marschbefehl, ohne Stempel und von einem Unteroffizier unterzeichnet, war möglicherweise überhaupt nichts wert. Und der einzige, der ihm in einem solchen Fall hätte helfen können, der Major Virus, der war weg. Er verstand nicht, daß er noch nicht wieder zurückgekommen war.

Wagner saugte an seiner inzwischen kalten Pfeife. Das tat er immer, wenn er nervös, unruhig, unsicher war, Angst hatte.

Das Knarren und Knirschen der eisernen Reifen in dem festgefahrenen Schnee registrierte er genausowenig wie das Schnauben der Pferde. Dahinter lag schneeige Stille, ab und zu schmerzhaft unterbrochen von Artilleriefeuer. Es kam vom Norden herüber, deutlich zu hören. Mit Sicherheit kaum weiter als fünfzehn, höchstens zwanzig Kilometer entfernt. Im Süden war alles ruhig, im Westen auch. Es sah also so aus, als wenn sie durchkommen würden, nachdem Virus sich für den westlicheren Weg entschieden hatte.

Er brauchte nicht auf seine Karte zu sehen. Er hatte sie im Kopf. Zu oft hatte er in den letzten vierundzwanzig Stunden das Wegebild studiert. Der nächste Ort war Bissow, dahinter kam der Wald, mitten darin Tankow an einem See und dann hinter dem Wald die Stadt Berlinchen.

Wenn alles klappt, könnten sie sie morgen am frühen Nachmittag durchfahren. Und dann ging es gottlob nicht weiter nach Norden, fürs erste wenigstens. Vielleicht wird sich der Major auch entscheiden, über Soldin und Königsberg zu ziehen und bei Schwedt über die Oder zu gehen. Bis Greifenhagen hochzufahren, schien ihm zu riskant. Das würde noch einen Tag mehr bedeuten und sie wieder weiter nach Norden bringen. Westlich der Oder könnten sie dann genauso gut in Richtung Prenzlau, dem Zwischenziel der Ausweichstrecke, fahren.

Er hoffte, daß es der Major auch so sehen würde. Seine Überlegungen, wie er den Treckführer am ehesten von der Notwendigkeit eines weiteren Abweichens von der vorgegebenen Streckenführung überzeugen könnte, lenkten von der Gegenwart ab.

Da hörte er durch das Schneetreiben hindurch ein Rattern, das er nur zu gut kannte.

„Runter von den Wagen, in den Straßengraben, volle Deckung", schrie er aus Leibeskräften und rannte weiter zurück, um auch die Nachfolgenden zu warnen.

Aber es war zu spät. Da kam sie schon, die Polikarpow, die Nähmaschine. Sie war unheimlich schnell. Sollte es sich etwa um einen neueren Typ handeln? Oder lag es nur daran, daß man sie wegen des Schneefalls zu spät gehört und noch später gesehen hatte? Das Neue, erstmals nicht mit Kameraden in Stellung zu liegen oder in einer Kolonne zu marschieren, die Fahrgeräusche des Trecks, das Knirschen der Räder durch den Schnee, das Schnauben der Pferde, das Schneetreiben und die schlechte Sicht, das alles hatte seine instinkthafte Sensibilisierung für die Gefahr, komme sie vom Boden oder aus der Luft, eingeschläfert.

Die da oben müssen ungeheuren Schneid haben, dachte Wagner, als er sich hinwarf und die Maschinengewehre auch schon zu bellen begannen. Bei dieser Sicht einen Tiefangriff zu wagen!

Keine dreißig Meter über dem Treck zog die Maschine hinweg. Die Maschinengewehre ratterten. Für einen kurzen Augenblick. Aber der Pilot schoß zu hoch.

Die ersten standen schon wieder auf und klopften sich den Schnee von den Mänteln, kaum daß die Maschine vorbei war.

„Liegenbleiben, sie kommt wieder", schrie Wagner. Er wühlte sich förmlich in den Schnee hinein und wußte natürlich, daß der ihn höchstens verbergen, nicht aber gegen die Geschosse schützen würde.

Da war sie schon wieder. Man konnte deutlich die beiden Piloten sehen. Einer warf etwas über Bord.

Aus, dachte Wagner, jetzt beharken sie uns mit Handgranaten oder mit Fliegerpfeilen. Da bleibt nichts von uns übrig.

Aber was da herunterkam, war alles andere als irgendein Geschoß. Erst wehte es im Fahrtwind des Flugzeuges hinter der Maschine her, dann flatterte es langsam zu Boden, etwas seitlich nach links auf das Feld abgetrieben.

Jürgen rannte sofort los, um die Blätter einzufangen.

„Bleib hier, Junge, komm zurück. Die schießen dich ab wie einen Hasen", rief der Soldat. Aber der Junge hörte es nicht oder wollte es nicht hören. Der Doppeldecker kam auch nicht wieder. Er blieb hinter der Schneewand verborgen; das Motorengeräusch wurde allmählich leiser und ertrank schließlich ganz.

„Was ist denn das? Nationalkomitee Freies Deutschland", buchstabierte Jürgen, als er zurückkam.

„Zeig mal her. Aber zunächst laß dir sagen, daß du das nicht noch einmal machst. Der Russe schießt auf alles, was sich bewegt. Mit deinem dunklen Mantel warst du ein ausgezeichnetes Ziel."

„Sie haben aber nicht auf mich geschossen. Vielleicht schießen sie nie auf Kinder", trumpfte Jürgen auf.

Es war merkwürdig. Die Maschine hatte zwar geschossen, aber sie hatte nichts getroffen. Keine Verwundeten, keine Toten, noch nicht einmal Einschüsse in den Wagen. Als ob sie absichtlich über den Treck hinweggeschossen hatte.

„Sind die Maschinengewehre starr eingebaut?" fragte einer, der Bordwaffenbeschuß auf Infanteriestellungen noch aus dem letzten Krieg kannte.

„Das wohl. Er hat zwar auch ein Heck-MG, doch damit kann er nur nach oben schießen, nicht nach unten. Normalerweise kommen diese Maschinen im leichten Sinkflug mit voll aufgedrehtem Motor direkt auf einen zu, zielen mit der ganzen Maschine, schießen, was das Zeug hält, werfen möglicherweise zusätzlich ein paar Splitterbomben, manchmal auch Handgranaten, und ziehen dann wieder hoch. Ein Gefühl ist das, fast wie Weihnachten, nur nicht so feierlich."

Man spürte die Erregung bei dem Soldaten, die sich in Erleichterung wandelte, weil die Maschine diesmal nicht wie üblich angegriffen hatte.

„Vielleicht hat er uns zu spät gesehen und flog schon zu tief, um die Maschine noch weiter drücken zu können", meinte der alte Kriegsteilnehmer.

„Vielleicht", sinnierte Wagner; aber er wußte, daß die Polikarpow nach der Wende nur hätte hundert, zweihundert Meter höher zu steigen brauchen, um den richtigen Anstellwinkel für den Beschuß zu haben. Nein, der Russe hatte gar nicht die ernsthafte Absicht, sie zu beschießen. Viel wichtiger war ihm, auf die Flugblätter aufmerksam zu machen. Das hatte er schon einmal erlebt, kurz vor seiner Verwundung.

Die Bauern hatten sich inzwischen die Flugblätter angesehen. Die Kinder waren wie wild darauf, immer mehr davon einzusammeln. Sie waren ja auch gut zu erkennen im Schnee bei ihrem blutroten Papier.

„Nicht schlecht gedacht", sagte einer, „die haben möglicherweise eine größere Wirkung als das ganze Schießen."

Es wurde ruhig um den Treck. Alle Erwachsenen und die meisten der Kinder hielten inzwischen eines der Blätter, so groß wie die Seite eines Schulheftes, in der behandschuhten Faust und lasen:

„Nationalkomitee Freies Deutschland.

Kameraden!"

Diese beiden ersten Zeilen waren fett über die ganze Seite des Blattes gedruckt. Der folgende Text war kleiner geschrieben.

„Wollt Ihr diesen Kriegstreibern, diesem Hitler, diesem Göbbels" - den Namen des Reichspropagandaministers hatten sie falsch geschrieben - „und ihren Helfershelfern bis in den Tod folgen? Wollt Ihr mit Eurem Leben deren armseliges Leben noch um ein paar Monate verlängern helfen? Wollt Ihr, daß noch mehr Blut fließen muß, gutes deutsches Blut und gutes russisches Blut?

Macht diesem Blutvergießen ein Ende.

Rettet Euch! Ergebt Euch!

Zeigt diesen Passierschein dem ersten Rotarmisten, den Ihr seht. Ihr werdet ehrenvoll behandelt werden nach den Gesetzen der Genfer Konvention.

Macht mit im Kampf gegen die Naziverbrecher, die für den millionenfachen Tod verantwortlich sind.

Das Nationalkomitee Freies Deutschland.

Von Seydlitz, Generaloberst. Paulus, Generalfeldmarschall. Von Einsiedel, Oberleutnant."

Die Rückseite war zweisprachig bedruckt:

„Passierschein.

Jeder Soldat und jeder Offizier der Roten Armee ist verpflichtet, den Überbringer dieses Scheines und seine Kameraden, die bei ihm sind, ehrenhaft zu behandeln, ihnen die Rangabzeichen, die Orden und das persönliche Eigentum zu belassen und für den Abtransport von Verwundeten ins nächste Lazarett zu sorgen. Es dürfen ihnen nur ihre Waffen abgenommen werden.

G. K. Schukow, Marschall, Oberbefehlshaber der Weißrussischen Front."

Darunter ein Text in kyrillischen Buchstaben, vermutlich des gleichen Inhalts.

„Ich habe ja immer gesagt, so schlimm sind die Russen gar nicht. Schließlich waren es oft genug unsere Verbündeten, bis einundvierzig", meinte einer.

„Alles Propaganda. Ich wette, wenn du mit diesem Wisch kommst, dann hauen sie dir den um die Ohren und knallen dich anschließend ab. Alles erstunken und erlogen. Das siehst du zum Beispiel daran, daß Paulus unterschrieben haben soll. Dabei weiß doch jeder, daß der tot ist. Gefallen in Stalingrad. Der Wehrmachtsbericht hatte es damals gemeldet. Die anderen kenne ich nicht. Und wer ist überhaupt dieser Schukow?"

Wagner hätte sagen können, daß er ähnliche Flugblätter schon vor Monaten gesehen und einmal sogar eine Lautsprecherdurchsage gehört hatte, als sie in Stellung lagen, keine hundert Meter voneinander entfernt. Da hatten Deutsche gesprochen, so gut hätte kein Russe deutsch sprechen können. Und die typische Landsersprache hätten die erst recht nicht gekannt.

Er hätte auch sagen können, daß Marschall Schukow ein ausgezeichneter Heerführer sein muß. Die Deutsche Armeeführung hatte jedenfalls riesigen Respekt vor ihm. Jeder Landser im Mittelabschnitt kannte seinen Namen.

Fredy war in seinem Inneren aufgewühlt. Gewiß, er kannte eine Menge Witze über die braunen Würdenträger. Alle kannten welche, und es gab immer wieder neue, deftigere, mutigere, eindeutigere. Er hatte aber immer an die Meldungen und Berichte über die alles vernichtenden russischen Horden geglaubt, die jeden, der ihnen in die Hände fiel, grausam umbrachten.

Er mußte an die in der Illustrierten Zeitung veröffentlichten Bilder denken und an die ungeheure Grausamkeit, die die russischen Unmenschen, wie sie daraufhin genannt wurden, an den Bewohnern von Goldap verübt hatten im letzten Herbst, als sie kurzfristig in die Hände der Russen gefallen waren, ehe die deutschen Truppen die Gebiete zurückerobern konnten. Die Frauen waren vergewaltigt, Säuglinge an die Wand geworfen, Männer an die Scheunentore genagelt worden. Das stand im Text. Die Bilder zeigten nur die Reihen der Toten.

Es war ihm auch ganz klar, bis heute, bis vor ein paar Minuten: Alle Soldaten, die in russische Gefangenschaft gerieten, waren so gut wie tot. Es gab keine Überlebenden von Stalingrad, also auch keinen überlebenden Generalfeldmarschall Paulus. Es soll geschehen sein, daß Frauen, deren Männer vor Stalingrad gekämpft hatten, schon kurze Zeit später ihre Männer für tot hatten erklären lassen, weil sie wieder heiraten wollten. Das soll problemlos möglich gewesen sein. So sicher war man sich, daß sie tot waren.

Vermißt im Osten, das war eben das Ende. So hatte Fredy immer geglaubt und glaubte es im Inneren auch jetzt noch. Oder nicht?

Allein die Hoffnung, in dieser ausweglosen Lage doch noch irgendwie zu überleben, ließ diesen Glauben, der mit dem Glauben der Religion nichts gemein hatte, schwanken.

Was war die Wahrheit? Gab es Überlebende von Stalingrad? Waren sie doch nicht alle, wie die Dreihundert um Leonidas an den Thermopylen - 480 vor Christus muß das gewesen sein -, gefallen, obwohl Hermann Göring in seiner Rede kurz nach dem Ende der Kämpfe ihren Opfertod heroisiert und damit gleichsam amtlich bestätigt hatte: „Wanderer, kommst du nach Stalingrad, verkündige dorten, du habest uns hier liegen gesehen, wie es der Führer befahl!"

Sogar das Bild war schief. Das fiel Fredy erst jetzt auf. Der antike Wanderer sollte doch in Sparta, in der Heimat der Gefallenen, verkünden, daß sie weit im Norden gemäß dem Gebot des Gesetzes gefallen waren. Göring aber läßt den Wanderer nach Stalingrad kommen, an den Ort des Kampfes.

Was sollte der dort wohl verkündigen?

Was war die Wahrheit?

„Die Namen, Herr Wagner, stammen doch von Gefallenen?" fragte er den Gefreiten. Sie gingen langsam nebeneinander her zwischen zwei Treckwagen, die inzwischen wieder weiterfuhren.

„Ich weiß es nicht, Junge. Das heißt, ich weiß es vielleicht doch, aber ich kann es nicht sagen. Ich will nicht zum Schluß noch aufgehängt werden wie die beiden vorhin."

Sollte er dem Jungen noch deutlicher den Konflikt verständlich machen, in dem sie alle schwebten: Auf der einen Seite die Angst vor den Russen, bewußt und mit allen Mitteln von der deutschen Propaganda geschürt, um jeden Gedanken der Soldaten an eine Fahnenflucht zum Feind abzutöten. Diese Angst wirkte, berechtigt oder unberechtigt.

Aber reichte diese Angst tatsächlich aus, daß man weiterkämpfen würde in absolut aussichtsloser Lage? Könnte man sich im Gegenteil nicht dadurch zu retten suchen, daß man seine Waffen von sich warf, die Uniform auszog, sich versteckte, sich verbarg, ein invalider Zivilist wurde, bis die Front an einem vorbeigezogen war?

Aber da war ja die andere Seite, die noch viel direkter und brutaler auf sich aufmerksam gemacht hatte: die motorisierte Feldpolizei, die jederzeit auftauchen konnte und grausam, brutal durchgriff, wenn man, von seiner Einheit getrennt, außerhalb des im Marschbefehl angegebenen Bereichs angetroffen wurde. Sogar Melder sollen so schon aufgegriffen und gehängt worden sein.

Und dann dachte er wieder an die Russen. Wieviel bewirkte dieser sogenannte Passierschein im Ernstfall? Viel Gutes bestimmt nicht.

Der einfache russische Soldat mußte doch Rachegefühle hegen, er mußte sich doch der Angehörigen und der von der Wehrmacht gefangenen Kameraden erinnern, die wegen offensichtlicher Nichtigkeiten, aus Willkür, oft auch als sogenannte Geiseln, erschossen wurden; von dem Schicksal der aufgegriffenen Partisanen, die amtlich seit einiger Zeit Banditen hießen, ganz abgesehen.

Würde dieser einfache Rotarmist seinen Gefangenen nicht einfach umlegen, ehe seine Vorgesetzten überhaupt mitbekommen haben, daß sich da ein Deutscher ergeben hat?

Und würde man sie nicht andererseits auch als Partisanen behandeln, wenn sie sich zu verbergen suchten in den Wäldern oder in entlegenen Häusern? Egal, ob sie ihre Waffen noch haben oder nicht?

Also waren Gefangenschaft und Verstecken auch keine Auswege. Zumindest keine mit einer kalkulierbaren Hoffnung auf Überleben.

Er hatte den Jungen vergessen, der da neben ihm herging.

Fredy war mit der Antwort, je länger er darüber nachdachte, immer weniger zufrieden: „Also leben Generalfeldmarschall Paulus und Generaloberst Seydlitz und der Oberleutnant noch. Sind sie nicht gefallen wie die anderen in Stalingrad?"

„Ich war doch deutlich genug, Junge", der Soldat wurde unwirsch. „Ich rate dir nur, diesen ... Wisch wegzuwerfen. Wenn die Kettenhunde den bei dir finden, hängst du auch wie die beiden armen Kerle da hinten. Und ob er bei den Russen wirklich was hilft?"

Er vollendete den Satz nicht.

Das mit dem Wegwerfen sagte er den anderen aber nicht, obwohl er gesehen hatte, daß mancher den roten Schein in die Tasche gesteckt hatte.

Fredy wußte, wovon der Gefreite sprach. Ihm wurde ihre aussichtslose Lage bewußt. Ohne Passierschein würde sie der Russe, mit dem Passierschein vielleicht der Russe, in jedem Fall aber die deutsche Militärpolizei töten.

Ihn schauderte.

Er dachte an die, die gegen den Befehl in Godtschen zurückgeblieben waren, und an den hinteren Treckteil, der ohne Marschbefehl, den hatte ja Major Virus, irgendwo hinter ihnen herzog. Und da fiel es ihm ein, daß sie im Augenblick, ja praktisch schon seit Stunden diejenigen waren, die sich nicht ausweisen konnten. Major Virus mit dem Marschbefehl war ja nicht da.

Immer noch nicht.

„Also Leute, weiter geht's. Und achtet auf Motorengeräusche. Flugzeuggeräusche. Inzwischen wissen die Russen, daß wir hier sind." Der Soldat gab das Kommando.

Er glaubte aber nicht an einen weiteren Angriff. Der Schnee fiel inzwischen dichter. Es war schon vorhin eine Tollkühnheit gewesen, bei derart geringer Sicht in Bodennähe zu fliegen. Jetzt wäre es unmöglich. Und in größerer Höhe hätten die Flieger keine Bodensicht mehr.

Knapp eine Stunde später tauchten die Umrisse der ersten Häuser auf. Das Ortsschild stand da, wie es sich gehörte: Bissow, Kreis Friedeberg Nm. Das Nm stand für Neumark.

Bissow war ein Rittergut. Es gab aber auch eine ganze Reihe von mittelgroßen Bauerngehöften. Das Dorf war leer. Sogar das Vieh, genau genommen nur das Rindvieh, fehlte. Die Schweine schrien in ihren Verschlägen, daß man auf der Straße meinte, es seien kleine Kinder. Sie hatten wohl seit Tagen kein Futter mehr bekommen.

„Fahrt die Wagen ganz links heran, Leute", befahl der Soldat. Eine richtige Entscheidung. Die linke Seite der Straße, die hier drinnen im Dorf viel breiter war als draußen, war tief verschneit; der eigentliche Fahrweg, der durch die nebeneinander laufenden Spuren von eisernen Reifen unter dem frischen Schnee gerade noch zu erkennen war, lag rechts. So konnten die Treckwagen keine Militärkolonnen, wenn noch welche durchfahren sollten, behindern.

Lenk lenkte seinen Wagen auf einen Hof. Das schien ihm sicherer. Er hakte die Schwingen von dem Wagen, warf über jedes Tier eine Pferdedecke und brachte sie in einen Stall. Ein erfahrener Viehhändler und Bauer hat ein Gespür, einen Geruch dafür, vor was für einem Stall er steht. Pferde fühlen sich nicht wohl in einem Stall, der nach Kühen stinkt. Da er, Lenk, die freie Auswahl hatte, brachte er seine Tiere natürlich in den Pferdestall, schirrte sie aus, band sie mit einem Halfter an und legte wieder die Decken über sie. Der Futterkasten war noch halb voll Hafer.

Gut so, dachte er, schonen wir unser eigenes Futter. Er tränkte die Pferde, eine Pumpe stand im Stall und war wohl deshalb nicht eingefroren, gab ihnen Hafer und stampfte hinaus, um nach Heu zu suchen. Das müßte wohl in der Nähe des Kuhstalls zu finden sein.

„Bleib noch ein bißchen bei den Pferden, Fredy", sagte Lenk, „hier hast du es wenigstens warm. Und halte die beiden anderen Plätze frei für Hermine Schmidtgen. Ich sehe mal nach Lene und Frau Marthe."

Frau Schmidtgen war erst auf der Straße stehengeblieben. Doch als sie sah, daß Lenk auf den Hof fuhr, machte sie es ihm nach und war froh, einen freien Platz für die Pferde vorzufinden. Sie hatte einige Mühe, den Pferden das schwere Geschirr abzunehmen. Fredy half ihr dabei.

Andere hatten erst für sich selbst Unterkunft gesucht, ehe sie sich um ihre Pferde kümmerten. Deshalb war das Bauernhaus des Gehöftes schon voll, als Lenk Quartier suchte. Aber gleich nebenan stand ein Haus aus Stein, doppelstöckig. Das schien noch leer zu stehen. Es war die Schule des Dorfes. Die Lehrerwohnung lag oben. Sie war abgeschlossen.

Der Pausenhof der Schule ging unmittelbar über in das Gehöft, auf dem Wagen und Pferde untergebracht waren. Selbst ein Zaun fehlte.

So blieben sie unten in einer Schulstube und setzten sich erschöpft, ermüdet, leer auf die Bänke, in denen vor Tagen vielleicht noch die Schüler gesessen hatten.

An der Tafel stand: Der Heldenmut unserer tapferen Soldaten.

Wahrscheinlich hatten die Kinder darüber einen Aufsatz schreiben sollen und waren durch den raschen Aufbruch davon erlöst worden. Welch eine Ironie: Der Auszug aus dem Dorf, der Verlust der Heimat gegen das Geschenk, einen Aufsatz nicht schreiben zu müssen.

Fredy erinnerte sich, daß ein Mitschüler in Berlin an die Tafel geschrieben hatte: „Lieber Gott, laß heute nacht die Engländer kommen." Bei Luftalarm fielen nämlich automatisch die ersten beiden Stunden aus als Ersatz für die durchwachte Nacht. Und in der zweiten Stunde war eine Lateinarbeit fällig gewesen!

Der Satz stand auch am nächsten Tag noch an der Tafel. Es ging glimpflich ab, damals. Der alte Studienrat a.D., wieder aktiviert, der in der dritten Stunde Unterricht hatte, schimpfte zwar fürchterlich, unterstellte dem Schreiber, daß er die Schuld trüge an dem Tod der neunundzwanzig Bewohner in der vergangenen Nacht, und drohte dem Täter mit dem Straflager. Aber er unternahm nichts Ernsthaftes, um ihn zu identifizieren. Im Gegenteil. Er wischte eigenhändig den Satz mit dem triefend nassen Schwamm aus und verhinderte so jeden möglichen Handschriftenvergleich.

Jürgen und Liesel gingen hin zur Tafel, stritten sich um das einzige Stück Kreide, bis sie auf die Idee kamen, es durchzubrechen, und fingen an, auf der Tafel zu malen. Er ein Flugzeug, einen Doppeldecker, aber ohne einen roten Stern, rot hätte er ihn ohnehin nicht malen können, und sie einen Pferdewagen. Nur das zweite Pferd neben dem anderen, das bekam sie nicht hin. Dafür gab sie sich besondere Mühe mit der Frau, die oben auf dem Wagen saß mit einer langen Peitsche in der Hand. Zweifellos war das ihre Mutter.

Die Erwachsenen schleppten nacheinander Decken, Betten, Körbe mit Lebensmitteln und Geschirr herein. Auch Kochtöpfe, aber auf den eisernen Ofen in der Ecke könnte man höchstens zwei Töpfe nebeneinander stellen.

„Komm, Junge, wir suchen Holz", sagte Lenk und lahmte aus dem Zimmer.

Er hörte noch, wie seine Frau meinte, daß es auch immer schlimmer mit seinem Bein würde. So wacklig wäre er noch nie gegangen.

Dummes Zeug, dachte Lenk, wenn ich keinen Stock dabei habe. Wie soll ich Holz holen, wenn ich nur eine Hand frei habe? Er hörte es nicht gern, wenn man ihn auf seine Prothese ansprach.

„Ich komme mit", rief Liesel, als sie sah, daß Fredy zur Tür ging. „Ich auch", sagte auch Jürgen, und so waren sie zu viert, um Holz zu holen.

Sie fanden es schnell. Auf jedem Bauernhof hat alles seinen bestimmten Platz. So auch der Holzschuppen in einer Ecke, wo er nicht störte und doch nahe genug am Wohnhaus lag.

Lenk zerkleinerte ein Holzscheit mit seinem Taschenmesser, suchte nach Papier. Einer gab ihm ein paar rote Blätter; aber die waren zu feucht. Er fand schließlich schönes trockenes Papier in dem Holzschrank. Es waren Hefte der Kinder.

„Das kannst du doch nicht nehmen, Artur", tadelte ihn seine Frau, „die gehören doch den Kindern. Wenn die wieder zur Schule kommen und ihre Hefte nicht mehr finden. . . "

„Die kommen hier nicht mehr her, Lene."

„Nicht so defätistisch", sagte da der Gefreite, der gerade zur Tür hereinkam. Man wußte im ersten Augenblick nicht, wie er das gemeint hatte.

Er setzte sich. „Ist hier noch Platz für mich?" fragte er und schloß die für ihn viel wichtigere Bitte gleich an. „Macht Ihr ein bißchen Warmes für mich mit?"

„Kartoffeln müßte man haben", überlegte Lenk. „Ich gehe mal welche suchen." Er nahm sich den größten Topf und ging.

Kartoffeln hatten sie nicht mit auf den Wagen genommen. Sie vertragen keinen Frost und wären ungenießbar gewesen. So mußten sie sich mit Brot begnügen oder irgendwoher Kartoffeln besorgen. Das hatten sie vorher schon gewußt.

Jetzt, wo es in der Stube warm wurde, wollten die Kinder nicht mitkommen. Auch Fredy nicht.

„Fredy, am besten, Du holst noch unsere Pfanne vom Wagen. Dann können wir zu den Kartoffeln Speck braten. Und nimm die Milchkanne und hole Wasser, sonst können wir die Kartoffeln ja nicht kochen." Martha Vogt, die Großmutter, hatte immer so praktische gute Gedanken.

„Kartoffeln mit gebratenem Speck, wie lange habe ich das nicht mehr gegessen", freute sich der Soldat. „Immer diese ewige Suppe aus der Feldküche, wenn überhaupt. Man wird es leid."

Lenk kam mit dem Topf voll Kartoffeln zurück. „Im Keller liegen noch Berge davon."

Er wollte die Kartoffeln sofort auf den Ofen stellen.

„Die werden erst geschält. Dann schmecken sie besser, und sie sind schneller gar, als wenn man sie im ganzen kocht."

Jetzt, in der Wärme, verspürte jeder, daß er Hunger hatte, und konnte kaum die Zeit abwarten, bis die Kartoffeln weich und die Speckstreifen ausgelassen waren.

Nach den Kartoffeln haben sie im selben Topf Kaffee gekocht, Kornkaffee natürlich.

Das Essen hat ihnen selten so gut geschmeckt wie an jenem späten Nachmittag, diese Kartoffeln mit gestipptem Fett, das sie alle aus dem Topf und aus der Pfanne aßen, rings um das Lehrerpult stehend, auf das sie den Topf und die Pfanne gestellt hatten. Die Kinder standen auf der Seite, wo der Lehrer gesessen hatte, weil sie da höher standen, die Erwachsenen eine Stufe tiefer auf der Schülerseite.

„Heute nacht müssen wir Wachen stellen, zumindest am Eingang und am Ausgang des Dorfes, und eine fliegende Streife." Das war weniger ein Befehl als die Feststellung einer Notwendigkeit.

„Was bringt denn das?" wollte Martha Vogt wissen. „Wollt Ihr die Russen aufhalten, wenn sie kommen?"

„Weniger die Russen. Aber denken Sie einmal daran, daß draußen mehr als zwei Dutzend vollbeladene Wagen stehen und in den Ställen an die fünfzig Pferde. Plünderer hätten da leichtes Spiel."

Er wartete keinen Widerspruch mehr ab. Es kam auch keiner.

„Ich schlage vor, die Jungen machen vorn und hinten das Dorf dicht. Wir Alten gehen die Nacht über durch das Dorf. Wachwechsel alle zwei Stunden. Ich verständige die anderen. Beginn der Wache", er sah auf seine Armbanduhr, „19.30 Uhr drüben vor der Kirche." Er zog seinen Militärmantel über und ging.

Fredy hatte die Wache zusammen mit Helmut Wegemann, der bei Kordean wohnte, und drei anderen. Sein Jagdgewehr hatte er nicht bei sich. Das lag immer noch unter dem Heu auf dem Wagen. Aber sie hatten insgesamt zwei Schußwaffen, beides tschechische Karabiner mit Dreiermagazinen.

Sie hatten eine bequeme Wache. In dem ersten Haus im Dorf, man könnte auch sagen, in dem letzten Haus. Jedenfalls nach Westen zu.

Sie hatten im hinteren Zimmer eingeheizt. Drei spielten Skat. Das elektrische Licht brannte noch. Zwei saßen im verdunkelten vorderen Zimmer, die beiden Gewehre schußbereit. Panzerfäuste hatten sie keine. Bei der Dunkelheit würden sie sowieso nicht treffen, sich selbst aber erheblich gefährden, weil man sie wegen des Feuerschweifes, den die Panzerfaust nach hinten ausstößt, erkennen würde, so ihr Gefreiter.

Ab neun Uhr sollte reguläre Ein-Mann-Wache geschoben werden. Ablösung alle zwei Stunden. Die Jungen aber schliefen ungestört durch. Bereits der erste Wachhabende war eingeschlafen.

29. Januar 1945

Sie hatten eigentlich noch am gleichen Tage wieder in Godtschen sein wollen. Aber Helmkes Ochse wollte oder konnte nicht mehr, oder vielleicht auch der Bauer selbst, weil er immer wieder die Deichsel richten mußte, wenn sie entweder der Ochse in seine Richtung zog oder wenn die Vorderräder wegen des unterschiedlich festen Schneebelages auf der Straße nicht gleichmäßig rollen wollten und deshalb die Deichsel herumrissen. Eine anstrengende und schmerzhafte Sache; denn die Schläge gegen seinen Körper kamen unversehens und hart.

So machten sie noch einmal Halt. Auf einem verlassenen Gehöft links der Straße. In der Ferne hinter dem Hof konnte man die Netze mehr ahnen als sehen. Der Hof war leer, keine Menschen, keine Pferde. Nur das übrige Vieh war noch da. Man hörte die Schweine schreien in ihren Koben, als sie die Menschen hörten. Sie hatten wohl einen oder zwei Tage nichts zu fressen bekommen, die Kühe brüllten, auch sie mehr vor Hunger und Durst und weniger wegen der vollen Euter; denn es liefen genug Kälber im Stall herum, die die Milch absaugen konnten.

Wenigstens daran hatten die Besitzer gedacht.

Als die Pferde im Stall und, weil dort viel zu wenig Platz war, auch in den beiden Hofscheunen untergebracht und gefüttert waren, kümmerten sich die Leute erst einmal um die hungernden und durstenden Tiere. Ein Bauer, ein richtiger Bauer konnte kein Tier brüllen und schreien hören, egal, ob es das eigene oder ein fremdes Tier ist.

„Eine ungeheure Mißorganisation", klagte Dr. Hollander, „Unverantwortlich, verbrecherisch, diese Tierquälerei. Man hätte die Evakuierung so früh planen müssen, daß man das Vieh, geschlachtet oder lebend, rechtzeitig vorher mit dem Zug hätte abtransportieren können. Hier sterben die Tiere einen qualvollen Tod, und ein paar Kilometer weiter stellt man sich wegen ein paar Gramm Fleisch und Fett und Milch stundenlang an."

„Ich hätte freiwillig vor ein paar Wochen mein Vieh nicht hergegeben, Herr Doktor", sagte einer, „man konnte doch nicht ahnen und erst recht nicht wissen, daß der Krieg bis zu uns kommt. Neununddreißig war die Front nur knapp zehn Kilometer entfernt, und da war ja der Krieg auch draußen geblieben."

Sie waren immer noch in dem Kuhstall. Die Männer warfen die Raufen voll Heu, soviel sie hineinpacken konnten. Die Frauen melkten die Kühe.

„Das ist die zweite Ungeheuerlichkeit. Im Rundfunk wurde vorgestern noch von einer erfolgreichen Abwehrschlacht am Weichselbogen gesprochen, und in Wahrheit sind die russischen Panzer vielleicht schon bei uns zu Hause, in Godtschen. Sie haben uns nach Strich und Faden belogen und betrogen, diese, diese braunen Gesellen." Dr. Hollander redete sich immer mehr in Rage.

„Daß hier nichts zu halten war, hatten sie ja genau gewußt. Wo ist denn der Blumenhöf geblieben? Der Herr Ortsgruppenleiter. Der hat sich rechtzeitig abgesetzt. Und uns ließ man sitzen. Nichts als Lüge, Betrug und Verrat. Verrat an seinem eigenen Volk. Nein, das stimmt ja nicht. Wir Deutschen waren für diesen hergelaufenen Österreicher ja nie sein Volk, sondern immer nur *das deutsche Volk*. Er hat sich ja von Anfang an von uns distanziert."

Alle wußten, daß der alte Tierarzt nie ein Anhänger von Hitler war. Man hatte sich auch damals, nach der letzten Wahl, zugeraunt, daß der Doktor und Richard Vogt, der alte Bürgermeister, zu den wenigen gehört hatten, die gegen Hitler gestimmt hatten.

Aber so deutlich war er noch nie gegen die Machthaber des Dritten Reiches zu Felde gezogen. Vielleicht lag es daran, daß seine Frau schon lange tot war und er dadurch seinen Frust und seinen Zorn über den Blumenhöf und seine braunen Konsorten in sich hatte begraben müssen.

Die ganze Zeit.

„Herr Doktor, passen Sie auf. Es gibt immer noch Nazis", warnte ihn eine Bäuerin, alt, gebeugt unter der Kuh hockend, um sie auszumelken, ein paar Haare hingen unter ihrem Kopftuch heraus, „man kann doch heutzutage keinem mehr über den Weg trauen."

„Vielleicht jetzt doch wieder, Mutter Wernicke. Und wenn, sollen sie mich doch erschießen. Ob sie es tun oder die Russen morgen oder in einer Woche. Mir ist das egal. Ich habe nichts mehr zu verlieren. Aber jeder soll wissen, wenn wir sterben müssen, daß wir das alles diesem böhmischen Gefreiten zu verdanken haben."

So viel Hohn und Verachtung in der Stimme hatten sie bei ihrem alten Viehdoktor noch nie erlebt.

„Hindenburg hatte Recht, als er sich gegen diesen Hitler wehrte, solange er konnte."

Die Tiere, getränkt, satt und ausgemolken, wurden ruhig.

„Ja, für heute geht es, Ihr Lieben. Morgen früh können wir euch noch einmal füttern und melken. Doch was wird morgen abend und übermorgen aus euch?"

Mutter Wernicke sprach zu den Tieren wie zu Menschen. „Womit habt Ihr diese Qual verdient? Die Männer sollen euch morgen früh wenigstens noch mal ordentlich tränken und eure Raufen so voll wie möglich machen."

Luise Wernicke hatte von ihren Eltern das bescheidene Gehöft geerbt und lange Zeit allein bewirtschaftet. Brüder hatte sie keine. Sie hat später August Wernicke aus der Gastwirtschaft nebenan geheiratet, den Onkel vom jetzigen Wirt. Der hatte immer schon bei ihr ausgeholfen, wenn die Arbeit für eine Frau zu schwer war. Kinder hatten sie keine. Sie war wohl schon zu alt, als sie heirateten.

So hatten die beiden still vor sich hingelebt, hatten immer gerade so viel erwirtschaftet, daß sie genug zum Leben hatten, und waren zusammen alt geworden.

Sie verstand nicht, wie sie sich hatten überreden lassen, mit ihrem einen alten Pferd auf den Treck zu ziehen. Sie war dankbar, daß es jetzt wieder nach Hause ging. Sie hatte keine Wünsche mehr an das Leben. Nur diesen einen: friedlich zu Hause sterben zu können und nicht irgendwo auf der Landstraße.

Die Treckleute machten es sich in den beiden Stuben und in der Küche bequem, so gut es ging. Groß war das Bauernhaus nicht. Aber es war warm, sie hatten eingeheizt, und es war ruhig. Vom Krieg nichts zu spüren. Nur ein-, zweimal hatten sie in der Ferne ein seltsames knatterndes Brummen gehört, als es noch hell war. Einige glaubten, es wären Panzer oder so etwas. Aber dann war dieses Geräusch genauso schnell wieder weg. Es mußten wohl Flugzeuge gewesen sein. Gesehen hatten sie sie nicht.

Nur wenn man ganz genau hinhörte, vernahm man in der Ferne Artilleriefeuer, das erst zur Nacht hin abebbte.

30. Januar 1945

Kurz vor sieben Uhr wachte der Wachhabende auf. Die Jungen waren sich einig, nichts von dem Wachvergehen verlauten zu lassen. Es hatte eben keiner etwas gesehen in der Nacht. Es wäre ja auch gut möglich gewesen, daß die Plünderer, wenn sie überhaupt da waren, über einen seitlich mündenden Feldweg gekommen wären.

Aber sie hatten Glück. Nichts fehlte. Daß Wagner mehrfach in der Nacht in ihrem Haus und auch bei der Wache auf der anderen Seite des Dorfes gewesen war und hier wie dort nichts von einer wachen Wache bemerkt hatte, sagte er nicht. Verständlich, daß die Jungen nach der schlechten Vornacht auf dem Gelände von Friedeberg-Bahnhof und den Anstrengungen und Aufregungen des Tages gar nicht in der Lage sein konnten, munter zu bleiben.

Von niemandem bemerkt, war Virus am Abend zurückgekommen. Er hatte seine Leute in der Nähe seiner Wagen gefunden und war ärgerlich, daß die nicht auf einem Hof, sondern vorn am westlichen Ortseingang mitten auf der Straße, wie er meinte, standen. Aber jetzt, in der Nacht, war es zu spät, die Pferde noch einmal anzuspannen, um die Wagen wegzuziehen.

Am nächsten Morgen, zwei Jungen von jeder Wache holten das Frühstück für die anderen, ging die Wachhaberei weiter. Wagner bestand darauf.

„Wache bis zum Aufbruch!"

Das erste, was Fredy vom Fenster aus sah, war Virus mit seinem kleinen Motorrad, der in Richtung Berlinchen fuhr und in dem Wald verschwand. Daß zwischen Bissow und Berlinchen noch ein Ort, nämlich Tankow lag, wußte der Junge nicht. Er glaubte auch, daß sie die Strecke bis nach Berlinchen in knapp zwei Stunden schaffen würden.

Dabei waren es bis dahin noch fast zwanzig Kilometer, also fast eine Tagesfahrt mit den Treckwagen. Da er nie in Godtschen zur Schule gegangen war, kannte er die weitere Umgebung eben doch nicht so gut.

Drinnen in der Stube hinter dem verschlossenen Fenster konnte man es nicht hören. Aber draußen war es deutlich zu vernehmen: Es wurde wieder geschossen. Das einzelne Mündungsfeuer und den jeweiligen Detonationsknall konnte man zwar nicht auseinanderhalten. Aber es war weit mehr als das frühere Grummeln. Eine Serie von Schüssen, dann Stille, dann wieder die Geschütze.

Es mochte etwa zehn Uhr gewesen sein, als plötzlich auf der Straße die aus dem Wald herausführte, ein Panzer stand. Ein Schützenpanzer, wie sie bald darauf feststellten, mit vier gewaltigen Rädern auf jeder Seite.

Zunächst verharrte der Panzer im Schatten des Waldes. Es schneite nicht, deshalb konnten sie das Fahrzeug genau beobachten.

„Ein deutscher Panzer, endlich!" rief einer und wollte nach draußen rennen.

„Bleib hier", sagte Helmut Wegemann, „vielleicht denken die, wir sind Russen."

Also beobachteten sie weiter, was der Panzer machen würde. Sie hofften alle, daß er in das Dorf hineinführe.

Es hatte aber auch lange genug gedauert, bis sie endlich wieder Wehrmachtsverbände sahen, und sei es auch nur dieser einzelne Panzer, dem sicher noch weitere folgen würden. So wußten sie jedenfalls, daß sie in Sicherheit waren. Deutsche Panzer kamen und hielten die Stellung.

„Jetzt werden sie die Russen wieder zurückdrängen", vermutete einer, „und wir können nach Hause umkehren."

Hoffnungsvolle Stimmung!

Der Panzer fuhr langsam an, beschleunigte dann immer mehr und raste auf das Dorf zu. Die Straße machte kurz vor dem Ortseingang einen kleinen Knick; deshalb konnte er wohl die Treckwagen noch nicht sehen.

„Der sollte bremsen", sagte einer. Aber da fuhr ihnen ein Schrecken durch die Glieder, so sehr, daß Fredy meinte, augenblicklich auf's Klo zu müssen. Der Schützenpanzer war in der Höhe ihres Hauses, als er, weiter mit rasender Geschwindigkeit fahrend, so erschien es den Jungen, mit seinen beiden Maschinengewehren zu schießen begann. Die Mündungsfeuer waren deutlich zu erkennen. Im gleichen Augenblick sahen sie den dicken roten Stern auf dem Turm.

„Ein Russe", schrie einer und hielt sich sofort mit der Hand den Mund zu, als fürchtete er, die Russen könnten ihn gehört haben.

Da war der Panzer auch schon vorbei. Aus ihrem Blickfeld verschwunden. Sie hörten nur immer noch das Bellen der Maschinenwaffen und merkwürdige krachende, knirschende Geräusche.

Fredy rannte durch den Küchenausgang raus und bekam gerade noch die Hosen herunter, ohne sie zu beschmutzen. Einem anderen Jungen ging es ähnlich. Der hockte schon im Schnee.

Ein russischer Panzer. Nun ist alles aus.

Nach dem Lärm Stille, Totenstille. Draußen auf der Straße und drinnen in ihrer Stube. Nur aus der Ferne drang das dumpfe Dröhnen in ihr Zimmer hinein.

Es dauerte lange, bis sich die erste Aufregung gelegt hatte. Die Jungen saßen im vorderen Raum auf dem Boden und lugten von Zeit zu Zeit vorsichtig durch das Fenster. Nichts geschah. Im Dorf war es ruhig wie auf dem Friedhof. Kein Schießen, kein Panzer, nichts.

Wenn er allein gewesen wäre, hätte Fredy möglicherweise geglaubt, geträumt zu haben. Aber sie hatten alle den Panzer gesehen und den roten Stern. Und sie hatten alle das tackernde Schießen der Maschinengewehre gehört.

Erst viel später trauten sie sich, durch die rückwärtige Tür und den Garten auf die Straße zu gehen, vorsichtig jede Deckung ausnutzend. Ohne ihre beiden Gewehre, versteht sich.

Was sie dort sahen, erschütterte sie. Es waren Trümmer von Treckwagen, seitlich aufgerissen, beiseite geschoben bis fast an die Hofzäune heran. Betten, Decken, Stroh und Heu, Bretter, zertrümmerte Wagenräder, Deichseln, verstreut, zertrümmert, zerfetzt, zerbrochen auf der Straße, im Schnee. Die breite Doppelspur der Räder zeigte, mit welcher Wucht der Panzer in die Treckwagen hineingefahren war.

Der Panzer hatte geschossen. Die Jungen fragten sich, worauf er geschossen hatte und ob ihre Leute noch am Leben waren. Sie wollten es wissen. Vorsichtig sichernd, gingen sie zwischen den zerstörten Wagen und den Zäunen hindurch zurück zur Schule.

Sie hörten von Ferne einen dumpfen Schlag, so als habe jemand in einigem Abstand auf eine Pauke geschlagen. Sie blickten in die Richtung, aus der das Geräusch kam, und sahen zwischen zwei Gebäuden hindurch fern am Horizont eine dünne schwarze Rauchwolke aufsteigen.

Es blieb ruhig im Dorf. Zunächst. Es hatte keine Verwundeten und keine Toten gegeben. Ein wahrer Glücksfall; denn einige waren während des Überfalls auf ihren Wagen, um Sachen zurückzubringen, zu verstauen, umzusortieren. Man hatte ja darauf gewartet, daß es bald weitergehen würde. Als sie das Schießen hörten, hatten sie gerade noch die paar Sekunden Zeit, um von den Fahrzeugen zu springen und hinter den Häusern in Deckung zu gehen.

Wagner ließ auch den Posten am Hinterausgang des Dorfes zurückholen. Die Jungen sollten lieber bei ihren Leuten bleiben.

Man wartete und wußte eigentlich nicht, worauf. Ergeben, zukunftslos. Die Angst der letzten Tage war verschwunden. Es war mehr als Angst und anders als Angst. Die Hoffnungslosigkeit, das Wissen, das durch den Panzer bestätigte unverrückbare Wissen, daß keine Rettung mehr bestand.

Martha Vogt fand Fredys Jagdgewehr unter dem Heu. Sie wollte irgend etwas von dem Wagen holen, und dabei stieß sie auf den Lauf der Waffe, der innen im Wagen wohl ein wenig aus dem Heu geragt hatte.

„Dieser Sakra", schimpfte sie vor sich hin, „der wird uns noch den Tod bringen." Sie nahm das Gewehr, kletterte vom Wagen herunter, lief über den Hof zwischen Scheune und Stall auf das Feld zu und warf die Waffe mit einer Kraft, die man ihr nicht zugetraut hätte, in eine Schneewehe, die der Wind dort gebildet hatte und in der sie völlig verschwand.

Zurück im Klassenraum, herrschte sie ihren Schwiegersohn an: „Wo sind diese…" sie fand das rechte Wort nicht, „diese Holzkisten mit den Dingern drin?"

„Meinst du die Panzerfäuste, Frau Marthe?"

„Genau die, wo sind sie?"

„Ich hatte sie gestern noch in den Stall gebracht und hinter die Futterkiste im Pferdestall gestellt."

„Und wenn sie da einer findet, Artur?"

„Frau Marthe", er versuchte, ihre Sorge ins Lächerliche zu ziehen, „die wird uns schon keiner stehlen."

„Du weißt genau, daß ich das anders gemeint habe, Artur." Sie war besorgt und ärgerlich zugleich.

„Niemand wird uns damit in Verbindung bringen, Frau Marthe. Aber gut, wenn du es willst, werde ich sie wegbringen."

„Am besten in den Schnee mit ihnen. Ich will diese Dinger nicht mehr sehen und nicht wissen, wo sie sind."

Das war ein Befehl, oder zumindest so gut wie ein Befehl. Ungewöhnlich für eine alte, zarte, gebeugte Frau gegenüber ihrem zwei

Köpfe größeren, annähernd doppelt so schweren und nur wenig mehr als halb so alten Schwiegersohn.

Auf dem Hof befehlen, das hatte sie immer gemußt. Ihr Mann war zwar der Herr in seiner Schneiderwerkstatt gewesen. Aber auf dem Hof und mit dem Vieh hatte sie das Kommando, und das hatte sie sich auch gegenüber ihrem Schwiegersohn nicht nehmen lassen, als der nach der Hochzeit auf den Hof gekommen war.

Gegen Mittag war Virus wieder da. Ohne Motorrad. Das Gerücht, er wäre zu Fuß zurückgekommen, ging von Haus zu Haus. Doch die Wahrheit war schlimmer, grausamer.

Virus saß in der Bauernstube. Lilly Vogt, Petschens Tochter, betupfte seine Verletzungen am Kopf mit einer braunen Flüssigkeit, die zusammen mit seinem Blut in dunkelroten Rinnsalen bis zum Hals hinunterlief und sich vom Pulloverkragen aufsaugen ließ.

Er saß da wie betäubt und zuckte nicht zusammen, wenn die Rote-Kreuz-Schwester, allerdings nicht in der üblichen Tracht, sondern dick eingemummt in Pullover, Jacke und Mantel, immer wieder Jod auf die Wunden tupfte.

„Wir müssen das gründlich desinfizieren, Herr Major", so entschuldigte sie sich für die zusätzlichen Schmerzen, die sie ihm zufügte, „wenn es zu einer Entzündung am Kopf kommt, dann kann das sehr gefährlich werden."

Aus einer Tube drückte sie eine gelbliche Salbe auf ein Stück Gaze und legte diese über die Verletzungen. Aber auch das konnte die Blutungen nicht gänzlich stillen.

„Daß Sie damit zu Fuß haben zurückkommen können, grenzt an ein Wunder", sagte sie, und es klang aufrichtig.

„Zu Fuß ist nicht der richtige Ausdruck. Auf Socken." Die Stiefel hatten sie ihm auch ausgezogen. Das war noch schlimmer als der Verlust des Motorrades und des Mantels. Die Füße hatte er zum Schluß vor Kälte überhaupt nicht mehr verspürt.

Schwester Lilly verband inzwischen den Kopf des Alten und befestigte das Ende des Verbandsmulls mit zwei Klammern. „So, nun sehen Sie doch schon wieder menschlich aus."

Sie hatte eigentlich „nun sehen wir doch schon wieder menschlich aus" sagen wollen, in dieser verkindschten Sprache, wie sie die Schwestern im Lazarett gegenüber Verwundeten zu gebrauchen pflegten.

Aber eine gewisse Scheu vor dem beinahe siebzigjährigen Kriegsoffizier, den man fast zu Tode geprügelt hätte, während er sich für den Treck eingesetzt hatte, hielt sie davor zurück.

Eine Frau hatte schon Wasser aufgesetzt.

„So, nun reiben wir erst die Füße mit Schnee ab, dann hinein mit ihnen in das heiße Wasser, dann wieder mit Schnee abreiben, und das solange, bis Sie wieder Leben in den Beinen haben."

Mit Erfrierungen hatte Schwester Lilly ihre Erfahrungen sammeln können. Gerade Verwundete hatten sich schnell zusätzliche Erfrierungen zugezogen, wenn sie, ohne sich bewegen zu können, herumlagen.

„Hat einer einen anständigen Schnaps?" fragte Virus, und als einer ein Glas suchte, nahm er die Flasche, die man ihm reichte, und setzte sie direkt an seinen Mund. Er trank einen tiefen Schluck.

„Nun geht es mir schon wieder besser."

Und dann fing er an zu erzählen. Was alle schon vermuteten: Der Treck steckte in einer Sackgasse. Man konnte nicht weiterfahren. In Tankow saßen aber nicht etwa die Russen, sondern Polen, polnische Fremdarbeiter, die sich dort in diesem Walddorf gesammelt und den Ort fest in der Hand hatten. Sie waren alle bewaffnet, sogar mit Maschinenpistolen und ein paar Panzerfäusten, und hatten einen regelrechten Verteidigungsring rund um das Dorf aufgebaut.

„Wer aus dem Wald hinaustritt, egal an welcher Stelle, steht im Schußfeld."

Daß sie ihn nicht ganz totgeschlagen hatten, lag daran, daß ein paar Polen aus Godtschen, „Ihr habt richtig gehört, aus unserem Godtschen", darunter waren, die den anderen Einhalt geboten hatten. Sie waren in letzter Minute dazugekommen. Aber sein Motorrad, die Stiefel und den Mantel war er los, die Schulterstücke und sein EK Eins hatten sie ihm heruntergerissen, angespuckt und geschlagen hatten sie ihn; aber nur die fremden Polen.

„Und der Panzerspähwagen?" fragte einer.

„Ja, den habe ich gottseidank früh genug gehört. Es war vielleicht gut, daß ich das Motorrad nicht mehr hatte; denn bei dessen Geknatter hätte ich den Motor des Panzers möglicherweise überhört. Ich bin von der Straße in den Wald gesprungen und habe mich hinter einen Baum geworfen. Das heißt, eigentlich bin ich mehr hinter den Baum gefallen. Der Panzer jedenfalls hat mich nicht gesehen und fuhr vorbei."

„Und jetzt?"

„Wir müssen abwarten. Vielleicht hauen uns die Deutschen hier heraus wie im letzten Herbst an der Ostpreußenfront." Aber der Major, im Weltkrieg an der Ostfront und deshalb mit dem Bewegungskrieg vertraut, glaubte seinen eigenen Worten nicht.

„Und wenn nicht?" fragte ein anderer.

„Dann hilft nur noch beten. Mehr können wir nicht tun."

„Und zurück? Die Hälfte der Wagen ist bestimmt noch in Ordnung. Die Pferde leben alle noch. Wir können vorspannen und dann Tag und Nacht fahren, schlug einer vor."

„Vielleicht", antwortete jemand. „Vielleicht sind aber auch hinter uns Polen, oder geflohene russische Gefangene. Und der Panzerspähwagen fährt ja da auch noch irgendwo herum. Und wo ein Panzerwagen ist, da sind bei der Materialüberlegenheit des Feindes noch viele andere."

Fredy und die anderen Jungen hatten von dieser ganzen Unterredung nichts mitbekommen. Er sah Major Virus erst am Nachmittag, als der draußen auf der Straße die Reste seiner Wagen ansah. Er besaß plötzlich nichts mehr. Sogar die Stiefel, die er jetzt trug, hatte er von einem Bauern bekommen. Über den Resten seiner Uniform trug er einen dicken braunen Mantel, gar nicht uniformgerecht. Der weiße Verband war teilweise durch eine Fellmütze verdeckt.

Man war leichtsinnig geworden, nachdem stundenlang nichts geschehen war, aus den Häusern gekommen, besah sich die Schäden, manch einer überlegte, ob man nicht aus zwei beschädigten Wagen einen brauchbaren bauen könnte, weil deren linken Hälften ja nahezu heile geblieben waren.

Da, erneut ein Motorengeräusch. Es kam von oben, wie gestern. Ein Angriff aus einem Flugzeug wäre heute weit gefährlicher bei der klaren Sicht.

Alle gingen in Deckung, einige törichterweise unter den Treckwagen.

Das Motorengeräusch war aber ganz anders als gestern das der russischen Maschine, runder, leichter, viel weniger grob. Dann sahen sie die Maschine, die im Niedrigflug genau über die Dorfstraße flog. Man sah die Kreuze unter den Flügeln. Es war eine deutsche Maschine.

„Eine Heinkel He 51", meinte Fredy fachkundig.

Helmut Wegemann widersprach: „Eine Henschel Hs 126."

„Glaub ich nicht", erwiderte Fredy, „die Henschel hat einen Sternmotor. Die hier hatte aber typisch einen Reihenmotor."

Inzwischen kam die Maschine zurück. Jetzt, da man wußte, daß es ein deutschen Flugzeug war, winkten einige zu ihr rauf, und es sah so aus, als wackelte die Maschine als Antwort mit den Flügeln.

„Wo sie die ausgegraben haben", Wagner war zu den Jungen getreten, „eine Arado Ar 68, Vorkriegsmodell, wurde höchstens noch als Schulmaschine benutzt."

Die Maschine flog davon in Richtung Westen. Sie flog so niedrig, daß die Beobachter befürchteten, sie würde die Wipfel der Kiefern streifen.

„Sie wird uns Rettung bringen." Das war die einhellige Meinung. Die Deutschen wußten jetzt, daß hier ein Treck in Not war, und man würde eine Panzereinheit schicken, sie hier rauszuschlagen.

Die Maschine war auch wieder heil zurückgekommen. Trotz der Luftüberlegenheit der Russen. Ihre Meldung war aber eine ganze andere, als alle geglaubt hatten. Und die Konsequenz, die die Deutschen daraus zogen, erst recht.

Die Maschine hatte den zerstörten Treck photographiert, und später hat man die Luftaufnahmen ausgewertet. Als Hilde Vogt, Fredys Mutter, ein paar Wochen später, in Berlin, nach dem Verbleib ihres Sohnes forschte, legte man ihr in der sechsten Dienststelle, in die man sie geschickt hatte, die Luftaufnahmen vor. Man erklärte ihr, daß dieser Treck, der Treck aus Godtschen, total aufgerieben wurde, ja, sie sagten tatsächlich aufgerieben, und daß man davon ausgehe, daß alle tot seien, auch ihr Sohn. Von winkenden Menschen war auf den Aufnahmen nichts zu sehen.

Das ungewisse Warten, das Gefühl, nun nichts mehr tun zu können, das Schwanken zwischen Hoffnung auf Entsatz und Resignation, das alles erzeugte in den Jungen Unruhe und zugleich Langeweile, die sie in ihre nächtliche Ausspähstellung zurückgehen ließ. Bei ihren Leuten wäre es zwar warm gewesen. Aber sie wollten auch wieder einheizen und, ehrlich gesagt, das Gejammere und Geheule der älteren Frauen, das immer wieder irgendwo aufbrach, diese ewige „ach wären wir doch zu Hause geblieben", als wenn da keine Gefahr eines Russeneinfalls bestünde, die ständige angstvolle Wiederholung „wie sie es mit dem Virus gemacht haben, werden sie auch mit uns machen“, trieb die Jungen wieder zurück zu ihrem Haus, in dem sie unter sich waren.

Ganz allein blieben sie allerdings nicht. Liesel und Jürgen waren mitgekommen. Sie hatten nicht einmal gefragt, sondern nur mitgeteilt, daß sie mit den Jungen mitgehen würden. Weder ihre Mutter noch ihre Großmutter hatten dazu etwas gesagt, weder Zustimmendes noch Verbietendes. Die Autorität war ihnen - wie auch vielen anderen Erwachsenen - verlorengegangen, innerhalb von wenigen Tagen.

Langweilig war es in ihrem Haus auch. Sie hatten nur das eine Kartenspiel. Es konnten auch gerade nur drei von ihnen leidlich Skat spielen. Zum Aufschreiben hatten sie auch nichts; weder einen Bleistift noch ein Blatt Papier.

Liesel schlug Abzählreime vor. Für solche Kindereien fühlten sich die Jungen zu groß. Nur Fredy machte für kurze Zeit mit und Jürgen. Aber nur zu dritt, da machte es auch keinen Spaß.

In der Zeit fingen die anderen an, in dem Haus herumzuschnüffeln. Die Schränke waren zwar ziemlich ausgeleert. Aber es gab doch manches Interessante, das die Jungen belustigte. Einen großvolumigen Schlüpfer, den sie sich vor den Körper hielten und in den nach ihrer Meinung zwei von ihnen hineinpaßten. Briefe, mit einem blauen Band zusammengebunden, das sie aufreißen wollten.

„Das gehört sich nicht“, unterbrach Liesel das neugierige Tun der Jungen, „wollt Ihr vielleicht auch, daß man bei euch zu Hause so zwischen euren Sachen herumschnüffelt? Kommt, laßt uns lieber nach draußen gehen und hinter dem Haus einen Schneemann bauen.“

Die Jungen wurden verlegen ob der Ermahnung des Mädchens. In ein fremdes Haus hineingehen, das ging noch an. Aber sie hatte recht, man läßt alles möglichst so, wie man es angetroffen hat. Sie knöpften sich ihre Jacken und Mäntel wieder zu, zogen die Handschuhe an und folgten Liesel durch die Küchentür nach draußen.

„Vorsicht“, rief sie, „hier hat ein Hund was hingemacht. Und da auch. Tretet nicht rein.“

Niemand sagte ihr, daß das kein Hund gewesen war. Wenn man schon auf sie gehört hatte und die Sachen der Leute in Ruhe lassen wollte, so wollte natürlich keiner durch das Mißgeschick, das ihm beinahe zugestoßen wäre, blamiert werden. Schließlich waren alle HJ-Jungen, die keine Angst zu haben hatten.

Ihnen wurde kalt. Also gingen sie wieder in ihr Haus zurück. Das Feuer war fast ausgegangen. Sie mußten erst Kienholz auflegen, damit es wieder hochbrannte.

In der Küche fanden sie sogar noch einiges zu essen, zwar kein Brot, dafür aber ein paar Konserven von der Hausschlachtung, Mehl, Haferflocken, sogar Puddingpulver in den altvertrauten Dr.-Oetker-Tüten und auch einen Dosenöffner.

Hierbei hatte Liesel keine Skrupel, von fremden Lebensmitteln zu nehmen. Die Schweinefleischdose stellten sie auf die Ofenplatte. Richtig warm wurde das Fleisch dadurch zwar nicht, und Haferflocken dazu, das war auch keine besonders gute Zusammenstellung. Doch den Kindern schmeckte es. Die Abenteuerlust gewann die Überhand und ließ sie ihre hoffnungslose Lage für eine Weile vergessen.

„Hört mal, da draußen fährt etwas." Liesel stand auf und ging zum Fenster.

Man sah nichts. Die Straße zum Wald zu war trotz der Dämmerung noch gut zu überblicken. Und auf der Dorfstraße lagen nur die Wagentrümmer, soweit sie sie einsehen konnten. Mehr nicht.

„Jetzt kann man nichts mehr hören. Vielleicht habe ich mich auch geirrt."

„Was war es denn für ein Geräusch? Wieder ein Flugzeug?"

‚Nein, mehr ein tiefes Brummen. Und das gleich mehrfach auf einmal. Ganz anders als ein Auto und auch nicht so wie das deutsche Flugzeug heute nachmittag."

Sie machten ein Fenster auf, lauschten und hörten es alle. Ein Geräusch, fast so, als wenn ganz viele Dreschmaschinen in weiter Entfernung gleichzeitig liefen.

„Ich glaube, ich sehe etwas", rief Helmut ganz aufgeregt. „Hinten, direkt vor dem Wald." Er zeigte mit dem Finger in die Gegend. „Nein, nicht auf der Straße, sondern daneben, vor dem Wald."

Es waren schemenhafte dunkle, massige Körper, die man vor dem dichten Kiefernwald kaum erkennen konnte. Aber sie waren da. Unzweifelhaft.

Schnell schlossen sie wieder das Fenster, nicht wegen der Kälte, die sofort eingedrungen war, sondern weil sie sich so eher vor dem Unheimlichen, das dort aus dem Wald herausquoll, geschützt glaubten.

„Warte mal, vier, fünf, nein sechs. Es sind Panzer. Man kann es jetzt deutlich erkennen!“

Jetzt hörte man die Motoren auch durch die Fensterscheiben hindurch, tief drohend brummend, von Zeit zu Zeit aufheulend. Und das Brummen wurde lauter, immer lauter. Man konnte nur hören, daß sie sich dem Ortseingang näherten. Sehen konnte man es noch nicht.

„Ob das Deutsche sind?“ fragte Liesel flüsternd, als habe sie Angst, sich durch ihre Stimme zu verraten.

„Bestimmt“, antwortete einer. Aber gerade dieses gewollt Überzeugende relativierte seine Antwort.

„Auf alle Fälle verstecken. Und daß ja keiner Licht anmacht.“

Diese Mahnung war völlig unnötig. Es gab zwar immer noch Strom, aber so dumm, sich durch das Licht zu verraten, so dumm war nun wirklich niemand.

Nun konnte man es auch deutlich erkennen. Die Panzer näherten sich tatsächlich und schoben sich gleichzeitig ganz langsam auf ihr Haus zu. So sah es aus. Gewaltige Ungetüme. Nichts schien sie in ihrer sturen Masse aufhalten zu können. Einer drückte einen Obstbaum am Straßenrand um, ohne daß er auch nur eine Spur langsamer wurde. Fredy erinnerte sich an eine Wochenschau, wo ein Tiger, der neue überschwere deutsche Panzer, glatt durch ein ganzes Haus hindurchgefahren war. Allerdings mit nach hinten gedrehter Kanone. Ein Geschütz in Fahrtrichtung würde beschädigt werden, wenn es eine Mauer durchstoßen sollte.

Diese Panzer können also nicht durch ihr Haus hindurchfahren; denn man sah gegen die Dämmerung das drohend nach vorn gerichtete Geschütz. Meter um Meter schob sich das erste Fahrzeug heran. Es konnte nur noch Sekunden dauern, bis es ihr Haus gerammt hat. Der Panzer schien noch immer größer, immer massiger zu werden und wurde immer lauter.

Fredy bezweifelte, ob das mit der nach hinten gerichteten Kanone auch stimmen mochte. So vieles hatte sich als anders herausgestellt in diesen letzten paar Tagen, als man es ihnen gesagt und in der Wochenschau gezeigt hatte. Er wollte schon fluchtartig durch die Küche nach draußen rennen, als die Ketten einen kurzen, knirschend-malenden Laut von sich gaben und der Panzer etwas drehte, von ihrem Haus weg auf die Straßenmitte zu.

„Panther oder Tiger", sagte einer, „man kann es an dem langen Rohr erkennen. Es ragt über den Bug des Fahrzeuges hinaus."

Doch schon einen Augenblick später wußten sie alle, daß es keine deutschen Panzer waren. Sie duckten sich tiefer als vorher hinter den beiden ebenerdigen Fenster, die nach vorn zur Straße hinausgingen, und konnten so nur schräg nach oben schauen. Und was sie da sahen, ließ sie vollends erstarren: den roten Stern, deutlich auf dem Turm zu erkennen. Ein ganzes Stockwerk hoch schien der Panzer zu sein, viel massiger als der Panzerspähwagen heute vormittag. Oben auf dem Turm saß wie auf einem Hochsitz ein Soldat mit einem Maschinengewehr vor sich. Der hätte von da aus bequem in das Obergeschoß eines Hauses sehen können.

„Damit schießt er auf den Gegner, wenn der den Panzer mit einer Panzerfaust abschießen will."

Der Junge hatte Gegner gesagt und damit doch die Deutschen gemeint. Aber niemandem fiel das auf.

Sie hoben ihre Köpfe und hatten noch etwas Merkwürdiges zu sehen: Seitlich an dem Panzer, die Ketten fast völlig verdeckend, waren große Blechen befestigt. Man sah die Ketten vorn hinter den Blechen hervorkommen, unten über den Boden laufen und dann hinten wieder verschwinden.

„Duckt euch", flüsterte Liesel, „die können euch doch sehen."

Sie zogen die Köpfe wieder ein. Die Seitenbleche beschäftigten sie noch.

„Bestimmt, damit man sie nicht mit der Panzerfaust vernichten kann", vermutete einer.

Er wußte gar nicht, wie recht er damit hatte.

„Diese dünnen Bleche, da brennt sich doch eine Panzerfaust im Nu durch", entgegnete Fredy.

Niemand hatte ihnen gesagt, als sie die Kurzausbildung von knapp zwei Stunden an der Panzerfaust absolviert hatten, am letzten Sonntagvormittag, daß die Panzerfaust sich natürlich durch die dünne Platte hindurchbrennt, dann aber keine kinetische Energie mehr hat, um noch an die eigentliche Panzerplatte heranzukommen.

Die einzige Möglichkeit, einen solchen Panzer von der Seite zu vernichten, ist die, auf den Turm zu zielen. Aber diese Taktik kannten die Volkssturmmänner des dritten Aufgebotes des Dorfes Godtschen genauso wenig wie die Tatsache, daß oben auf dem Turm ein MG-Schütze hockt, der aus der Höhe jeden in einem Erdloch liegenden Soldaten erkennen und entsprechend bekämpfen, also abschießen, töten konnte.

Sechsmal sahen die Kinder die gewaltigen Türme an sich vorbeiziehen, jedesmal besetzt mit einem Soldaten. Jedesmal schütterte und bebte der Boden unter ihnen, und jedesmal, wenn ein Fahrzeug vorbei war, wurde das ohrenbetäubende Dröhnen, nein, nicht leiser, aber deutlich tiefer.

Nach kurzer Zeit war der Spuk vorüber. Jetzt erst merkte Fredy, wie ihm der Puls im Halse schlug. Während der ganzen Zeit vorher war er merkwürdig ruhig gewesen, fast wie gelähmt, aber doch gleichzeitig hellwach, so daß er sich später an alle Einzelheiten erinnern konnte. Sogar, daß der eine Maschinengewehrschütze mit den Armen um sich geschlagen hatte, weil ihm kalt war da oben auf seinem zugigen Sitz. Aber nach draußen mußte Fredy jetzt nicht wieder gehen. Das beruhigte ihn irgendwie.

Bei dem Panzerspähwagen heute früh hatte er deutlich mehr Angst verspürt als jetzt bei den viel größeren Panzern. In seinem Unterbewußtsein sollten ihn aber die Panzer später weit mehr beschäftigen als das Einzelfahrzeug und ihn noch nach Jahren in der Nacht aufschrekken lassen, wenn sie wieder auf ihn zukamen, drohend und dröhnend, näher und näher. Im Traum, aus dem er dann jedesmal schweißgebadet aufwachen sollte.

„Laß uns zu den anderen gehen, die denken noch, die Panzer hätten uns überfahren", sagte einer und Liesel riet, hinten durch die Gärten zu schleichen.

Da lag der Schnee zwar höher und loser, und sie mußten über ein paar Zäune klettern. Aber das war ihnen doch sicherer als der Weg über die Dorfstraße.

Es gab natürlich Ärger, als sie zurückkamen. Unsinnige Gebote, die jegliches Entfernen von den Eltern verboten, mischten sich mit Vorwürfen und der Wiedergabe von Ängsten, die man die ganze Zeit wegen der Kinder ausgestanden hätte. Hatten doch jetzt die Erwachsenen ein Ventil, um ihre eigenen Nöte loszuwerden.

Daß das russische Panzer waren, hatten sie natürlich gesehen. Und daß sie vom Westen gekommen waren, wie der Panzerspähwagen heute vormittag, und nicht, wie man es eigentlich hätte erwarten müssen, vom Osten.

Aber darüber wunderten sich höchstens zwei, nämlich Fredy und Artur Lenk. Und sie sagten nichts, um die Frauen nicht noch mehr zu ängstigen.

Die Tür ging auf. Alle erschraken. Aber es war Wagner, immer noch mit seinem Soldatenmantel bekleidet. Der Verband um den Hals war naß, blutig, schmutzig.

„Sie müssen unbedingt zu meiner Schwägerin rübergehen, Herr Wagner", sagte Lene Lenk, „die ist Krankenschwester und muß zwei, drei Häuser weiter sein. Sie muß Sie neu verbinden. Sie holen sich ja noch eine Blutvergiftung."

„Die T 34 sind durch. Sie sind hinter dem Dorfausgang nach links abgebogen. Führt da denn auch eine Straße lang?" fragte der Soldat. „Sie sind den Spuren des Panzerspähwagens nachgefahren."

Lenk kannte die Gegend etwas, weil er hier öfter Ferkel gekauft hatte. „Da gibt es einen Feldweg nach Frankenstein. Das liegt an der Straße von Friedeberg nach Bernstein. Ein Rittergut hinter dem anderen. Erst Finkenstein, dann Frankenstein, dann Breitenstein."

Lenk dachte an die Zeit vor dem Krieg zurück, als er überall gern gesehener Gast war. Lange nicht jeder hielt sich Zuchtsauen. Es war viel bequemer, Läufer so um vierzig Pfund von ihm zu kaufen, als sich mit der Ferkelaufzucht abzugeben. Mal war die Sau nicht verfallen und man mußte sie nochmal zum Eber bringen, dann ferkelte sie meist mitten in der Nacht, mal war es zu kalt für die kleinen Dinger, mal hatte die Sau sie erdrückt.

Lenk aber kaufte von den Bauern, die sich nebenbei auf die Ferkelzucht spezialisiert hatten, so auch von seinem Vater, die jungen Tiere und verkaufte sie wieder am gleichen Tag. Die meisten brauchte er gar nicht erst dienstags nach Driesen zum Markt zu bringen.

Das war leicht verdientes Geld, und Neues konnte er auch erfahren, und er war immer wieder einen Tag weg aus dem Kommando der beiden Frauen zu Hause. Die reinste Erholung.

„Ein Moment mal, ich glaube, ich höre etwas." Wagner ging nach draußen. Fredy und Lenk folgten ihm.

Da war es deutlich zu vernehmen. Dumpfe Schläge, weit fern, als wenn jemand da hinten mehrfach auf eine überdimensionale Pauke schlägt. Fast so wie am Vormittag, nur noch dumpfer, und eben mehrfach, sechsmal, wie einer behauptete.

Dann sah es auch so aus, als wenn es sich hinten im Osten, wo es eigentlich dunkler sein müßte, aufhellte.

„Da brennt etwas", stellte der Soldat fest.

„Dann haben die Frankenstein beschossen, die Panzer, oder, nein, das müßte eher Finkenstein sein", vermutete Lenk.

„Möglich", sagte Wagner, doch er glaubte es nicht. Nein, die Ortsangabe bezweifelte er nicht. Die Richtung konnte Lenk sicher besser einschätzen.

Aber wenn Häuser beschossen werden, dann hört es sich anders an, erst den Mündungsknall, dann die Aufschlagdetonation. Die konnte man gut voneinander unterscheiden. Aber hier war es etwas anderes. Und er fürchtete auch zu wissen, was es war.

Doch er sagte nichts.

Nachts gegen zehn kamen dann die Panzer in Massen. Einer hinter dem anderen brüllte und donnerte durch das Dorf. Alle kamen von Westen. Den roten Stern konnte man bei der Dunkelheit nicht sehen. Sie hatten ja in der Schulstube sofort das Licht ausgeschaltet, als sie die ersten Geräusche hörten. Aber jeder wußte, daß es die Russen waren. Gelben, langen Fingern gleich, tastete der nachfolgende mit seinen beiden Scheinwerfern den vorausfahrenden Panzer ab.

Was man vom Fenster aus nicht sehen konnte: Alle Panzer bogen am Dorfausgang nach links ab, genau wie der Panzerspähwagen am Vormittag und die Panzer am späten Nachmittag.

Es mochte wohl noch eine halbe Stunde vergangen sein, niemand hatte auf die Uhr geschaut, als man fremde Stimmen hörte. Russisch.

„Die suchen deutsche Soldaten", flüsterte Oma Schmidtgen. Sie hatte nie gesagt, daß sie auch russisch kann.

Das konnte sie auch gar nicht. „Wißt Ihr, polnisch und russisch haben viele Wörter, die sich ähnlich sind. Dann kann man sich zusammenreimen, was sie wollen", erklärte sie, wobei sie einfach davon ausging, daß jeder wußte, daß sie aus der Nähe von Wongrowitz kam und daß man da eben auch polnisch sprach, neben deutsch.

Die Tür wurde aufgerissen. Russische Befehle. Man spürte, daß Gewehre in die Stube gerichtet waren. Einer an der Tür riß ein Streichholz an.

Ein russischer Befehl.

„Wir sollen Licht anmachen", flüsterte Oma Schmidtgen.

Keiner traute sich.

„Dawai! Dawai!" Die Befehle wurden drohender.

Jemand faßte sich ein Herz, ging zur Tür und betätigte den Schalter. Die Helligkeit tat weh.

„Nun ist alles aus", heulte Lene Lenk, „gleich erschießen sie uns alle."

Andere fielen in das Gejammere ein.

Wieder ein russischer Befehl. Kurz, herrisch. Unterstrichen durch das unmißverständliche Heben des Laufes der Maschinenpistole mit der runden Trommel. Die Waffe ähnelte wegen des hölzernen Schaftes mehr einem Karabiner.

„Sie wollen, daß alle Soldaten herauskommen."

Der Gefreite Wagner stand auf, totenbleich.

Er ging wie erstarrt die paar Schritte zur Tür, faßte sich dann aber wieder, nahm Haltung an, legte die Rechte zum militärischen Gruß an die Mütze, wie es in der Wehrmacht schon seit dem 20. Juli 44 verboten war, öffnete sein Koppel, zog das Seitengewehr zusammen mit der Lederscheide aus dem Koppel, hielt es einem der Soldaten hin und meldete: „Gefreiter Wagner begibt sich in Gefangenschaft. Mehr Waffen habe ich nicht. Weitere Auskunft verweigere ich."

Minutenlang hielt er sein Seitengewehr vor sich. Die Russen nahmen es nicht.

Wieder russische Worte, diesmal eher fragend.

Oma Schmidtgen antwortete ihnen. Dann sagte sie auf deutsch. „Ich habe versucht, es ihnen zu übersetzen, was Sie gesagt haben. Ob sie es verstanden haben, weiß ich nicht."

Erneut russische Befehle. Der Gestik konnte man entnehmen, was sie wollten.

„Sie sollen mit ihnen rausgehen." Oma Schmidtgen hatte Tränen in den Augen.

Jetzt erst nahm einer der Russen dem Gefangenen das Seitengewehr ab. Als Wagner durch die Tür trat, stieß er ihm damit in den Rücken.

Die Tür fiel zu. Alle warteten auf die Schüsse.

Doch es blieb ruhig.

Der Gefreite Wagner sollte überleben. Siebenundzwanzig Monate später kam er zurück nach Deutschland. Es gab kein Wiedersehen mit seiner Familie. Frau und Kinder starben in der gleichen Stunde auf See, in der er in Gefangenschaft geriet. Sie waren aus Elbing, ihrer Heimatstadt, geflohen, durch Schnee und Eis bis Gotenhafen gelaufen und hatten gehofft, auf einem früheren KdF-Schiff den Russen und damit dem Tod entgehen zu können. Es war die Wilhelm Gustloff.

Martha Vogt sah, daß Lenk und Fredy noch ihre Armbinden trugen, die sie als Angehörige der Großdeutschen Wehrmacht auswiesen.

„Macht eure dummen Armbinden ab! Soll man euch auch abführen wie den Soldaten?"

Sie taten es und wollten die Lappen unter die Tische schieben, dorthin, wo die Schulkinder ihre Mappen und Bücher zu legen pflegten.

„Habt Ihr noch alle beisammen?" schimpfte sie, „denken könnt Ihr überhaupt nicht."

Sie riß den beiden die Binden aus der Hand, ging zum Ofen und warf sie ins Feuer. Zwei andere in der Stube machten es ihr nach.

Sie ließen das Licht brennen. Das war besser so.

Wieder wurde die Tür aufgerissen. Wieder zwei Russen. Einer trug Wagners Seitengewehr in der Hand.

Wieder unverständliche russische Laute.

Oma Schmidtgen antwortete und übersetzte dann: „Sie haben noch mal nach Soldaten gefragt. Ich habe ihnen gesagt, daß keine deutschen Soldaten mehr hier in der Stube sind."

Ein Russe brüllte in ihre Übersetzung hinein: „Uri, Uri, Ringi!"

Er war ganz aufgebracht.

„Ich weiß nicht, was sie wollen. Die Wörter kenne ich nicht."

Da ging der erste zu Lenk, faßte erst dessen rechten, dann seinen linken Arm und zog daran.

„Ich nix Soldat", sagte Lenk und hob geistesgegenwärtig sein rechtes Hosenbein hoch. Man sah die Prothese. „Invalide."

„Nix Invalide! Uri, Uri!"

Bei Fredy wurden sie fündig. Und dann wußte alle, was sie suchten. Sie rissen Fredys Armbanduhr vom Handgelenk. Ein Geschenk zu seiner Konfirmation vor einem Jahr, ein seltenes Geschenk; denn im Zeichen des totalen Krieges gab es natürlich keine Uhren mehr zu kaufen.

In diesem Augenblick fielen Fredy seine Patronen ein, die er noch immer in seiner linken Manteltasche stecken hatte. Es schien ihm, als zöge die Munition seine Manteltasche nach unten, und er glaubte, daß das jeder erkennen könne und deshalb wissen müsse, was er in der Manteltasche trug.

Wohin mit den Patronen? Sie heimlich unter die Schulbank schieben?

Nein, das würde auffallen. Wenn man sie dort fände! Das wäre der sichere Tod für sie alle. Wie hatte doch sein Onkel gesagt? „Wenn man solche Dum-Dum-Geschosse bei einem Soldaten findet, wird er sofort erschossen."

Das sei Kriegsrecht.

Die Manteltasche wurde immer schwerer und schien immer tiefer hinunterzuhängen. Fredy schlug der Puls bis an den Hals. Jeden Augenblick konnte einer der Soldaten auf ihn zugehen und in seine Manteltasche greifen.

Die Sekunden verliefen träger als in der schlimmsten Lateinstunde, wenn Vokabeln abgefragt wurden. Fredy beobachtete jede Geste und jeden Schritt der Soldaten.

Aber die Russen kümmerten sich nicht mehr um ihn, seit man ihm seine Uhr fortgerissen hatte. Vielmehr fuchtelten sie mit dem Seitengewehr herum. Das wirkte. Im Nu hatten sie fünf Uhren zusammen. Neben Fredys noch zwei Armbanduhren von den Frauen und zwei Taschenuhren, darunter die von Artur Lenk. Einigen war es anscheinend gelungen, die Uhren schnell genug abzutun und zu verstecken.

Die Russen hatten noch nicht genug: „Ringi, Ringi!" schrien sie jetzt.

Man begriff schneller. Jetzt wollten sie die Ringe haben. Es waren ausschließlich Eheringe, die sie einsammelten und in ihre Uniformtasche steckten.

Lene Lenk bekam ihren Ring nicht ab. Ihr Fingergelenk war so verknorpelt, daß der Ring nicht darüberging, erst recht nicht in der Aufregung.

Der Russe nahm sein Seitengewehr und näherte sich damit Lenes Ringfinger, den er mit der anderen Hand eisern festhielt.

Die schrie auf: „Nein, nein! Jetzt wollen sie mir den Finger abschneiden. Ich bekomme den Ring doch nicht herunter."

Aber dazu kam es nicht. Es erschien ein dritter Soldat, offensichtlich ein Vorgesetzter. Die beiden nahmen Haltung an, fast genau so gut wie deutsche Soldaten. Der neue hatte einen Bogen Papier in der Hand, wie man später sah, ein Plakat.

Er stellte sich breitbeinig hin, diese Geste erinnerte Fredy an den Blumenhöf, und schrie: „Chitler kaput!" Wobei er das zweite Wort auf der zweiten Silbe betonte und das „u" lang zog. „Ruski Soldat in Berlin!" diesmal betonte er das Wort auf der ersten Silbe, „Woyna kaput!"

Er faltete das Plakat, das er in der Hand hielt, auseinander. Zu sehen war im Vordergrund farbig ein schon etwas älterer Hitlerjunge, mit weißer Führerschnur, also ein Stammführer, und hinter ihm schemenhaft nur in Bräunlichschwarz-Weiß ein SS-Offizier mit Ritterkreuz und anderen Auszeichnungen. Darunter der Text: HJ-Führer von heute, SS-Offizier von morgen.

Er nahm dem Soldaten, der Lene fast den Finger abgeschnitten hätte, das Seitengewehr aus der Hand und schnitt damit erst ein großes Kreuz durch das Gesicht des Jungen und dann ein noch größeres durch das des Offiziers.

Dabei sagte er wieder: „Chitler kaput! Woyna kaput!"

Es folgte ein russischer Befehl.

„Er sagt, daß wir alle Gefangene sind und niemand die Stube verlassen darf", übersetzte Oma Schmidtgen.

„Ick muß doch mine Peer füttern, morjen in de früh", warf da Artur Lenk ganz spontan ein und verfiel in sein Neumärker Platt.

„Biste wohl geruhig", fauchte ihn Lene an, der man eben noch den Finger abschneiden wollte. „Willst du denn, daß die uns alle erschießen?"

Wenn sie aufgeregt war, sprach auch sie immer platt, und dabei setzte sie dem Wort ruhig die Vorsilbe „ge-" voran.

Ein leichtes Lächeln lief für einen Augenblick über das Gesicht des russischen Vorgesetzten, so als wüßte er, was ein Ehezwist ist. Dann wandte er sich noch einmal an Oma Schmidtgen.

Sie sagte etwas, das wie „da, da" klang.

Dann gingen die drei und schlugen die Tür zu.

„Was haben sie noch gewollt?" fragte einer.

„Ob ich es euch übersetzt habe, daß keiner die Stube verlassen darf. Wer rauskommt, wird erschossen."

Also bestand für Fredy keine Möglichkeit, die Patronen draußen wegzuwerfen. Die Gefahr, sie hier bei ihm zu finden, war nur aufgeschoben, nicht aufgehoben.

„Was heißt eigentlich Chitler, und was Woyna, Oma?“ fragte Liesel.

„Kind, er meinte, daß Hitler tot und der Krieg zu Ende sei. Schön wäre es. Dann könnten wir wieder zurück. Die Russen seien schon in Berlin, haben sie noch gesagt.“

„Der verwechselt wohl Berlin mit Berlinchen“, versuchte ein Alter zu scherzen, offensichtlich erleichtert darüber, daß es mit den Russen ja doch wohl nicht so schlimm sein kann, wie der Goebbels behauptet hatte. Immerhin lebten sie ja noch. Und getan hat ihnen niemand etwas, außer, daß sie die Uhren und die Eheringe geklaut hatten.

Da ging plötzlich das Licht aus. Erst flackerte es nur, dann brannte es noch einmal hell, und dann war es stockdunkel.

„Wißt Ihr überhaupt, welcher Tag heute ist“, fragte Fredy.

„Was soll schon sein. Vorletzte Nacht in Friedeberg-Bahnhof, letzte Nacht hier, Sonntag sind wir losgefahren. Es muß heute Dienstag sein.“

„Nein, das meine ich nicht.“ Er hielt inne, um seine Erkenntnis gewichtiger zu machen.

„Heute ist nämlich der 30. Januar. Tag der Machtergreifung.“

Noch in der gleichen Nacht gelang es Helene Lenk, ihren Ehering vom Finger zu ziehen. Ihr Knöchel schmerzte danach noch tagelang und war rot geschwollen.

30. Januar 1945

Zur Mittagszeit waren sie wieder in Godtschen.

Es war genauso, wie sie es verlassen hatten, und doch wieder ganz anders. Kein Leben auf der Dorfstraße. Aus einigen der Häuser hingen Fahnen heraus, oben ein weißer und unten ein roter Streifen. Polnische Fahnen.

Auch aus Dr. Hollanders Haus.

Als er auf seinen Hof fahren wollte, verwehrte ihm eine Frau, noch ziemlich jung, mit einem weißen Kopftuch über den Haaren, den Zugang: „Das ist unser Haus, Sie müssen sich etwas anderes suchen."

Sie sprach ein akzentfreies Deutsch.

„Aber nein, Sie irren. Ich bin Dr. Hollander, der Tierarzt. Das ist mein Haus. Ich habe es gebaut, vor über vierzig Jahren. Das ist wirklich mein Haus."

„Aber jetzt nicht mehr", fertigte sie ihn ab, „Sie haben es verlassen, und jetzt wohnen wir hier."

Die Frau behauptete, sie sei Polin, alles Land sei jetzt polnisch und deshalb gehöre alles den Polen.

„So habt Ihr es doch auch gemacht, damals, neununddreißig."

Dr. Hollander sprach sie auf polnisch an. Wie oft war er in den zwanziger Jahren drüben gewesen, im Birnbaumschen, wie die Leute sagten, wenn ein Tier krank war. Dabei hatte er polnisch sprechen und noch mehr verstehen gelernt. In den Gesprächen mit den polnischen Zwangsarbeitern hatte er seine Sprachkenntnisse wieder aufgefrischt. Die waren immer froh gewesen, wenn man mit ihnen in ihrer Muttersprache redete.

Aber die Frau verstand ihn nicht; sie rief nach ihrem Mann, auf deutsch.

Also eine Deutsche, die schnell die Seiten gewechselt hatte, innerhalb von Stunden.

Dr. Hollander war, wie gesagt, kein Freund der Nazis. Aber er war bewußt deutsch und evangelisch, wie fast alle im Grenzland, im Gegensatz zu den Polen, die ihrerseits tief gläubig katholisch waren.

Deshalb verübelte er der Frau mehr, daß sie so schnell ihr Deutschtum hatte ablegen können wie einen schäbig gewordenen Mantel, als über die Art, wie sie sich sein Haus angeeignet und ihn kaltschnäuzig abgefertigt hatte.

Dem Mann konnte man anhören, daß er Pole war. Sein Deutsch war stockend, alle Vokale sprach er kurz und hart aus. Er mußte gerade erst nach Godtschen gekommen sein; denn er gehörte nicht zu den polnischen Fremdarbeitern, die der Doktor alle kannte.

Der Arzt durfte nicht wieder in sein eigenes Haus ziehen. Die Polen hatten schon die Macht übernommen, ehe überhaupt ein russischer Panzer da war. Die verbliebenen Deutschen, ohnehin waren das fast nur die aus den Außengehöften - aus dem Kerndorf waren ja nahezu alle geflohen -, hatten sich geduckt, verkrochen, unsichtbar gemacht.

Da kam Felix vom Nachbargehöft, von Lenks Hof, herüber. Er brauchte nicht zu fragen, was sich da abspielte, und vertröstete den Arzt: „Lassen Sie mich das machen, Doktor."

Er sprach erst im ruhigen Ton mit dem Hausbesetzer, später wurden beide lauter und schließlich schrieen sie sich gegenseitig an. Fast wären sie handgreiflich geworden.

Es half nichts.

Dr. Hollander übernachtete zunächst in Lenks Haus. Später wohnte er auf Strauchs Hof, ein paar Häuser weiter zum Dorfkern hin, zu dem die Fleischerei mit dem leeren Schaufenster gehörte. Er durfte auch seine medizinischen Geräte und seine Fachbücher aus seinem Haus holen, später, das gestatteten die neuen Bewohner, nachdem Felix noch einmal vorstellig geworden war. Die Leute sahen wohl ein, daß sie weder mit medizinischen Instrumenten noch mit Veterinärliteratur etwas hätten anfangen können.

Wie sehr die deutschen Truppen Godtschen schon aufgegeben hatten, zeigte sich wenig später. Da schlichen sich in der Dämmerung drei deutsche Soldaten, ein jüngerer mit einem Arm in der Binde und zwei ältere durch die Gärten hinter den Gehöften in Richtung Brüche. Sie trugen noch ihre Waffen, und die beiden älteren schleppten zwischen sich eine Holzkiste mit drei Panzerfäusten drin.

Am Ende des Dorfes mußten sie auf den Feldweg gehen, den man gut einsehen konnte, den Weg nach Schulzenwerder. Es war noch zu hell. Sie warteten also, wagten nicht einmal zu flüstern, bis es dunkel genug war, und machten sich erst dann auf den Weg, vorsichtig Fuß vor Fuß setzend, damit sie niemand hören konnte. Sie schlichen dicht an den Büschen auf der rechten Seite, weil sie glaubten, daß man sie vor dem dunklen Hintergrund noch weniger sehen konnte, und nahmen dafür in Kauf, daß ihnen der Schnee von oben in die Knobelbecher rieselte und sie eine deutliche Spur hinterließen.

Beinahe hätten sie die Abzweigung zu Seitels Gehöft verpaßt; denn da wollten sie hin. Henning, der den Krieg kannte wie kaum ein anderer, hatte dieses Gehöft schon vor Tagen ausgekundschaftet. Das lag ideal. Rings umgeben von Eis, selbst der schmale Feldweg dahin war mit Eis bedeckt. Kein Baum und kein Strauch im Umkreis. Niemand würde sich dem Gehöft unerkannt nähern können. Und wenn es wärmer würde, würden sie wie auf einer Insel sein, von Moor umgeben. Da würde so schnell kein Russe hinkommen. Davon war er überzeugt.

Und wenn. Irgendwo auf diesem weitläufigen Gehöft würde man sich im schlimmsten Fall verstecken können.

Die Soldaten hatten damit gerechnet, daß die Bewohner geflohen waren und das Haus leer zurückgelassen hatten.

Diese ihre Vermutung, ihre Hoffnung, erwies sich als falsch. Als sie sich an das Haus herangeschlichen hatten, schlug der Hund an, zu ihrem Glück war er angekettet. Es war Licht im Stall, sie hörten Eimer klappern und auch eine weibliche Stimme, die offensichtlich an eine Kuh gerichtet war, und sie sahen durch die Fensterläden Licht schimmern.

Sie klopften an, mehrfach, ehe die schwere Tür aufgemacht wurde. Ein kleines Mädchen stand da, hielt mit einer Hand den Türgriff fest, ließ ihn los und rannte weg. Dann hörten die Soldaten sie weinen: „Mama, da draußen sind Soldaten, ganz viele."

Eine Frau, so etwa vierzig Jahre alt, stämmig und selbstbewußt, ein paar Haarsträhnen hingen ihr ins Gesicht, kam zur Tür, ihre Hände an der Schürze trockenreibend.

„Gott sei Dank, deutsche Soldaten", sagte sie, sichtlich erleichtert. „Ich dachte schon, die Russen wären da. Aber die hätten ja wohl nicht angeklopft."

„Dürfen wir hereinkommen?" fragte der jüngere Soldat mit dem Arm in der Binde, ein Unteroffizier.

Sie setzten die Holzkiste auf den Boden, lehnten ihre Gewehre in einer Ecke an die Wand, zogen ihre Mäntel aus und gingen hinter der Frau her in die Küche.

„Endlich warm", sagte einer der Älteren, „wir sind ganz durchgefroren."

„Und verhungert wahrscheinlich auch", ergänzte die Frau. „Warten Sie, ich mache Ihnen Bratkartoffeln. Es müssen noch Kartoffeln im Dämpfer sein."

Ein Dämpfer ist ein hoher, zylindrischer, fest in dem Ofen eingebauter großer Topf, in dem unten Wasser erhitzt und darüber die auf einen Rost geschütteten Kartoffeln im Wasserdampf gegart werden. Man kann sie selbst essen, vornehmlich aber werden sie an die Schweine verfüttert.

Sie briet die Kartoffeln mit dicken Speckscheiben, schlug auch noch ein paar Eier drüber und schnitt den Soldaten einen ganzen Stapel Brotscheiben ab, wobei sie das große Bauernbrot gegen ihre Brust preßte.

„Wo soll es denn hingehen?" fragte sie dabei, um dann fortzufahren: „Na, jedenfalls die Nacht bleibt Ihr erst mal hier."

„Seid Ihr vor den Russen geflohen?" fragte das kleine Mädchen, das ihnen die Tür geöffnet hatte.

„Eigentlich, ja doch, wenn man es so sagen will. Das ist schon so." Dem Unteroffizier war es ausgesprochen unwohl, so direkt gefragt zu werden.

„Habt Ihr die Russen denn richtig gesehen und richtig auf sie geschossen?" fragte das Kind weiter.

„Laß die Soldaten doch erst mal essen, Gisela, und stelle nicht so dumme Fragen", ermahnte sie die Mutter.

„So dumm sind die gar nicht, kleine Deern", mischte sich jetzt einer der beiden älteren Soldaten, mit seinem Doppelwinkel auf dem Oberarm als Obergefreiter ausgewiesen, „wir wollen nicht den Russen in die Hände fallen. Aber gesehen haben wir keine und deshalb haben wir auch nicht auf sie geschossen. Ich hoffe, wir werden es auch nicht mehr tun müssen."

„Henning", herrschte ihn da der Unteroffizier mit gewollt befehlerischer Stimme an, die so gar nicht in diese Küche paßte, „reden Sie kein dummes Zeug!"

„Das ist kein dummes Zeug, Uffz", er kürzte den Rang seines Einheitsführers ab, was den noch mehr verärgerte, „jetzt darf wohl jeder endlich die Wahrheit sagen."

Er machte eine kleine Pause, sein Vorgesetzter sagte nichts. „Wir sind die einzigen Soldaten, die hier noch sind. Mit den paar Panzerfäusten können wir die Russen nicht aufhalten. Jetzt, kurz vor Toresschluß, sinnlos zu sterben, dazu haben wir alle keine Lust. Deshalb wollen wir uns verstecken, verkriechen, verdünnisieren, verstehen Sie, Frau ...?"

„Wartner meine Name, Hannelore Wartner. Aber die meisten nennen mich immer noch Seitel, das ist mein Mädchenname. Und der Hof hier ist Seitels Gehöft. So hieß der Hof immer, seit der Großvater aus dem Dorf herausgezogen ist und hier gebaut hat."

„Angenehm, Alexander Henning aus Robbenbüll, das liegt oben bei Husum, und das da ist unser Chief", er sagte Chief, nicht Chef, „Unteroffizier Brünger, und hier ist mein Kamerad Niehoff aus dem Ruhrpott."

Der erhob sich ein wenig von seinem Stuhl.

„Und Sie sind noch Soldat, in Ihrem Alter?"

„Wissen Sie, ich bin von vierzig an dabei. Eigentlich hatte ich ja zur Marine gehen wollen. Aber das ist eine andere Geschichte. Frankreich, Jugoslawien, Griechenland und dann Rußland, immer nur Rußland. Erst hin bis fast an die Wolga, und jetzt wieder zurück. Aber hier, den Niehoff, den haben sie erst jetzt gezogen."

„Ja", sagte der, „aus der Zeche raus in Dortmund. Dafür haben sie Itaker reingesteckt. Sollen davor Soldaten gewesen sein. Ich weiß das auch nicht so genau. Die konnten jedenfalls noch nicht einmal die Kohle vom Tauben unterscheiden. So ist das nun. Die waren an der Front und sind nun unter Tage, und ich war unter Tage und bin jetzt an der Front."

„Ich will Ihnen die Wahrheit sagen, Frau Seitel, Entschuldigung, Frau Wartner." Henning übernahm wieder das Wort. „Um es glatt heraus zu sagen: Es ist aus. Der Russe ist nördlich von uns durchgebrochen und ist drauf und dran, uns einzukesseln, wenn er es nicht schon getan hat."

„Das wissen Sie doch gar nicht, Henning", versuchte der Unteroffizier ihn zu unterbrechen. Sein Einwand kam jetzt schon viel friedlicher als vorhin sein grober Verweis.

„Wenn man im vierten Jahr in Rußland ist und erst auf unserer Seite die Kesselschlachten mitgemacht hat und dann von der anderen Seite, Unteroffizier, zu einer Zeit, als Sie noch die Schulbank gedrückt haben, dann bekommt man das in die Nase, wo der Wind herweht."

Er unterbrach sich, holte seine Pfeife aus der Tasche, stopfte sie, wollte sie anzünden, besann sich aber und legte sie auf den Tisch. Er wollte wohl abwarten, bis sie gegessen hatten.

„Der Iwan ist nicht dumm. Er hat viel gelernt von uns. So wie wir ihn einundvierzig verheizt haben, so macht er es jetzt mit uns. Kesselschlacht! Wir sind abgeschnitten, verloren, verkauft. Und uns drei Mann haut auch keiner mehr raus. Nicht mal die aus Stalingrad hatten sie herausgeholt, und das waren nicht drei, sondern dreihunderttausend. Die machen hinter der Oder eine Auffangstellung. Alles östlich davon ist perdü, aufgegeben. Nach bewährtem Muster. Frontbegradigung nennt man das, heldenhafter Tod für alle die, die nicht schnell genug rennen konnten, die dringeblieben sind."

„In normalen Zeiten könnte ich Sie jetzt an die Wand stellen, Henning." Der junge Unteroffizier, eben noch einsichtig und nachgebend, redete den Alten, der fast sein Vater hätte sein können, mit militärischer Schärfe an.

„Erstens hätten Sie das auch in normalen Zeiten nicht gedurft, Sie sind schließlich kein Offizier, und zweitens sind die Zeiten jetzt nicht mehr normal. Und drittens wissen Sie genau, daß Sie ohne mich hilflos wie ein kleines Kind sind, Uffz, ohne den Alex Henning. Auf der Militärschule lernt man das Überleben in solch einer Situation nämlich nicht. Da haben Sie doch nur gehört: Kampf bis zur letzten Patrone. Stimmt's?"

Seine Orden, EK 1 und EK 2, das silberne Verwundetenabzeichen, die Nahkampfspange, das Infanteriesturmabzeichen, zwei Panzervernichtungsspangen auf dem oberen Ärmel, der sogenannte Gefrierfleischorden zur Erinnerung an den unglaublich laienhaft vorbereiteten Winterkrieg einundvierzig-zweiundvierzig, und zwei Auszeichnungen, die von einem früher verbündeten Staat stammen mußten, sie alle unterstrichen nur zu gut seine Worte.

Der junge Soldat sagte nichts. Er trug nur das Sportabzeichen, sonst keine Auszeichnungen.

Die Frau sah auf den jungen Mann, der mit der einen Hand mühsam zu essen versuchte. Sie sah auch, daß er auf seinen Schulterklappen außer der Umbordung, die ihn als Unteroffizier auswies, zwei silberne Streifen trug. Er war Offiziersanwärter, wäre wohl demnächst Leutnant geworden.

Sie kannte sich aus mit den Diensträngen. Ihr Mann hatte es ihr beigebracht.

Wie alt mochte er sein? Doch höchstens achtzehn. Und dann schon fast Offizier!

Alexander Henning dachte an das Nächstliegende: „Wenn Sie schon noch hier sind, Frau Seitel, Verzeihung, Frau Wartner."

Sie unterbrach ihn: „Wenn Ihnen das zu schwer fällt, Herr Henning, dann nennen Sie mich ruhig bei meinem Mädchennamen. Mich stört das nicht, und alle im Dorf nennen mich noch so."

Der fuhr fort: „Also. Ich schlage vor, wir gehören zu Ihnen. Vielleicht bekommen wir hier ein paar Klamotten. Ganz zivile. Unser Unteroffizier ist verwundet, der kann sowieso nicht mehr. Der hat sich an der Häckselmaschine verletzt. Und uns beiden Alten glaubt man, wenn wir sagen, daß wir nie Soldat waren. Wir könnten ja .. Ihr Mann und Ihr Bruder sein, oder noch besser Ihr Bruder und der Opa von der kleinen Deern hier."

Die Frau erschrak und hielt die Hand vor den Mund.

„Nur, falls die Russen hierherkommen. Wahrscheinlich ist das sowieso nicht. Die sind nie gern durch Sümpfe gegangen. Wir übrigens auch nicht."

Er versuchte, einen Scherz zu machen, um die plötzlich aufgekommene Fremdheit, die durch seinen Vorschlag entstanden war, abzubauen.

„Und Sie wohnen ja hier wie auf einer Warft. Nur daß um Sie herum nicht die See ist, sondern Moor. Und das ist fast noch besser."

Die Frau hätte viel erwidern können, daß das Land um sie herum kein Sumpf ist, jetzt nicht mehr, früher, vor hundert Jahren oder so, da war es mal Moor.

Aber es ist von ihrem Vater und ihrem Großvater und davor schon von ihrem Urgroßvater drainiert worden, trockengelegt, so daß das Wasser nach der Frühjahrsüberschwemmung sehr schnell wieder abfließt, daß sie hier sogar Kartoffeln anbauen können und Rüben und Mais. Die vertragen nämlich eine Überschwemmung, im Sommer, wenn sie nur nicht zu lange dauert. Und der Sandboden trocknet schnell wieder aus.

Aber sie sagte ganz etwas anderes: „Gut, Sie können bleiben. Oben unter dem Dach haben wir eine Gesindestube. Die Treppe geht von außen nach oben. Hier unten ist kein Platz. Da schlafen die Mädchen und ich."

„Dann sind das Ihre Mädchen, die draußen im Stall wirtschaften?" fragte Henning.

„Das haben Sie also auch schon herausbekommen. Ja, wir haben drei Mädchen. Die beiden anderen melken gerade die Kühe. Sie sind schon fünfzehn und dreizehn. Und dann hofften wir, daß es beim dritten Mal endlich der Hoferbe wird. Aber wieder nichts. Da kam die Gisela. Meinen Eltern war es genauso ergangen. Die hatten auch nur Mädchen. Vier Stück! Ich war die älteste."

„Sie ist doch ein halber Junge", sagte Henning.

„Das schon, aber eben nur ein halber."

Sie erinnerte sich ihrer Einladung an die Soldaten: „Sie können bleiben, wie ich schon sagte. Aber Sie müssen mir eines versprechen: Es wird nicht geschossen, wenn die Russen kommen. Ihre Gewehre und die Dinger da in der Kiste vergraben wir unter dem Mist. Da findet sie keiner."

„Versprochen, versprochen", sagten Henning und Niehoff wie aus einem Munde.

Und Niehoff fuhr fort: „Wir sind froh, daß der Krieg für uns vorbei ist. Zu löten ist da sowieso nichts mehr an der Holzkiste. Und wenn es sich beruhigt hat, dann nichts wie ab zu Muttern."

So nannte man wohl neuerdings unter Landsern das Ende des Krieges, den „Endsieg". *Wenn es sich beruhigt hat.*

Der Unteroffizier hatte die Augen geschlossen, so als wenn er schliefe oder als wenn ihn das ganze Gespräch nichts anginge. Er schien erhebliche Schmerzen zu haben.

„Sie bleiben vorerst unten", entschied da Hannelore Wartner entgegen ihrer ersten Anordnung bezüglich der Unterbringung der drei, „wir müssen Ihre Verletzung", sie sagte bewußt nicht Verwundung, „erst auskurieren."

Hannelore Seitel zeigte dem Unteroffizier die Kammer, in der ihre Schwiegermutter in ihren letzten Jahren gewohnt hatte. Das Bett war bezogen; ein überlieferter Brauch bei den Bauern, zum Zeichen, daß der Verstorbene noch weiterhin seine Heimstatt im Hause hat.

„Und Sie beide", sie wandte sich wieder an die beiden Älteren, „wenn Sie schon mein Vater und mein Bruder sein wollen, dann werden Sie sich um das Vieh und den Hof kümmern. Allein könnte ich das sowieso nicht. Unser Pole ist weg, seit zwei Tagen, da können Sie gut aushelfen. Ich werde Ihnen schon sagen, was zu tun ist."

„Hier war früher ein Pole?" Henning wurde hellhörig.

„Ja, ein Fremdarbeiter, der Joseph, aber der ist weg."

„Und wenn er wiederkommt?"

„Der kommt nicht wieder. Der ist aus dem Posenschen zu Hause. Da wollte er wieder hin. Wir haben ihm unser drittes Pferd und den kleinen Wagen gegeben. Er hat alles aufgeladen, was er brauchen konnte. Außerdem", die Frau überlegte, „wenn er wirklich wiederkommen sollte, dann würde er Sie nicht verraten. Er war hier wie ein Sohn im Hause."

„Der Joseph, der ist lieb, der hat uns immer so schöne Flöten gemacht. Da konnte man richtig drauf pfeifen", mischte sich Gisela, die die ganze Zeit neugierig schweigend zugehört hatte, ein.

Die beiden anderen Mädchen, Ilse und Inge, kamen erst herein, nachdem die beiden älteren Soldaten nach oben gegangen waren.

„Wir hörten Männerstimmen und dachten schon, es wären Russen gekommen. Deshalb haben wir uns gar nicht hereingetraut."

„Nein, damit Ihr es wißt, es sind euer Großvater Alexander, also mein Vater, und euer Onkel, der Bruder eures Vaters, falls ein Fremder danach fragt."

„Und wenn einer aus dem Dorf wissen will, wer die beiden sind?"

„Es sind nicht zwei, es sind drei, der dritte ist verwundet und liegt in Omas Kammer."

In diesem Augenblick flackerte die Lampe ein paarmal, erlosch, ging wieder an und erlosch dann endgültig.

Völlige Dunkelheit.

„Wißt Ihr übrigens, was für ein Tag heute ist?" fragte Ilse, die Älteste.

„Weiß ich nicht", antworteten Inge und Gisela.

Hannelore wußte es auch nicht.

„Du bist mir eine rechte Maid unseres Führers, Inge", sagte sie in die Dunkelheit, und so konnte man nicht sehen, wie sie das mit der *rechten Maid des Führers* gemeint hatte.

„Na, ist der Groschen immer noch nicht gefallen?"

Keine Antwort.

„Nun, heute ist der dreißigste Januar. Der Tag der nationalen Bewegung. Mit dem Fackelzug ist es ja jetzt wohl für immer vorbei, wo wir nicht einmal mehr elektrisches Licht haben."

30. Januar 1945

„Melde, Gefolgschaftsführer: ein russischer Panzerspähwagen abgeschossen."

Ein Junge, er mochte vierzehn oder höchstens fünfzehn Jahre alt sein, in einem dicken, schneeanassen und schmutzig-erdigen Mantel mit einer dreckigen weißen Binde um den rechten Oberarm, lehmigbraun verschmierten Schnürstiefeln und einer Pelzmütze auf dem Kopf, hatte den rechten Arm vorschriftsmäßig ausgestreckt, so daß die Fingerspitzen in Höhe seiner Augenbrauen lagen, und den linken Arm mit gestreckten Fingern senkrecht an seinen Mantel gelegt.

„Danke, Wegener. Ein schöner Erfolg. So werden wir unser Finkenstein vor diesen Unmenschen retten."

Gefolgschaftsführer Hersfeld erhob sich hinter dem Tisch, grüßte ebenfalls, nur etwas lässiger und streckte dem Jungen seine Rechte hin. Er war vielleicht siebzehn Jahre alt und trug Uniform, die übliche HJ-Winteruniform mit einer grün-weißen Führerschnur, die vom äußeren Rand seiner linken Schulterklappe in einem Bogen bis zur linken Brusttasche hing.

„Im Augenblick bekomme ich keine Verbindung zum Bannführer, Wegener", er sah zweifelnd zu seinem Fernsprecher, „aber ich werde deine Leistung sobald als möglich melden. Schließlich hast du jetzt Anspruch auf die Panzervernichtungsspange."

Er setzte sich wieder.

„Wir müssen unsere Verteidigungsmaßnahmen verstärken. Vermutlich hat das Schwein noch gefunkt, ehe es bei ihm gefunkt hat."

Er lachte über seinen Scherz. Ein Blick auf seine Armbanduhr: „Es ist jetzt elf Uhr zweiunddreißig. Um zwölf Uhr Versammlung auf dem Dorfplatz. Gib die Meldung weiter."

Damit war der Hitlerjunge Werner Wegener entlassen.

Gefolgschaftsführer Hersfeld machte sich mehr Sorgen über die augenblickliche militärische Lage, als er vor dem Jungen zugeben wollte. Zum einen gab es keine Verbindung mehr zur Bannführung. Schon seit Sonntag nicht mehr. Gut, da hatte er sich nichts dabei gedacht; im Gegenteil, er war eher noch beruhigt. Die Dienststelle war am Sonntag eben nicht besetzt, also konnte es so schlimm auch wieder nicht sein. Aber als auch gestern den ganzen Tag über niemand an den Apparat ging - der Rufton kam doch hörbar an -, wuchs seine Unruhe von Fehlversuch zu Fehlversuch.

Und heute kam dieser feindliche Panzerspähwagen aus der falschen Richtung, von Westen. Deshalb hatten sie zunächst natürlich geglaubt, es sei ein Wehrmachtsfahrzeug.

Sie hatten ihre Stellungen östlich von Finkenstein etwa zwanzig Meter neben der Straße gebaut. Wenn der Feind kommen sollte, dann konnte er ja nur von Osten kommen.

Es war eine Schinderei gewesen, die Erdlöcher in den gefrorenen Boden zu hacken und zu graben. Verräterisch dann die lehmig-braune Erde um die Löcher herum. Aber dann hatte es geschneit. Die Feinde müßten schon Röntgenaugen haben, um die Stellungen, neun Erdlöcher hintereinander im Abstand von jeweils vierzig Metern, alle etwa zwanzig Meter von der Straße entfernt und alle südlich der Straße. Wenn die Sonne schiene, wären die Löcher noch schwerer auszumachen, während die Jungen mit der Sonne im Rücken gut hätten zielen können.

Er hatte sich eine tolle Taktik ausgedacht, der militärbesessene HJ-Führer. Erst, wenn das vorderste Fahrzeug einer Kolonne an dem Erdloch vorbeikäme, das Finkenstein am nächsten lag, dann sollte geschossen werden. Und zwar gleichzeitig aus allen Erdlöchern. Sie würden so die ganze Kolonne auf einmal vernichten können.

Und nun kam dieser Panzerspähwagen von Westen!

Das bedeutete, daß der Feind irgendwo durchgebrochen sein mußte, dem Geschützfeuer nach zu urteilen doch wohl nördlich von ihnen, und sie praktisch umzingelt hatte. Sie saßen also in einem Kessel.

Eine beschissene Situation!

Egal. Er machte sich wieder Mut. Ein Kessel läßt sich schließlich wieder aufbrechen, von außen. Nur die Jungen nichts von diesen augenblicklichen Schwierigkeiten anmerken lassen! So tun, als wenn es selbstverständlich ist, daß der Russe diesmal aus der falschen Richtung kommt.

Man mußte sich jetzt eben eine andere Taktik ausdenken. Auch westlich des Ortes Schützenlöcher auszuheben, verbot sich. Sie würden nie die Zeit dazu haben, und dann würde der Feind sofort die frisch aufgeschüttete Erde sehen und wissen, daß da etwas oberfaul ist.

Es war kurz vor zwölf. Er zog sich einen braunen Mantel über, der eigentlich nicht zu seiner Uniform gehörte. Die HJ trug keine Mäntel, auch im Winter nicht, mit Ausnahme der hohen HJ-Führer, vom Stammführer oder so aufwärts. Aber das waren erwachsene Männer.

Er hatte sich den Mantel HJ-mäßig zurechtgemacht, mit der rotweißroten Armbinde links und dem Hakenkreuz, das bei der HJ nicht wie bei der SA und der SS in einem weißen Kreis saß, sondern in einem weißen Quadrat, das auf der Spitze stand. Seine Führerkordel und die Schulterklappen mit den zwei Sternen hatte er sich mit ein paar Stecknadeln, die man so gar nicht sehen konnte, festgesteckt. Um den rechten Arm trug er die Volkssturmbinde, die bei ihm noch schneeweiß war.

Er ging im Marschschritt auf den Dorfplatz. Ein etwa gleichaltriger Junge in der schwarzen Winteruniform ohne Mantel und mit einer durchgehend grünen Führerschnur - man sah, daß er fror - kam ihm entgegen. Als sie drei Schritte voneinander entfernt waren, blieben beide stehen.

Der Rangniedere grüßte vorschriftsmäßig und meldete mit erhobenem Arm: „Gefolgschaftsführer, melde Gefolgschaft neunundzwanzig, eins zu achtzehn Mann zum Befehlsempfang angetreten."

Eins zu achtzehn bedeutete, daß die angetretene Gefolgschaft aus dem meldenden Unterführer und achtzehn Jungen bestand.

Der Rangältere grüßte auch, nur ein wenig lässiger: „Danke Scharführer. Rühren lassen!"

Nach diesen Formalitäten, die hunderttausendfach überall im Reich eingedrillt worden waren, lobte der Gefolgschaftsführer den jungen Hitlerjungen wegen seiner tapferen Pflichterfüllung und stellte dabei heraus, wie leicht man auch schwere gepanzerte Fahrzeuge mit der Panzerfaust vernichten könne. Man brauche nur kaltes Blut und ein bißchen Mut dazu. Es habe sich auch bewährt, in Zweiergruppen zu kämpfen.

Das sollte den anderen Mut machen, traf aber nicht die Realität; denn Wegener saß zufällig allein in seinem Erdloch, als der Panzerspähwagen aus dem Dorf herauskam. Und er hatte auch mehr aus Angst denn mit kaltem Blut geschossen. Es war ein reiner Zufall gewesen, daß er das Fahrzeug tatsächlich getroffen hatte, so schnell, wie es gefahren war.

„Wir gehen in zehn Häusern in Stellung. Scharführer Meyer am Westausgang des Dorfes mit einem weiteren Mann, dann acht mal zwei Mann in der alten Zusammensetzung. Wegener übernimmt das Kommando im Haus Nummer fünf, und ich gehe an den Ostausgang des Dorfes."

Er verhielt einen Augenblick, blickte starr geradeaus.

Man wußte nicht, ob er überlegte, was noch zu sagen war, oder ob es ein reiner eintrainierter, erprobter Mechanismus war, der die Überlegenheit gegenüber den Untergebenen dokumentieren sollte.

Dann befahl er: „Aufstellen in den jeweiligen Kampfgruppen."

„Wir wissen nicht", jetzt sprach er wieder in seinem Instruktionston, „woher die Panzer kommen. Von Westen oder von Osten. Auf jeden Fall müssen sie hier durch die Dorfstraße hindurch. Sobald der erste Panzer den Ort durchfahren hat, also bei mir am Ostausgang oder bei Scharführer Meyer am Westausgang angekommen ist, wenn also die ganze Kolonne im Ort ist, dann fange ich oder fängt Scharführer Meyer zu feuern an. Im gleichen Augenblick feuern alle Kampfgruppen, jeder auf das Fahrzeug, das gerade vor ihm steht."

Zur Verdeutlichung unterstrich er mit einem etwa meterlangen Stock, den er irgendwo aufgehoben hatte, durch eine Zeichnung im Schnee seine Strategie.

„Wir haben zweiundzwanzig Panzerfäuste, das ist eine erhebliche Feuerkraft und bedeutet, zweiundzwanzig vernichtete feindliche Panzer. Jede Kampfgruppe nimmt zwei Panzerfäuste, Scharführer Meyer und ich nehmen drei Panzerfäuste. Und ich sage es noch einmal: immer auf den Turm zielen, nie auf die Seite, die durchschlägt die Panzerfaust möglicherweise nicht."

Frierend standen die Jungen um ihn herum.

„Und daß mir keiner Licht macht! Der Ort muß wie ausgestorben wirken. Darum darf auch kein Feuer gemacht werden! Ein einziger rauchender Schornstein würde uns verraten."

So, das wäre es wohl, dachte er, fügte dann noch aufmunternd hinzu: „Jungen, das muß hundertfünfzigprozentig klappen", und befahl dann: „Ohne Schritt Marsch, in die Kampfstellungen."

Keine Erklärung, wie sie sich nach dem Feuerüberfall verhalten sollten, was geschehen würde, wenn mehr als die zehn Panzer auf sie zuführen, wenn ein Panzer nicht tödlich getroffen sein sollte oder wenn die Panzer von Infanterie begleitet würden. Sie hatten ja kein einziges Gewehr.

Nichts. Es wagte auch keiner zu fragen. Vielleicht dachten sie genau wie ihr Einheitsführer überhaupt nicht an diese Möglichkeiten oder verdrängten sie.

Die Jungen wurden auf die Häuser verteilt, meist kleinere Katen der Gutsarbeiter. Es wurden nur die Häuser ausgewählt, die ein Fenster zur Straße hinaus und zugleich freies Schußfeld hatten. Ein Baum davor etwa oder ein zu hoher Zaun wäre hinderlich gewesen. Einige hatten es besonders gut. Ihre Häuser hatten ein Giebelfenster im Dach, aus dem sie die Straße vor sich wunderbar übersehen konnten.

Die neuen Kampfstellungen gefielen den Jungen weit besser als gestern die nassen, kalten, klebrigen Erdlöcher, in denen sie gehockt hatten. Einige konnten es sogar einrichten, in ihre eigenen Häuser zu kommen.

Finkenstein war verlassen, weil der Gutstreck und mit ihm die paar Bauern des Dorfes schon vor vier Tagen losgezogen waren. Nur sie, die Jungen vom Volkssturm, hatten bleiben müssen, so sehr einzelne Mütter auch geklagt und geweint hatten. Ein paar alte Männer, die auch zum Volkssturm gehört hatten, hatte Gefolgschaftsführer Hersfeld, der sich selbst zum Kampfkommandanten ernannt hatte, nicht haben wollen. Die ließ er mit dem Treck ziehen zum Schutze des Trecks, wie er es nannte. Die Panzerfäuste behielt er alle.

Die Jungen bekamen Hunger. Man mußte nur etwas suchen, dann fand man etwas zu essen, kalt zwar, aber man wurde satt. Anfangs hatten die meisten ihr Fenster zur Straße offengehalten, um sofort einsatzbereit zu sein. Als die Kälte des beginnenden Abends durch die Fenster hereinzog, schlossen sie die Fenster und beobachteten die Dorfstraße durch die Scheiben.

Trotz des Befehls machten sich einige Feuer, weil sie annahmen, daß der Gefolgschaftsführer den Rauch bei der Dämmerung nicht mehr sehen würde. Außerdem müßte der ja wohl auch in seiner Stellung bleiben.

Sie hatten Glück. Es dunkelte sehr schnell. Die Dämmerung schluckte den Rauch.

Dann hörten sie die Panzer. Erst hätte man gar nicht sagen können, daß das Panzer waren, und sehen konnte man sie im Dorf auch noch nicht. Höchstens Scharführer Meyer, der hatte vermutlich Sicht nach Westen. Die Fahrzeuge kamen rasch näher. Man konnte schon das Rasseln der Ketten und das bellende Dröhnen der Motoren unterscheiden. Der Boden fing an zu beben.

Die Jungen rissen die Fenster auf und duckten sich unter den Fensterbänken, jeder eine Panzerfaust, entsichert und mit aufgeklappter Zielvorrichtung, über der rechten Schulter. Das Beben nahm zu und übertrug sich auf die Körper der Jungen, die nicht hätten sagen können, ob sie deshalb oder vor Angst zitterten. Das Getöse schwoll immer mehr an, die Tonhöhe stieg und sank dann schlagartig ab. Der erste Panzer mußte vorbei sein. Der nächste, und wieder der nächste.

Sie trauten sich nicht, den Kopf über die Fensterkante zu heben. Das war auch gut so. Vor Angst handelten sie richtig; denn daß oben auf dem Turm ein Schütze mit einem MG saß, der sie sofort abgeschossen hätte, das wußten sie nicht.

Dann hörten sie den Knall, nicht wie bei einem Gewehrschuß, sondern dumpf, wie durch Watte, daß sie schon zweifelten, ob da überhaupt jemand geschossen und getroffen hatte. Kurz darauf spürten sie die Explosionswelle und hörten einen Augenblick später auch das krachende Knallen.

Der Panzer vor ihrem Haus bremste, daß die Ketten über die Straße rutschten. Diesen Augenblick nutzten die Jungen aus. Sie packten ihre Panzerfäuste auf die Fensterbank, zielten auf den Riesen, der wenige Meter vor ihnen hielt und deshalb trotz der Dämmerung in allen Einzelheiten zu erkennen war, und drückten ab. Zwei, drei Herzschläge lang rutschte und rasselte der Panzer weiter, so als sei er nicht getroffen oder als gehe ihn der lächerliche Stoß überhaupt nichts an. Erst dann riß eine Feuersäule den Turmdeckel hoch.

Fast jeder Panzer wurde zweimal getroffen. Die MG-Schützen waren wohl so überrascht, daß sie kaum zur Gegenwehr kamen. Es fielen zwar einige Maschinengewehrschüsse, aber sie trafen niemanden.

Fünf Detonationen folgten der ersten. Die Hitze der explodierenden und brennenden Panzer schlug den Jungen ins Gesicht und vertrieb sie von den Fenstern.

Es war die Hölle.

Ein MG-Schütze sprang brennend und schreiend von seinem Sitz. Oder fiel er herunter? Man konnte es nicht sagen. Unten im Schnee blieb er jedenfalls reglos liegen und schrie auch nicht mehr. Von den Soldaten, die in den Panzern waren, sahen sie überhaupt nichts. Sie müssen wohl gleich tot gewesen sein.

Allmählich kamen die Jungen aus den Häusern heraus. Jetzt, in der Wärme, begannen sie zu zittern, von dem überstandenen wartenden Frieren, von der Angst, die sie gehabt hatten, als sie die Panzer so dicht vor sich sahen, vor dem Grauen der brennenden Ungetüme, aus denen immer wieder explosionsartig Stichflammen herausloderten. Wahrscheinlich waren es Treibstofftanks oder Munition, die sich in der Hitze entzündeten.

Freude über den Sieg kam bei den meisten nicht auf. Sie standen erschüttert vor der Urgewalt des Feuers. Sie hatten Panzer vernichtet, sie hatten Menschen getötet, im Thermitfeuer verbrannt.

Werner Wegener hatte am Vormittag ja schon einmal einen Panzer abgeschossen. Doch das war etwas anderes gewesen. Der Panzerspähwagen war gut zwanzig Meter von ihm entfernt. Da hatte er den entsprechenden Abstand zu dem vernichteten Fahrzeug und seinen Insassen. Außerdem hatte da keiner auf dem Fahrzeug gesessen.

Heute vormittag hatte er ein Fahrzeug, eine Maschine zerstört. Er war sich dessen nicht bewußt gewesen, daß dort in dem Fahrzeug auch Menschen verbrannt waren. Jetzt aber war man viel näher an dem Geschehen dran, vielleicht nur vier, fünf Meter entfernt, und durch den Brandgestank schien der Geruch nach verbranntem Fleisch, nach verbranntem Menschenfleisch zu dringen.

„Nicht zu nahe an die Panzer gehen. Da wird noch mehr Munition explodieren", rief eine Stimme in das Chaos hinein, und „Sammeln am Dorfplatz, Sammeln am Dorfplatz!"

War es derselbe Rufer oder ein anderer? Man konnte es nicht sagen und froh sein, daß man über dem Zischen der Flammen und dem Geknalle explodierender Kraftstofftanks und Geschosse überhaupt etwas verstand.

„Das war gekonnt", rühmte sich der Gefolgschaftsführer, als sich seine Mannschaft versammelt hatte. Er gehörte zu den wenigen, die kein Mitgefühl mit den verbrannten Soldaten hatten.

„Sechs Panzer vernichtet, kein einziger Verwundeter. Ein herrliches Geschenk für unseren Führer und Reichskanzler an diesem heutigen dreißigsten Januar, dem zwölften Jahrestag der Machtergreifung. Wenn alle so an den Fronten kämpfen würden wie wir, dann wäre der Feind schon längst geschlagen und säße irgendwo hinter dem Ural."

Ihr Erfolg riß den jungen HJ-Führer zu weiteren Siegesutopien hin: „Wenn am heutigen Tage jeder Soldat unserem Führer ein solches

Geschenk bereiten würde, wäre der Endsieg noch in diesem Jahr sicher. Man stelle sich vor, zwanzig Mann haben innerhalb eines einzigen Tages sieben russische Panzer vernichtet", er begann zu schwärmen, „das bedeutet, daß dreißigtausend Mann, ich sage, nur dreißigtausend Mann in der Lage sein müßten, zehntausend russische Panzer, also praktisch den gesamten feindlichen Panzerbestand, zu vernichten. Wenn sie nur wollten."

Man sah ihm an, daß er in diesem Augenblick an seine Rechnung glaubte und zugleich entrüstet darüber war, daß die regulären Truppen bisher nicht in der Lage gewesen waren, den Russen vernichtend zu schlagen.

Wie sollte es weitergehen?

„Ich glaube nicht, daß sich der Feind hier noch einmal hertraut. Und wenn, dann werden wir ihn wieder genauso heiß empfangen wie heute."

„Trotzdem muß natürlich Wache geschoben werden. Doppelwache am Ostrand und Doppelwache am Westrand. Alle zwei Stunden Ablösung. Scharführer Meyer übernimmt das Kommando. Die anderen ohne Tritt weggetreten in das Quartier."

Er hatte den Jungen noch sagen wollen, daß er ihre Heldentaten weitermelden und die ihnen zustehenden Auszeichnungen anfordern wollte, sobald er wieder Fernsprechverbindung mit dem Bannführer haben werde. Aber das hatte er vergessen.

Das Quartier war das Verwaltungsgebäude auf dem Gut, in dem er auch seine Dienststelle eingerichtet hatte, weil es da den Fernsprecher gab.

Scharführer Meyer, sechzehn Jahre alt, teilte die Siegeszuversicht des Gefolgschaftsführers, mit dem er zusammen das Gymnasium in Friedeberg besuchte und der sein Freund war, nicht.

„Robert", begann er vorsichtig, „wenn ich richtig zähle, haben wir nur noch fünf Panzerfäuste."

„Na und?" antwortete der, „die Jungen haben viel zu viel herumgeballert. Eine Panzerfaust pro Panzer hätte voll genügt. Dicht genug standen sie ja vor uns."

„Das stimmt schon. Aber mit fünf Panzerfäusten können wir einen zweiten", er suchte nach dem richtigen Begriff, „einen zweiten Angriff nicht mehr abwehren. Wenn auch nur ein Panzer unbeschädigt bleibt, machen die uns alle kalt."

„Schiß, was, Michael?"

„Ja, auch. Aber ich denke vor allem an die Jungens."

„Was sollen wir also nach deiner Meinung machen?"

„Abhauen, Robert. Sofort abhauen. Nach Süden runter und dann durch die Wälder nach Altenfließ. Der Geschützlärm kam von Norden, die Panzer kamen von Westen. Nach Osten wäre auch Blödsinn. Bleibt nur die Flucht nach Süden."

„Ich höre immer Flucht. Wenn du nicht mein Freund wärest, Michael", antwortete der kaum Ältere in scharfem, gewollt militärischem Ton, „dann würde ich dich vor ein Kriegsgericht stellen lassen."

Michael sah erschrocken auf.

„Wir haben einen Befehl, und der lautet: Verteidigung unseres Dorfes bis zur letzten Patrone. Das haben wir bis jetzt auch erfolgreich getan."

Er wartete einen Augenblick.

„Und das werden wir auch weiterhin erfolgreich tun."

Und er setzte hinzu: „Und wenn die Übermacht zu groß wird, dann werden wir zu sterben wissen wie die Helden von Stalingrad."

Das Verlogene, das Pathetische seiner Sätze war ihm überhaupt nicht bewußt.

Michael wollte seine Anregung untermauern, seinem Freund klarmachen, daß es ihm wirklich nur um die Jungen ging.

„Kein Wort mehr, Scharführer! Wir haben einen Befehl!"

Die Nacht blieb ruhig. Die Wachen meldeten jeweils: „Keine besonderen Vorkommnisse."

Michael Meyer sagte den Jungen bei der Kontrolle der Wachen kein Wort über die Besorgnis, die er hegte.

Trotzdem schliefen die meisten kaum.

Am nächsten Vormittag begann der Beschuß mit Artillerie und Raketenwerfern. Bereits die erste Salve traf voll.

Für die Jungen war es zu spät für eine Flucht.

31. Januar 1945

Die Nacht verlief ruhig. Das an den Nerven nagende Kettengerassel war verstummt. Fredy wachte auf. Die Dämmerung ließ die ganze Schulstube unwirklich erscheinen. Es war kalt und die Luft war stickig, stechend. Fredy mußte erst überlegen, ob er das mit den Russen geträumt hatte oder ob es Wirklichkeit war.

Draußen rollten Fahrzeuge. Fredy stieg vorsichtig über die Schlafenden hinweg. Es waren schwere Militärlastwagen mit einem roten Stern auf der Tür des Fahrerhauses. Mehrere zogen Geschütze.

Sie kamen die Dorfstraße herauf, wieder vom Westen. Lastkraftwagen mit schmutziggrünen Planen. Auf dem Beifahrersitz stand, mit dem halben Oberkörper über das Fahrerhaus hinausragend, ein MG-Schütze.

Dazwischen ganz andere Fahrzeuge. Auf deren Ladepritsche war ein Metallgestell montiert, das aussah wie ein riesiges Flaschenregal. Es steckten lange, zylinderförmige metallene Körper in dem Gestell, vielleicht vier oder fünf in einer Reihe und gleichviel übereinander, die oben ein wenig herausragten.

„Stalinorgeln." Helmut Wegemann war neben Fredy getreten. „Das sind Stalinorgeln. Raketenwerfer. Ich habe sie mal in der Wochenschau gesehen."

Noch ein offener Geländewagen, mit vier Mann besetzt, dann war der Spuk vorbei.

Fredy wollte zur Tür hinausgehen. Irgendwo mußte doch ein Klosett sein.

„Bleib hier drin, Junge", flüsterte sein Onkel, „die erschießen dich, wenn du rausgehst."

Als er den Grund hörte, machte er den Vorschlag: „Geh in den Keller, irgendwo in eine Ecke. Draußen ist es zu gefährlich."

Viele andere schienen schon in der Nacht den gleichen Ausweg gesucht zu haben. Im Keller stank es weit mehr als in der Stube.

„Wenn wir doch mehr zu essen mitgebracht hätten. Lange reicht das nicht, was wir hier haben," klagte Lene.

„Ich muß ja auch die Pferde versorgen gehen. Irgendwann werden sie uns schon hier rauslassen. Dann gehe ich am Wagen vorbei und bringe was mit."

Oma Schmidtgen wußte Rat: „Wir müssen alle die Pferde füttern. Ich sehe mal vorsichtig raus und rede mit denen. Mir alten Frau werden sie schon nichts tun."

Sie öffnete vorsichtig die Klassentür. Man hörte, wie sie draußen die schwere Schultür aufmachte. Es mußte tatsächlich eine Wache vor der Tür gestanden haben.

Sie sprach mit dem Russen, und man hörte deutlich so etwas wie „da, da."

Die Alte kam zurück: „Wir können zu den Pferden gehen."

Als Fredy und die Kinder mitgehen wollten, riet sie: „Ihr bleibt man lieber hier, und du, Hermine auch. Ich mache das schon. Herr Lenk kann ja mitkommen und Sie auch." Sie wies mit dem Kopf zu Max Kordian, der jetzt mit seinem Bart, den er seit drei Tagen nicht mehr geschnitten hatte, noch finsterer aussah.

„Das ist gut. Lassen Sie alle Ihren Bart wachsen. Das macht Sie älter." Großmutter Schmidtgen schritt weit entschlossener als eben zur Haustür.

In diesem Augenblick begann der Beschuß. Es knallte, zischte und fauchte, als wenn man einen übergroßen Feuerwerkskörper aus nächster Nähe abgeschossen hätte. Nur war das Geräusch durchdringender, vielfältiger und langanhaltender. Es schien sich zu verlieren, als man die Detonationen hörte, eine nach der anderen. Es war deutlich zu hören: Der Abschuß lag näher als die Einschläge. Zählen hätte man die Einschläge nicht können. Sie folgten zu dicht aufeinander.

„Das waren die Stalinorgeln", meinte Helmut, „die müssen sie irgendwo vor dem Dorf in Stellung gebracht haben."

In die Ruhe hinein bellten die Geschütze, einmal, Pause, Einschläge, dann noch einmal, warten, Einschläge und dann zum drittenmal. Diese Einschläge schienen lange nicht so wuchtig zu sein wie die der Raketenwerfer.

Nach etwa einer Viertelstunde erneut das unheimliche Fauchen und Zischen und wieder die Einschläge.

Dann wieder Stille, beängstigende, qualvolle Stille.

Alle warteten auf die nächste Salve, als die Tür aufgerissen wurde.

„Gottseidank, daß Artur und die anderen wieder zurückkommen, bei diesem Geschieße", dachte Lene, und da bemerkte sie schon ihren Irrtum. Vier Russen standen in der Stube, rauchten selbstgedrehte Zigaretten, lachten großspurig hämisch und sprachen miteinander, einen nach dem anderen in dem Klassenzimmer fixierend.

Einer ging auf Hermine Schmidtgen zu, packte sie grob am Arm und sagte: „Du, Frau, kommen."

Die wehrte sich, ihre beiden Kinder fingen an zu schreien und hielten ihre Mama am anderen Arm fest. Die Frau wurde so von zwei Seiten gezogen und stemmte sich ihrerseits gegen das Reißen und Zerren des Soldaten.

Da schlug er mit der Hand in ihr Gesicht, kräftig und wütend.

Er verhielt nur einen kurzen Augenblick, als er dem Abschuß der dritten Salve lauschte. Dann versuchte er erneut, sie wegzuzerren.

„Du, Frau, komm!" Er riß wütend an dem Arm der Frau.

Die anderen drei Soldaten standen weiterhin an der Tür, rauchten, strichen auch mal die Asche an der Wand ab und grienten. Einer rief dem Angreifer etwas zu, was den offensichtlich noch mehr in Wut brachte.

Ehe er die Frau noch einmal schlagen konnte, sagte sie zu ihren Kindern: „Es hilft nichts, Kinder, ich muß mitgehen. Haltet euch an die Oma. Die wird ja gleich wiederkommen. Und dann sind ja auch noch Herr und Frau Lenk da."

Widerstrebend ließ sie sich von dem Soldaten wegzerren.

Die Kinder hielten sie weiter fest und wurden so bis zur Tür gezogen: „Wollen sie dich erschießen, Mama?"

„Ich weiß es nicht, Liesel." Sie riß sich von den Kindern los. Schon in der Tür stehend, drehte sie sich noch einmal um: „Wir hatten eine schöne Zeit miteinander, zu Hause in Kalischka. Denkt immer daran."

Sie schwieg einen Augenblick. Der Russe hatte das Zerren aufgegeben, hielt ihren Arm aber immer noch fest umklammert und duldete nicht, daß sie ihren Kindern noch ein letztes Mal über die Haare streichen konnte.

„Und vergeßt euren Papa nicht."

Dann ließ sie sich widerstandslos hinausführen. Die drei anderen Soldaten folgten ihr und dem Russen, der sie weiter festhielt.

Man konnte durch das Fenster sehen, wie sie über den festen Vorplatz der Schule zwischen den Wagen hindurchgingen und dann auf der anderen Straßenseite irgendwo verschwanden.

Die Zurückgebliebenen warteten wie letzte Nacht, als man den Gefreiten Wagner herausgeholt hatte, auf den Knall eines Schusses. Aber das dachte nur jeder, keiner hätte es zu sagen vermocht.

Nichts geschah.

Es blieb ein lähmendes Warten. Niemand dachte daran, was in der nächsten Stunde oder morgen oder übermorgen sein würde, niemand mehr fühlte Hunger oder Durst oder Kälte, das Feuer im Ofen war in der Nacht längst ausgegangen. Eisige Stille.

Lene unterbrach das Schweigen schließlich: „Wenn doch Artur wieder hier wäre. Daß der auch unbedingt rausgehen mußte."

Sie hatte vergessen, daß sie es war, die an die auf dem Wagen zurückgelassenen Lebensmittel erinnert und damit ihren Mann und die anderen veranlaßt hatte, die Klassenstube zu verlassen.

Erneut eine Raketenwerfersalve.

„Eure Mutter kommt bestimmt bald wieder. Unserem Gefreiten haben sie ja auch nichts getan." Fredy meinte, etwas zu den beiden Kindern sagen, sie trösten zu müssen und sprach dabei vor allem sich selbst Mut zu.

„Ihr werdet sehen, bald kommt eure Mama wieder", wiederholte er sich. „Vielleicht soll sie den Russen nur irgend etwas übersetzen."

Das war ihm gerade so eingefallen und klang doch recht glaubhaft.

„So gut kann die Mama doch gar nicht polnisch. Und russisch überhaupt nicht. Dann hätten sie doch viel eher die Großmutter geholt", entgegnete Liesel.

„Aber die war ja schon weg", sagte Jürgen.

„Eben", bestätigte Fredy.

Die Zurückgebliebenen lugten immer wieder verstohlen aus den Fenstern, eines ging nach vorn auf die Straße und eines nach hinten auf den Schulhof, und hofften, Hermine Schmidtgen zurückkommen zu sehen. Sie trauten sich nicht, deutlich hinauszuschauen; denn dann hätten sie auf die fragenden Augen der anderen und vor allem die der Kinder reagieren müssen.

Da sahen sie, wie der Gendarm Schultze von zwei Russen und ein paar Mann in Zivil über die Straße geführt wurde. Er trug immer noch seine Uniform und hielt die Hände auf dem Rücken. Als die Gruppe dicht unter ihrem Fenster vorbeikam, sahen sie, daß man seine Arme auf dem Rücken zusammengebunden hatte.

Lene Lenk sah noch mehr: „Da ist ja Wladi."

„Was ist mit diesem Wladi, Tante Lene?"

„Das ist ein Pole, ein Fremdarbeiter, aus Godtschen. Den hat der Schultze bestimmt mehr als einmal verprügelt."

„Warum verprügelt“, fragte Liesel, „tat man das denn?“

„Keiner weiß genau, warum. Vielleicht kam er zu spät in das Feuerwehrhaus. Vielleicht war es etwas anderes. Vielleicht auch nur, weil der Blumenhöf ihn nicht leiden konnte. Der Schultze mußte ja machen, was der Blumenhöf ihm befahl. Vielleicht war der Wladi auch zu aufsässig. Wir haben nie etwas mit ihm zu tun gehabt.“

Nach einer kurzen Pause fügte sie noch hinzu: „Frag nicht so viel.“

Damit gab sie zu verstehen, daß sie nichts mehr davon zu sagen oder zu hören wünschte.

Auf dem Hof hinter der Schule blieb die Gruppe stehen.

Einer der Zivilisten sprach, nein schrie, daß man es bis in die Schulstube hören konnte, durch das geschlossene Fenster.

Man sah, daß der Gendarm antwortete. Doch man hörte nichts.

„Du uns geschlagen, mit Peitsche, auf nackten Rücken, du Schwein.“ Der Sprecher, es war der Wladi, rammte dem Gendarmen sein Gewehr in den Bauch.

Der Gendarm krümmte sich und sagte irgend etwas. Doch man verstand ihn nicht.

Einer riß ihn wieder hoch und schlug ihm ins Gesicht, wieder und wieder.

Sein Gesicht war voller Blut.

Man konnte nicht mehr mit ansehen, wie sie den alten Mann quälten.

„Von sich aus hat er die Gefangenen nie geschlagen“, verteidigte ihn Lene Lenk, „sondern immer nur, wenn der Blumenhöf ihm das befohlen hatte. Aber der hat sich seine Hände ja nie schmutzig gemacht, dieser Schuft.“

„Und jetzt hat er sich rechtzeitig verduftet“, ergänzte Fredy.

Das Mitleid mit dem Mißhandelten ließ die Frau die Wahrheit verfälschen und rückte sein Tun in ein besseres Licht. Gendarm Schultze hatte die Gefangenen tatsächlich öfter geprügelt, und ob es jedesmal der Blumenhöf befohlen hatte, war zu bezweifeln. Aber der Gendarm hatte es dabei immer bewenden lassen. Nie hatte er einen Gefangenen der Gestapo überantwortet, selbst dann nicht, wenn der für eine oder zwei Nächte verschwunden war.

Und erschossen hatte er natürlich auch nie einen Gefangenen.

Als sie wieder hinsahen, stand der Gendarm allein da. Er konnte nicht weglaufen. Man hatte auch seine Füße gefesselt. Die anderen standen mit dem Rücken zum Fenster, doch man ahnte, was jetzt kommen würde.

Die Salve krachte. Den Gendarm Schultze riß es nach vorn. Es sah so aus, als wolle er sich verbeugen. Dann fiel er zur Seite. Er lag halb mit dem Rücken zum Fenster und rührte sich nicht mehr. Seine grüne Uniform wurde über der Rückseite dunkel. Der Schnee unter ihm färbte sich rot.

Kurze Zeit später muß ein Fahrzeug über seine Leiche gefahren sein. Man sah jedenfalls deutlich die Spuren im Schnee und über seinem Körper. Das war wohl der Grund, daß das Gerücht aufkam und sich nicht aus der Welt schaffen ließ, daß man ihn gezwungen habe, sich auf den Boden zu legen, um ihn dann bei lebendigem Leibe zu überfahren.

Das Gerücht lebte weiter, obwohl man aus dem hinteren Schulstubenfenster hatte sehen können, wie man ihn erschossen hatte.

Eine weitere Salve der Raketenwerferbatterie. So hörte man nicht, daß Lenk, Kordian und Großmutter Schmidtgen zurückkamen. Erst, als die Tür aufging, sah man sie. Alle trugen schwer an den Körben und Taschen.

„Hast du die Mama gesehen?" überfiel Liesel sofort ihre Großmutter.

„Wieso, ist Hermine nicht hier?" fragte die.

Alle redeten durcheinander, so daß es ziemlich lange dauerte, bis die alte Frau begriffen hatte, was vorgefallen war.

„So ist das also", sagte sie, setzte sich und schwieg.

In das Schweigen tönte erneut die Raketensalve. Es sollte die letzte sein. Die Geschütze schwiegen schon einige Zeit.

„Was haben die bloß zu beschießen", wunderte sich Fredy, „die müssen mächtig viel Munition haben. Deutsche sind da doch nicht mehr, ich meine, deutsche Soldaten."

„Es muß Richtung Finkenstein sein", mutmaßte Artur Lenk. „Da hatte es doch gestern abend auch schon geschossen."

„Hast Du von den Stalinorgeln was gesehen, Onkel Artur?"

„So, Stalinorgeln sind das. Was du nicht alles weißt. Nein, ich habe nur die Lastwagen gesehen, die auf der Straße vorbeigefahren sind. Ein paar zogen Geschütze hinter sich her. Mehr nicht."

Die Tür ging erneut auf.

Hermine Schmidtgen kam zurück. Sie schien ein Wrack ihrer selbst zu sein. Zerkratzt und voller angetrockneter Tränen das Gesicht, die Jacke zerrissen, einen ihrer Stiefel hatte sie in der Hand.

Mit der anderen hielt sie die schwere Hose fest, deren Bund aufgerissen war.

Sie setzte sich an ein Schülerpult, legte den Kopf auf ihre verschränkten Arme. Ihre Schultern bebten.

Liesel schlang ihren Arm um den gebeugten Oberkörper ihrer Mutter und sagte: „Du bist wieder hier, Mama, jetzt ist doch alles wieder gut."

Die Frau schüttelte den Kopf, ohne ihn zu heben.

„Hat dich einer erkannt?" fragte die Alte ihre Schwiegertochter.

Die Frage war sachlich, nahezu kalt und teilnahmslos, so als trüge ihre Schwiegertochter mit Schuld daran, daß man ihr etwas angetan hatte.

Hermine Schmidtgen nickte nur.

„Dann wäre es besser gewesen, du hättest dich erschießen lassen. Eine deutsche Frau und dieses Russengesindel."

Das war hart.

„Wie willst du jetzt deinem Mann wieder unter die Augen treten?" setzte sie nach.

Das Beben der Schultern wurde heftiger, Liesel klammerte sich noch mehr an ihre Mutter. Auch Jürgen kam jetzt. Ungeschickt versuchte auch er, die Mutter zu trösten.

„Wie können Sie so hart sein?" tadelte Martha Vogt die Alte. „Brechen Sie nicht zu früh den Stab."

Fredy überlegte, was denn daran Schlimmes ist, daß man Frau Schmidtgen erkannt hat. Ob sie einen von sich zu Hause getroffen hat und sie oder ihr Mann auch so grob mit den Polen umgegangen waren wie der Gendarm Schultze und man sie deshalb so geschlagen hat?

Ja, das mußte es sein. Aber merkwürdig, sie sind doch von so viel weiter hergekommen als wir. Daß die Polen sie soweit verfolgt hatten!

So naiv, so dumm war Fredy in diesem Augenblick noch.

Aber die alte Schmidtgen klärte ihn schnell auf: „Neunzehnhundertneunzehn, zwanzig, da war es auch schlimm. Damals war ich jung. Gerhard, mein Sohn, war so alt wie jetzt der Jürgen. Aber ich habe damals keinen an mich rangelassen. Von mir aus, erschießt mich, hatte ich gesagt, als sie was von mir wollten. Aber Hermine, die ist ja aus der Stadt, melken konnte sie nicht, als sie kam, mit Pferden kann sie bis heute nicht umgehen. Ich war immer dagegen, daß mein Sohn sie heiratete. Und nun das. Das setzt allem die Krone auf."

Daß sich die beiden Frauen nicht sonderlich leiden konnten, hatten Lenks schon lange bemerkt. Aber dieser Haß jetzt, zu dieser Stunde. Das war zu viel.

„Ihre Schwiegermutter wird sich schon wieder beruhigen, Hermine." Helene Lenk beugte sich zu der Weinenden. „Was Ihnen heute passiert ist, kann uns allen schon morgen und übermorgen angetan werden. Wir wissen ja, was die Russen für Tiere sind. Im Rundfunk hatte man es ja oft genug gesagt. Und ich sage Ihnen, so viel Mut habe ich auch nicht. Ehe ich mich umbringen lasse, lasse ich es mit mir geschehen."

Inzwischen hatte Fredy voll begriffen, um was es ging. Er erinnerte sich an seinen Konfirmandenunterricht und die Schöpfungsgeschichte in der Bibel. Da heißt es: Adam erkannte sein Weib Eva und sie wurde schwanger.

Er verstand nicht, daß er vor ein paar Minuten noch hatte so naiv sein können. Nur gut, daß er nichts gesagt hatte.

Für wie dumm hätten sie ihn halten müssen?

Die Umschreibung, die die Großmutter Schmidtgen gebraucht hatte, wurde sehr schnell Allgemeingut. Und es lag schon etwas Abmilderndes, Verkleinerndes darin. Vergewaltigung wäre ein viel härterer Ausdruck gewesen. Den vermied man.

„Mit einem wäre ich ja fertig geworden. Aber es waren vier. Drei haben mich festgehalten, einer meine Arme über dem Kopf, und zwei die Beine. Der Vierte hat mich dann ... genommen."

„Haben sie dir sehr weh getan, Mama?" Jürgen hatte noch nicht verstanden, was man seiner Mutter angetan hatte.

„Ja, sehr, aber mehr hier drinnen als am Körper. Aber das verstehst du noch nicht, Jürgen, mein Junge."

Er sollte es sehr schnell begreifen, die nächsten Tage.

Die Frau schwieg. Man merkte, wie es in ihr arbeitete.

Sie sprach nur noch flüsternd weiter, mehr zu Helene Lenk, aber es konnten doch alle hören: „Dann haben sie sich abgewechselt. Ich versuchte, wegzulaufen. Aber sie haben mich wieder eingeholt."

„Alle vier?“ fragte die alte Schmidtgen.

Die junge Frau nickte. „Ja, und einer zweimal.“

Erschütterung, Wut, Angst, Verzweiflung, Resignation. Drohendes Unheil lag über der Schulstube. Keiner dachte an das Essen, das immer noch in den Körben und Taschen auf den Tischen stand. Keiner fühlte die Kälte. Die vergewaltigte Frau. Schultze, der erschossene Gendarm.

Es war zu viel.

Auf dem Hof sammelten sich Menschen. Unter ihnen waren Leute aus Godtschen. Da wurde auch ihre Tür aufgerissen.

„Alle raus!“

Es war ein Pole, der sie aufforderte. Ein Russe stand hinter ihm. Es ging ihm nicht schnell genug. Er nahm seine Maschinenpistole vom Rücken, die mit dem großen Trommelmagazin, hielt es in die Schulstube und schrie: „Dawai, Dawai.“

Die beiden füllten derart die Tür, daß man nur mit Mühe an ihnen vorbeikam. Sie genossen ihre Macht, fühlten die Angst der Menschen, die sich noch steigerte, als der Russe einen alten Mann anschrie, der seinen Mantel nicht schnell genug anziehen konnte: „Nix, raus!“, ihm den Mantel wieder herunterriß und auf den Boden warf.

Draußen, auf dem Schulhof, mußten sie sich aufstellen. In mehreren Reihen hintereinander.

Gendarm Schultze lag immer noch da, mit zerquetschtem Leib.

„Der hat es überstanden. Dem geht es jetzt gut“, sagte eine Frau.

Ein paar Frauen standen da mit angerissenen Kleidern.

„Sie auch?“

Man nickte nur.

Also war Hermine Schmidtgen nicht die einzige.

Ein paar Russen standen mit ihren Maschinenpistolen vor ihnen. Die Läufe auf sie gerichtet.

Schlagartig fielen Fredy die Patronen ein, die er immer noch in seiner Manteltasche trug. Aber selbst wenn er immer an sie gedacht hätte: Zum Wegwerfen hätte er noch keine Gelegenheit gehabt.

Für einen Augenblick spielte er mit dem Gedanken, sie jetzt einfach in den Schnee fallen zu lassen. Aber das traute er sich nicht. Zu vielen hätte das auffallen können, Deutschen und Russen.

Sie warteten.

Ein weiterer Russe kam. Er hatte braune Stiefel an, trug eine Reihe von roten, sternförmigen Orden und hatte drei Sterne auf seinen Schulterklappen.

Er stellte sich vor den Deutschen auf und sprach sie auf russisch an.

„Wir sollen etwas lesen", flüsterte Großmutter Schmidtgen.

Lesen? Das hatte die alte Frau sicher nicht genau verstanden.

Dann sprach ein Pole. Er trug so etwas Uniformähnliches, einen Soldatenmantel, eine weißrote Binde um den Arm und eine Mütze mit einem viereckigen Deckel. Die Armbinde und die Mütze unterschieden ihn deutlich von den Russen.

„Ihr sollt antreten, immer vier Mann!"

Die Deutschen wußten nicht, was er meinte. Sie lösten ihre Reihen auf. Es entstand aber keine neue Formation.

„Stoi", schrie da der russische Offizier. Das folgende konnte man nicht verstehen.

„Es sollen vier von uns sich an die Scheune stellen", flüsterte die alte Schmidtgen.

„Was sich noch lange quälen lassen", sagte Lenk, „komm, Fredy, gehen wir." Beide gingen nach vorn und stellten sich mit dem Rücken an das Scheunentor. Ein paar andere folgten, ein Junge und ein paar alte Männer. Sie waren zu sechst, insgesamt.

Wieder brüllte der Russe.

Sie taten nichts. Was wollte man jetzt noch von ihnen? Sollen sie doch endlich schießen!

Da kam einer der Soldaten mit der Maschinenpistole auf einen der alten Männer zu, packte ihn bei den Schultern und drehte ihn herum.

„Dawai!"

Nun wußten sie es. Sie sollten mit dem Gesicht zum Scheunentor stehen.

„Dawai", sagte der Russe wieder und noch viel mehr, was man nicht verstand. Dabei zeigte er auf einen Bogen, etwa doppelt so groß wie eine Zeichenblockseite, der an das Scheunentor genagelt war. Er war zweigeteilt, beide Texte mit einem dicken schwarzen Rand versehen. Der eine in kyrillischen, der andere in lateinischen Buchstaben.

Also stimmte das doch, was Großmutter Schmidtgen gesagt hatte. Fredy faßte Mut. Wenn sie hier etwas lesen sollten, dann würde man sie nicht erschießen, sofort jedenfalls nicht.

Fredy las:

„Militärbefehl Nr. 1

Hiermit befehle ich:

1. Das gesamte ehemals deutsche Gebiet untersteht dem Oberkommando der Roten Armee.

2. Alle Angehörige der deutschen Wehrmacht haben sich unverzüglich der Roten Armee zu ergeben. Wer sich nicht ergibt, wird erschossen.

3. Den Offizieren und Mannschaften der Roten Armee ist unbedingt Gehorsam zu leisten.

4. Alle Waffen sind sofort den Einheiten der Roten Armee auszuliefern. Zu den Waffen gehören auch Dolche, Schwerter und feststehende Messer mit Spitzen.

5. Alle Radios, Telefone und sonstigen Fernmeldegeräte sind abzuliefern.

6. Alle Motorfahrzeuge und alles Benzin sind abzuliefern.

7. Alle Drucksachen sind abzuliefern.

8. Alles Schreibgerät, Bleistifte, Tinte sind abzuliefern.

9. Alle Deutschen dürfen den Ort nur mit Passierschein verlassen.

Januar 30, 1945.

G. K. Schukow, Marschall der Roten Armee.

Oberbefehlshaber der Weißrussischen Front."

Fredy hatte den umfangreichen Text, bis auf kleine Holprigkeiten in fehlerfreiem Deutsch, kaum durchgelesen, als er zur Seite gestoßen wurde.

„Dawai!"

Eine nächste Gruppe wurde vor das Scheunentor getrieben.

Fredy wollte zu den anderen zurückgehen, um ihnen zu sagen, was sie da lesen würden. Aber das durfte er nicht. Er mußte sich mit den fünf anderen abseits stellen.

„Erschießen werden sie uns wohl nicht", flüsterte einer der Alten. „Uns sieht man an, daß wir keine Soldaten waren. Und Ihr beide, Ihr seid doch noch zu jung zum Soldatenspielen. Wie alt seid Ihr denn?"

Fredy sah sich die Männer an. Er kannte sie alle nicht. Wenn sie aus Godtschen kamen, dann aus dem anderen Ende des Dorfes. Da kannte man ihn nicht so genau, ihn, den Feriengast im Dorf. Vielleicht kamen sie auch ganz woanders her.

„Dreizehn", sagte der Junge neben Fredy.

Fredy sah ihn von der Seite an. Der sollte erst dreizehn Jahre sein, dachte er. Er war deutlich größer als Fredy; nun das hatte nicht so viel zu sagen, die Vogts waren alle keine Riesen, er auch nicht. Aber dem Jungen wuchs schon sichtbar der Bart. Und das bei einem Dreizehnjährigen?

„Und du, Junge?" fragte der Alte weiter.

„Auch dreizehn. Im Juni werde ich vierzehn", log Fredy. Er hatte sich soeben um zwei Jahre jünger gemacht.

Lenk hatte das natürlich gehört. Aber er sagte kein Wort.

„Na, ja, dann wart Ihr ja auch nicht beim Volkssturm. Euch kann also auch nichts passieren", stellte der Alte fest.

Allmählich wurde ihre Gruppe immer größer und die der drüben im Abstand vor dem Scheunentor Stehenden immer kleiner.

Als die Großmutter und Lene Lenk nach dem Lesen kamen, flüsterte Fredy ihnen zu: „Damit Ihr es wißt, ich bin dreizehneinhalb Jahre alt. Deshalb war ich nie beim Volkssturm."

„Still, Junge", flüsterte noch leiser Lene zurück, „und Artur war nicht beim Volkssturm, weil er als Invalide nicht laufen kann."

Als Fredy der Liesel sein neues Alter nannte, damit sie ihn nicht etwa ungewollt verraten könnte, antwortete sie: „Habe ich mir doch gleich gedacht, daß du noch keine fünfzehn bist. So groß bist du ja nun auch wieder nicht."

Fredy sah sie von der Seite an. Bist du nun so einfältig, daß du das ohne weiteres glaubst, oder bist du schon so klug, um eine solche Schutzbehauptung sofort zu verinnerlichen?

31. Januar 1945

Am späten Mittwochnachmittag kam die erste Einheit der Roten Armee nach Godtschen. Keine Panzer, sondern zwei Lastwagen und ein Geländewagen. Sie hielten vor Wernickes Gastwirtschaft, an der über der Saaltür eine große, weiß-rote Fahne hing.

Die Gaststube hatten die Polen als ihr Hauptquartier eingerichtet, und ohne daß es Widerspruch gab, hatte Felix sich zum Kommandanten des Dorfes erklärt. Er hatte sich nicht nur ohne Schwierigkeiten durchsetzen können, weil er der einzige war, der eine Pistole und dazu ein paar Magazine Munition hatte - keiner wußte, woher -, sondern er hatte sich immer schon für seine Kameraden eingesetzt, so gut er konnte, wobei er seinen guten Kontakt zu einigen Bauern ausgenutzt hatte.

Er hatte alles gut vorbereitet. Als die drei deutschen Soldaten heute morgen verschwunden waren und es auch nicht so aussah, daß sie noch einmal zurückkommen würden, hatte er die Fahne vorbereiten lassen. Maria und Pastors Lise, die jetzt bei ihnen wohnte, hatten sie genäht aus einem weißen Bettlaken und einem Inlett, aus dem sie die Federn geschüttelt hatten.

Dann hatte er ein paar Kameraden in den Wald geschickt, um die russischen Gefangenen zurückzuholen. Er hatte sie vorsorglich hinten in Wernickes Scheune untergebracht und dafür gesorgt, daß sie etwas zu essen bekamen und ein paar Flaschen Bier, aber nur höchstens zwei Flaschen pro Mann.

Er war sich sicher, daß die deutsche Front zusammengebrochen war. Er wollte aber trotzdem kein Risiko wegen der Gefangenen eingehen. Es war doch immerhin denkbar, daß irgendwoher noch einmal versprengte deutsche Soldaten in das Dorf kommen würden und die Russen in letzter Minute umlegen könnten. Verteidigen hätte man sich schlecht können mit den paar Panzerfäusten, die im Saal zurückgeblieben waren. Es fehlte vor allem an Handfeuerwaffen.

Deshalb also das Versteck hinter dem Stall in der Scheune, von der Dorfstraße und selbst von dem vorderen Hof nicht einsehbar, und deshalb sein Bemühen, daß die Russen ihre Freiheit nicht zu lauthals feiern konnten.

Ein Oberleutnant der Roten Armee kam in die Gaststube, eine Pistole in der rechten Hand. Zwei Rotarmisten folgten ihm, ihre Maschinenpistolen schußbereit, schräg nach oben haltend, im Arm, den rechten Zeigefinger am Abzug.

Felix, wie alle Polen mit weißroter Armbinde, auch dazu hatte das Inlett gereicht, ging auf den Offizier zu und teilte ihm bewußt unmilitärisch mit, daß sie, die Polen, das Dorf in Besitz genommen hätten. Die paar deutschen Familien, die im Dorf verblieben oder schon wieder vom Treck zurückgekommen waren, hätten sich ihnen ergeben.

Das stimmte zwar so nicht ganz. Niemand hatte eine weiße Flagge gezeigt und mit niemandem hatte er über eine Kapitulation gesprochen. Er wußte aber, daß die Deutschen froh waren, wenn man sie möglichst in Ruhe ließe.

Die Verständigung klappte besser als erwartet. Seine vielen Gespräche mit den russischen Gefangenen während der zurückliegenden drei Jahre hatten ihm ein Gefühl dafür gegeben, in wieweit die Russen das Polnische verstehen konnten, und er hatte eine Menge russischer Wörter lernen können.

Der Offizier unterhielt sich leise mit einem seiner Soldaten.

Dann sagte er zu Felix in durchaus vertraulichem Ton: „Wenn du sagst, daß die Deutschen friedlich bleiben und keine deutschen Soldaten mehr hier sind, werden wir darauf verzichten, alle Häuser zu durchkämmen. Wir haben es eilig, wir sollen heute noch bis nach", er nahm seine Kartentasche, offensichtlich ein deutsches Beutestück, fuhr auf ihr mit dem Finger entlang, „bis nach Driesen kommen."

„Die Deutschen werden friedlich bleiben, und deutsche Soldaten sind keine mehr im Dorf."

An die letzten drei, die bis gestern noch im Dorf, hier in Wernickes Gaststube, gewesen waren, dachte er in diesem Augenblick nicht. Und wenn, die waren bestimmt schon über alle Berge.

„Aber wir haben russische Kameraden hier."

„Soldaten der Roten Armee?" fragte der Offizier neugierig und mißtrauisch zugleich.

„Gewiß. Sie haben hier im Dorf gearbeitet, schon seit mehr als drei Jahren. Damit sie nicht im letzten Augenblick von der SS erschossen werden, haben wir sie versteckt. Erst im Wald und jetzt hier hinten in der Scheune."

„Laß sie holen!"

Sein Ton war plötzlich unfreundlich, abweisend, verächtlich.

Den Augenblick der Befreiung hatten sich die russischen Gefangenen sicher anders vorgestellt. Als sie in die Gaststube hereinkamen, einige rauchten selbstgedrehte Zigaretten, ein paar hielten ihre Bierflasche oder ein Stück Brot in der Hand, brüllte sie der Offizier sofort an.

Felix verstand weder, worum es ging, noch, warum der Offizier seine Kameraden so feindlich begrüßte. Er verstand nur etwas von Verrat, von toten Kameraden, sogar das Wort Feigheit fiel.

Dann wurden die ehemaligen Gefangenen mit zahlreichen antreibenden Dawai-Rufen aus der Gaststube und auf einen der Lastwagen getrieben. Einer, der vor Schwäche oder Angst nicht gleich das hohe Seitenbord erklimmen konnte, bekam mit dem hölzernen Kolben der Maschinenpistole einen Stoß in den Rücken.

Vier Rotarmisten kletterten zusätzlich auf die Ladepritsche. Sie hielten ihre Waffe schußbereit in Richtung auf ihre Kameraden, so als seien sie erneut Gefangene.

Ein kurzer Befehl, der Militärlaster fuhr los, aber nicht in Richtung Driesen, sondern den Weg zurück, den sie gekommen waren.

Der Oberleutnant sah dem Fahrzeug nach, bis es hinter dem Dorf, am Friedhof vorbei, verschwunden war, gab noch einen kurzen Befehl und schwang sich in seinen Geländewagen.

„Komm her", rief er Felix zu.

Er gab ihm eine Papierrolle. Das Papier war grobfaserig und verhältnismäßig dick.

„Aufhängen, hier an der Tür!" befahl der Offizier. „Alle Deutschen müssen das lesen."

Die beiden Fahrzeuge starteten. Ihrem Auspuff entquoll ein widerlich stinkendes Gas. Die Restkolonne fuhr ab, in Richtung Driesen. Die grobstolligen Reifen rissen den festgefahrenen Schnee auf und schleuderten ihn nach hinten.

Felix rollte das Papier auf. Er mußte es mit beiden Händen fassen, um zu verhindern, daß es sich wieder zusammendrehte. Er laß es. Ein paar seiner Kameraden versuchten, hinter ihm stehend, an ihm vorbei oder über seine Schultern hinweg mitzulesen.

„Russisch und deutsch", äußerten sie sich enttäuscht. „Felix, kannst du es uns übersetzen?"

Felix übersetzte ihnen den ganzen Text dieses Militärbefehls Nr. 1 des Oberbefehlshabers der Weißrussischen Front, Marschall Schukow.

Er las dabei den deutschen Text; denn die kyrillischen Buchstaben konnte er natürlich nicht entziffern.

„Das kann doch nicht dein Ernst sein, Felix!" entrüstete sich einer, und er sprach offensichtlich für alle. „Kein Wort über uns Polen?"

„Nein, Nikolai. Ich habe alles übersetzt, Wort für Wort."

„Unter das Kommando der Roten Armee gestellt. Soll Rußland jetzt etwa bis Berlin oder noch weiter reichen?"

„Und wo bleiben wir Polen?"

„Wir haben doch eine Exilregierung in London. Die müßten jetzt schon lange in Warschau sein und unsere nationalen Interessen wahrnehmen."

„Sind sie aber nicht. In London lebt es sich eben bequemer als in dem zerstörten Warschau."

„So genau wissen wir es alle nicht."

„Und Radio kann man nicht mehr hören, seit der Strom weg ist."

Am gestrigen Abend war der Strom plötzlich ausgefallen. Sie hatten sich schon gewundert, daß die Deutschen bei dem Durcheinander, das herrschte, noch ihre Kraftwerke hatten laufen lassen.

„Vielleicht sind unsere Leute schon lange in Warschau, ohne daß es bekannt geworden ist. Schließlich müssen sie sich doch darum kümmern, daß die Russen uns nicht wieder verschlucken. Wie damals, achtzehnhundertfünfzehn."

Felix las das Papier noch einmal sehr sorgfältig.

„Es ist nur an die Deutschen gerichtet. An uns Polen hat der Marschall Schukow dabei überhaupt nicht gedacht. Hier steht, was die Deutschen alles nicht mehr haben dürfen: kein Telefon, kein Radio, kein Messer, keinen Bleistift."

„Aber er hätte uns Polen wenigstens erwähnen können. Daß auch wir das Kommando über die Deutschen haben dürfen."

„Wenigstens dann, wenn keine Russen da sind."

„Nein, immer. Wir müssen von Anfang an den Russen zeigen, daß das Land hier jetzt polnisch ist. Nicht mehr deutsch, aber auch nicht russisch, sondern polnisch."

Das war es zwar noch nicht. Felix war sich in jenen Tagen absolut nicht sicher, daß Godtschen einmal zu Polen gehören könnte. So weit hatte Polen noch nie gereicht. Außerdem, außer ihnen, den polnischen Zwangsarbeitern, hatten hier nur Deutsche gelebt. Gewiß, oft sollen früher polnische Erntearbeiter herübergekommen sein, weil es hier besseres Geld zu verdienen gab als drüben. Aber die hatten nie längere Zeit in Godtschen gewohnt, sondern waren im Herbst wieder nach Hause zurückgekommen. Oder sie waren im Dorf geblieben und Deutsche geworden.

Nun hatten die Deutschen den Krieg verloren. Sie würden sich vielleicht noch ein paar Wochen wehren, aber gewinnen können sie diesen Krieg jetzt nicht mehr. Auch nicht mit ihren angeblichen Wunderwaffen. An die keiner der jungen Polen glaubte; denn dann hätten die Deutschen sie doch wohl eingesetzt, als es darum ging, ihr eigenes Territorium zu verteidigen.

Nach dem Krieg gibt es einen Friedensvertrag. Da wird man manches von Deutschland wegschneiden, wie neunzehnhundertneunzehn. Vielleicht Teile von Ostpreußen oder Teile von Oberschlesien, wo man immer schon neben deutsch auch polnisch gesprochen hatte. Das wird zu Polen kommen. Das wäre recht und billig und ein Ausgleich für den Überfall auf ihr Land und die Gemeinheiten und die Grausamkeiten, die die Deutschen begangen hatten.

Aber ein polnisches Godtschen? Nein, das konnte sich Felix beim besten Willen nicht vorstellen.

So hätte er manches gegen den Optimismus seiner Kameraden einwenden können. Er ließ es. Es hätte die Männer nur noch mehr erregt und sie vielleicht zu seinen Feinden gemacht. Wie schnell hatte man als Kollaborateur abgestempelt werden können in den letzten Jahren.

„Der Offizier hat befohlen, daß alle Deutschen den Text lesen sollen."

Felix wollte seine Freunde zur Wirklichkeit zurückführen und suchte nach einer Möglichkeit, wie man den Deutschen den Text mitteilen sollte, damit sie auch alle wußten, was ihnen verboten war.

Das bloße Annageln des Befehls an der Wirtshaustür hätte dazu nicht genügt. Welcher Deutsche würde sich hierher heraustrauen auf der Straße, auf der jederzeit russisches Militär auftauchen könnte?

„Befohlen, ein russischer Offizier hat uns befohlen", schrie einer, „da hört man es wieder. Ich sage nur: Die Russen haben uns überhaupt nichts zu befehlen."

„Gut, Wanja", beruhigte ihn Felix. „Aber meinst du nicht, daß der Befehl richtig ist? Von wem er auch kommt. Es ist doch klar, daß sich alle deutschen Soldaten ergeben müssen und daß alles vermieden werden muß, was zu Unruhen führen kann. Immerhin gibt es viel mehr Deutsche hier in Godtschen als uns paar Polen."

„Du glaubst doch nicht, daß die Deutschen versuchen würden, uns mit, wie heißt es in diesem Befehl, mit spitzen Messern umzubringen. Dazu haben die doch viel zu viel Angst. Außerdem sind hier nur Kinder, Frauen und alte Männer."

„Das ist richtig. Der Befehl gilt ja auch für überall. Es ist doch möglich, daß irgendwo noch Nazis versteckt sind, die sich an uns Polen rächen wollen oder einen Partisanenkampf beginnen."

„Und die werden ihre Waffen und Messer gerade abgeben", höhnte einer.

„Natürlich nicht, aber das ist ja auch nur der erste Militärbefehl. Es werden schon noch genauere Anordnungen kommen, damit die Deutschen keine Möglichkeit mehr dazu haben werden."

„Anordnungen, wieder russische Anordnungen! Ich sage es noch einmal: Das hier ist nicht Rußland, das ist Polen!"

„Wir werden diesen Befehl abschreiben und dann an die Tür draußen nageln. Und morgen werden wir mit der Glocke durch das Dorf gehen und den Befehl vorlesen", entschied Felix, nachdem seine Kameraden keine konkreten Vorschläge gemacht hatten.

Noch etwas anderes konnten die Männer nicht verstehen, nämlich wie die Rotarmisten ihre befreiten Kameraden behandelt hatten. Keine Freude bei dem Offizier und den Rotarmisten, daß ihre Kameraden die lange Gefangenschaft lebend überstanden hatten.

Im Gegenteil: Es hatte vielmehr so ausgesehen, als wenn man es ihnen übelgenommen hat, daß sie noch lebten.

„Einige hatten so etwas schon befürchtet", sagte einer. „Es hatte nämlich einen Befehl von Stalin gegeben, daß alle Soldaten, die in Gefangenschaft kommen, zum Tode verurteilt sind. Automatisch."

„Und es hieß sogar, daß auch ihre nächsten Angehörigen, die Männer natürlich nur, ebenfalls hinzurichten sind."

„Versteh einer die Russen", sagte Alex, der Jüngste unter ihnen.

Er war mit dreizehn Jahren aus dem Haus der Eltern geholt und auf einen Laster getrieben worden. Oft hatte er nachts geheult, wenn er an seine Mutter und seine Schwester denken mußte. Wo seine Familie jetzt war, wußte er natürlich auch nicht. Aber wer wußte das schon in diesen Zeiten? Keiner von denen, die hier waren.

„Das wäre ja die größte Sauerei, wenn man die Leute dafür umbringen würde, daß sie damals in Gefangenschaft geraten sind. Kaum bewaffnet. Der Nikolai hat mir erzählt, daß er noch nicht einmal ein Gewehr gehabt hatte, als es zum Kampf kam. Er sollte sich die Waffe von einem Verwundeten oder von einem Gefallenen nehmen, hatte man ihm befohlen."

„Und dazu ist es wahrscheinlich gar nicht gekommen."

„Nein, die ganze Einheit war umzingelt und hatte sich ergeben. Mit den Offizieren und sogar mit dem Kommissar, erzählte der Nikolai."

„Sagt mal, hieß es nicht, daß auch Stalins Sohn in deutschen Gefangenschaft geraten ist, damals?"

Man wußte es nicht. Und wenn, es konnte ja auch eine der vielen Lügen der Deutschen gewesen sein.

„Aber etwas verstehe ich nicht", fragte Alex, „wie kommt es, daß die russischen Soldaten von Guscht kommen und nicht von Driesen?"

„Sie kamen aus dem Westen, Alex", antwortete ihm Felix. „Die Russen müssen vor Tagen, als man das Schießen so deutlich hörte, nördlich von uns die deutsche Front durchbrochen und dann einen riesigen Kessel gebildet haben. So wie es die Deutschen einundvierzig und zweiundvierzig vorgemacht hatten."

„Und wir sind mitten drin in diesem Kessel?"

„Wahrscheinlich."

Das ganze Hochgefühl über die Befreiung war vorbei. Der arrogante russische Offizier, der Abtransport der Leute, mit denen sie zum größten Teil über drei Jahre zusammen gelebt und zusammen gearbeitet hatten. Mit denen sie sich immer wieder ausgemalt hatten, wie es sein würde, wenn sie eines Tages frei sein würden.

Alles war mit einem Schlage vergessen. Selbst die kleine Genugtuung, daß es um Godtschen herum nicht zum Kampf gekommen war, wie ihn sich der Blumenhöf gewünscht hatte, und daß kein Gehöft im Dorf zerstört war, half da nicht weiter.

Das sollte erst Tage später geschehen, als eine russische Militäreinheit kam und aus Leichtsinn oder aus Übermut - wer wollte das sagen? - eine Reihe von Häusern angesteckt hat, vor allem die alten schilfgedeckten Fachwerkhäuser.

„Der Blumenhöf", fiel einem ein. „Wenn ich den erwische, dieses Schwein, den mache ich kalt. Sofort. Mit meinen bloßen Händen."

„Nein, Lukazs, keiner von uns wird einem Deutschen etwas zuleide tun. Wenn wir den Blumenhöf finden oder den Schultze, dann nehmen wir sie gefangen. Sie werden vor Gericht gestellt und abgeurteilt werden und für ihre Verbrechen büßen", er blickte um sich. „In Polen sollen Recht und Gerechtigkeit herrschen."

„Gab es denn hier bei den Deutschen Gerechtigkeit?"

„Eben deshalb wollen wir es allen zeigen, daß wir Polen zivilisierte Menschen sind. Ich sage es noch einmal: Keinem Deutschen geschieht etwas durch euch, hier in Godtschen oder sonstwo. Wer schuldig geworden ist von denen, kommt vor ein polnisches Gericht!"

Felix war sich nicht sicher, ob hier nicht vielleicht auch wieder die Russen ihre Vormacht ausspielen würden und die Nazis kurzerhand umbringen würden, wie die SS in Rußland ihre Kommissare liquidiert hatte.

Aber er sagte nichts. Er wollte heute nicht noch einmal eine solche Auseinandersetzung haben wie vorhin, die nichts bringen konnte.

Felix teilte eine Nachtwache ein, jeweils zwei Mann, die durch das Dorf patrouillieren sollten. Er gab ihnen seine Pistole.

„Aber nur im äußersten Notfall schießen, wenn Ihr angegriffen werdet. Besser ist es, sich zu verstecken."

Im Weggehen gab Felix ihnen einen letzten Rat für diese Nacht und die kommende Zeit: „Geht auch russischen Soldaten aus dem Weg. Es ist besser so."

1. Februar 1945

„Artur, komm doch mal mit raus, anpacken!"

Leopold Petsch war in die Schulstube getreten. Es war noch dämmerig. Die meisten hatten noch geschlafen.

„Was ist denn los, Leopold?"

„Wir sollen die Straße räumen, bis neun Uhr. Die Wagen irgendwohin auf die Höfe schleppen."

„Die kaputtgefahrenen Wagen?"

„Ja, die Straße muß vollkommen geräumt sein, bis neun Uhr. Sonst wollen sie uns alle an die Wand stellen. Mit den paar Männern draußen ist das nicht zu schaffen."

„Ich komme sofort. Ich schirre gleich die Pferde an."

„Nicht nötig, Artur, Gespanne haben wir genug. Wir brauchen nur Leute, die mit anpacken. Die Frauen sind schon dabei, die paar Sachen herauszusuchen, die noch brauchbar sind. Das meiste ist ohnehin verdorben."

Viel anzuziehen gab es nicht, weil alle in ihren Sachen geschlafen hatten.

Artur und Fredy zogen sich nur ihre Mäntel über.

„Artur, Ihr müßt doch etwas essen, ehe Ihr losgeht."

„Laß mal, Lene, wir kommen ja bald wieder. Bis neun Uhr muß die Straße frei sein."

Inzwischen waren Jürgen und Liesel Schmidtgen auch munter geworden.

„Wir kommen auch mit, Herr Lenk!"

„Ihr bleibt hier. Das ist nichts für Kinder", hörte Fredy die Großmutter sagen, als er schon halb zur Tür hinaus war.

Er blickte nach rechts und links. Keiner achtete auf ihn. Da griff er in die linke Manteltasche und ließ die messinggelben Patronen in einen Schneehaufen fallen. Man konnte sie noch sehen. Deshalb trat er wie zufällig und unbeabsichtigt auf sie und drückte sie tief in den losen Schnee hinein.

So einfach war das, und trotzdem wurde ihm schwindlig, weil er daran dachte - jetzt, da alle von den Dum-Dum-Geschossen ausgehende Gefahr vorbei war -, wie leicht die Geschosse für ihn hätten tödlich werden können.

Kurze Zeit später waren Jürgen und Liesel da. Dick eingepackt in ihre mehrfach übereinandergezogenen Pullover, die sie unter den Mänteln trugen.

„Die Mama hat's erlaubt, die Oma hat geschimpft", war ihre Erklärung.

Mit doppelten Gespannen ließen sich die Wagen, zur Hälfte auf den linken Rädern rollend, zur Rechten auf den Achsen oder den zerbrochenen Naben rutschend, von der Straße in die Hofeinfahrten schleifen.

„Zieht sie weit genug nach hinten, damit wir mit unseren Wagen da später auch rauskommen."

Es wurde eng auf den Höfen. Aber es ging.

Weit mehr Arbeit bereiteten die kleineren Trümmerstücke. Sie hätten zwar die Fahrzeuge kaum noch behindert, aber man hatte einfach Angst, daß die Russen das zum Vorwand für Repressalien nehmen könnten.

Also versuchte man, Stück für Stück die vielen Holztrümmer, zerbrochenes Geschirr, zerrissene Wäsche und Decken, Pferdefutter in aufgerissenen Säcken, zerfetzte Planen, kurz alles, was auf der Straße lag, wegzutragen.

Ein unmögliches Unterfangen. Das hätte Tage gedauert.

„Leopold Petsch, einer meiner Wagen ist nicht zu stark beschädigt. Wir wollen versuchen, den wieder fahrbereit zu machen, dann können wir einmal die Dorfstraße entlangfahren und all das Zeug einfach draufwerfen", schlug Gutsbesitzer Virus vor.

Auf diese Weise hätte er wenigstens wieder einen Wagen flott bekommen. Daran hatte er bestimmt auch gedacht.

Die rechten Räder des Wagen waren völlig zersplittert, aber die Achsen waren nicht verbogen, die beiden linken Räder noch völlig in Ordnung.

Die Männer warfen die letzten Sachen von dem Wagen, um ihn leichter zu machen. Dann keilten sie ein Stück Holz vor und eines hinter das linke Hinterrad, steckten eine Deichsel rechts unter die Hinterachse, hoben an, unterlegten die Achse mit einem Ziegelstein, hoben wieder an, unterstützten diesmal mit einem kurzen, dicken Brett, und fuhren so fort, bis sie die Achse so hoch gehoben hatten, daß sie eines der intakten Räder von einem anderen Wagen aufsetzen konnten. Ähnlich ersetzten sie das rechte Vorderrad.

Das zersplitterte rechte Seitenscheit wechselten sie gegen ein brauchbares von einem anderen Wagen.

Das ging schneller als gedacht.

Es genügte aber nicht, wie Virus gesagt hatte, einmal die Dorfstraße entlangzufahren. Sie mußten vier Fuhren machen, ehe die Straße wirklich frei war. Es waren zum Schluß viele Hände, die da arbeiteten; wie sie meinten, um ihr Leben arbeiteten.

Selbst das Heu, das sie als Futter für die Pferde mitgenommen hatten und das nun verstreut im Schnee auf der Straße lag, sammelten sie mit klammen Fingern auf.

Ein paar Russen standen herum, rauchten ihre selbstgedrehten Zigaretten aus Tabakstrünken, lachten und machten sich über die sich abmühenden Menschen lustig. Wenn einer sich mal aufrichtete und seinen Rücken streckte, rief gleich ein Rotarmist: „Dawai, dawai". Die anderen Russen lachten dann, als habe er wer weiß was für einen Witz gemacht, und jeder von den Deutschen wußte inzwischen, was das hieß.

Kaum hatte man die Pferde ausgespannt und versorgt, kam ein russischer Offizier, man erkannte ihn an den roten fünfzackigen Sternen auf seinen Schulterklappen, in den Stall und befahl irgend etwas. Man hatte fast den Eindruck, als passe es ihm nicht, daß die Pferde wieder im Stall stehen konnten.

Aber keiner konnte sich einen Reim daraus machen, was er wollte, selbst Virus nicht. Schließlich hatten sie die Straße vollständig geräumt. Dabei wurde die Stimme des Russen immer bedrohlicher.

„Nix versteh", sagte einer der Männer.

Aber das reizte den Russen noch mehr. „Nix versteh; nix versteh!" äffte er den Mann nach, nahm seine Pistole aus dem Halfter, hielt sie auf einen aus der Gruppe und brüllte die Leute an, wobei sie wieder nur das Wort „dawai" verstanden.

„Fredy, geh doch mal in die Schule und hole die alte Schmidtgen. Vielleicht versteht die, was er meint."

„Ich komme mit", sagte Liesel, „ich bin schneller als du." Sie rannte los. Fredy lief hinterher.

Für einen Augenblick richtete der Russe seine Waffe auf die weglaufenden Kinder. Aber da sagte Virus so etwas wie „Dolmetsch", und das schien der Mann zu begreifen. Er wartete mit den anderen.

Als die Alte endlich da war und der Rotarmist merkte, daß er sich nun verständlich machen konnte, beruhigte er sich etwas. Die beiden sprachen miteinander, sie fragend, er befehlend.

Dann sagte sie: „Wir müssen hier alle weg. Heute noch. Morgen kommen ganz viele russische Soldaten. Die sollen hier wohnen. Dann muß das Dorf frei sein."

„Wo sollen wir denn hin? Fragen Sie ihn doch."

Wieder der polnisch-russische Dialog.

„Egal wohin. Aber die Straße von", sie unterbrach sich und fragte noch einmal den Russen, und in seiner Antwort schien das Wort „Berlin", mit Betonung auf der ersten Silbe, wie Fredy und Lenk und die anderen in der Schulstube es ja schon gehört hatten, mehrfach vorzukommen.

„Er sagt, die Straße von Friedeberg nach Berlin muß frei bleiben. Darüber dürfen wir nicht fahren."

„Die Straße führt doch gar nicht nach Berlin", warf Fredy ein.

„Fragen Sie ihn doch, ob er diese Straße hier nach Berlinchen meint", schlug einer vor.

Und so war es denn auch. Die Straße, auf der sie gekommen waren und auf der sie weiter nach Berlinchen hatten fahren wollen, durften sie nicht benutzen.

„Dann sollen wir wohl quer über die Felder fahren?" warf einer ironisch ein.

Dieser Ton paßte dem Offizier nicht. Er richtete seine Pistole auf den Mann und brüllte ihn an, wobei man wieder nur das Wort „dawai" heraushörte.

Vor Schreck hob der seine Hände, und diese Geste schien dem Russen zu gefallen. Er ließ seine Waffe wieder sinken.

Wohin sollten sie fahren?

Allgemein war man der Ansicht, daß man versuchen sollte, so schnell wie möglich wieder nach Hause, nach Godtschen, zurückzukommen.

„Es gibt einen Feldweg von hier in Richtung Falkenstein. Den könnten wir benutzen." Artur Lenk war die Strecke schon öfter gefahren, als er in Bissow und in Falkenstein Ferkel gekauft hatte. Das war allerdings im Frühjahr, und es hatte kein Schnee gelegen.

„Und von Falkenstein gibt es eine Straße nach Friedeberg."

„Dann lassen Sie uns nicht zu lange warten."

Virus sah rüber zum Kirchturm, wie spät es ist. Eine eigene Uhr hatten sie alle nicht mehr. „Jetzt ist es kurz nach zehn. Um elf fahren wir los. Die noch einen Wagen haben, laden das Gepäck von den anderen mit auf, so gut es geht. Die freien Pferde binden wir an die Wagen an, die Schwingen nicht vergessen. Möglicherweise brauchen wir Vorspann."

Als sie über den Hof gingen, sahen sie den Gendarm Schultze liegen, leicht vom Schnee bedeckt, der in der Nacht gefallen war.

„Kommen Sie, helfen Sie mir mal. Wir wollen ihn wenigstens auf die Seite legen", sagte Virus.

Zu Viert packten sie an und trugen den zerquetschten Körper ihres Gendarmen über den Hof, durch das hintere Tor und legte ihn dort in eine hohe lose Schneewehe, so daß er ganz darin versank. Mit den Füßen schoben sie Schnee über seinen Körper, gleichsam als beerdigten sie ihn.

Virus nahm seine Mütze ab, die anderen machten es ihm nach. Sie legten ihre Hände aufeinander. Einer sprach das Vaterunser.

Eine Stunde später stand der Treck oder das, was von ihm übrig geblieben war, fahrbereit auf der Straße. Es waren noch elf Wagen. Dazu hatte man sechs freie Gespanne von den zerstörten Fahrzeugen.

Unter Lenks Wagen saß der Hund.

„Struppi, wo kommst du denn her?" freute sich Lene Lenk. Der Hund kam zu ihr und leckte ihr den Handschuh.

„Er war bei den Pferden im Stall", erklärte Artur den Verbleib ihres Hundes.

„Dann wird ja alles gut", sagte Lene, „und jetzt fahren wir wieder nach Hause." Sie streichelte den Hund, der sich sichtlich freute und seinen kleinen Stummelschwanz ganz aufgeregt hin- und herschlug.

„Ich habe ja immer gesagt, wir hätten zu Hause bleiben sollen. Schlimmer als hier wäre es uns zu Hause auch nicht ergangen."

Der Treck setzt sich in Bewegung. Vorn Virus letzter Wagen, hochbeladen mit den übriggebliebenen Sachen seiner Gutsarbeiterfrauen. Er hatte eigentlich vier Pferde vor das Fuhrwerk spannen wollen, aber dann doch nur seine beiden besten Pferde eingesetzt und die anderen eingeschirrt hinten nachlaufen lassen. Und das war auch richtig; denn ein Vorspann war zu schwer zu lenken bei dem unsicheren verschneiten und zugewehten Weg. Zwei zusätzliche Pferde würde er bei Bedarf in wenigen Augenblicken vorgespannt haben. Der vierte Wagen in der Reihe war Lenks Gespann, davor fuhr der mit Hermine Schmidtgen am Zügel.

Leopold Petsch machte den Schluß. „Damit ich zur Stelle bin, wenn einer liegengeblieben ist."

Man fuhr zum Dorf hinaus, und schon gab es den ersten Halt.

Ein paar Russen kletterten auf Virus Wagen und fingen an, ihn zu durchwühlen und das Gepäck hinunterzuwerfen. Die nächsten machten sich an die anderen Wagen, so auch an Lenks Fuhrwerk.

„Jetzt machen sie uns auch das Letzte noch kaputt", klagte Lene.

„Ich geh mal fragen, was sie suchen." Resolut stiefelte Oma Schmidtgen zu den Russen hin und sprach sie in einem herrischen Ton an.

„Sie soll doch friedlich mit den Russen sprechen", jammerte Lene, „jetzt erschießen sie sie und dann uns alle."

Aber ganz im Gegenteil. Die Russen antworteten von dem Wagen herunter ungewohnt freundlich.

Frau Schmidtgen sagte noch etwas. Die Russen hörten auf, die Wagen zu durchwühlen, und sprangen in den Schnee herunter.

„Wir können weiterfahren", sagte Omas Schmidtgen, „sie haben nur nach Waffen gesucht."

„Ja, und?" fragte einer.

„Ich habe gesagt, wir sind Bauern und keine Soldaten und haben deshalb auch keine Waffen."

Kurz hinter dem Dorf mußte der Treck nach links abbiegen. Der Weg war nicht zu verfehlen. Dicke Reifenspuren, nur leicht beschneit, zeigten, wo gestern - war es wirklich erst gestern? - die Raketenwerfer entlanggefahren waren und einen Tag vor denen die sechs Panzer.

„Hermine, weiter ausholen", rief Lenk. Aber da war es schon zu spät. Schmidtgens linkes Hinterrad war in den Graben neben dem Weg gerutscht. Der Wagen hing links hinten bis zur Achse im Schnee.

Die Frau schlug mit ihrer Peitsche auf die Pferde, die sich auch mit aller Kraft in ihr Geschirr stemmten.

Aber der Wagen bewegte sich nicht von der Stelle.

„Da hilft alles nichts. Wir müssen vorspannen."

Zwei Pferde wurden vorn an die Deichsel gespannt, Lenk übernahm die hinteren Pferde, Leopold Petsch das vordere Gespann.

„Vorsichtig anziehen, damit nicht noch das Rad bricht."

Petsch ließ die Pferde die Deichsel weit nach rechts schwenken. Dann zogen die Pferde kraftvoll, aber vorsichtig an, als wüßten sie, was geschehen könnte.

Ein Ruck, der Wagen schaukelte und stand wieder auf dem Weg.

„Hermine", sagte Lenk, „Sie müssen sehen, daß Sie genau in der Spur bleiben. Und beim Abbiegen weit ausholen. Die Hinterräder machen immer eine engere Kurve."

„Ich habe ja immer gesagt, mit Zügel und Peitsche kann meine Schwiegertochter nicht umgehen. Das wird sie nie lernen."

Immer wieder diese Verachtung in den Worten der alten Schmidtgen gegenüber ihrer Schwiegertochter. Obwohl Fredy eingestehen mußte, daß sie mit ihren Sprachkenntnissen schon in mancher bedrohlichen Situation geholfen hatte, konnte er sie von Stunde zu Stunde weniger leiden.

Der Treck konnte weiterziehen. Es war kein russischer Soldat bei ihnen geblieben. Die Leute meinten, wieder frei durchatmen zu können. Kein Russe, kein „dawai", keine auf sie gerichtete Waffe. Keine Anweisung, wohin man zu ziehen habe. Nichts. Sie fühlten sich, als wenn der Überfall der Russen nur ein Alptraum war, oder sie bemühten sich wenigstens, das so zu sehen.

Es war ein Glück, daß die russischen Fahrzeuge auf dem Feldweg eine breite und tiefe Spur gezogen hatten. Man konnte ihr gut folgen. Man sah auch, wo ein Panzer in den Graben abgerutscht war, und konnte so verhindern, daß man vom Weg abwich. Die Räder gruben sich kaum in den Schnee ein. Die Pferde schafften es ohne große Mühe, die schweren Wagen zu ziehen.

Plötzlich wieder ein Halt.

Diesmal steckte Virus überschwerer Wagen halb auf dem Feld. Mit beiden Vorderrädern. Der Franzose, der die Pferde lenkte, ein guter Mann, äußerst zuverlässig, wie Virus betonte, hatte nicht gesehen, daß die Fahrzeugspuren den Weg verlassen und sich fächerförmig auf dem rechten Feld ausgebreitet hatten.

Er war, wie es üblich ist, links hinter den Pferden gegangen. So hatte er erst bemerkt, daß die Pferde vom Weg abwichen, als sie bereits auf dem Feld standen. Gottlob gab es auf dieser Seite des Weges keinen Graben. Aber er mußte wohl vor einer grobstolligen Furche unter dem

Schnee stecken. Die beiden Pferde jedenfalls konnten den Wagen nicht mehr bewegen.

„Hier hatten sie gestern anscheinend gestanden, als sie geschossen hatten", vermutete Fredy.

Doch keiner hörte hin.

Wichtiger war jetzt, den Wagen wieder flott zu bekommen. Dazu gab es zwei Möglichkeiten: Entweder die beiden Pferde auszuspannen und den Wagen mit einem Doppelgespann rückwärts wieder herauszuziehen; aber das hätte bedeutet, daß alle Fuhrwerke hätten zurückgestoßen werden müssen. Oder den Wagen mit vier Pferden über das Feld und dann in einem Bogen wieder auf den Weg zu führen. Das war risikoreicher; denn niemand konnte sehen, wo es zugewehte Gräben gab, wie sie verliefen und wie tief sie waren.

Virus entschied sich für die zweite Möglichkeit, obwohl er wußte, daß bei seinem schwer bepackten Wagen sehr leicht die Speichen brechen könnten. Er spannte ein zweites Pferdegespann vor, und den vier Pferden gelang es, das Fuhrwerk unbeschädigt wieder auf den Weg zurückzuziehen.

Er ließ das Doppelgespann weitergehen, da man sehen konnte, daß der Weg leicht anstieg. Außerdem fehlten jetzt die breiten Radspuren der Militärlastwagen. Man sah nur noch die Ketteneindrücke der Panzer, durch die die Schneedecke aber nicht festgepreßt, sondern viel mehr aufgerissen, schwerer zu befahren war.

Außerdem wußte man auch nicht mehr, wo der eigentliche Weg verlief. Die Panzer waren einfach quer über die Felder in Richtung Dorf gefahren.

Der alte Gutsbesitzer übernahm selbst die Zügel für das vordere Gespann. Ab und an ging er vor und prüfte, wo der Weg weiterginge; denn die Panzerspuren verzweigten sich manchmal. Die Panzer waren streckenweise nicht mehr hintereinander, sondern nebeneinander gefahren.

Der Treck erreichte Falkenstein ohne weitere Verzögerungen. Es waren auch keine Soldaten in dem Gutsdorf.

Erleichterung.

Um so erstaunter war man, daß die Bewohner ihre Wagen packten und den Ort offensichtlich in aller Hast verlassen wollten.

„Hier in Falkenstein liegen siebzigtausend Liter Sprit, Kartoffelschnaps.

Wenn die Russen das herausbekommen, werden sie tagelang besoffen sein. Gnade uns dann Gott. Wir fahren lieber weg."

Die Güter, die weiter von einer Bahnlinie entfernt lagen, hatten keine Möglichkeit, ihre Kartoffelernte direkt zu vermarkten. Die Kartoffeln waren neben Hafer, Gerste und vor allem Roggen das Hauptanbauprodukt bei diesen sandigen, nur leicht lehmigen Böden, und bei der riesigen Menge, die man auf den mehrere tausend Morgen großen Rittergütern erzeugte, wäre ein Transport nach Friedeberg-Bahnhof oder in der anderen Richtung nach Berlinchen oder Bernstein - hin und zurück jedesmal eine Tagesreise für ein Pferdefuhrwerk - zu teuer gewesen. Deshalb verarbeitete man die Kartoffeln selbst, hier in Falkenstein zu Äthylalkohol.

Der aber hatte nicht mehr verkauft werden können, und so lagerte die Ausbeute der gesamten Ernte des Jahres neunzehnhundertvierundvierzig in den Stahlkesseln, abfüllbereit für die Russen.

„Wir wollen gar nicht hier bleiben. Wir sind von Godtschen, hinter Friedeberg, auf der anderen Seite der Netze. Wir fahren eben einfach einen Ort weiter."

Virus hatte wieder die Führung des Trecks übernommen.

„Das geht auch nicht. Der nächste Ort ist Finkenstein. Das hatten irgendwelche Leute vom Volkssturm verteidigt und die russischen Panzer abgeschossen, als die durch den Ort fahren wollten. Wir hatten sie gesehen, die Panzer. Die sind bei uns durchgekommen."

Es waren also dieselben Panzer, die auch durch Bissow gefahren waren.

„Und gestern vormittag haben die Russen Finkenstein mit Granatwerfern beharkt. Volle Salven. Die Dinger flogen direkt über unsere Köpfe weg. Man konnte sogar den Feuerschein sehen. Die müssen das Dorf um und um gewühlt haben. Da liegt garantiert kein Stein mehr auf dem anderen. Durchkommen werdet Ihr da mit euren schweren Wagen garantiert nicht."

Fredy hätte sagen können, daß es sich nicht um Granatwerfer, sondern um regelrechte Raketen, um Stalinorgeln, gehandelt hatte und daß sie sie mit eigenen Augen gesehen und die Abschüsse auch in Bissow gehört hatten. Aber er sagte nichts. Die Enttäuschung, nicht wieder, oder zumindest auf diesem Wege nicht wieder nach Godtschen zurückzukommen, beschäftigte ihn genauso wie alle anderen. Es war jetzt die Frage, ob es nicht eine andere Möglichkeit gab, nach Hause zu kommen.

„Und außerdem sollen in Friedeberg jede Menge Russen sein."
„Wer sagt das? Ist denn einer von Friedeberg hergekommen?"
„Nein, das nicht. Aber man erzählt es sich."
„Und was wollt Ihr machen?"
„Wir ziehen rüber nach Breitenstein. Vielleicht können wir dann weiter nach Bernstein fahren."
„Meint Ihr, daß Ihr da noch Deutsche trefft, ich meine, deutsche Soldaten?"
„Wissen kann man nichts. Aber auf jeden Fall bleiben wir nicht hier. Und in Breitenstein gibt es keinen Schnaps."
„Haben die denn keine Kartoffeln angebaut?" wollte Fredy wissen.
„Doch, natürlich. Was sollen sie denn sonst anbauen? Aber die haben da eine Stärkefabrik, Kartoffelstärke. An der kann sich wenigstens kein Russe besaufen", lachte er.

Die Leute aus Godtschen berieten sich.
„Wenn man durch Finkenstein nicht mit den Wagen durchkommen sollte, dann kann man den Ort auch umfahren. Pferde haben wir genug, um vorzuspannen", argumentierte Virus. „Ich schlage vor, wir versuchen, so oder so wieder zurückzukommen, nach Hause. Trotz allem."
Der hatte gut reden. Schließlich hätte er vor seinen einen Wagen sogar alle seine sechs Pferde spannen können. Die würden den Wagen überall durchziehen.
„Und die Russen in Friedeberg?"
„Niemand hat sie gesehen. Alles nur Gerüchte. Und wer sagt uns, daß in Breitenstein keine Russen sind. Man muß doch damit rechnen, daß man sie jetzt überall antrifft", antwortete Virus.
„Wie weit ist es denn bis Breitenstein?" wollte Fredy wissen.
„Das müssen gut zwei Stunden sein", meinte Artur Lenk. „Breitenstein ist ein großes Rittergut. Mit riesigen Schlägen. Bis Finkenstein ist es kürzer. Aber von da bis Friedeberg ist es noch ein langes Stück."
„Bald wird es dunkel. Ich schlage vor, nach Breitenstein zu fahren und da erst mal abzuwarten. Da finden wir wenigstens Ställe für unsere Tiere. Dann können wir morgen immer noch wieder zurückfahren", widersprach Leopold Petsch dem Gutsbesitzer Virus.
„Dann schaffen wir es nicht in einem Tag nach Hause. Das wäre zu weit. Ob wir nun heute nacht draußen kampieren oder morgen nacht,

ist doch wohl egal. Wenn wir jetzt gleich Richtung Friedeberg", er vermied das Reizwort Finkenstein, „losfahren, können wir morgen abend zu Hause sein."

Ihm war klar, daß das kein gutes Argument war. Schließlich waren nicht alle Dörfer beschossen worden. Man würde vermutlich durchaus irgendwo anders unter Dach übernachten können.

Aber niemand bemerkte das.

„Und wenn die Netzebrücke gesprengt ist?"

„Da würde ich sowieso nicht langfahren. Bestimmt sind da auch wieder Truppenbewegungen. Nein, wir fahren über Guschterholländer und bei unserer Fähre über das Eis. Da wird uns kaum ein Russe begegnen. Wenn wir aber zu lange warten und es taut, dann ist uns dieser Weg versperrt."

Das war nun wieder ein plausibler Grund, sofort nach Godtschen zurückzufahren.

Seine Gutsarbeiterfrauen mit ihren Kindern und die drei alten Männer, die mit ihm fuhren, und die Franzosen fragte er erst gar nicht nach ihrer Meinung. Vielmehr ließ er einen Franzosen sein drittes Gespann holen, das an einen anderen Wagen gebunden war, nahm die Zügel des vorderen Gespannes und ließ die Pferde anziehen. Der Wagen fuhr an der Spritfabrik vorbei, aus der es säuerlich wie nach verfaulten Kartoffeln roch und überhaupt nicht nach Alkohol, bog um eine Ecke und war verschwunden.

Virus und seine Leute sollten tatsächlich in Godtschen, ankommen, jedoch ohne Pferde, ohne Wagen, ohne alles Gepäck und ohne seine Franzosen. Die waren bei den Russen in Friedeberg geblieben, weil man ihnen versprochen hatte, daß sie sofort nach Frankreich zurückgebracht würden.

Das Gutsdorf Finkenstein hatte er ohne Probleme durchqueren können. Die Häuser brannten und qualmten teilweise zwar noch, aber die paar Granattrichter auf der Straße und die zerstörten Panzer hatten sie gut umfahren können.

In Friedeberg waren ihm die Pferde und sein Wagen abgenommen worden. Einfach so. Er und seine Leute mußten absteigen, ein paar Polen nahmen sich die beiden übrigen Pferdegespanne, und zwei junge Polen mit zwei Mädchen kletterten auf ihren Wagen und fuhren los.

Die Leute mußten, ohne auch nur das geringste an Gepäck von dem Wagen nehmen zu können, zu Fuß in die Nacht hinein gehen.

Virus fand seinen Besitz völlig zerstört vor. Reste von schwarzgebrannten Balken schienen noch zu glimmen, als er davor stand. Er ging weg, überquerte die Straße nach Trebitsch und verlor sich im Wald.

Niemand hat den Gutsbesitzer Virus je wiedergesehen.

Die verbleibenden Wagen aus Godtschen folgten in Falkenstein ihrem alten Treckführer nicht.

Sie bogen nach links ab in Richtung Breitenstein. Eine andere Möglichkeit gab es nicht, es sei denn, man fuhr wahllos und nahezu orientierungslos über die Felder. Jetzt konnten sie wieder auf einer richtigen Chaussee fahren mit Apfelbäumen auf beiden Seiten. So bestand keine Gefahr, daß Leopold Petsch, der jetzt den ersten Wagen fuhr, in den Straßengraben lenken würde. Dämmerungsdunst breitete sich über den weiten schneebedeckten Schlägen aus. Es würde wohl fast dunkel sein, ehe sie ihr Etappenziel erreichten.

Da sah Petsch einen Geländewagen, der ihnen entgegenkam, mit vollen Scheinwerfern. Petsch lenkte sein Gespann zur Seite, bei einem Dreiergespann trotz der recht breiten Straße kein leichtes Unterfangen.

Das Militärfahrzeug hätte bequem an seinem und dann natürlich auch an den anderen neun Fuhrwerken vorbeifahren können. Aber es stellte sich quer vor Petschens Pferde und zwang so alle zum Anhalten.

Vier Russen sprangen aus dem Fahrzeug, die Maschinenpistole schußbereit unter dem Arm.

„Du Soldat?“ fragten sie Petsch. Zwei Läufe bohrten sich in seinen Leib.

„Nein. Nix Soldat, Invalid“, antwortete Petsch. Invalide war er nun zwar nicht. Aber er hatte bei Lenk miterlebt, wie dieses Wort von den Russen verstanden wurde und auf sie gewirkt hatte.

„Du mitkommen.“ Trotz seiner fast sechzig Jahre glaubten sie offenbar, in ihm einen verkappten Soldaten vor sich zu haben. Man sah ihm sein Alter eben nicht ansah.

Lilly Vogt, Petschens Tochter, steckte ihren Kopf hinten unter dem Dach des Wagens heraus und rief der alten Schmidtgen zu, hinzugehen und zu dolmetschen.

„Einer muß doch unserem Vater helfen.“

„Du Dokument", verlangte jetzt einer der Russen von Petsch.

Was für ein Dokument mögen die sehen wollen? Petsch wußte es nicht. Ein russisches Dokument, gleich welcher Art, hatten sie in Bissow nicht erhalten.

„Du Passpor", sagte jetzt der andere.

Später stellte sich heraus, daß es gar nicht so ungewöhnlich war, daß einige der Russen ein paar Brocken französisch konnten.

Nur zögernd holte Petsch seine Kennkarte heraus. Wer weiß, wie die Russen auf den stilisierten Reichsadler auf der Vorderseite und auf das Hakenkreuz darunter reagieren würden.

Sie kannten wohl schon deutsche Personalausweise. Sie klappten das Dokument auf, sahen lange hinein, daß man zweifeln konnte, ob sie überhaupt etwas lesen konnten von dem, was da stand.

Alle verharrten reglos, voller Sorge, was in den nächsten Minuten geschehen würde. Denn das war allen klar. Petsch war nur zufällig der erste, den man kontrollierte.

Nach endlos scheinender Zeit gab der Soldat den Ausweis zurück.

„Karascho", sagte er und klopfte Petsch auf die Schulter.

„Gutes Mann."

So kontrollierten sie Wagen um Wagen. Aber nur die Männer und die Jungen. Die Frauen beachteten sie nicht.

Als sie zu Artur Lenk kamen, zog der gleich sein rechtes Hosenbein hoch, klopfte mit seinem Stock gegen die Prothese und sagte das gleiche wie Petsch.

„Invalide."

Nur war es glaubwürdiger als bei Petsch.

„Du Woyna, kapuut?"

Woyna, das Wort hatte Lenk doch schon irgendwann einmal gehört. Aber er hatte vergessen, was es bedeutete.

Da half ihm die alte Schmidtgen. Sie sprach mit den Russen und man sah, daß sie etwas verneinte.

„Die wollten wissen, ob Sie im Krieg verwundet wurden. Ich habe ihnen gesagt, daß sie schon lange vor dem Krieg das Bein verloren hatten."

Von Lenk wollten sie keinen Ausweis sehen.

Aber von Fredy. Der hatte zwar einen HJ-Ausweis gehabt, mit einem Bild in kompletter Uniform. Sogar die Führerschnur hatte man am unteren Rand des Bildes erkennen können. Aber diesen Ausweis hatte Fredy auf Anraten seiner Großmutter in Bissow in den Ofen geworfen. Schon als der russische Panzerspähwagen durch den Ort gefahren war.

Das war ihr zu gefährlich gewesen, daß sich der Junge derart als Parteimensch herausstaffiert zeigte. Die anderen Jungen in der Schulstube hatten es ihm nachgemacht. Keiner von ihnen hatte mehr einen Ausweis.

Wieder sprach Oma Schmidtgen zu den Russen. Die ließen ihr Argument gelten und gingen einen Wagen weiter, jetzt schon weit weniger autoritär als vorhin.

„Ich habe ihnen gesagt, daß du erst dreizehn bist und in Deutschland keiner unter vierzehn einen Ausweis hat. Das haben sie geglaubt."

Es war schon fast dunkel. Die Russen konnten die letzten Kennkarten nur mühsam erkennen. Mit einer gingen sie sogar an ihren Autoscheinwerfer, um ihn sich genauer anzusehen.

Endlich stiegen sie wieder in ihr Fahrzeug, stießen es rückwärts, um an den Fuhrwerken vorbeizukommen, und gaben Gas. Der Auspuff ihres Fahrzeuges stank fürchterlich.

Der Treck konnte weiterziehen. Niemand wußte zu sagen, wie lange der Aufenthalt gedauert hatte. Waren es zwanzig Minuten gewesen? War es eine Stunde oder sogar noch mehr? Man hatte kein Zeitgefühl. Das lag wohl an der Aufregung und Anspannung.

Bis in den Ort kamen sie ohne weitere Schwierigkeiten. Kein Russe mehr, keine Schneeverwehungen, kein Abweichen von der Straße, obwohl es inzwischen völlig dunkel war.

In Breitenstein hatte man anscheinend schon auf sie gewartet. Eine Gruppe von Männern wies sie in den Gutshof ein, wo schon eine Reihe von Wagen, abgespannt, mit herausragender Deichsel, standen. Die Leute redeten in einer fremden Sprache auf sie ein - war es russisch? war es polnisch? -, aber im Ton nicht unfreundlich.

Man zeigte ihnen den Weg hin zum Stall. Ein richtiger Pferdestall. Es war noch reichlich Platz darin. Ein paar Stallaternen, mit Petroleum gespeist, wie man sie hatte, ehe die Höfe elektrifiziert wurden, blakten und tauchten alles in ein unwirkliches Dämmerlicht. In der Mitte ein breiter Gang, rechts und links die Verschläge für die Pferde, jeweils mit einem Baum getrennt. Am Ende des Ganges ein großer Haufen Heu. Das konnte man von oben, vom Boden, herunterwerfen und dann in die Raufen verteilen. Verschmutzte Streu deutete darauf hin, daß auch in den freien Boxen noch vor kurzem Pferde gestanden hatten.

Die alte Schmidtgen nahm Hermine ein Pferd ab. Als sie glaubte, daß sie niemand hörte, flüsterte sie Artur Lenk zu: „Das sind alles Polen, keine Russen."

Und als der darauf nicht reagierte, als sei es ihm egal, ob die Männer draußen das eine oder das andere waren, fügte sie hinzu: „Wir sollten versuchen, morgen früh so schnell wie möglich weiterzukommen. Vielleicht wäre es doch besser gewesen, mit dem Gutsbesitzer zu fahren."

Lenk verstand das nicht. Ehemalige polnische Fremdarbeiter tauchten doch offensichtlich überall auf. Was sollten sie ihnen denn schon anhaben wollen? Er, Lenk, hatte doch niemandem etwas getan wie beispielsweise der Gendarm Schultze. Im Gegenteil. Wenn er nur an Felix dachte, wie oft er dem geholfen hatte!

Oder hatte da die alte Schmidtgen womöglich Dreck am Stecken?

Es standen zwei übergroße Futterkisten in dem Stall. Jede mit einem großen und einem kleineren Fach. In dem großen war Häcksel, im anderen Haferschrot. Wie es sich in einem Pferdestall gehörte. Ein paar Zinkeimer lagen hinten in der Ecke, hingeworfen, um eine Pumpe, die tatsächlich, trotz der Kälte, Wasser ansaugte.

Lenk tränkte seine und Schmidtgens Pferde. Sie waren durstig. Er schüttete erst einen Eimer Häcksel in die Krippen und darauf einen halben Eimer Hafer. Dann mischte er beides mit den Händen gut durcheinander.

„Daß sie sich bloß nicht überfressen, hungrig wie sie sind", sagte er und warf zum Schluß ein paar Arme voll Heu in die Raufen.

Allmählich hatte sich der Stall gefüllt. Leopold Petsch hatte seine drei Pferde gebracht, Max Kordian und ein paar andere, bis alle Boxen besetzt waren.

Die Fremden, Polen, wie Oma Schmidtgen behauptet hatte, standen da, redeten miteinander, zeigten auch mal auf dieses oder jenes Tier, störten aber weder die Bauern, die ihre Pferde versorgten, noch die Pferde selbst.

Die Frauen und die Kinder hatten inzwischen ein paar Sachen, Decken, Lebensmittel von den Wagen geholt und wollten sie in den Stall bringen.

„Nix Frau“, sagte einer, redete dann in seiner Sprache weiter und zeigte auf die schräg gegenüberliegende Seite.

„Wir sollen hier nicht schlafen. Drüben ist Platz“, übersetzte Oma Schmidtgen.

Kordian wollte das nicht. Er sprach die Fremden an, auf polnisch. Fredy hatte gar nicht gewußt, daß Kordian so viel polnisch sprechen konnte. Ein paar Brocken, gut, das konnten sie hier alle, die sie so dicht an der alten Grenze gewohnt hatten, und sie hatten natürlich auch manches von den polnischen Fremdarbeitern gelernt.

Aber es paßte den Polen nicht, was Kordian wollte. Sie wurden laut und stießen ihn mit den Fäusten aus dem Stall heraus.

„Alle raus“, schrie einer auf deutsch, und dann wurden sie grob. Sie trieben die Deutschen schließlich wie Vieh aus dem Stall und jagten sie auf den Hof.

„Im Stall wäre es wenigstens ein bißchen warm gewesen. Hier draußen erfrieren wir noch alle“, klagte Lene Lenk.

Sie ging vor in die Richtung, in der sie ihren Wagen vermutete.

„Nix da, Frau“, einer packte sie am Arm. Er zeigte genau in die andere Richtung.

„Aber ich will doch nur zu unserem Wagen“, widersetzte sich Lene.

„Nix Wagen“, äffte sie der Mann nach und schubste sie, daß sie bei der Glätte, abgespannt und müde, wie sie war, fast gefallen wäre.

„Laß mich in Ruhe und pack mich nicht an“, schrie sie ihn an und schlug nach ihm.

Niemand hätte ihr, die von Hause aus ängstlich, fast ein wenig schüchtern - bedingt durch die väterliche Erziehung - widerspruchslos gehorsam gegenüber jeder Autorität war, eine solche Aufsässigkeit zugetraut, die sie in dieser Situation das Leben hätte kosten können.

Nur dann, wenn sie meinte, das Gegenüber sei schwächer als sie, dann konnte sie grob werden. Und das war auch wohl der Grund, weshalb sie immer wieder an ihrem Mann herumzunörgeln hatte. Schließlich war er auf ihren Hof gezogen nach der Hochzeit; er war also in ihren Augen der Schwächere, und das hatte sie ihn immer wieder spüren lassen.

„Komm, Lene. Laß den Wagen stehen. Morgen früh sehen wir weiter", beruhigte sie ihr Mann.

„Ach du, Artur. Schließlich könntest du dich ja auch mal durchsetzen. Wir haben noch nicht einmal das Waschzeug vom Wagen geholt. Und genug Decken haben wir auch nicht."

Es war ein niedriges Gebäude, in das man sie trieb. Man konnte kaum etwas erkennen, aber es sah so aus, als wenn sich da an der Vorderfront immer eine dunkel gestrichene Tür und ein Fenster abwechselten.

Der Zufall wollte es, daß Artur und Lene Lenk mit Fredy, Oma Vogt, alle vier Schmidtgens, Max und Selma Kordian mit ihrer Tochter und Helmut, dem Pflegesohn, in die Dunkelheit des Hauses getrieben wurden. Die Tür schlug zu. Ein paar Schläge von außen gegen die Tür. Stille.

Bis ein Kind zu weinen anfing. Fredy dachte erst, es wäre Liesel Schmidtgen. Aber sie war es nicht. Das Kind war kleiner.

„Seien Sie vorsichtig. Treten Sie mein Kind nicht tot", sagte eine Frau, die sie bislang überhaupt nicht bemerkt hatten.

„Warten Sie, ich mache ein Licht an."

Im Licht des aufflammenden Streichholzes sahen sie ein junges Frauengesicht.

Die Frau entzündete eine Kerze. Die beleuchtete einen Raum, der außer einem Kanonenofen hinten rechts, einem Tisch und ein paar Schemeln nahezu leer war. Die Frau saß auf einem der Schemel. Links in der Ecke, gegenüber dem Ofen, auf einer Matratze, lag das Kind. Jetzt, da es hell war, hatte das Kind sich wieder beruhigt.

„Durch die Tür ist noch ein Zimmer." Die Frau sprach mit einem harten Akzent.

Der hintere Raum war genauso groß wie der vordere, nur daß darin Betten standen. Drei Betten übereinander links und zwei Betten übereinander rechts. Quer zwischen den Betten, vor dem Fenster, eine Liege. Mehr nicht.

Es war kalt in den Zimmern. Es roch feucht, muffig.

„Hoffentlich sperren sie nicht noch mehr rein", sagte die Frau. Sie drehte sich eine Zigarette und steckte sie über der Kerze an.

„Am besten, wir legen uns erst mal in die Betten. Morgen, wenn es hell wird, sehen wir weiter. Wir wollen sowieso nicht bleiben", sagte Max Kordian.

„Das wollten wir auch nicht. Mein Vater und ich. Aber jetzt ist mein Vater tot und Pferd und Wagen sind weg. Wie soll ich jetzt noch weiter, mit dem Kind?"

„Ihr Vater tot?" fragte Fredy, „woran ist er denn gestorben?"

„Woran, ist gut. Totgeschlagen haben sie ihn. Aus heiterem Himmel. Weil er unser Pferd nicht hatte hergeben wollen." Sie blies den Rauch nach oben gegen die Hängelampe, die völlig nutzlos von der Decke hing.

„Hier bringen sie schnell jemanden um, wenn man denen nicht paßt und nicht tut, was sie von einem wollen."

„Wer wollte denn Ihr Pferd stehlen?" fragte Lene ängstlich. „Wir haben auch Pferde, drüben im Stall."

„Wer schon? Die da draußen natürlich. Die sind jetzt die Herren hier. Ich kenne sie. Ich komme aus der Gegend von Lodz. Das war neununddreißig auch so, nur nicht so schlimm. Solange man stärker ist als sie, buckeln sie vor einem. Aber immer dann, wenn sie sich mächtig fühlen, dann lassen sie einen die Peitsche spüren. Dann ist man schlimmer dran als ein Hund. Da sind mir die Russen hundertmal lieber."

„Von wem sprechen Sie denn", wollte Fredy wissen.

„Von wem schon?" antwortete sie bitter, „von den Polen natürlich, den Polacken. Die haben meinen Vater auf dem Gewissen. Und die Russen lassen die Polen machen mit uns, was sie wollen."

„Es gibt überall sone und solche", versuchte Artur Lenk einzulenken, „wir hatten auch Polen bei uns im Dorf. Mit denen sind wir im großen und ganzen gut ausgekommen."

„Ja, da waren Sie auch die Herren. Wer weiß, wie die sich jetzt benehmen?"

Sie rauchte weiter.

„Es ist schlimm, wenn man rechtlos ist. Und das sind wir jetzt geworden."

Ihr Tabakkraut, der Dunst von den Menschen, die sich tagelang nicht gewaschen hatten, das alles stank fürchterlich in dem kleinen Raum.

„Übrigens, drüben sind ein paar Nägel an der Wand. Da können Sie Ihre Mäntel aufhängen. Ich muß gleich die Kerze ausmachen. Es ist meine letzte."

Kordian wollte noch einmal nach draußen gehen. Er drückte die Türklinke herunter. Aber die Tür war versperrt.

„Das darf doch nicht wahr sein." Er warf sich mit der Schulter gegen die Tür. Sie öffnete sich kein bißchen.

Er stieß das Fenster auf. Das ließ sich wenigstens öffnen. Gerade als er sich hinausschwingen wollte, hörte er ein „stoj".

Auf polnisch nannte er den Grund, warum er noch einmal nach draußen müsse.

Aber er durfte es nicht.

„Sie haben die Tür mit einem Holz verklemmt. Das bekommt keiner auf. Man müßte schon die Tür zertrümmern." Soviel hatte er wenigstens sehen können.

„Und was hat er gesagt, da draußen?"

„Es war ein Russe. Soweit ich verstanden habe, sind wir jetzt Gefangene und dürfen nicht raus. Nicht einmal für die Notdurft."

„Das hätten Sie doch gleich fragen können. Drüben im Zimmer, hinter der Tür, steht ein Eimer. Aber passen Sie auf, es ist schon was drin."

Inzwischen hatte die Frau die Zigarette aufgeraucht. Die Kippe warf sie auf den Boden und zertrat sie mit ihrem Schuh.

„Wir können ja nicht die ganze Nacht herumstehen. Irgendwie müssen wir uns arrangieren." Max Kordian übernahm das Kommando.

„Wo wollen Sie schlafen?" fragte er die junge Frau.

„Ich schlafe dort in der Ecke auf dem Boden. Mit meinem Jungen."

„Gut, dann schlage ich vor, däß wir Alten alle in die hintere Stube gehen. Und die vier Kinder schlafen bei Ihnen vorn. Das müßte gehen, wenigstens für eine Nacht."

Es war ein Glück, daß die Frauen sich vor allem mit den Decken bepackt hatten, als sie noch einmal zu den Wagen gegangen waren, während die Pferde gefüttert wurden. So brauchten sie wenigstens nicht zu frieren.

Als Fredy irgendwann in der Nacht munter wurde und im hinteren Zimmer nach dem Eimer tastete, hörte er seine Tante sagen: „Paß auf, Junge, der Eimer muß schon fast voll sein."

Es stimmte. Er war schon fast randvoll. Aber was hätte der Junge tun sollen?

Zurück im vorderen Zimmer, stieg Fredy über Helmut, der direkt unter dem Fenster lag, und sah nach draußen. Der Mond schien und tauchte alles in ein dunkelgraublaues, unwirklich fahles Licht.

Vor ihm der weite schmutzigweiße Hof, im Hintergrund etwas nach links ein dunkles Gebäude. Das mußte der Pferdestall sein. Rechts davon ein weiterer großer Bau. Was es war, konnte Fredy natürlich nicht erkennen. Er sah so weit als möglich nach links. Ja, da standen die Wagen. Er konnte zwar ihren eigenen nicht sehen, der mochte zwischen den anderen versteckt sein. Aber sie waren noch da.

Das beruhigte ihn aber nicht. Wenn die Polen der Frau den Wagen weggenommen und dabei sogar ihren Vater ermordet hatten, dann bedeutete das doch, daß sie auch ihre Wagen nehmen würden. Es waren ja genug Leute dagewesen. Wenn die sich alle bedienen wollten, dann bliebe nichts übrig. Von den Pferden hatte man sie ja schon getrennt. Füttern hatten sie sie noch dürfen; dann hatten sie hinausgehen müssen.

Er fühlte sich leer, ausgelaugt, hoffnungslos. Er mußte sich eingestehen, daß er keinen Ausweg mehr wußte; hier, in diesem Breitenstein, von dem er nur wußte, daß es ein großes Rittergut war, eingesperrt in zwei engen Räumen.

Er verspürte auf einmal Hunger. Wann hatte er das letztemal gegessen? In Bissow? Ja, aber später hatte ihm seine Oma noch ein Stück Brot und ein Stück Schinken vom Wagen heruntergereicht. Das mußte vor Falkenstein gewesen sein.

Ein Schatten ging am Fenster vorbei. Vielleicht fünf, sechs Schritte entfernt. Man hörte Stiefel im Schnee knirschen. Er sah durch das Fenster: ein Soldat, ein russischer Soldat.

2. Februar 1945

Das Erschrecken am nächsten Morgen war groß. Sie wurden erst ziemlich spät aus ihrer Behausung herausgelassen, nein, herausgetrieben und sahen, daß alle Wagen bis auf einen, der schief mit zerbrochenem Rad auf einer Seite lag, verschwunden waren.

Fredy hoffte noch und überlegte, ob sie gestern in der Dunkelheit nicht die Richtung völlig verloren hatten und nun die Fuhrwerke an einem falschen Ort suchten. Aber es blieb dabei. Alle Wagen waren weg. Man sah deutlich die Spuren der breiten Eisenreifen im Schnee. Sie waren noch ganz frisch.

„Und die Pferde?" rief Artur Lenk und humpelte, so schnell er konnte, über den Hof auf den Pferdestall zu, dessen Tor offenstand. Er brauchte gar nicht hineinzusehen. Auch alle Pferde waren weg. Der Pferdestall war leer.

„Man hat uns bestohlen!" weinte Lene Lenk und legte ihren Kopf an die Schulter ihres Mannes. „Nun ist alles aus."

„Nun weine nicht, Lene. Das läßt sich alles wieder kaufen, wenn wir erst weg sind", versuchte er, sie zu trösten. Dabei liefen ihm genauso wie seiner Frau und den meisten anderen die Tränen herunter; denn sein Trost war falsch. Und Lene wußte das.

Pferde waren für die Bauern mehr als die Kühe und das andere Vieh. Sie waren seine Gefährten, mit denen er täglich umging, die ihn verstanden und die er verstand. Sie litten mit den Tieren, wenn sie schwer zu arbeiten hatten, und wachten des Nachts bei ihnen, wenn sie krank waren.

So war der Verlust der Pferde für die Bauern nicht nur ein großer materieller Schaden. Nein, es war ein Stück von ihnen selbst gestohlen worden.

Und das schmerzte.

„Wie willst du denn das, ohne Wagen, mit deinem Bein?"

Trotzige Verzweiflung sprach aus ihren Worten. Dabei vergaß sie, daß ihr Mann während der Flucht die ganze Zeit gelaufen war, neben dem Wagen her, mit den Zügeln in einer Hand und dem Stock in der anderen.

„Und unser Hund ist auch weg. Der war doch bei den Pferden im Stall geblieben." Lene ging in den Stall und rief nach ihm. Aber Struppi kam nicht.

„Der ist wahrscheinlich mit den Pferden mitgegangen", vermutete Lenk.

Dem war aber nicht so. Fredy sah unter die Futterkiste. Da lag Struppi. Tot. Der Junge langte mit der Hand unter die Kiste und zog ihn heraus. Zwei rote Einstichstellen auf seinem Körper. Blutiges Wasser war aus seinem Maul ausgetreten.

„Struppi hat sicher die Pferde schützen wollen. Und dann haben sie ihn mit einer Mistforke erstochen. Er konnte sich gerade noch unter die Futterkiste schleppen. So wird es wohl gewesen sein", sagte Lene und fügte dann hinzu: „So wird es uns auch gehen. Sie werden uns alle totschlagen."

Ihnen blieb nicht viel Zeit, um über den Tod des kleinen Hundes und über ihr Schicksal nachzudenken. Eine befehlende Stimme trieb sie aus dem Pferdestall hinaus.

„Dawai, dawai!" Das kannten sie schon.

Die alten Frauen, unter ihnen Oma Vogt, Oma Schmidtgen und Selma Petsch - sie hatte mit ihrem Mann und den beiden Töchtern Lilly und Lotte zwei Türen weiter übernachtet - wurden sofort zurück in ihre Stuben geschickt, später auch Liesel und Jürgen Schmidtgen.

Die anderen, alle Männer, die Jungen und die übrigen Frauen mußten stehenbleiben und warten.

Nur eine Frau wurde aus der Gruppe herausgeholt: die Frau aus Lodz, die schon in der Stube war, als sie dazugekommen waren, letzte Nacht. Sie hatte ihnen am Morgen kurz von ihrem Schicksal erzählt.

Sie hieß Monika Schröder. Sie hätte sich eigentlich Monika Guinsey nennen müssen; denn das war der richtige Name ihres Mannes. Er war ein englischer Spion und hatte sich an sie, eine Luftwaffenhelferin, herangemacht, wahrscheinlich, weil er gehofft hatte, über sie Geheimnisse zu erfahren. Er wurde festgenommen, verurteilt und im Zuchthaus Brandenburg hingerichtet.

„Vermutlich erschossen", meinte sie. „Genau weiß ich es nicht."

Man hatte sie auch verhaftet, dann aber wieder freigelassen.

„Marc war so anständig, mich nicht zu belasten. Viel konnte er ja von mir auch nicht wissen. Aber manchmal erzählt man doch das eine oder das andere, wenn man verliebt ist."

„Wie kam er denn an den Namen? Und als Sie heirateten, da mußten doch Unterlagen vom Standesamt vorgelegt werden?“ forschte Fredy, dem die ganze Geschichte zu unglaubwürdig vorkam.

„Einen Frank Schröder hatte es tatsächlich gegeben. In dessen Leben war mein Mann geschlüpft, damals. Wie sie das im einzelnen gemacht hatten, weiß ich nicht. Jedenfalls hatte er die Papiere vom Standesamt ohne Schwierigkeit bekommen.“

Monika Schröder wurde also ausgesondert. Sie trug ihren kleinen Jungen, der erst geboren wurde, als der Vater schon tot war, und dem sie nach dem Vater dessen richtigen Namen Mark gegeben hatte, bei sich. Der Russe, der sie wegbrachte, ein Offizier mit drei Sternen auf den Schulterstücken, redete intensiv auf sie ein. Seine Uniform hob sich von denen der anderen Rotarmisten deutlich ab. Sie war kein bißchen verschmutzt, und es sah aus, als sei sie gerade erst gebügelt worden.

Die Frau ging zurück in die Wohnung, gab den beiden alten Frauen den Jungen, „Milch steht in der Kanne in der Ecke, die Flasche ist in der Tasche, ein paar Windeln sind auch noch drin“ und verschwand wieder, ohne jede Erklärung. Der Junge weinte in den Armen der Fremden, obwohl Martha Vogt ihn in den Armen hin und her wiegte und leise das Lied sang vom Maikäfer, der wegfliegen sollte, weil der Vater im Krieg war und Pommerland abgebrannt.

Monika Schröder folgte dem Russen in Richtung Herrenhaus am hinteren Ende des Hofes.

Es lag abgezäunt vom Gutshof. Eine halbkreisförmige Auffahrt führte um eine große Rabatte herum, auf die man den ganzen Schnee der Auffahrt geschüttet hatte, so daß man die breite Eingangstreppe des schloßartigen Gebäudes gar nicht richtig sehen konnte. Eine übergroße, kupferne Windfahne zierte den Turm des Schlosses, auf der die verzierten Buchstaben 'F', 'v' und 'A' herausgeschnitten waren. Hier hatte man gut leben können - als Gutsbesitzer.

Die Soldaten hatten die Leute inzwischen vor die Wand eines zweistöckigen Hauses getrieben, das direkt an den Pferdestall angebaut war. Es hatte eine Eingangstreppe, dem Aufgang des Herrenhauses nachempfunden, aber weniger prächtig und viel schmaler. Später sollten sie erfahren, daß hier die Gutsverwaltung residiert hatte.

Eine braunschwarze Holztafel hing neben der Eingangstreppe. Der obere Rand trug die kaum noch lesbaren Worte 'Reichsarbeitsfront' und eingeschnitzt ein stilisiertes Zahnrad mit einem Hakenkreuz mittendrin. Das Hakenkreuz war frisch zersplittert, vermutlich durch einen Gewehrschuß. Hier war das Holz gelblich-weiß.

Auf die Tafel war ein Bogen angeheftet. Zwei Seiten. Die linke in kyrillischen Buchstaben, die rechte der deutsche Text. Er kam Fredy bekannt vor. Er las:

„Militärbefehl Nr. 1"

Also auch hier.

„Alle lesen", brüllte einer. Aber das wäre gar nicht gegangen, die meisten Männer standen viel zu weit weg.

Einer, der ganz vorne stand, las vor: „Hiermit befehle ich. Erstens. Das gesamte Gebiet untersteht dem Oberkommando der Roten Armee. Zweitens . . ."

Es war der Befehl, den die Leute aus Godtschen schon von Bissow her kannten.

Fredy hörte dem Lesenden nicht genau zu. Er merkte auch gar nicht, daß alle schwiegen und wohl über die Auswirkungen, die Konsequenzen des Textes nachdachten, als der Mann mit dem Lesen längst fertig war. Fredy wurde erst durch russische - oder waren es polnische - Laute wieder in die Wirklichkeit zurückgeholt. Ein Wort, mehrfach gesagt, das alle in Zukunft dauernd hören würden, blieb ihm im Gedächtnis haften: „Raboti, raboti."

Ein russischer Offizier, er trug aber nur zwei Sterne auf den Schulterklappen, redete lange und lautstark auf sie ein.

„Wir sollen irgendwas arbeiten", vermutete Kordian, „genau kann ich es auch nicht verstehen."

Die Übersetzung lieferte ein untersetzter Mann, etwa in Lenks Alter, mit einer roten Binde um den rechten Arm. Er trug verschmutzte, ausgetretene Stiefel, hatte eine Pelzmütze auf dem Kopf und einen grauen Mantel. Das war keine Uniform; also war der Untersetzte wohl auch kein Soldat.

„Ihr werdet hier alle arbeiten. Ihr habt den Krieg angefangen, Ihr habt den Freundschaftsvertrag mit der Sowjetunion gebrochen, Ihr habt viele Leute umgebracht, Männer, alte Männer, junge Männer, Frauen, Kinder. Ihr habt Frauen geschändet. Das ist euer Verbrechen. Dafür werdet Ihr jetzt erst einmal arbeiten, schwer arbeiten. Was später mit euch Deutschen geschieht, wird ein Gericht entscheiden."

Er sprach ein reines Deutsch, kaum einen Akzent.

„Ob das ein Deutscher ist?" fragte einer.

„Vielleicht ein Kommunist. Dreiunddreißig waren ja viele von ihnen nach Rußland geflohen. Zu ihren Genossen", vermutete ein anderer.

„Ruhe dahinten!" Der Dolmetscher wurde zornig. Hatte er gehört, was die beiden sich zugeflüstert hatten?

„Dann sollen sie uns doch gleich erschießen. Was soll das alles hier noch!" rief einer aus der Gruppe. Aber niemand reagierte, auch der mit der roten Armbinde nicht.

Er begann vielmehr, die Wartenden, es mochten gut hundert Personen sein, wahrscheinlich weit mehr, einzuteilen.

„Alle Frauen links raustreten!"

Langsam schälten sie sich aus der großen Gruppe heraus. Sollten sie jetzt alle als Beute für die Soldaten dienen?

Aber er hatte ja etwas von Arbeiten gesagt.

„Sie gehen sofort alle in den Kuhstall. Die Kühe müssen gefüttert und gemolken werden."

Als die Frauen nicht gleich gingen - wo war hier überhaupt der Kuhstall? - brüllte er: „Sofort."

Ein paar Frauen wußten anscheinend doch, wo es langging. Sie trotteten um den gewaltigen Misthaufen herum, auf dem am Rand ein Häuschen stand, aus Holz, auf Pfählen, mit vier nebeneinanderstehenden Türen davor, zu denen jeweils ein breites Brett führte.

Dann suchte der Dolmetscher ein paar Männer heraus. Er sortierte bewußt. Kordian gehörte zu ihnen.

„Ihr begrabt die Toten." Die Männer zeigten keine Reaktion. „Man wird euch zeigen, wo."

Artur Lenk, Fredy und Helmut Wegemann, der Pflegesohn von Max Kordian, wurden zu den Schafen eingeteilt.

Der Stall war ein gewaltiger Bau. Er sah eher aus wie eine massive Scheune, mit mehreren großen schwarzgeteeren Toren. In einem war eine normale Tür eingebaut. Durch die gingen die drei hinein.

Das Geblöke der Schafe war fürchterlich.

Ein alter Mann kam ihnen aus einem Verschlag entgegen.

„Endlich kommt Ihr. Die Schafe kommen noch um vor Hunger. Seit zwei Tagen warte ich auf euch. Die Polen sind ja nicht mehr zur Arbeit gekommen. Und heute morgen sind sie ganz weg", brüllte er, aber die drei verstanden ihn trotzdem kaum.

„Ihr Jungs, Ihr geht sofort rauf auf den Boden und werft Heu runter. Aber fallt mir nicht selbst durch die Luke."

Eine Luke, genau wie im Pferdestall gestern abend.

Hinter dem Verschlag führte eine Holztreppe nach oben.

Der Boden erstreckte sich über den gesamten Stall. Er war noch gut halb voll Heu. Vorn, an einer Stirnseite, war eine große Holztür. Durch die wurde im Sommer das Heu auf den Boden gebracht. Ziemlich in der Mitte der großen Fläche klaffte die Luke, etwa eineinhalb Meter im Quadrat.

Ein paar Stangen waren an die mächtigen Dachsparren angenagelt. Darauf hingen Schafsfelle, manche schon ganz steif, andere noch frisch und blutig.

„Komm, Fredy, da sollen wir Heu runterwerfen." Helmut Wegemann dachte an den Auftrag des Alten.

Fredy nahm einen großen Arm voll Heu und warf ihn durch die Luke.

Aber unten sah das Häufchen Heu kläglich aus.

So hatte er zu Hause immer die Kühe und die Pferde gefüttert, nur mit dem Unterschied, daß er da das Heu durch eine seitliche Futterklappe in die Raufen über den Köpfen der Tiere geworfen hatte. Sein Onkel hatte das mit einer Heugabel gemacht, dann brauchte er nicht so viel zu laufen, aber das hatte sich Fredy nie getraut. Er hatte immer befürchtet, daß er mit der Gabel eine Kuh verletzten könnte.

Von unten hörte man die Schafe blöken und den Alten etwas rufen. Aber man verstand es nicht.

Helmut hatte sich inzwischen weiter umgesehen und zwei Forken gebracht, deren drei Zinken vorn rechtwinklig umgebogen waren wie zu Hause die Mistforken, mit denen man den Dünger vom Wagen auf das Feld herunterziehen konnte. Nur hatten die Mistforken zu Hause vier Zinken, und die waren wesentlich kürzer.

Der Junge stieß seine Forke in den zusammengepreßten Heuberg, riß an ihr.

„Komm, Fredy, hilf ziehen!", und beiden zusammen gelang es, einen großen zusammenhängenden Ballen Heu loszureißen. Den schleppten sie an die Luke, gingen auf die gegenüberliegende Seite und zerrten so das Heu nach unten. Im Fallen lockerte sich der zusammenhängende Haufen.

Sie hörten etwas, das wie „so war es schon besser" klang.

Die nächsten Male gruben sie ihre Forken nicht so tief in das Heu. Dadurch waren die Ballen zwar kleiner. Aber jeder konnte für sich arbeiten, und so schafften sie am Ende mehr.

Nach einer Weile angestrengten Arbeitens legten die Jungen sich auf den Bauch, streckten den Kopf über den Rand und fragten: „Genug?"

Der Alte zeigte drei Finger nach oben. „Dreimal so viel."

Also hieß es, weiter Heu loszumachen und an die Öffnung zu schleppen, den Staub zu schlucken. Und das alles bei nüchternem Magen.

Sie hatten früh nichts gegessen. Die Aufregung, die Angst, der Gestank in den beiden engen Stuben, das ungewisse Warten, bis endlich ihre Tür entriegelt wurde, das alles hatte den Gedanken an das Essen gar nicht aufkommen lassen. Und jetzt war es bestimmt schon Mittagszeit.

Nach endloser Plackerei hörten sie, worauf sie lange gewartet hatten: „Es reicht. Kommt runter, Jungen."

Das war Artur Lenk, der das gerufen hatte.

Die Jungen waren erschöpft und froh, sich ausruhen zu können.

Sie waren aber mit ihrer Arbeit noch lange nicht fertig. Unten lag ein gewaltiger Heuhaufen, den Artur noch längst nicht auf alle Raufen verteilt hatte und um den sich die blökende Masse Schaf drängelte.

Der Alte stand nur herum und paßte auf. Er half kein bißchen.

Jetzt mußten sie, wie Fredy anfangs oben auf dem Boden, einen Arm voll Heu umfassen, zu den Raufen tragen und dort verteilen. Das Laufen war gar nicht so einfach, weil die Schafe sich an sie herandrängelten, um jetzt schon etwas Futter zu bekommen.

Doch je mehr Heu in den Krippen lag, desto friedlicher wurden die Schafe und ruhiger.

Endlich hatten sie etwas Zeit. Sie setzten sich in dem Verschlag auf ein paar Kisten. Zur Wand zu, halb unter der Treppe, stand eine Liege mit ein paar Decken. Darauf lag ein Hund, in sich zusammengerollt, mit langem, braunschwarzem Fell. Träge hob er die Schnauze und musterte die Fremden, die hereinkamen. Als der Alte ihn an die Schnauze faßte und „ruhig, Stropp" sagte, rollte der sich wieder zusammen, so als interessierten ihn die Neuen überhaupt nicht.

„Das ist der beste Hütehund, den man sich denken kann. Der hält mir die ganze Herde mit weit über tausend Tieren zusammen. So viele sind es, wenn die Mutterschafe gelammt haben."

Zum Stall zu stand in dem Verschlag eine Rübenschneidemaschine mit einem Elektromotor unten auf einem dicken Brett am Fußgestell. Es fehlte aber der Treibriemen zwischen dem Motor und der Schwungscheibe der Maschine. Dazu noch ein paar Körbe, ja und eine Wasserpumpe, aus der die Jungen erst einmal tranken, um den Staub aus der Kehle zu bekommen.

Das war die ganze Einrichtung des Verschlages in dem Schafstall, in dem offensichtlich auch nachts jemand auf der Liege schlief; denn für den Hund stand sie bestimmt nicht da.

Neben diesem Raum ein zweiter Verschlag, der bis oben hin mit Runkelrüben gefüllt war. Unten war eine kleine Klappe. Durch die konnte man die Rüben herausrollen lassen. Durch eine ziemlich weit oben angebrachte Luke konnte man von draußen immer wieder neue Rüben nachfüllen.

Der Alte hieß August Wrobel, war dreiundsiebzig Jahre alt und seit zwei Jahren wieder als Schäfermeister für die Tiere verantwortlich, nachdem sein Sohn eingezogen worden war.

„Ein Mann und zwei Jungen, das schaffen wir nicht", meinte er, „früher hatte ich fünf Polen für die Schafe."

Er nahm ein Stück Brot aus einem Leinensack, einen Streifen Speck, ein Küchenmesser und eine flache blaue Flasche mit einem Hebelverschluß. Den ließ er aufspringen, trank, schnitt sich ein Stück Speck ab und fing an zu essen.

Die anderen sahen zu.

„Ja, die Polen. Unzuverlässig. Sind vor zwei Tagen einfach nicht zur Arbeit erschienen. Und jetzt sind sie weg, alle."

Er sah auf seine drei neuen Arbeiter.

„Wann seid Ihr denn gekommen?"

„Gestern abend", antwortete Kordian.

„Ach, dann waren das da draußen eure Wagen?"

Ehe einer etwas sagen konnte, fuhr er fort: „Die haben sich unsere Polen genommen, die bei uns gearbeitet hatten, und noch ein paar Fremde, die ich nicht kenne. Heute morgen sind sie alle weg."

„Mit unseren ganzen Sachen", warf Fredy ein, „und all unserer Verpflegung. Ein ganzes Schwein, erst vor drei Wochen geschlachtet."

Heimlich hoffte er, daß der Alte ihnen etwas von seiner Mahlzeit abgeben würde.

„Warum seid Ihr überhaupt weg? Wir haben von denen da draußen doch nichts zu fürchten. Sind genauso Landarbeiter und Bauern wie wir."

Er kaute weiter.

„Ja, die von Avenkrons, die Herrschaft, und vor allem die Gräfin, wißt Ihr, die unseren jungen Freiherrn geheiratet hat, der dann gefallen ist, die mußten schon weg. Die hätte man gleich umgebracht, soviel Geld, wie die hatten. Und den Verwalter auch. Wie der die Fremdarbeiter immer schikaniert hat. Verprügeln hat er sie lassen, für jede Kleinigkeit. Auch wenn sie gar nichts dafür konnten. Aber uns? Nein, uns tut doch keiner was."

Hier hörte Fredy den Namen derer von Avenkron zum erstenmal. Er wußte natürlich nicht, daß über diese Familie eine alte Verbindung zwischen Breitenstein und Godtschen bestanden hatte.

Der alte Schäfermeister trank erneut aus der Feldflasche.

„Wo wohnt Ihr eigentlich?"

„Schräg gegenüber dem Pferdestall. So ein einstöckiges, langes Gebäude mit lauter Einzelwohnungen."

„Ach, da hatten bislang die Gefangenen drin gelebt. Immer zu sechst. Seht nur zu, daß Ihr euch da keine Läuse einfangt, da drin."

„Und wir sind dreizehn", sagte Fredy vorwurfsvoll, als wenn der alte Schäfer etwas dafür konnte, daß man sie so zusammengepfercht hatte.

„Genaugenommen sogar vierzehn, wenn man das Baby dazurechnet", korrigierte ihn Helmut.

„Vorher war das der Schweinestall. Als die Gefangenen kamen, hat man das umgebaut. Das wollte man immer schon machen. Vielmehr die Gräfin wollte das, die unseren jungen Baron geheiratet hat. Wißt ihr, die kommt aus der Stadt, aus Schwerin", er dehnte das Wort, um es möglichst deutlich zu sprechen, und legte dabei auch ein Stück Verachtung hinein.

„Sie kannte die Landluft nicht und hat sich immer über den Geruch beschwert, der angeblich von dem Stall zu dem Schloß hinüberwehte. Der neue Schweinestall liegt jetzt weit weg, noch hinter dem Rinderstall. Da konnte sie ihn nicht mehr riechen."

Er packte seine Essensreste zusammen, rieb das Messer an seiner Hose ab und wickelte es wieder in ein Tuch ein.

„So, Mittagspause ist vorüber. Jetzt müssen wir Runkeln schneiden. Die Schafe können nicht bloß von Heu leben."

Er entriegelte das kleine Törchen, ein paar Rüben kullerten heraus. Wuchtige, kiloschwere Rüben mit Ihrer dunkelroten Außenhaut und den beiden weißen Flecken oben und unten. Die Wurzel unten und das Blattwerk oben hatte man abgeschnitten.

„Die Runkeln sind alle geputzt und gewaschen. Sonst vertragen sie die Schafe nicht", erläuterte er und füllte den rechteckigen Trichter der Schnitzelmaschine bis an den Rand mit Rüben.

„Drehen müßt Ihr selbst, Strom haben wir keinen mehr."

Fredy versuchte, das Schwungrad zu bewegen. Er schaffte es nicht.

Der Alte lachte: „Pudding in den Armen, was?" und fügte fragend, an Lenk gewandt, hinzu: „Auch ein solches Stadtsöhnchen?"

Helmut stellte sich auf die andere Seite, beide Jungen packten den Handgriff auf dem Schwungrad an, und dann ging es. Die Messer fraßen sich durch die Rüben, die Schnitzel fielen über eine kleine Rutsche in den darunterstehenden Korb.

Der füllte sich nur langsam. Fredy zählte die Umdrehungen.

„Bei hundert mußt du uns ablösen, Onkel Artur", sagte er stoßweise, im Rhythmus des Drehens.

„Aber frühestens, wenn der erste Korb voll ist", bestimmte August Wrobel.

Die Jungen schafften es nicht, solange zu drehen, bis der Korb ganz mit Schnitzeln gefüllt war. Wenn man nicht schnell genug drehte, dann stoppten die Rüben das Schwungrad und es blieb ganz stehen. Bei dem schnellen Drehen aber blieb ihnen die Luft weg. Die Lungen stachen

„Das nächste Mal werft Ihr nur ein paar Runkeln rein, drei oder vier. Dann geht es leichter. Dann braucht ihr nämlich nicht die Runkeln darüber immer mitzubewegen", sagte Artur Lenk, als er die Kurbel allein umgriff und das Rad schwungvoll drehte. Die Schnitzel sprangen viel dichter auf das kurze Blech als vorher bei den Jungen.

„So, in jede Krippe einen Korb Schnitzel", befahl der Alte.

Als die Jungen den Korb zum Tragen zwischen sich nahmen, schimpfte er: „Einer genügt. Man nimmt den Korb auf die Schulter."

Darum kümmerten sich die Jungen nicht. Sie taten so, als hörten sie nicht, und trugen den Korb zwischen den Schafen hindurch, die jetzt natürlich versuchten, ein paar Brocken aus dem Korb zu nehmen.

Deshalb war es wirklich besser, den Korb auf die Schulter zu nehmen. Doch dafür war er den Jungen zu schwer.

Artur Lenk übernahm die Hauptarbeit beim Schneiden. Nur ab und zu ruhte er sich aus und ließ die Jungen 'bis hundert' drehen.

Wenn er drehte, warfen sie die Runkeln in den Trichter, immer nur ein paar, und sie trugen alle Körbe zu den Schafen, die auch diesmal wieder um so friedlicher wurden, je mehr Krippen mit Rübenschnitzeln gefüllt waren. Für Artur Lenk war das Gehen durch das Gedränge der Schafe mit seiner Prothese zu beschwerlich. Die Schafe rissen ihn förmlich um.

Es dauerte Stunden, bis sie die zweihundertsechzig Hammel, die jetzt bald an den Schlachter verkauft werden müßten, die rund fünfhundert Mutterschafe und die zwanzig Böcke, die in einem extra Pferch in einer Ecke des Stalls untergebracht waren, gefüttert waren. So viele waren es, wie der Schäfermeister sagte, der die ganze Zeit nicht mehr tat, als ab und an ein paar Runkeln in den Schneidetrichter zu werfen.

Beim Füllen der Maschine ließ Lenk die Jungen bestimmte Rüben beiseite legen. Sie hatten eine etwas andere Form, waren kugeliger als die mehr zylinderförmigen Runkeln und hatten vor allem eine andere Außenhaut. Die war dunkelgelb statt violett-rot.

Als sie fertig waren, nahm Lenk seinen 'Schneider' aus seiner Prothese. Fredy hatte nicht gesehen, wann und wie er ihn an dem Leder befestigt hatte; denn solch ein Messer durften sie ja nach dem Militärbefehl Nr. 1 nicht besitzen. Lenk zerschnitt eine dieser Rüben. Ihr Fleisch war gelb.

Er schälte den Rand ab und gab Helmut und Fredy eine Scheibe.

Sie bissen hinein und waren überrascht. Die Rübe schmeckte ähnlich wie Mohrrüben. Vielleicht eine Spur süßlicher.

„Die kann man essen", sagte Lenk und steckte sich selbst ein großes Stück Rübenfleisch in den Mund, „das sind Wruken. Manche sagen auch Kohlrüben dazu. Aber die anderen, die Runkeln, die dürft ihr nicht essen. Ihr kommt vom Klosett nicht wieder runter." Alle aßen. Nur der alte Schäfermeister sah zu.

„Nachher nehmen wir ein paar mit für die anderen. Wer weiß, ob die etwas zu beißen haben."

Nach dem Füttern gab es nichts zu tun im Schafstall.

„Jungs, ich glaube, zwischen unserem Haus und dem Schafstall müßte irgendwo die Stellmacherei liegen. Sicher findet ihr da Holz. Geht doch mal hin und sucht etwas. Sonst haben wir es heute abend wieder kalt."

Vorsichtig öffneten die Jungen die Tür in dem großen Tor. Jedoch nicht, weil zu befürchten war, daß die Schafe hinausrennen, nein, die lagen jetzt friedlich da und kauten vor sich hin. Schafe sind schließlich Wiederkäuer.

Die Jungen äugten vielmehr vorsichtig hinaus, weil man nie wissen konnte, wer da draußen rumlief.

Doch der ganze Gutshof lag da wie ausgestorben.

So, als sei es das Selbstverständlichste der Welt, frei über den Gutshof zu gehen, gingen die beiden Jungen am Schafstall entlang und sahen einen freistehenden Bau. Die beiden Tore auf den Stirnseiten, nicht so groß wie bei einer Scheune, aber breit genug, um mit einem Wagen hineinzufahren, waren verschlossen. Die Jungen lugten durch die Fenster. Beide Werkstätten waren leer. Eine war ganz eindeutig die Schmiede und im anderen standen Holzbearbeitungsmaschinen. Das war also die Stellmacherei. Drinnen lag auch Holz herum. Aber man kam nicht heran.

Draußen ein großer Schneehaufen. Helmut stieß mit seinem Stiefel hinein und tat sich dabei den Fuß weh. Er war auf etwas Hartes gestoßen. Er kratzte mit dem Fuß.

„Mensch, Fredy. Da ist Holz. Woher dein Onkel das gewußt hat?"

„Der war ab und zu hier in dieser Gegend, Ferkel kaufen. Vielleicht konnte er sich daran erinnern."

Sie klaubten jeder einen großen Arm voll Holz, Sägeabschnitte, wie sie in einer Schreinerei anfallen, aus dem Schnee und brachten sie in ihre Behausung.

Die beiden alten Frauen waren da, Liesel, Jürgen und der kleine Mark Schröder. Sie warfen das Holz vor den Ofen.

„Nicht so laut, Jungen", sagte Fredys Großmutter, „hinten schläft Frau Schröder. Die hat sich ein bißchen hingelegt. Es geht ihr nicht so gut."

„Was hat sie denn?" fragte Helmut, „heute früh ist sie noch mit so einem Russen losgetigert."

„Vielleicht darum. Aber das versteht Ihr nicht."

Martha Vogt überlegte einen Moment, ob sie mehr dazu sagen sollte. Aber sie ließ es sein.

„Kommen die Männer auch?"

„Mein Onkel bestimmt nicht. Wir müssen noch die Schafe füttern, zum Abend. Und wo Herr Kordian ist, wissen wir nicht", antwortete Fredy.

„Doch, Fredy, der muß doch die Toten beerdigen. Hat der mit der roten Binde doch gesagt."

„Stimmt, aber wo er das macht, das wissen wir trotzdem nicht."

Die Jungen gingen.

Zum Abend gab es Stärkesuppe. Stärkemehl gab es in Massen in Breitenstein. Hier wurden nämlich die Kartoffeln zu Stärkemehl verarbeitet, in einer kleinen Fabrik, die etwas abseits des Gutshofes lag.

Martha Vogt hatte sich nach etwas Eßbarem umgesehen während des Tages und hatte dabei erfahren, wo die Säcke mit der Kartoffelstärke standen.

Da hatte sie einen ganzen Eimer voll geholt und sich vorgenommen, später einmal die Männer hinzuschicken. Die sollten gleich einen ganzen Sack voll herschleppen.

„Man kann ja nie wissen, wozu es gut ist."

14. Februar 1945

Ein grau gestrichener offener Militärwagen stieß mit Wucht gegen das hölzerne Hoftor. Das wurde eingedrückt und splitterte, hielt aber dem Stoß stand. Der Wagen hatte vor dem Kühler schwere Abweisstangen, so daß er nicht beschädigt wurde. Er setzte zurück und fuhr noch einmal mit Wucht in die Trümmer hinein. Diesmal kam er durch und stand auf dem Hof.

Die vier Männer in dem Wagen lachten und schwangen sich aus dem Fahrzeug heraus, ohne die flachen Türen zu öffnen. Zwei stürmten mit unter den Arm geklemmter Maschinenpistole in den Stall, riefen etwas hinein und verschwanden darin. Die beiden anderen rammten mit ihren Waffen gegen die schwere Haustür, daß sie in ihren Angeln bebte. Aber sie hielt und sprang nicht auf.

Da wurde die Tür von innen geöffnet. Eine Frau, gebückt vom Alter und vom Rheuma, gestützt auf einen Stock, stand vor ihnen, starr vor Schreck. Soldaten in solchen schmutzigbraunen Uniformen hatte sie noch nie gesehen. Aber sie wußte: Das mußten Russen sein.

Die fragten sie: „Soldat?"

Als die Alte nicht gleich antwortete, stießen sie sie zur Seite, stürmten in den Flur und rissen erst die rechte Tür und dann die linke Tür auf. Rechts war die Küche. Da war niemand. Links, in der guten Stube, standen zwei Frauen, Mutter und Tochter. Ein alter Mann, weißhaarig, mit weißem Zwirbelbart, wie ihn der letzte Kaiser getragen hatte, saß in einem Lehnstuhl, mit dem Rücken zur Tür, so daß er bequem aus dem Fenster auf den Hof sehen konnte. Ein trichterförmiges Gerät lag auf seinem Schoß: ein Hörrohr.

„Soldat?"

„Nein, kein Soldat!"

Das verstanden die Russen nicht. Sie fragten wieder.

„Soldat nix", sagte jetzt die jüngere Frau.

Wie gut, daß der Vater gerade weggegangen war, zu einer Nachbarin, deren Kuh kalbte. Hoffentlich würde er sich dort rechtzeitig verstecken können.

Der war zwar auch kein Soldat, zumindest in diesem Krieg nicht; wohl aber in dem vorigen, vierzehn - achtzehn. Und seine Tätigkeit als

Volkssturmmann hatte sich auf ein paar Tage Schanzarbeit und einen Tag sogenannter militärischer Ausbildung an der Panzerfaust beschränkt.

Dann waren ihre drei 'echten' deutschen Soldaten verschwunden; die 'Abwehrfront Godtschen', von der Blumenhöf so viel gefaselt hatte, war zusammengebrochen; nein, mehr noch, sie hatte sich in Nichts aufgelöst.

Die verbliebenen Volkssturmmänner des ersten und des zweiten Aufgebotes waren einfach nach Hause gegangen. Die Panzerfäuste hatten sie bei Wernicke in der Gaststube, ihrem Einsatzquartier, zurückgelassen. Noch eingepackt in den Lattenkisten.

Herbert, der Vater, hatte oben auf dem Boden alles vorbereitet, um die Familie verstecken zu können, wenn die Russen auch zu ihnen nach Schulzenwerder kommen sollten.

Sie hatten ein Feldbett zerlegt, durch die Bodenluke geschoben und oben wieder zusammengebaut. Decken, zwei Hocker, ein kleiner Tisch, den elektrischen Heizlüfter mit einer versteckten Zuleitung, der nun aber wertlos war, seit es keinen Strom mehr gab, Brot, Wasser, Hartwurst und Schinken, an alles hatten sie gedacht, sogar an einen Eimer mit Deckel. Die Leiter konnte man nach oben ziehen und das Luk von oben verriegeln.

Nun war alles so schnell gegangen, daß für die beiden Frauen keine Zeit geblieben war, auf den Boden zu flüchten.

Sie hatten ja auch immer im stillen gehofft, daß der Krieg an ihnen vorüberziehen würde; abseits der Straße, nur durch einen zugeschneiten Feldweg mit Godtschen und damit der Außenwelt verbunden. Dadurch waren sie wohl auch zu leichtsinnig geworden und hatten die Zeitspanne, die ihnen zum Verstecken bleiben würde, überschätzt.

Inzwischen waren auch die beiden anderen Soldaten hereingekommen.

Sie wandten sich an die Frauen: „Uri, Uri!"

Klüger geworden, sagten beide „Uri, nix!", obwohl sie nicht wußten, wer oder was 'Uri' sein sollte.

Diesmal verärgerte die Russen die Antwort. Sie packten Elfriede, die Mutter, an der Hand, rissen den linken Ärmel des Pullovers hoch, sahen ihre Armbanduhr, machten sie ab und sagten wieder „Uri!".

Diesmal nicht fragend, sondern bestätigend.

Dann wandten sie sich an die Jüngere.

„Gib ihnen deine Uhr, Charlotte", rief ihr die Mutter zu, „es hat keinen Zweck."

Einer der Soldaten band sich beide Uhren um. Dabei mußte er seinen Uniformärmel weit hochkrempeln. Er trug mindestens schon fünf Armbanduhren an seinem Arm.

Die Alte, die sie hereingelassen hatte, trug keine Uhr.

„Ringi, Ringi", riefen sie nun und zerrten an Elfriedes Ehering. Die Frau half ihnen dabei, feuchtete den Ringfinger an und drehte den Ring, bis sie ihn über das Gelenk gezogen hatte. Das Beutestück steckten die Soldaten achtlos in die Uniformtasche.

„Meinen Verlobungsring bekommen sie nicht. Vielleicht ist es das einzige Erinnerungsstück an Armin."

Es half aber nichts. Je mehr sich Charlotte wehrte, desto wichtiger schien ihnen der Ring zu werden.

Da erst beachteten sie den Alten, der die ganze Zeit starr aus dem Fenster gesehen hatte, so als könne er damit die Schmach ungeschehen machen, daß auf seinem Hof fremde, feindliche Soldaten waren.

Auf seinem Hof!

Den hatte er vor fast fünfzig Jahren von seinem Vater Julius übernommen und später völlig umgebaut. Das zerbrochene Hoftor berührte ihn dagegen viel weniger. Das könnte Herbert an ein, zwei Tagen reparieren.

Er hatte etwas gegen Männer in braunen Uniformen, seien sie erdbraun wie jetzt oder kackbraun wie früher.

Nie hatte einer in dieser Nazi-Uniform seinen Hof betreten. Selbst Blumenhöf hatte das respektiert und war die wenigen Male, da er etwas von ihm, dem früheren Bürgermeister des Dorfes, haben oder wissen wollte, in Zivil gekommen. Später, als die Telefonleitungen gelegt waren, hatte der ihn nur angerufen; aber die Gespräche hatte auf seiner Seite immer jemand anderes führen müssen, wegen seiner Schwerhörigkeit. Doch alle in der Familie wußten, daß dies, zu Anfang wenigstens, nur eine Ausrede war.

Den Pastor hatte er damals noch gut am Telefon verstehen können.

Mit zunehmender Schwerhörigkeit hatte er sich immer dann völlig in sich zurückgezogen, wenn etwas geschah oder besprochen wurde, was ihm nicht paßte. Es war dann für ihn einfach nicht Wirklichkeit.

So hatte er auch diesmal die Russen völlig ignoriert, obwohl er genau beobachtet hatte, wie sie das Tor eingefahren hatten und teils in den Stall, teils sofort auf das Wohnhaus gestürmt waren.

Wie die Anfänger, ohne Feuerschutz vorzuhalten, ohne Deckung zu suchen, hatte er bei sich gedacht. Das hatte man schon zur Kaiserzeit besser gekonnt!

Man hätte sie abknallen können wie die Hasen.

Grob rissen sie den Sessel herum.

„Uri, Uri?"

Der Alte nahm sein Hörrohr vom Schoß und wollte es sich an sein rechtes Ohr halten. Mit dem konnte er wenigstens noch ein bißchen hören.

Der junge Soldat mochte solch ein Gerät noch nie in seinem Leben gesehen und es womöglich für eine gefährliche Waffe gehalten haben. Man weiß es nicht. Er stieß den Alten derart brutal den Kolben seiner Maschinenpistole an den Schädel, daß der schlagartig zur Seite fiel und dabei gegen die Fensterbank stieß, ehe er auf den Fußboden sank.

„Großvater", schrie Charlotte und lief die paar Schritte hin, um den Alten wieder aufzurichten.

„Nix Großvater", äffte sie einer der Soldaten nach und zerrte sie am Arm, hin zur Tür. „Frau, komm mit."

Charlotte wehrte sich mit aller Kraft. Sie biß den Soldaten in die Hand. Der aber lockerte seinen Griff kein bißchen.

Das Mädchen hielt sich mit der Linken am Tisch fest. Der Russe zog noch kräftiger an ihr. Sie glaubte, der Mann riß ihr den Arm aus, so schmerzte es. Der Tisch schleifte hinter ihr her. An der Tür gelang es ihr, sich noch einmal festzuklammern.

Der Rotarmist bekam sie nicht aus dem Zimmer heraus.

Da half ihm einer der anderen Soldaten. Er packte sie an den Beinen, sie versuchte zu treten. Aber da hatten sie sie schon hochgehoben und trugen sie weg.

Elfriede lief hinter ihnen her.

„Laßt meine Tochter in Ruhe. Sie hat euch doch nichts getan", schrie sie. „Nehmt, was Ihr wollt. Aber laßt meine Tochter in Frieden."

Die beiden Russen kümmerten sich überhaupt nicht um das Geschrei, öffneten eine Tür, sie ging zum Kartoffelkeller runter, schlugen sie mit dem Fuß wieder zu und machten eine andere Tür auf. Es war das Schlafzimmer der Eltern. Da hinein schleppten sie das Mädchen.

Die Schlafzimmertür schlug zu und wurde von innen verriegelt. Elfriede hörte das erstickende Schreien, Klagen, Aufbegehren ihrer Tochter und konnte doch nicht helfen.

Die beiden anderen Soldaten packten nun auch sie. Sie fand kaum Gelegenheit zur Gegenwehr. Die Soldaten zerrten sie zurück in die Stube. Sie warfen sie auf den Boden und rissen ihr die Kleider auf.

Die Alte, Selma Vogt, hatte sich auf die Ofenbank gekauert und saß da, bewegungslos, erstarrt, versteinert, mit offenen Augen, aber überhaupt nichts wahrnehmend.

Es dauerte fast zwei Stunden, bis die Russen wieder wegfuhren.

Vorher hatten sie noch Schränke und Spinde aufgerissen und wahllos Kleidung, ein paar metallisch glänzende Teller, die sie wohl für etwas besonders Wertvolles hielten, den Wecker auf dem Nachttisch und die Küchenwaage mitgenommen.

Benommen, mit brennendem Schoß, richtete sich Elfriede Vogt auf.

Da lag Richard, der Schwiegervater, als ob er schliefe.

Richard Vogt, Bürgermeister in fünfter Generation - wenn man Johannes Vogt nicht mitzählte, den ersten Kriegstoten im Dorf -, Kirchmeister, ein entschiedener Gegner des Nationalsozialismus von Beginn an.

Eine schmale Blutspur führte von seinem Ohr über die Wange. Seine Augen waren offen. Er atmete nicht.

Die Frau fühlte auf seine Brust und an seinem Hals. Kein Pulsschlag.

Richard Vogt war tot. Erschlagen, weil ein russischer Soldat kein Hörgerät kannte.

Und da hockte Selma, seine Frau, nach der Wandseite hin zusammengesunken auf der Ofenbank, mit dem Rücken an den warmen Ofen gelehnt, der ihren erstarrenden Körper noch warm hielt.

Elfriede ging in ihr Schlafzimmer. Die Bettdecke, die Charlotte über sich gezogen hatte, bewegte sich. Gottlob, wenigstens Charlotte lebte. Sie umfaßte den Kopf ihrer Tochter. Er war naß vor Tränen.

„Ich will tot sein, Mutter."

Elfriede sagte nichts. Sie drückte Charlotte noch kräftiger an ihre Brust.

„Ich kann so Armin nicht mehr unter die Augen treten."

Elfriede richtete sich auf, drehte den Kopf ihrer Tochter, daß sie ihr in die Augen sehen konnten und sagte: „Doch, Charlotte. Du kannst es. Ich muß es auch können, jetzt gleich, wenn Vater wiederkommt."

„Du auch, Mutter?"
Elfriede nickte. „Ja, Charlotte, beide."
Da warf sich Charlotte wieder herum, mit dem Gesicht in das Bett. Ihre Schultern begannen erneut zu zucken.

Herbert Vogt schob im Blumengarten hinter dem Haus den Schnee weg, brach die dickgefrorene Erdschicht auf und hob eine tiefe Grube aus.

Sie wickelten Richard Vogt und seine Frau Selma jeden in eine warme Schlafdecke, legten sie nebeneinander in das Grab, warfen ein paar Kiefernzweige von den Bäumen, die Richard damals gepflanzt hatte, auf sie und starrten in das Grab. Keiner sprach.

Lange standen sie da.

Dann gingen die Frauen ins Haus. Herbert Vogt, der Sohn, warf vorsichtig Schaufel um Schaufel den Sand auf die Körper, bis sie für immer verschwunden waren und sich ein kleiner Hügel über der Grube angehäuft hatte.

Er ging in die Werkstatt, nahm ein Birkenbrett, das am oberen und unteren Rand noch Borke hatte, hobelte es auf einer Seite glatt und kratzte, so tief es ging, mit dem schmalsten Stechbeitel, den er fand, auf die gehobelte Fläche: „ Richard Vogt, 1860 - 1945" und daneben „Selma Vogt, geb. Wagner, 1868 - 1945".

Er trieb einen Kiefernpfahl in den Boden, bis er nur noch eine Elle hoch aus dem Schnee ragte, und nagelte das Brett mit zwei Nägeln an diesen Pfahl.

20. Februar 1945

Einer der eintönigen, anstrengenden Tage lag hinter ihnen. Die Russen hatten ihre Moskauer Zeit eingeführt, und so weckte die Gutsglocke alle bei tiefer Dämmerung und rief die Männer und Frauen kurze Zeit später schon zur Arbeit.

Jeder Tag war lang, ermüdend, kräftezehrend.

Mancher von den Alten konnte einfach nicht mehr. Die eigenen Vorräte, soweit man sie hatte mitnehmen können, ehe die Polen mit den Wagen weggefahren waren, waren verbraucht. Man mußte sich selbst etwas beschaffen, um nicht zu verhungern. Und das war beschwerlich und gefährlich.

Reichlich vorhanden für alle war nur die Kartoffelstärke. Sackweise hatte man sie aus dem Vorratslager neben der Stärkefabrik herausgeholt, mit Billigung oder zumindest unter stillschweigender Duldung der Soldaten. Aber wer konnte schon jeden Tag Stärkebrei essen? Ungesüßt, wer hatte schon Zucker? Gesalzen mit Viehsalz; denn weißes Salz war rar geworden in den letzten Wochen.

Abends briet man den Stärkebrei, wenn man noch irgendwoher Fett hatte. Ohne Fett verbrannte die Stärke in der Pfanne und war dann nur noch als Medizin zu gebrauchen, als einzige Medizin, die man hatte, gegen alle Krankheiten, die einen befielen, vor allem gegen den dauernden Durchfall.

Waren die Alten zu schwach, um sich etwas zu organisieren, sich nach Lebensmitteln und nach Holz umzusehen, dann dauerte es meist nicht lange, bis sie steifgefroren auf ihren Pritschen lagen.

Max Kordian berichtete regelmäßig abends, wie viele Tote es wieder gegeben hatte. Anfangs hatten die Leichen meist Schußverletzungen. Oder die Leute hatten sich erhängt. Das waren vor allem Frauen. So auch Selma Petsch, die es nicht hatte ertragen können, daß ihre beiden Töchter vergewaltigt worden waren. Das jedenfalls hatte Leopold Petsch gesagt, wenn man ihn nach dem Grund fragte.

Je drei Körper mußte das Beerdigungskommando nebeneinander in die Grube legen. Dann wurden zwei Schaufeln Chlorkalk darübergeworfen, ehe man eine zweite und eine dritte Lage Leichen auf sie packte. Gefüllt wurde das Grab mit dem Boden, den man aus der nächsten Grube aushob, so daß immer Platz für neue Tote bereitstand.

Im Laufe der nächsten Wochen verringerte sich die Zahl der täglich mit einer von Ochsen gezogenen Schleppe angelieferten Leichen. Es waren jetzt neben älteren Menschen vor allem kleine Kinder, Säuglinge. Und einmal war auch ein Rotarmist dabei mit einem kleinen Loch im Nacken und einer großen Ausschußwunde vorn über der Stirn.

Jeder wußte, daß es nur eine Frage der Zeit sein würde, bis sie alle vor Erschöpfung sterben würden, wenn sie weiter so übermäßig arbeiten müßten und wenn nicht bald für regelmäßige Verpflegung gesorgt würde.

Zu der täglichen Schinderei kam, daß man nachts kaum durchschlafen konnte. Immer wieder rissen Soldaten die Türen auf, oft stanken sie fürchterlich nach Fusel, und holten sich Frauen heraus, alte, jüngere, manchmal reine Kinder noch. Mancher erkannte die Frau auch gleich an Ort und Stelle, ungeachtet, daß andere das meist vergebliche Wehren, die Gewalt, das Weinen, Jammern und Schreien, miterleben mußten.

Vogts, Kordians und Schmidtgens hatten es da besser. Seit Monika Schröder mit dem russischen Offizier befreundet war, der zu dem im Schloß residierenden Stab gehörte, hatten sie nachts ihre Ruhe. Monika Schröder schlief fast immer im Schloß. Aber trotzdem stand ein Soldat in der Nähe ihrer Haustür und war sofort zur Stelle, wenn ein Fremder eindringen wollte.

Die Soldaten, die zur Kommandantur gehörten, und die Leute beim Stab, die kannte man mit der Zeit. Die waren harmlos; sie hatten fast alle eine feste Freundin, die sie dann vor den anderen zu beschützen suchten. Hatten sie den entsprechenden Rang, gelang ihnen das auch.

Es waren die Fremden, vor denen man Angst hatte. Sie kamen auf ihren Lastwagen, suchten sich irgendwo ein Nachtquartier und eine Frau, requirierten, was sie gebrauchen konnten und was in ihren Augen einen Wert hatte, und fuhren am nächsten Tag weiter.

Die Kommandantur war für das Gut selbst zuständig. Das waren nur noch zwei ältere Offiziere und wenige Soldaten und weiterhin der mit der roten Binde.

Der Stab war viel größer. Die Soldaten und Offiziere, die dazu gehörten, erkannte man an ihren sauberen Uniformen und ihren besseren Manieren.

„Der Chef des Stabes ist ein General, und der duldet keine Übergriffe. Die Offiziere sind alles feine Menschen. Die essen genauso wie wir mit Messer und Gabel und putzen sich jedesmal den Mund ab, ehe sie während der Mahlzeit trinken. Wer tut das schon bei uns?"

Monika Schröder aß oft bei den Offizieren. Sie selbst sagte, daß sie Dolmetscherin im Stab sei, bei Verhören von deutschen Soldaten übersetzen müsse und auch schon mal auf der Schreibmaschine deutsche Texte zu schreiben habe.

„Demnächst kommt wieder ein Militärbefehl. Man will strenger gegen Partisanen vorgehen", wußte sie erst unlängst zu berichten.

Partisanen, dachte Fredy, das sind doch die Russen selbst! Bis ihm einfiel, daß für die Russen die deutsche Soldaten hinter der Front Partisanen waren.

Durch ihr Amt kam Monika Schröder auch viel herum. So wußte sie zu erzählen, daß in Falkenstein kaum noch einer wohne, daß die Häuser bis auf ein paar zwar noch alle standen, aber total verwüstet waren. Der Ort dahinter wäre völlig zerstört. Man habe einfach quer über die Trümmer eine neue Straße gewalzt. Da lägen auch noch ein paar ausgebrannte Panzer herum. Ob es deutsche oder russische sind, konnte sie nicht sagen.

„Das muß Finkenstein sein", vermutete Lenk, „das sie damals so mächtig beschossen hatten."

Damals, dachte Fredy, wie lange ist das eigentlich her? Er rechnete nach und versuchte sich an die einzelnen Ereignisse zu erinnern und sie an den Tagen festzumachen. Drei Wochen und zwei Tage müßten es sein; dann wäre heute der 22. Februar.

Er beschloß, sich irgendwie einen Kalender zu machen.

„In Friedeberg ist schon eine Menge los. Da sitzt der Chef von unserem Chef. Gesehen habe ich den noch nicht. Muß aber ein ganz hohes Tier sein. Wenn wir mal einen höheren Offizier fangen, einen Deutschen meine ich, dann bringen wir ihn gewöhnlich dorthin. Für einen solchen Fang ist unser Chef zu klein."

Keiner sagte etwas. Es war schon eine ungute Geschichte. Einerseits profitierten sie alle von dem Schutz und den Sachen, die die Schröder mitbrachte in ihrem Henkelkorb, den sie, mit einer weißroten Tischdecke bedeckt, unauffällig auffällig über ihrem Arm trug.

Anfangs waren es Kerzen und Streichhölzer; ihr Fenster war im weiten Bereich das einzige, aus dem ein Lichtstrahl fiel. Dann brachte sie Geschirr mit, Teller, Tassen, eine Schüssel und eine Kaffeekanne aus Porzellan. Später waren es vor allem Lebensmittel, Eingewecktes, Zukker, trockene Plätzchen, Schweineschmalz, Salz. So brauchten sie keine vom Viehsalz rotgefärbten Suppen zu essen. Und sie hatten auch Brot, russisches dunkles Kommißbrot. Es war hart, daß man sich die Zähne daran ausbrechen konnte, aber es war Brot.

Und sie hatten auch Seife.

Nur für Milch und Holz mußten die anderen sorgen. Milch brachten die Frauen mit, heimlich; denn auch das war, wie fast alles, streng verboten. Nur Mütter mit kleinen Kindern durften sich jeden Tag eine kleine Kanne Milch im Kuhstall abholen. Wer als Erwachsener mit gestohlener Milch ertappt wurde, kam in den Keller und mußte mit fünfundzwanzig Stockschlägen rechnen.

Die Frauen banden sich jede eine Wärmflasche aus Gummi unter die Jacke. Die Flaschen hatte Monika Schröder mitgebracht. Beim Melken füllten sie die direkt aus dem Euter der Kuh. Leibesvisitationen hatte es noch nie gegeben.

So bekamen sie nicht nur den kleinen Mark satt, der seine meist nicht anwesende Mama in den Armen der beiden Omas völlig vergessen zu haben schien. Ja, manchmal weinte er sogar, wenn ihn die Mutter auf den Schoß nehmen wollte und streckte seine Ärmchen zu einer der beiden Alten hin. Sie konnten sich abends mit der Milch auch immer Stärkesuppe machen. Das sättigte wenigstens.

Für Holz sorgten Jürgen und Liesel, die immer noch nicht zur Arbeit eingeteilt waren. Sie hatten da Glück; denn andere Kinder in ihrem Alter mußten jeden Morgen wie die Erwachsenen antreten. Ob da auch Monika Schröder Einfluß ausgeübt hatte, wußte man nicht.

Die beiden Kinder hatten ein Gespür dafür bekommen, wo noch Holz unter dem Schnee herumlag oder wo man lose Bretter abschlagen konnte.

Nur mit dem Anheizen wurde es allmählich schwierig. Papier gab es ohnehin nicht mehr. Das schöne Kienholz, harziges Kiefernholz, das man anfangs vor der Schreinerei gefunden hatte, war leichtsinnigerweise zu schnell verheizt worden. So war es jetzt mühsam, das Feuer zu entfachen.

Da half ihnen der Zufall. Helmut Kordian hatte Briketts gefunden. Er nannte sich jetzt Helmut Kordian, so war er auch auf der Kommandantur registriert, genau wie Fredy jetzt offiziell Lenk hieß, dreizehn Jahre alt, geboren in Godtschen, um verhängnisvollen Fragen aus dem Wege zu gehen.

Ursache war Helmuts Durchfall mitten in der Nacht. Die Latrine über dem Misthaufen war eine Zumutung. Jeder, der die Möglichkeit dazu hatte, vermied sie. Und bei dunkler Nacht über die schmutzigen vereisten Bretter in eines der vier Häuschen auf dem großen Misthaufen zu gehen, war unmöglich. Ein Schritt daneben, ein Ausrutscher - nicht auszudenken.

Wie gesagt, eines Nachts mußte Helmut raus. Durchfall. Er rannte hinter das Werkstattgebäude, wollte sich an einen großen Schneehaufen hocken und stieß dabei auf etwas Hartes: die Briketts.

Noch an diesem Morgen, ehe die Leute in den anderen Behausungen munter waren, schleppten sie alle zusammen Briketts in ihre Wohnung. Den verbliebenen Haufen bedeckten sie wieder dick mit Schnee.

Jetzt war es leicht mit dem Ofen. Abends wurden ein paar Briketts aufgelegt. Die hielten die Wärme und die Glut bis zum nächsten Morgen. Man brauchte nur die Asche beiseite zu schieben, etwas Kleinholz aufzulegen, und das Feuer brannte wieder.

Irgendwie lag Spannung in dem engen Zimmer, das man unlängst umgeräumt hatte. Jetzt standen hier im vorderen Raum auf der einen Seite die Liege und ein zweistöckiges Bett, auf der Ofenseite der Tisch, auf seinen beiden Längsseiten je eine Bank ohne Rückenlehne, an einer Stirnseite ein richtiger Stuhl mit Lehne und an der vorderen, zur Tür hin, ein einfacher Hocker. Die fehlenden Möbel hatte man im Laufe der Zeit irgendwie organisiert.

Im hinteren Zimmer waren das dreistöckige und ein zweistöckiges Bett. Die jüngeren schliefen zu zweit in einem Bett, die älteren Erwachsenen allein.

Die Leute saßen auf den Bänken etwas schräg, mit der rechten Schulter nach vorn, den linken Arm nach hinten, damit alle Platz hatten. Man aß Wrukensuppe, angedickt mit Kartoffelmehl, gesalzen und mit Schweineschmalz versetzt. Brot gab es keines dazu, Brot war knapp. Aber Suppe war reichlich in dem großen Topf, der aus der Küche des Schlosses stammte.

Man hätte zufrieden sein können. Es war ruhig draußen. Drinnen war es warm. Zwei Kerzen auf dem Tisch sorgten für Licht und hätten eigentlich ein wenig häusliche Geborgenheit wiedergeben können.

Die Stille, die ungewöhnlich war, drückte.

„Also, um es kurz zu machen“, man sah, daß sich Monika Schröder sichtbar Mut machen mußte, „ich habe Walerij versprechen müssen, daß Ihr beide, Hermine und Herta, heute Abend mit aufs Schloß kommt. Walerij ist befördert worden, er ist jetzt Major, und das will er mit ein paar Freunden, alles nette Männer, Offizierskameraden, feiern. Mehr nicht.“

„Eine Ungeheuerlichkeit“, die alte Schmidtgen verschluckte sich an dem Löffel Suppe, den sie gerade zum Munde geführt hatte. „Kommt überhaupt nicht in Frage.“

Max Kordian brummte etwas in seinen Bart, den er sich, wie alle Männer, hatte stehen lassen, weil sie so älter aussahen, noch älter, und weil sie meist auch kein Rasierzeug mehr hatten.

„Nun sagt Ihr doch auch etwas“, mahnte Frau Schmidtgen, „um Eure Ehre geht es schließlich genauso. In Kalischka haben wir unser Deutschtum hochgehalten. Kein Pole hat in unsere Familie eingeheiratet. Und jetzt Russenliebchen spielen? Nein, lieber sollen sie uns alle erschießen.“

Beide Frauen lehnten das Ansinnen natürlich voller Entrüstung ab. Und dann brach ein allgemeines Gezeter und Geschimpfe auf die Schröder los. Wenn sie selbst sich zur Hure gemacht habe, dann sei es eine Unverschämtheit, andere ehrbare Frauen mit hineinzuziehen in diesen Sumpf.

Gewiß. Vergewaltigt seien sie alle schon worden. Die einen häufiger, die anderen seltener. Aber das hier sei etwas ganz anderes. Sich freiwillig den Russen hergeben? Nein. Niemals.

Je mehr sich die anderen aufregten, desto ruhiger wurde Monika Schröder. Sie ließ die anderen reden und schwieg dazu, bis sie alle Argumente, Beschimpfungen und Beleidigungen zum wiederholten Male vorgebracht hatten.

Und endlich nichts mehr zu sagen wußten.

„Ich will nicht von den Vergünstigungen reden, die Ihr durch mich habt“, Monika Schröder wies auf den gedeckten Tisch und die langsam herunterbrennenden Kerzen.

„Ihr habt ruhige Nächte gehabt. Hört doch mal herum, wo das sonst noch der Fall ist! Ihr habt immer zu essen gehabt. Von euch hat doch noch keiner gehungert. Fragt die anderen doch mal, wie Fleisch schmeckt, und Brot. Sie wissen es nicht mehr.“

Es war ruhig in der engen Stube.

„Es stimmt, ich bin intim mit Walerij Smirnow. Aber nur mit ihm. Er ist mein Freund und er will mich heiraten. Nach dem Krieg. Ich möchte wissen, was dabei so Schlimmes ist. Die meisten Frauen hier mußten mit zwanzig, dreißig verschiedenen Soldaten oder mit noch mehr schlafen. Und mit Polen. Ihr habt es ja selbst zugegeben. Gezwungenermaßen. Ich weiß, sie sind vergewaltigt worden. Aber geschehen ist geschehen. Nur Ihr seid fast immer verschont geblieben, die ganze Zeit. Nur einmal ist hier ein Soldat eingedrungen. Der wurde dafür erschossen. Genickschuß."

Sie verhielt einen Augenblick.

„Und wem habt Ihr das zu verdanken? Ich meine, diesen Schutz?"

Sie sah sich in der Tischrunde um.

„Und dafür wollt Ihr mich jetzt steinigen?"

„Es ist doch wohl ein Unterschied, ob eine Frau vergewaltigt wird oder sich einfach so", die alte Schmidtgen suchte nach dem passenden Wort, „einfach so hingibt. Und selbst vergewaltigen hätte sich noch lange nicht jede Frau lassen müssen. Nicht alle Frauen haben sie gleich erschossen, die sich gewehrt haben."

Hermine wußte, worauf ihre Schwiegermutter anspielte: „Wehre du dich mal, wenn dich vier Mann festhalten, Mutter."

„Es ist richtig, Frau Schmidtgen. Es ist ein Unterschied, ob man sich mit einem Mann zusammentut, der einem sympathisch ist, den man gern hat, ob er nun Deutscher ist oder Ausländer, oder ob man vergewaltigt wird. Ich glaube, Sie wissen gar nicht, wie viele Frauen inzwischen krank sind, Syphilis haben oder den Tripper. Davor habe ich Sie alle bis jetzt beschützt, ich, oder besser gesagt, Major Smirnow."

„Syphilis?" fragte Hermine, „stimmt das wirklich? Im Kuhstall haben die Frauen über merkwürdige Beschwerden gesprochen. Ist das Syphilis?"

„Die Kommandantur und der Stab haben den Soldaten jedes Fraternisieren, so nennen sie das, verboten. Wegen der Syphilis. Nächste Woche fährt ein erster Lastwagen mit Frauen nach Friedeberg. Da ist ein deutscher Arzt. Der muß sie untersuchen. Da müssen alle hin."

„Sie auch?" wollte Herta Kordian wissen.

„Ich war schon da, vorgestern. Mein Abstrich war negativ. Ich bin gesund."

„Sie sagten, Ihr Russe will sie heiraten?" fragte Hermine.

„Ja, er will es. Ob ich es tue, weiß ich noch nicht. Er ist Weißrusse. Die Deutschen haben seine Frau und seine beiden Kinder umgebracht.

Warum, weiß keiner. Sie hatten nichts mit den Partisanen zu tun. Die gab es damals in dieser Gegend überhaupt noch nicht. Zwei liebe Kinder, ein Mädchen und ein Junge. Smirnow hat nur noch ein Foto von ihnen. Da soll eines Morgens die SS gekommen sein und alle vor eine Grube gestellt haben. Einfach so. Vielleicht ein Racheakt."

Es ging ihr nahe. Tränen standen ihr in den Augen, die sie unauffällig mit dem Handrücken wegwischte.

„Meinen Mann haben die Nazis umgebracht, Walerijs Familie haben sie umgebracht. Warum sollen wir uns da nicht zusammentun? Ist doch eigentlich ganz logisch."

„Sie sagten vorhin, daß das, wie hieß doch gleich das Wort, verboten sei?"

„Ja, Hermine, und unsere Leute hier halten sich auch daran. Wenn heute noch etwas passiert, ich meine mit den Frauen, dann sind es die Soldaten auf dem Durchmarsch oder ehemalige polnische Fremdarbeiter, die überall herumvagabundieren. Das ist den Russen auch nicht recht."

„Also würden uns seine Freunde im Schloß auch in Ruhe lassen, wenn wir mit Ihnen mitkommen?"

„Ich sagte es im Anfang schon. Wir wollen wirklich nur Walerijs Beförderung feiern."

Und somit war es entschieden. Herta und Hermine gingen mit aufs Schloß.

In der gleichen Nacht verschwand Oma Schmidtgen. Niemand hatte sie gehört, niemand weggehen sehen. Auch Herta und Hermine hatten nicht bemerkt, daß das Bett, in dem die Alte - allein - schlief, leer war. Sie waren im Dunkeln zurückgekommen, nach russischer Zeit vor zwei, also noch vor Mitternacht nach alter deutscher Zeit, und hatten auch keine Kerze angezündet, um die anderen nicht zu stören.

Es war wirklich nur eine lustige Feier gewesen auf dem Schloß. Man hatte Wein getrunken, aus dem Avenkronschen Weinkeller vermutlich, man hatte getanzt, nach deutschen Schlagern. Ein Grammophon, das keinen Strom brauchte, hatte gespielt. Man zog es einfach mit einer Kurbel auf. Das reichte immer für eine Platte.

Die Männer hatten die Frauen animiert, Zigaretten zu rauchen, aus Machorka gedrehte Zigaretten. Sie hatten fürchterlich husten müssen.

Aber sonst war nichts passiert.

„Niemand ist zudringlich geworden. Sie waren richtige Kavaliere."

Verabredet hatte man sich auch. Für eine Fahrt im Jeep in die Umgebung.

Und nun war die alte Schmidtgen weg.

Liesel und Jürgen hatten als einzige Zeit. Sie suchten sie den ganzen folgenden Tag und den nächsten. Überall. Sie sahen in jede dunkle Ecke in den Scheunen, in den Ställen, sie kletterten auf die Heuböden, auf denen das Futter während des Winters zusammengesackt war, so daß sich dahinter Hohlräume gebildet hatten. Gerne benutzte Verstecke für die Frauen während der Nächte, wenn fremde Fahrzeuge auf dem Hof waren.

Erst am dritten Abend wußte Kordian um ihr Schicksal: „Wir haben sie heute beerdigt. Sie war die neunte, deshalb ist das Grab schon zu."

„Woran ist sie denn gestorben?"

„Ich weiß es nicht. Verletzungen, Wunden, Schußwunden, hatte sie keine, erhängt hatte sie sich auch nicht. Das kann man sehen. Möglicherweise erfroren."

Schweigen.

„Ich habe den, der sie gebracht hat mit der Ochsenschleppe, nicht fragen können. Er war zu schnell weg. Plötzlich lag sie da."

„Was soll ich dazu sagen", meinte Hermine Schmidtgen, „irgendwann wäre sie doch zerbrochen. Sie war so deutsch-national, so gegen alles Fremde. Kaum waren die deutschen Truppen bei uns, neununddreißig, da war sie auch schon Pg. Das Parteiabzeichen hat sie erst abgemacht, als wir schon auf der Flucht waren und die Russen auf uns schossen. Da warf sie es weg, in den Schnee."

Suchte sie nach einer Entschuldigung, nach einer Rechtfertigung? Man weiß es nicht. Vielleicht wußte sie es selbst nicht. Es hatte wohl immer eine gewisse Spannung zwischen ihnen beiden geherrscht, schon bei ihnen zu Hause in Kalischka, die sich von Zeit zu Zeit entlud und wobei meist die Alte mit den Vorwürfen begonnen hatte.

Die beiden Frauen waren auch zu gegensätzlich: die grobschlächtige Bäuerin, die auf dem einem Hof groß geworden war und auf den Nachbarhof geheiratet hatte, und die junge zierliche Frau aus der Stadt, die nicht einmal melken konnte, als sie auf den Hof kam, wie ihre Schwiegermutter immer wieder hämisch betont hatte, und die nicht einmal mit Pferden umzugehen wußte.

Dabei hatte sich Hermine doch so viel Mühe gegeben, eine gute, eine richtige Bäuerin zu werden. Aber das hatte die Alte nie gesagt, vielleicht auch nie bemerkt oder nie bemerken wollen.

Lene wußte aus der täglichen Arbeit im Kuhstall, daß Hermine melken konnte wie eine alte; und man hatte doch auch miterlebt, wie sie bei Schnee und Glätte mit dem Gespann und dem überladenen Wagen zurechtgekommen war auf der Fahrt.

Aber die Alte hatte trotzdem immer wieder Gründe zum Nörgeln gefunden.

„Schließlich ist es unser Leben", versuchte Herta Kordian sie zu trösten, die viel robuster als Hermine war, viel eher für die Arbeit auf einem Bauernhof geschaffen. „Ich würde mich jedenfalls nicht erschießen lassen, bloß wenn einer von denen mich mit Gewalt nehmen will. Ich will damit nicht sagen, daß es mir gleichgültig ist. Im Gegenteil. Aber gleich deshalb sterben?"

„Sterben werden wir hier alle müssen. Ob heute oder nächste Woche oder in ein paar Monaten." Lene Lenk konnte sich nicht zurechtfinden mit ihrem Los. „Zu Hause wäre es uns bestimmt besser ergangen."

„Meinst du, zu Hause gibt es keine Soldaten, keine Russen und keine herumstromernden Polen, Lene?" Artur Lenk versuchte, sie zu beruhigen. „Du hörst doch, hier in diesem Haus ist euch Frauen nichts geschehen."

„Haus nennst du diese Bude? Hier muß ich mit zwölf Fremden zusammen schlafen, zusammen essen, zusammen leben. Und an die zwanzig Kühe muß ich jeden Tag ausmelken. Die Hände kann ich kaum noch bewegen. Und dann die Kühe waschen, daß ja kein Fleck auf ihrem Fell ist. Als wenn die Russen zu Hause nur gewaschene Kühe haben. Sie waschen sich ja selbst nicht."

Lene weinte, ihr Mann trat hinter sie und zog ihren Kopf an sich heran.

„Es wird auch wieder besser werden, Lene."

„Ich halte das nicht mehr aus", jetzt schrie sie schrill und durchdringend, „ich will hier raus. Ich will keinen mehr sehen. Die Schmidtgen hat es überstanden. Wenn ich doch auch erst darüber wäre."

Ihre letzten Sätze gingen in ein Schluchzen über, daß nur noch die neben ihr Sitzenden sie verstanden. Zum Schluß hörte man gar nichts mehr. Nur ihre Schultern bebten.

„Liesel, Jürgen, kommt, wir holen Holz und Kohlen." Fredy wollte die Kinder aus dieser gespannten, düsteren Atmosphäre herausholen. Er hätte es viel früher tun sollen, war aber andererseits auch versessen darauf zu erfahren, wie es den Frauen im Schloß ergangen war.

„Ich komme mit." Helmut schloß sich den dreien an.

Vogel, Godtschen XIX

17. März 1945

Es geschahen merkwürdige Dinge in den letzten Tagen auf dem Gutshof. Die Rotarmisten brachten eine uralte, völlig verrostete Dampfmobile. Das war eine Dampfmaschine, die auf einen eisernen Wagen montiert war. Vier Ochsen waren nötig, um sie zu ziehen. Das Ungetüm wurde vor die Schlosserei gebracht. Der Schmied sollte sie wieder herrichten. Leopold Petsch und noch zwei andere meldeten sich freiwillig, um bei der Demontage, der Entrostung und Reparatur sowie der anschließenden Montage zu helfen.

„Das ist die alte Mobile von Falkenstein. Früher hatten wir auch so eine, ehe wir Starkstrom bekamen. Damit hatten wir damals den Dreschkasten und die Häckselmaschine angetrieben. Aber unsere ist in die Altmaterialsammlung gegangen, für Hermann."

Der alte Schäfer meinte damit Hermann Göring, der nicht nur als Reichsmarschall für die deutsche Luftwaffe und als Reichsjägermeister für alle Jäger und Forstleute zuständig war und sich darüber hinaus auch noch Reichstagspräsident und preußischer Ministerpräsident nennen durfte. Der hatte sich vor einiger Zeit auch noch für die Beschaffung von Altmaterial stark gemacht und ließ jeden, Frauen, Schulkinder und Greise, alles sammeln, was als kriegswichtig galt. Nichteisenmetalle, Eisenschrott, Bombensplitter, Knochen, Papier. Das sollte mithelfen, den Krieg zu gewinnen, und war als Geburtstagsgeschenk für den Führer, wie es so schön hieß, propagandistisch aufbereitet worden.

Die Männer schufteten bis spät in die Nacht an ihrer Dampfmobile, angetrieben von den Russen, die es plötzlich fürchterlich eilig hatten.

„Da liegt noch eine Menge Korn in den Feldscheunen. Das wollen sie ausdreschen", wußte ein Einheimischer zu sagen.

Und weil es keinen Strom gab, mußte eben die alte Maschine wieder ran.

Aber warum diese Eile?

Der Grund konnte doch nur darin liegen, daß die deutschen Armeen wieder eine Frühjahrsoffensive starten würden wie zweiundvierzig und dreiundvierzig. Da war es ja auch so gewesen. Der Winter war ein Verbündeter der Russen, aber im Sommer hatte die Wehrmacht das Feld beherrscht.

Dann war es auch verständlich, daß der Russe jetzt alles, was nicht niet- und nagelfest war, aus dem besetzten Gebiet hinausschleppen wollte.

Daß das jetzt nicht mehr stimmte - es war ja im letzten Sommer gewesen und nicht im Winter, in dem die Russen die gewaltigen Geländegewinne erzielt hatten bis an die Grenze des alten deutschen Reichsgebietes - das verdrängten viele in ihrer hoffnungslosen Lage.

Die glaubten vielmehr, in jeder Handlung der Russen, sei es, daß Fahrzeuge kamen, sei es, daß Einheiten abzogen, bei jedem fernen Kanonendonner, oder natürlich auch, wenn man ihn tagelang nicht hörte, ein Zeichen dafür zu sehen, daß der Rückzug der Russen unmittelbar bevorstand.

Nach den vergangenen Wochen völliger Lethargie begann man sich plötzlich wieder für das fast vergessene Kriegsgeschehen zu interessieren, oder besser: über den weiteren Kriegsverlauf zu spekulieren. Plötzlich tauchte das Gerücht von nicht für möglich gehaltenen Wunderwaffen auf. Die neueste und in allen möglichen Abwandlungen weitererzählte Version: Alle würden in einen tiefen Schlaf versinken, und wenn man dann aufwachte, wären die Deutschen da und alle Russen gefangen.

Ein modernes Dornröschen. Und das Erstaunliche: die Leute glaubten es.

In diese Hoffnung paßte auch die plötzliche Angst der Russen, die sich in dem neuesten Militärbefehl, es war der sechste, wie immer unterschrieben von Marschall Schukow, offenbarte und der androhte, daß für jeden Rotarmisten, der hinter der Front von Partisanen getötet würde, fünf deutsche Geiseln erschossen würden und für jeden Offizier der Roten Armee fünfzig.

Solch ein Unsinn! Deutsche Partisanen gab es doch überhaupt nicht.

Woher also die plötzliche Angst der Russen?

Wenn die Leute noch sachlich, realitätsbezogen hätten denken können, dann hätten sie erkennen müssen, daß ihre Hoffnungen keinerlei Grundlagen hatten.

Im Gegenteil.

Dachte man nur an diese gewaltige Materialkonzentration! Es geschah nach wochenlanger Ruhe jetzt fast täglich, daß meist am Spätnachmittag oder abends Motorenlärm einsetzte, der immer stärker anschwoll und dann allmählich verebbte. Autoscheinwerfer blendeten durch die Fenster, ehe sie verlöschten. Morgens stand dann der ganze Gutshof voller Militärlaster und Jeeps. Sie trugen hinten auf dem Chassis weiße fünfzackige Sterne und sechsstellige Nummern. Amerikanische Wagen. Die großen roten Sterne auf den Türen waren wohl später aufgemalt worden.

Manchmal waren Lastwagen vollbeladen, die Planen heruntergezogen, manchmal offen und leer, selten mit mehr als zwei Soldaten, dem Fahrer und dem Beifahrer, besetzt. Über dem Beifahrer hing auf dem Verdeck das Maschinengewehr, aber nicht schußbereit, sondern eingehüllt in dicker Verpackung.

Und dazwischen immer wieder Panzerspähwagen, Geschütze, auf Lastwagen montierte Stalinorgeln. Aber nur ganz vereinzelte Kettenfahrzeuge.

Meist blieben die Fahrzeuge nur einen oder zwei Tage, ehe sie weiterfuhren. Aber merkwürdig, die beladenen Wagen fuhren nach Westen und die leeren nach Osten. Dann konnte doch die ganze Theorie, daß die Russen alles wegschleppten, was nicht niet- und nagelfest war, ehe die Deutschen zurückkamen, gar nicht stimmen.

Später kamen die Schwimmwagen. Auch amerikanischer Bauart. Es waren breite Boote mit einer großen Heckschraube; die war hochgeklappt und mit einer Lederumhüllung geschützt. Seitlich an dem Bootskörper vier gewaltige Räder, fast mannshoch, höher als die Räder von Petschens Bulldog.

Die Schwimmwagen blieben länger. Die Russen reparierten sie. Aus einigen bauten sie sogar die Motoren aus, mit einem Kran, der auf einem Lastwagen montiert war. Sie demontierten die Motore, legten all die öligen Teile einfach auf den Boden, putzten sie kurz mit einem schmutzig-öligen Lappen ab und bauten dann wieder alles zusammen.

„Die werden nie mehr laufen“, unkte einer, der Bescheid wußte und an der Dampfmobile arbeitete. „Wie die arbeiten, kann es ja nicht gut gehen.“

Den Unterschied in der Arbeitsweise sah man deutlich. Im Gegensatz zu den Russen breiteten die Deutschen die auseinandergenommenen Teile ihrer Dampfmaschine sorgfältig sortiert auf großen Tüchern aus. Sie wurden entrostet, wenn notwendig, neu gerichtet und eingeölt; am liebsten hätte man einzelne Stücke ersetzt, aber Austauschteile hatte man nicht.

Und über die Nacht wurde alles in die Werkstatt gebracht, damit keine Nässe an die empfindlichen Teile käme.

Die Russen schienen mit ihren Fahrzeugen keine Eile zu haben. Sie standen mindestens drei Wochen auf dem Hof, nach Fredys Kalender bis Ende März. Die Reparaturen waren längst erledigt. Die Russen lungerten nun meist herum, Dienst hatten sie kaum. Sie rauchten ihre Machorkazigaretten, sahen zu, wie die Dampfmobile allmählich in Betrieb genommen und das erste Getreide gedroschen wurde, und schlachteten sich hin und wieder eine Kuh, deren Fleisch in großen Brocken in die Feldküchen kam, deren Kessel auf zwei Lastwagen montiert waren.

Es war wieder gefährlich geworden für die Frauen und Mädchen. Sie gingen neuerdings nur in Gruppen zu ihrer Arbeit in den Kuhställen und hielten sich ansonsten möglichst in ihren Häusern auf, die die Männer durch zusätzliche Verriegelungen besser gesichert hatten. Der schon fast vergessene Druck war wieder da.

Es war morgens noch ganz dämmerig, als urplötzlich Motoren aufheulten. Die Schwimmwagen wurden gestartet. Dicke stinkende schwarze Wolken kamen aus den Auspufftöpfen, die im Heck nach oben gekrümmt waren, und dann stoben Funken heraus, die wie rote Leuchtkäfer langsam zur Erde zurücksanken.

„Sag ich doch, gleich haben sie haufenweise Kolbenfresser!" meinte Kordian, der mit ein paar anderen aus dem Fenster sah, um nach dem Grund für den Lärm zu sehen.

Die Motoren röhrten weiter, die Fahrzeuge ruckten an, alle, keines blieb stehen, und sie fuhren los, nach Westen, Richtung Bernstein.

„Das sieht nicht gut aus", sagte einer. „Mit diesen Dingern fahren die in Nullkommanichts über die Oder."

Daß das gesamte Gebiet bis zur Oder besetzt war, bezweifelte inzwischen niemand mehr.

„Die sind so groß, die können die Deutschen doch vom gegenüberliegenden Ufer aus leicht abschießen", gab Fredy zu bedenken.

„Könnte man", war die Antwort, „wenn man kann."

Die Hoffnung auf eine Wende, auf eine Befreiung durch die Wehrmacht, war dahin.

Es waren noch eine Menge Rinder gekommen; teils mit Lastwagen, teils in kleinen Herden getrieben. Sie wurden in den beiden Pferdeställen untergebracht, weil die Kuhställe voll waren.

Kordian kam jetzt fast regelmäßig zum Helfen in den Schafstall. Das Beerdigungskommando hatte nur noch wenig zu tun.

Ein zweiter Erwachsener wurde auch dringend gebraucht. Nicht nur, weil die Mütter lammten und die kleinen Böcke kastriert und die kleinen Mutterlämmer kupiert werden mußten. Das konnten auch die Jungen machen, denen der alte Schäfer gezeigt hatte, wie man die Schnitte ansetzt und wie man hinterher die Wunden desinfiziert.

Viel schlimmer war, daß nahezu täglich neue Schafe dazukamen. Die Russen brachten sie auf Lastwagen, warfen sie fast herunter und trieben sie in den Stall. Es waren meist Einzelschafe, also Tiere von kleineren Bauernhöfen, wo man nur ein paar Schafe hielt. Die waren natürlich überhaupt nicht daran gewöhnt, in einer Herde zu leben. Vor allem wurden sie von den Tieren der alten Gutsherde abgelehnt, verstoßen, verbissen.

Deshalb schuf man neue, kleinere Pferche, aus Gattern und, weil die nicht reichten, einfach aus den Futterkrippen. Da hinein brachte man die insgesamt zweihundertsechzig neuen, fremden Schafe.

So wurde es eng in dem Schafstall. Die jungen Lämmer, die man mit ihren Müttern von den Jährlingen trennen mußte, die eigentlich schon längst hätten zum Schlachten verkauft werden müssen, brauchten ihren Platz, damit sie nicht zerdrückt wurden.

Für die zwei Männer und die beiden Jungen war das zu viel Arbeit. Dazu kam, daß man oben auf dem Boden das Heu immer weiter schleppen mußte, weil der Vorrat allmählich zur Neige ging.

Fast jeden Tag mußten sie ein Schaf schlachten. Sie nahmen immer einen Jährling. Die Kommandantur und vor allem der Stab im Schloß hatten Gefallen am Hammelfleisch gefunden oder besser: finden müssen. Die Konserven im Schloß waren allmählich zur Neige gegangen. Deshalb rekrutierte man die Verpflegung aus dem Gutshof, aus dem Rinder- und dem Schafstall.

Etwas von dem Fleisch kam übrigens zu den Schäfern zurück. Monika Schröder brachte fast regelmäßig in ihrem Korb ein Stück Rindfleisch oder einen Hammelbraten mit. Das schmeckte gut zu der eintönigen Wrukensuppe, angedickt mit Stärkemehl, und gab ihr Geschmack.

Die Schröder wußte auch einiges zum Kriegsverlauf zu sagen: „Mit den Schwimmwagen wollen die Truppen demnächst über die Oder setzen. An drei verschiedenen Stellen. So wollen sie Berlin in die Zange nehmen."

Man glaubte ihr nicht, und erst recht nicht, als sie erzählte, daß die Engländer und Amerikaner den Rhein überschritten haben sollen und dabei seien, das ganze Ruhrgebiet einzukesseln.

Eine ihrer Nachrichten wurde heftig nach den sich ergebenden Vor- und Nachteilen erörtert: Demnächst würde der Stab abgezogen, weiter in Richtung Oder verlegt, wahrscheinlich in die Nähe von Königsberg. Das hatte sie selbst nicht glauben wollen, weil sie das in Brandenburg liegende Königsberg nicht gekannt hatte.

Von Vorteil konnte eigentlich nur sein, daß die zunehmenden Besuche auch der beiden anderen Frauen im Schloß dann ein Ende haben würden. Daß Monika Schröder mehr im Schloß als bei ihnen wohnte, damit hatte man sich abgefunden. Die zusätzliche Verpflegung sprach für sie. Aber, daß die Herta und die Hermine ebenfalls mit immer weniger Skrupel im Schloß übernachteten, und zwar auch oder gerade dann, wenn die Monika zufällig mal bei ihnen nächtigte, das konnten die anderen nicht verwinden.

Die jungen Frauen sahen das anders.

„Andrej ist noch so jung, noch nicht einmal zwanzig, er weiß nicht, wo seine Mutter und seine ältere Schwester sind. Urlaub hat er noch keinen bekommen, um nach ihnen zu suchen. Sein Vater war gefallen, schon im Sommer einundvierzig. Sein älterer Bruder war da auch schon Soldat. Aber er hat lange nichts von ihm gehört. Nur daß seine jüngere Schwester noch lebt, das weiß er. Ich bin doch mehr ein Muttersatz für ihn als sonst etwas", versuchte sich Herta zu rechtfertigen.

Der jetzige Unterleutnant Andrej Owetschkin gehörte zu der Abteilung von Major Smirnow. Als er sechzehn war, hatte er sich mit seinen beiden Schwestern der zurückflutenden Roten Armee angeschlossen. Die Mutter wollte nicht mitkommen und ist seitdem verschollen.

Seine Einheit wurde abgeschnitten und ging in die Wälder. Man grub sich ein, solange der Boden noch offen war. Die Hauptsorge galt zunächst dem Überleben. Im nächsten Sommer, die deutschen Truppen strebten auf die Wolga zu - aber das wußten sie nicht -, wurden sie aktiv. Erst zerschnitten sie nur Telefonleitungen. Das war ziemlich ungefährlich; denn die Deutschen mochten noch an zufällige Beschädigungen glauben. Später wurden sie mutiger, überfielen ein Munitionsdepot und wagten eine erste Sprengung von Bahngleisen. Da begann die Verfolgung durch deutsche Einheiten.

Swetlana, die ältere Schwester, gehörte zur Sabotageeinheit. Andrej wurde als Melder und Späher eingesetzt. Er sah noch so kindlich aus, daß er unbehelligt durch die Dörfer gehen konnte. Dabei nahm er meist Oksana, seine jüngere Schwester, mit. Zu ihrem und zu seinem Schutz. Dann sahen sich die deutschen Soldaten nach ihnen um, riefen ihnen eindeutige Bemerkungen nach oder sprachen sie auch schon mal an. Sie meinten natürlich Oksana. Aber man tat ihnen nichts.

Im Winter dreiundvierzig wurde ihre Partisaneneinheit fast vollständig aufgerieben. Zum Glück war Andrej wieder einmal mit Oksana unterwegs. Ein paar seiner Kameraden, die man gefangen hatte, so hörte er später, wurden auf dem Dorfplatz erhängt. Ein Mädchen, so sagte man ihm, sei nicht darunter gewesen. Also hatte Swetlana entkommen können. So hoffte er. Oder sie war gefallen wie die meisten.

Er und Oksana lebten dann bei Bauern als deren Kinder. Bis im Winter vierundvierzig die Rote Armee kam. Er meldete sich freiwillig und kam zur Einheit des Oberleutnants Smirnow. Seine Schwester ließ er bei den Bauern zurück. Er schrieb ihr regelmäßig, und zweimal hatte er eine Antwort bekommen. Es ging ihr gut.

Und jetzt saß er im Stab des Divisionskommandeurs im Schloß Breitenstein, der in den nächsten Tagen nach Westen, näher an die Oder, verlegt werden sollte.

Es geschah mitten in der Nacht, einen Tag, nachdem die Schwimmwagen abgezogen waren. Ein Schlagen gegen die Tür, Fredy, der davon munter wurde, glaubte, die beiden Frauen kämen zurück, setzte seine Brille auf und entriegelte arglos die Tür. Herein stürzte ein Rotarmist, mit einer Maschinenpistole bewaffnet, was schon merkwürdig war zu dieser Zeit, betrunken. Er schlug den Jungen an den Kopf, daß ein Glas seiner Brille zerbrach, stieß ihn zur Seite und stürmte in das hintere Zimmer. Dort riß er die Decken von den Leuten, die sich darunter schlafend stellten, als wenn sie damit der drohenden Gefahr entweichen konnten, und griff sich Lene Lenk, um sich an Ort und Stelle an ihr zu vergehen.

Die schrie auf. Bislang war es ihr gelungen, vor den Russen verschont zu bleiben, und jetzt, wo alle glaubten, daß die größte Gefahr vorüber war, dies. Artur, ihr Mann, und Max Kordian versuchten, den Soldaten zu beruhigen und langsam aus dem Zimmer zu drängen. Fredy hatte vorn im Zimmer eine Kerze angezündet. Ob das klug war, bleibt dahingestellt. Der Soldat schien auch einzusehen, daß er hier vergeblich eingedrungen war.

Bis er sich plötzlich eines anderen besann.

Diese Kriegsverbrecher, diese Deutschen, die können doch ihm, dem Soldaten der ruhmreichen Roten Armee, seine Beute nicht streitig machen. Er griff in seine Rocktasche, holte eine graue, gänseeiergroße Kugel mit einem kleinen Griff oben heraus, deren Oberfläche ein Muster wie eine Schokoladentafel hatte, die über die Kugel gelegt wurde.

„Vorsicht", warnte Kordian, „das ist eine Handgranate, die der da hat."

Lene kreischte erneut auf. Ihre Angst war noch größer geworden, weil die beiden Männer, die sie bis zu diesem Augenblick geschützt hatten, zurückwichen und sie sich dem Soldaten nun hilflos preisgegeben sah. Der hielt die Handgranate wurfbereit in der Linken; Lene ging immer weiter zurück, Schritt für Schritt, bis sie an das Fenster stieß. Der Soldat folgte ihr, hielt aber zunächst den gleichen Abstand. Dabei nestelte er an seiner Hose, Lene schrie erneut auf. Und erstarrte.

Der Soldat stand jetzt dicht vor der Frau und griff in den Ausschnitt ihres Nachthemdes.

Sie war wie gelähmt und konnte plötzlich weder schreien noch sich mit den Händen wehren.

Von der Tür her ertönten urplötzlich scharfe russische Kommandos.

Der Soldat antwortete in einem verächtlich klingenden Tonfall und versuchte, das Hemd der Frau herunterzureißen. Im gleichen Augenblick zuckte er zusammen und erstarrte. Er fühlte den Lauf einer Pistole in seinem Rücken. Die Handgranate wurde ihm aus der Hand geschlagen.

Er wurde herumgerissen und sah einen Major der Roten Armee vor sich. Walerij Smirnow. Monika Schröder, die vorn geschlafen und die der Betrunkene in der Dunkelheit wohl nicht gesehen hatte, war rüber ins Schloß gerannt und hatte Hilfe geholt.

Der Major stieß den Soldaten zur Tür hinaus. Beide verschwanden in der Dunkelheit.

Zwei Tage später mußte Kordian wieder einmal zum Beerdigungskommando. Sie mußten einen Rotarmisten in die Grube werfen und mit Chlorkalk bestreuen. Den zweiten, den Smirnow in Breitenstein hatte liquidieren lassen.

„Er war ein Deserteur", wußte Monika zu berichten. „Er ist von einem Standgericht zum Tode verurteilt und anschließend sofort erschossen worden."

„Wahrscheinlich hatte er die Nase voll von diesem Krieg", vermutete Kordian.

„Nun entschuldigen Sie ihn nicht noch. Mir war vor lauter Angst abwechselnd das Herz fast stehengeblieben, und im nächsten Augenblick schlug es so doll, daß ich es am Hals und in den Fingerspitzen fühlen konnte. So ein Unmensch. Mit Ausmaßen wie ein Stier. Der hätte mich totgemacht, wenn der...", Lene sprach nicht weiter.

Schlimm war es für Fredy. Als Kurzsichtiger war er auf seine Brille angewiesen. Nun war ein Glas kaputt, das linke. Zunächst versuchte er, ohne Brille zurechtzukommen. Aber das ging nicht. Er war dann halb blind, wenn er in die Ferne sehen wollte. Alles verschwommen.

Im Schafstall konnte man sich kaum mit Worten verständigen. Auf einige Entfernung wußte er nun die vereinbarten Zeichen nicht zu deuten. So verdeckte er das linke Auge erst mit der Hand und später mit einem Flicken und sah nur durch das rechte Glas.

Ein paar Leute brachten ihm Brillen. Aber das waren Lesebrillen für Alterssichtige. Die konnte er überhaupt nicht gebrauchen. Nur eine Kinderbrille hatte einigermaßen richtige Gläser. Doch sie war zu klein. Die Bügel reichten nicht über die Ohren, und die Gläser standen für ihn zu dicht nebeneinander. Er bog die Bügel vollständig auf, daß er sie am Kopf über den Ohren festklemmen konnte, und mußte die zu eng stehenden Gläser in Kauf nehmen, obwohl er davon Kopfschmerzen bekam. Wenn es ging, verzichtete er später ganz auf die Brille.

Die alte Dampfmaschine verrichtete täglich ihre Arbeit. Inzwischen war das Getreide, das in den Scheunen am Gutshof lagerte, vollständig ausgedroschen und mit Lastwagen abtransportiert worden. Man ging nun daran, mit den Ochsengespannen die in den Feldscheunen lagernden Vorräte zum Gutshof zu bringen.

Normalerweise arbeitete Leopold Petsch bei den Maschinen. Durch irgendeinen Zufall wurde er gerade an diesem Morgen abgeordnet, mit den drei Gespannen zu einer Feldscheune mitzufahren, die weit vom Gutshof entfernt nahe an einem Waldstück stand. Ein russischer Soldat von der Kommandantur fuhr mit ihnen, als Bewachung.

Die Ochsen mit ihren gewaltigen Hörnern stammten aus Ungarn, so sagte man. Sie waren massiger und kräftiger als heimische Rinder, aber genauso träge.

Langsam näherten sich die leeren Leiterwagen der Feldscheune. Petsch und ein anderer gingen, um das Tor zu entriegeln.

Es klemmte.

Sie rissen an dem Holz.

„Merkwürdig, das scheint von innen verriegelt zu sein", sagte der andere.

„Vielleicht gibt es hinten herum eine Tür."

Die Männer gingen um die Scheune herum. Nichts. Nur die durchgezogene Holzwand.

Sie rüttelten noch einmal an dem Tor. Es öffnete sich nicht.

Sie spannten ein Ochsengespann vor. Das Holz splitterte, ein Torflügel brach auf.

„Vorsicht!" rief Petsch, als ahnte er, was sie in der Scheune erwartete.

Fünf Gewehrläufe waren von oben aus den Strohballen auf sie gerichtet. Fünf Stahlhelme dahinter. Stahlhelme der deutschen Wehrmacht.

Leopold Petsch breitete seine Arme aus und rief: „Nicht schießen!" und als sich oben nichts rührte, noch einmal: „Nicht schießen."

Der Russe hatte seine Maschinenpistole in Anschlag gebracht. Petsch stieß ihn zur Seite. Zwei Männer griffen beherzt dem Russen in die Arme und zwangen ihn zur Untätigkeit.

„Nicht schießen!" rief Petsch noch einmal, „sonst bringen die Russen uns alle um."

Er sprach den russischen Soldaten auf polnisch an, und der schien zu verstehen.

„Da, da", sagte er.

„Der Soldat tut euch nichts. Er läßt euch Zeit, daß Ihr verschwinden könnt. Wenn Ihr euch südwestlich haltet, könnt Ihr durch die Wälder gehen bis praktisch bis an die Oder."

Die Soldaten saßen seit über sechs Wochen in der Feldscheune. Sie hatten sich von ausgepulten Körnern ernährt und von Schnee. Feuer zu machen, hatten sie sich nicht getraut wegen des vielen Strohs und weil sie fürchteten, daß man sie hier finden würde.

Ausgehungert, mit hohlen Augen, struppigen Bärten und grauhäutig, die Uniformen voller Stroh, stiegen sie von oben herunter, einer nach dem anderen. Ihre Gewehre in der Hand.

Unten blieben sie stehen.

Der Russe wollte sich losreißen. Petsch sprach noch einmal auf ihn ein, beruhigend und mahnend zugleich. Man hörte es am Tonfall.

„Schnallt eure Karabiner auf den Rücken. Der Mann hier muß sehen, daß Ihr ihm nichts antut. Und dann verschwindet endlich. Schräg links in die Schonung. Dahinter ändert Ihr dann die Richtung. Falls man euch verfolgen will."

Die Deutschen zauderten immer noch.

„Wir halten ihn hier, bis die Wagen beladen sind. Ihr habt also mindestens zwei Stunden Vorsprung. Macht schon!"

Endlich zogen die Soldaten ab. Einer hinter dem anderen. Sie gingen schwerfällig, so als könnten sie ihre Gelenke nicht mehr richtig bewegen. Kurz vor der Schonung drehten sie sich noch einmal um. Sie sahen, daß die Männer den Russen losgelassen hatten. Aber der stand nur da, er verfolgte sie nicht und versuchte auch nicht, ins Dorf zu laufen und Verstärkung zu holen.

„Laßt es uns versuchen", sagte der Anführer, ein Feldwebel. „irgendwo da hinten muß die Heimat liegen."

Sie verschwanden unter den niedrigen Kiefern.

Petsch und die beiden anderen, die den Russen festgehalten hatten, wurden noch am gleichen Tage verhaftet. Sie kamen in den berüchtigten Keller unter der Kommandantur. Sie wurden geschlagen, jeder fünfundzwanzigmal mit der Knute.

Nach zwei Tagen wurden sie aus dem Dunkel herausgeholt. Den beiden anderen Männern band man die Hände auf dem Rücken zusammen. Sie mußten auf einen Lastwagen klettern, der in Richtung Friedeberg davonfuhr. Nur sie beide und drei Russen zur Bewachung.

Leopold Petsch durfte zurück in seine Behausung gehen. Er wurde nicht abtransportiert. Noch nicht. Man brauchte ihn wohl noch auf dem Gut.

Vielleicht aber hatte der Rotarmist sich auch für ihn eingesetzt.

21. März 1945

„Ein Sauwetter ist das. Da war mir der Frost doch lieber." Ein russischer Offizier, Unterleutnant Sergej Brokowicz, saß vorn neben dem Fahrer in einem Jeep amerikanischer Produktion; nur der ehedem weiße Stern auf der Kühlerhaube war leuchtend rot übermalt.

„Ja, ja, Väterchen Frost. Er war immer unser guter Freund," meinte der zweite MG-Schütze, der hinter dem Offizier saß. Er hatte wenig Platz; denn neben ihm war auf einem Rahmengitter ein Maschinengewehr montiert, das Jewgenij, das Jüngelchen, zu bedienen hatte. Jewgenij war noch nicht einmal achtzehn Jahre alt, aber schon ein im Kampf erprobter MG-Schütze.

Sie hatten den Auftrag bekommen, all die Einzelgehöfte abzufahren. Versteckte deutsche Soldaten suchen; jetzt, nachdem die Rote Armee das Gebiet schon fast zwei Monate fest in der Hand hatte und von deutschen Partisanen weit und breit nichts zu spüren war.

„Ausgerechnet bei diesem Wetter diesen Auftrag", stöhnte Anatolij, der Fahrer. Wochenlang war trockenes Frostwetter gewesen mit vereinzeltem Schneefall. Da hatten sie untätig herumgelungert, nachdem sie, die Soldaten der weißrussischen Front des Marschall Schukow, die Deutschen über die Oder gejagt hatten.

Sie hatten alle Gehöfte in Godtschen-Abbau, so stand es auf der Karte, die Sergej in einer ledernen Kartenhülle auf seinen Beinen liegen hatte, durchsucht und waren auf dem Rückweg in das Dorf.

„Bieg mal in den Weg links ab, Anatolij, da liegt noch ein einzelnes Gehöft." Der Unterleutnant sprach nie im Befehlston. Seine Anweisungen glichen eher Bitten. Aber gerade deshalb wohl hatte seine Einheit die beste Disziplin weit und breit.

Der Jeep rutschte, als der Fahrer unvermittelt das Steuer herumriß. Dank des Vierradantriebs fing er sich sofort wieder und kam auch auf dem nassen, erdigen, unbefestigten Weg, der vereinzelt noch Schneepfützen trug, vorwärts. Der Weg ragte nur wenige Zentimeter aus dem umgebenden Wasser heraus, das die Wiesen und Äcker rechts und links überdeckte.

Vor ihnen, im Regendunst des sinkenden Tages, tauchte das Gehöft auf. Ein Bauernhaus, aus Fachwerk, mit dem Giebel zu ihnen hin, links des Hofes ein Gebäude, mit Ziegeln gemauert, offensichtlich ein Stall, und weiter hinten, querstehend, die große hölzerne Scheune.

Das Gehöft schien bewohnt zu sein, wie die meisten der einzelstehenden Außenhöfe. Leichter Rauch stieg aus dem Schornstein auf.

Reine Routinesache. Wenn da wirklich ein Mann ist, dann ist er entweder zu alt oder Invalide oder zu jung.

Soldat? Nein, Soldat war er nie gewesen.

Das genügte Sergej. Der Befehl lautete ja, Soldaten zu suchen und festzunehmen. Diese armen, vor Angst schlotternden Gestalten aber waren keine Soldaten. Das sah er. Deshalb ließ er sie, wo sie waren.

Ihm hatte zweiundvierzig ein alter deutscher Feldwebel das Leben gerettet, der so getan hatte, als wolle er nicht glauben, daß er, der junge Sergej, ein Partisan, ein Melder der Partisanen, war, wie der Soldat, der ihn aufgegriffen hatte, behauptet hatte. Der alte Feldwebel hatte ihn, der mühsam den Meldezettel hinunterzuschlucken versucht hatte, wieder laufen lassen.

Es gab eben auch menschliche deutsche Soldaten. Menschlich, auch mit dem Feind, wollte er ebenfalls sein. Damit war er bislang immer gut gefahren.

„Alle Mann auf Gefechtsstation", brüllte in diesem Augenblick ein junger Mann oben auf dem Boden des Bauernhauses, zog sich seine zerlumpte, verdreckte Uniformjacke mit den Schulterklappen eines Unteroffiziers über und stieß mit seiner Maschinenpistole rücksichtslos die Scheibe des Giebelfensters ein, durch das man den Weg überblicken konnte, auf dem sich ein geländegängiges Militärfahrzeug näherte.

Hannelore Wartner hörte das Schreien des Mannes und das Klirren der Fensterscheibe. Sie rannte die Außentreppe zum Boden hinauf und war entsetzt, als sie den jungen Brünger mit der Waffe vor dem Fenster hocken sah.

Woher hatte er seine Maschinenpistole? Sie hatte doch alle Waffen, die die drei bei sich hatten, mit frischem Mist bedeckt, vor Wochen schon, an jenem Abend noch, als sie gekommen waren. Wie hatte der, verwundet und halb ohnmächtig vor Erschöpfung, wie er damals auf ihren Hof kam, erfahren, wo die Waffen waren? Wann hatte er seine Maschinenpistole wieder ausgegraben? Und wo hatte er sie die ganze Zeit versteckt?

Durch den Lärm war auch Alex Henning, der gerade im Kuhstall ausmistete, aufmerksam geworden.

„Kommen Sie nach oben, Alex", rief Hannelore Wartner die Treppe hinunter, „der Brünger will schießen", und zu den beiden älteren Töchtern, die beim Melken waren und nun neugierig an der Stalltür standen und fragten, was denn los sei: „Ihr beide bleibt im Stall und laßt euch hier draußen nicht blicken."

Henning rannte noch einmal in den Stall zurück, warf ein Bund Stroh, das da seit Wochen lag, zur Seite und holte einen Karabiner hervor. Im Laufen repetierte und entsicherte er.

„Sie nicht auch noch!" schrie Hannelore und hielt sich die Hände vor das Gesicht.

Henning stürmte an ihr vorbei. „Gehen Sie nach unten, am besten in den Kartoffelkeller, Mädchen, das hier ist nichts für Sie."

Niehoff war gerade dabei, die Pferde zu füttern. Der Lärm veranlaßte auch ihn, hinaus auf den Hof zu gehen.

In diesem Augenblick hörte Henning das typische elastische Bellen einer deutschen Maschinenpistole. Es kam aus dem Haus, vom Boden. Fast gleichzeitig tuckerte hart ein schweres Maschinengewehr. Unzweifelhaft, ein russisches.

„Mensch Brünger", schrie Henning. Er stand oben an der Bodentür und sah in dem Dämmerlicht seinen Unteroffizier vor dem Fenster hocken. „Sind Sie verrückt? Hören Sie sofort mit dem Geballere auf."

Brünger drehte sich um, sah Alex Henning, der seinen Karabiner unter dem Arm auf ihn gerichtet hatte, und wollte seine Waffe herumreißen. Da verspürte er einen Schlag gegen seinen Brustkorb. Er ließ die Waffe fallen und sackte in sich zusammen.

Henning ging zum Fenster hin, schob den Leblosen zur Seite und spähte vorsichtig nach draußen.

Auf dem Weg, wenig mehr als dreißig Meter entfernt, stand ein Jeep. Oben in dem Maschinengewehrstand hing ein Soldat. Leblos. Verwundet oder tot. Auf dem Beifahrersitz noch einer, in sich zusammengesunken.

Ein Soldat, offensichtlich nicht oder nur leicht verwundet, schob den Fahrer des Wagens zur Seite. Der war auch getroffen worden, schien aber noch zu leben.

Als der Fahrersitz frei war, klemmte sich der Soldat hinter das Steuerrad und versuchte, den Jeep den ganzen Weg rückwärts zu fahren. Zu wenden traute er sich nicht, weil er fürchtete, in dem nassen Acker völlig steckenzubleiben.

Alex Henning legte seine Hand an den Hals des Unteroffiziers und fühlte. Nichts. Kein Puls. Er hatte den Mann erschossen, er oder der Russe mit seinem Maschinengewehr. Er sah zwei Einschüsse, einen vorn an der Brust, einen dicht unter dem Hals. Er hatte nur einmal geschossen. Also auch das russische MG, oder sogar beide der Russe.

Egal.

Er mußte auf seinen eigenen Einheitsführer schießen. Er hatte keinerlei Skrupel, und er bereute nur, daß er um die halbe Minute zu spät gekommen war.

Hannelore Wartner sah vorsichtig in den Bodenraum.

„Lebt hier noch einer?" fragte sie.

Schweren Schritts ging Alexander Henning auf die Tür zu. Jetzt mußte alles genau überlegt werden.

„Brünger ist tot. Und wenn wir jetzt auch nur den kleinsten Fehler machen, sind wir es auch. Bald."

„Unten Ihr Kamerad, der Niehoff, ist verwundet. Am Arm."

Auch das noch, dachte Henning und überlegte fieberhaft.

Beide gingen die Treppe hinunter.

Niehoff blutete ziemlich stark am linken Arm.

„Vermutlich Streifschuß oder Durchschuß. Ein Steckschuß blutet nicht so stark."

Er umfaßte seinen Kameraden wie einen überschweren Getreidesack.

„Wir müssen ihn erst mal in die Stube bringen und hinlegen."

Und er fügte, während sie alle in das Haus gingen, hinzu, als wolle er einem Einwand der Bäuerin, daß sie alles verschmutzen würden, zuvorkommen: „Es ist völlig egal, ob er was vollblutet. In spätestens vierundzwanzig Stunden steht hier sowieso kein Stein mehr auf dem anderen."

Hannelore Wartner weinte.

„Ja, das haben wir dem Herrn Brünger zu verdanken, diesem vorlauten HJ-Führer. Wollte seinen Führer noch mit der letzten Patrone verteidigen."

Dann besann er sich auf das Nächstliegende. „In einer Stunde sind die hier und machen mit uns kurzen Prozeß. Ich würde sagen, in spätestens einer Viertelstunde müssen wir weg sein."

Sie schnitten den Ärmel des Verwundeten ab. Die Mädchen erschraken, als sie die große Wunde sahen und das Blut, das den Arm hinunterlief und auf den Fußboden tropfte.

„Sag ich doch, Streifschuß. Niehoff, da hast du noch mal Glück gehabt. Dann brauchen wir die Kugel wenigstens nicht herauszuschneiden. Warum steckst du auch deine Nase in die Luft, wenn sie eisenhaltig ist?"

Hannelore brachte Jod. Das schüttete Henning über die Wunde. Niehoff zuckte zurück, verzerrte sein Gesicht, stöhnte auf, sagte aber nichts. Er war halb ohnmächtig. Henning riß sein Verbandspäckchen auf, legte die blutstillende Auflage auf die Wunde. Es half nicht viel. Das Blut drückte durch. Er nahm auch Niehoffs Verbandspäckchen, besann sich aber und fragte nach einem Bettuch.

Die Frau verstand; ihre älteren Mädchen halfen ihr, es in Streifen zu zerreißen, und damit umwickelten sie den Arm des Verwundeten.

„Wenn wir jetzt mit den Pferden fahren, sehen die Russen die Spuren. Spätestens morgen früh, und dann haben sie uns", überlegte Alex Henning. Er merkte nicht, daß er es auch gesagt hatte.

„Aber der Regen", wandte Ilse Wartner ein, das ältere der Mädchen, „der verwischt doch die Spuren."

„Das bißchen Nieselregen bringt gar nichts. Die Eisenreifen drücken sich viel zu stark ein in den weichen Boden."

„Zu Fuß kommen wir aber nicht weit. Wir nicht, und erst recht nicht mit dem Niehoff."

„Das stimmt. Aber versuchen müssen wir es. Gibt es denn hier in der Nähe irgendwo eine Möglichkeit zum Verstecken? Eine Höhle, ein Stollen oder so etwas?"

„Nein", Ilse schüttelte den Kopf, „nichts. Und wenn, wäre das jetzt alles voll Wasser."

„Unten an der Netze haben wir doch unseren Kahn. Auf dem Wasser können sie doch unsere Spur nicht finden", schlug Inge vor, die Dreizehnjährige.

„Und die Netze ist wieder offen. Ich war vor ein paar Tagen unten. Es trieben nur noch ein paar Eisschollen drauf herum."

Henning überlegte einen Augenblick.

„Mädchen, wenn ich nicht so alt wäre, würde ich dich küssen. Du bist Gold wert. Da wird ein Schuh draus."

Er dachte nach.
„Passen wir alle sechs in euren Kahn?" fragte Henning.
„Das dürfte gehen", meinte Hannelore, „es ist der alte Fährkahn." Sie überlegte. „Aber ob er dicht ist, weiß ich nicht. Schließlich hat er seit Herbst auf dem Trockenen gelegen."
„Gut. Dann nehmen wir ein paar Eimer mit. Den Niehoff setzen wir auf ein Pferd, das andere wird unser Packpferd. Und Ihr habt doch sicher auch einen Handwagen?"
„Ja, mit dem wir die Milch immer weggebracht hatten."
„Gut, den nehmen wir auch mit. Und ihr Mädchen helft mir, die Kühe zum Fluß zu treiben."
„Wollen wir denn unsere Kühe und die Pferde hinter uns herschwimmen lassen? Die sterben doch in dem eiskalten Wasser nach ein paar Minuten."
„Und würden sich überhaupt nicht ins Wasser treiben lassen", vollendete Henning den Gedanken des Mädchens.
„Im Ernst. Hier auf dem Gehöft wären die Tiere spätestens morgen tot. So aber haben sie eine Chance. Das Wichtigste aber ist, daß sie unsere Spuren zertrampeln."

Es dauerte dann doch fast eine halbe Stunde, bis man sich in Bewegung setzte. Ein merkwürdiger Treck. Eine weinende Frau, die die beiden Pferde am Zügel führte. Auf dem einen Pferd auf einer Decke, ohne Sattel und ohne Steigbügel, der Soldat, geschwächt, müde. Er schwankte hin und her, und man mußte fürchten, daß er im nächsten Augenblick herunterfallen würde. Das andere Pferd bepackt mit zwei prallen Säcken, die rechts und links an seinen Flanken hingen, und zusätzlich mit einer ganzen Lage Decken.

Dann die Kühe, die den warmen Stall zuerst gar nicht verlassen wollten. Die Mädchen und Henning mußten sie schlagen, damit sie überhaupt vorwärtsgingen. Der Soldat verriegelte die Stalltür, damit die Kühe nachher nicht wieder in den Stall zurückkämen. Unterwegs schloß er auch das Gatter, das den Hof zum Weg zur Netze hin absperrte und den Winter über offengestanden hatte. Er hoffte, daß die Kühe nicht durch das Wasser auf den Feldern gehen, sondern irgendwie in der Nähe des Netzeufers weiterziehen würden, wo sie möglicherweise schon etwas winterhartes Gras finden könnten.

Gisela, die Jüngste, zog den Handwagen, auf dem drei Zinkeimer klapperten. Sie ging unmittelbar hinter den Pferden. Ein paar Bohnenstangen waren oben am Handwagen festgebunden.

Inzwischen war es völlig dunkel geworden, und das Mädchen wunderte sich, daß die Mutter vorn den Weg so gut fand.

Der Kahn lag verkehrt herum am Ufer, mit einem Schloß und einer Kette an einer Weide gesichert.

Alex Henning half als erstes dem Verwundeten, vom Pferd zu gleiten. Der setzte sich auf eine Decke und lehnte sich an den Stamm, an den das Boot gekettet war.

„Daran habe ich nicht gedacht. Der Schlüssel für den Kahn!" sagte Hannelore Wartner verzweifelt. „Ich laufe zurück und hole ihn."

„Lassen Sie mal, Mädchen, dann hätten wir uns die ganze Treiberei mit den Kühen ersparen können. Ihre Spuren würden Sie verraten. Es muß auch so gehen."

Er nahm einen Stein, der mit vielen anderen das Ufer befestigte, und schlug mit voller Wucht auf das Schloß und die Krampe, die im Bug des Bootes saß. Nach ein paar Schlägen lockerte sie sich, und Henning konnte die Kette herausziehen.

Sie drehten das Boot um, das ging leichter als gedacht, und schoben es auf dem glitschigen Boden und über die Ufersteine ins Wasser. Mit einem Strick banden sie den Kahn, dessen Heck sofort von der Strömung herumgezogen wurde, noch einmal an der Weide an.

„Es scheint nicht viel Wasser zu machen", sagte Henning, „man hört jedenfalls nichts."

Er ließ sich die Säcke und die Decken reichen und legte sie auf die Sitzbretter, so daß sie von dem möglicherweise eindringenden Wasser nicht durchnäßt wurden.

Dem Verwundeten fiel es sichtlich schwer, wieder aufzustehen und in den Kahn zu klettern. Erschöpft setzte er sich auf ein Brett.

„Den Handwagen müssen wir anbinden und hinterherschwimmen lassen. Der paßt nicht mehr auf das Boot", meinte Henning.

Als alle außer dem Soldaten in dem Kahn saßen und darauf warteten, daß er es losband, nahm er noch einmal die Pferde und führte sie gut zwanzig Schritt am Ufer auf und ab. Hin und her. Dann gab er ihnen einen Klaps auf die Hinterbacke.

„Nun geht, Ihr Pferdchen. Aber geht nicht zurück zu eurem Stall. Das würde nicht gesund für euch sein."

Er stieß das Boot ab und sprang im gleichen Augenblick hinein. Es trieb sofort weg.

Eine kurze Zeit lang konnte man noch die weißen Flecken der Kühe erkennen. Die Pferde sah man nicht mehr.

Mit einer Bohnenstange stakte Henning das Boot durchs Wasser, immer dicht am südlichen Ufer entlang. Er wußte, daß man auf dieser Seite kaum mit Überraschungen zu rechnen brauchte. Einsame Dörfer oder auch nur alleinstehende Häuser gab es hier nicht, wo die Netze das Land bei der Schneeschmelze immer wieder überschwemmte. Und vor dem dunklen Hintergrund des Ufers könnte man das Gefährt von der anderen Seite, vom nördlichen Ufer, sicher nicht sehen. Außerdem lagen da die Häuser verborgen hinter dem Deich.

Hannelore Wartner saß wie leblos auf einem Brett, neben sich Gisela, ihre Jüngste, und starrte nach vorn. Man sah nichts außer dem phosphoreszierenden Schein vereinzelter Eisschollen. Wie Alex Henning den Kurs hielt, wie er das linke Ufer immer noch ahnen konnte, das wußte man nicht.

„Deerns, schnappt euch mal die Eimer, Wasser schöpfen, sonst könnt Ihr bald alle schwimmen." Er sprach bewußt leise.

Tatsächlich, es schwappte doch schon eine gute Handbreit Wasser in dem Kahn.

„Leise das Wasser ausgießen", flüsterte er, als Inge den ersten Wasserschwall mit Schwung über Bord geschüttet hatte. „Oder wollt ihr die ganzen Russen aufmerksam machen, daß wir hier fahren?"

„Herr Henning, sagen Sie doch mal, wann Sie die Gewehre wieder aus dem Mist geholt haben", fragte Inge, als der Kahn wieder halbwegs trocken war.

„Gleich am nächsten Morgen, als deine Mutter sie versteckt hatte. Man konnte unter dem frischen Mist natürlich sofort sehen, wo sie lagen. Unser Uffz. hatte uns das befohlen, und wir hielten es auch für richtig, für den Fall der Fälle. Aber kein vernünftiger Mensch konnte doch darauf kommen, daß der Junge bei einer solchen harmlosen Aktion die Nerven verlieren würde. Wir hatten doch alles hundertmal abgesprochen."

Sie waren gut zwei Stunden unterwegs. Gesprochen wurde nicht mehr. Der Verwundete hatte sich an Ilse, die Älteste, gelehnt und war eingeschlafen.

„Wer von euch Deerns hat denn in Heimatkunde gut aufgepaßt? Ich kenne mich in eurer Geographie nicht so sonderlich aus", fragte Henning, der wie eine Maschine arbeitete und gleichmäßig stakte.

„Knapp dreißig Kilometer von uns flußab mündet die Netze in die Warthe, und die fließt in die Oder", sagte Inge.

„Aha, und durch Städte fließt die Netze nicht?"

„Nein, bald kommt eine Brücke und kurz vor der Mündung gibt es noch eine Brücke, rechts liegt Zantoch und links Pollychen."

„Eine Eisenbahnbrücke?"

„Nein, da führt doch die Straße rüber. Die geht dann nach Landsberg."

„Und Landsberg liegt nicht an der Netze?"

„Nein", lachten beide Mädchen, „Landsberg liegt doch an der Warthe. Die fließt mitten durch Landsberg hindurch."

„Das wollte ich wissen. Und wie weit ist es von der Straßenbrücke bis Landsberg?"

„Das wissen wir so genau nicht. Aber zehn Kilometer können es schon sein. Oder noch mehr."

Henning überlegte. Landsberg, eine größere Stadt, da liegen bestimmt Russen. Und man müßte auch schon ziemlich nahe an der Front sein. Er war überzeugt, daß die Russen alles Gebiet bis zur Oder erobert hatten. Je näher man an der Front war, um so gefährlicher war es. Auf der anderen Seite mußten sie weit genug von dem Hof weg sein. Sonst würde man sie finden. Der Verwundete könnte sie verraten.

Aber dann war da die Brücke.

„Sagt mal, die Brücke führt auf der einen Seite nach Landsberg. Und auf der anderen Seite?"

„Na, zu uns nach Godtschen", sagte Gisela, die bislang nur zugehört hatte.

„Ja, auch nach Godtschen. Da gabelt sich die Straße. Die eine führt nach Godtschen und die andere nach Schwerin und dann nach Meseritz und Schwiebus", wußte Ilse.

Das hörte sich ja nicht schlecht an.

„Sind da Wälder, Deerns?"

„Fast nur Wälder. Hinter der Chaussee fangen große Wälder an, wohl hundert Kilometer weit."

„Und wie weit ist die Straße von der Netze entfernt?"

„Die kann man doch von unserem Haus aus sehen, von oben, vom Boden. Das sind vielleicht drei Kilometer von der Netze bis zur Chaussee."

„Und dahinter kommt gleich der Wald."

„Ja, zuerst die Eisenbahnlinie, und dann der Wald. Die Eisenbahnlinie führt von Driesen nach Schwerin und geht auch durch Godtschen."

„Deerns, Ihr seid mir eine große Hilfe. Ohne euch wären wir doch den Iwans glatt in die Arme gefahren."

Er stakte weiter. „Also vor der Brücke steigen wir aus und schlagen uns in die Wälder. Hoffentlich schaffen wir es, ehe es hell wird."

„Warum fahren wir denn nicht weiter mit dem Kahn?" wollte Gisela wissen.

„Weil da vorn Krieg ist, mein Deern. Und da wollen wir doch wohl nicht reingeraten. Oder?"

Er sah zum Himmel. Ein paar vereinzelte Sterne blinzelten verstohlen zwischen den Wolken hindurch.

„Wenn die Netze genau in ost-westlicher Richtung fließt, dann müßte es jetzt kurz nach Mitternacht sein."

Er rechnete. Die Strömung, die mußte man schätzen. Das Staken, das brachte einiges. Die erste Brücke lag längst hinter ihnen.

„Wir sind etwa drei Stunden unterwegs. Noch eine gute Stunde, dann könnten wir nahe an der Brücke sein. Vorher müssen wir anlegen, und möglichst so, daß man uns von der Brücke aus nicht sieht."

Er stakte weiter. Ab und zu scharrte eine Eisscholle an dem Holz.

Die Mädchen schöpften noch einmal Wasser. Sie schütteten es so leise in den Fluß, daß man es selbst auf dem Kahn kaum hörte.

„Kurz vor der Brücke, etwa zwei Kilometer davor, muß links ein kleines Wäldchen sein, wenn ich mich recht erinnere. Mitten in der Wiese." Das war das erste Mal, daß Hannelore Wartner etwas sagte.

„Kann man das von hier aus sehen?"

„Das müßte sein. Ich weiß es aber nicht so genau."

Tatsächlich. Gegen den Südhimmel zeichneten sich knapp eine Stunde später schemenhaft die Wipfel einiger Nadelbäume ab.

„Ilse, nimm mal den Tampen und stell dich vorn in den Bug."

„Einen Tampen? Was ist denn das?"

„Das Seil, den Strick. Ich will hier anlegen."

Das Ufer ähnelte dem, von dem sie abgelegt hatten. Dicke kopfgroße Steine als Befestigung, dahinter glitschiges Gras.

Der Kahn stieß auf die Steine und drehte sich mit dem Heck in Stromrichtung.

Ilse sprang aus dem Kahn und hielt den Strick fest in der Hand.

„Gut gemacht, Deern, und festhalten, nix wie festhalten", flüsterte Henning, kletterte über die Säcke und an den Leuten vorbei zum Bug des Kahnes und stieg ans Ufer.

Niehoff schien sich etwas erholt zu haben. Er kletterte allein aus dem Boot und konnte auch aufrecht stehen bleiben, ohne daß man ihn hielt oder er sich irgendwie stützte.

„Ilse, am besten geht Ihr beiden Mädchen mit dem Niehoff langsam hier am Ufer lang, bis ihr einen Weg findet, der auf den Wald zuläuft. Mit Sicherheit muß es einen solchen Weg geben. Wenn ihr ihn gefunden habt, wartet Ihr, bis wir anderen kommen. Aber nicht bis zur Straßenbrücke gehen! Wenn Ihr die seht, kommt Ihr wieder vorsichtig zurück."

„Halten Sie das für richtig, die drei vorgehen zu lassen? Wenn die sich verlaufen!" zweifelte Hannelore.

„Aus mehreren Gründen. Einmal ist Niehoff langsamer als wir anderen. Wir holen sie also schnell wieder ein. Und dann ist es besser, wenn wir nicht in einer so großen Truppe laufen. Möglicherweise haben sie schon durchgefunkt, was auf eurem Hof geschehen ist."

An die Folgen der Schießerei hatte jetzt, bald dreißig Kilometer entfernt, keine der Frauen mehr gedacht.

Henning schüttete eimerweise Wasser in den Kahn, nachdem sie ihn entladen hatten, bis der kaum noch mit der Bordwand aus dem Wasser ragte. Dann gab er dem Boot einen kräftigen Stoß mit einer Bohnenstange. Es verschwand in der Dunkelheit.

Es dürfte hell sein, wenn der Kahn durch Landsberg treibt. Er geht vielleicht bis dahin unter. Auf jeden Fall wird man ihn so schwerer erkennen und mit uns kaum in Verbindung bringen.

Die drei Eimer füllte er mit Wasser und ließ sie in die Netze gleiten. Sie versanken sofort.

„An was Sie alles denken", bewunderte Hannelore den Mann.

„Wenn man als Soldat, oder als Seemann, nicht jeden Schritt und nicht jede Möglichkeit bedenkt, dann lebt man nicht lange. Das sehen Sie ja an Niehoff. Der ist kaum ein paar Wochen dabei, und schon hat es ihn erwischt."

Sie luden die Decken und die beiden Säcke auf den Handwagen und zogen los. Henning versuchte, möglichst über Grasflächen zu fahren, damit man ihre Spur nicht findet. Aber das gelang ihm nicht immer.

Ein paar hundert Meter weiter warteten schon die Mädchen und Niehoff auf sie. Niehoff hatte sich hingesetzt. Er stand auf, als er die anderen kommen hörte.

„Der Weg! Ahnte ich es doch. Es gibt doch kein freies Wäldchen, durch das nicht ein Weg führt."

Eine knappe halbe Stunde, und sie hatten den Wald erreicht. Er war nicht sehr groß. Man konnte durch den Wald hindurchsehen und am anderen Ende des Weges schon das Grau des Himmels erkennen.

Henning führte seinen Trupp vom Weg ab. Rechts sah man dichteres Gebüsch, das einen gewissen Sichtschutz bot. Darunter ließ er alle setzen.

„Ihr ruht euch hier aus. Ich gehe bis zur Straße und peile die Lage. In spätestens einer Stunde bin ich zurück."

„Können wir denn nicht hier den ganzen Tag bleiben? Ich bin so müde", fragte Gisela.

„Nein, mein Deern, das ist hier noch zu gefährlich. Wir müssen erst über die Straße und in dem großen Wald sein. Erst da wird sich unsere Spur wirklich verlieren. Haltet euch hier mal ducks."

Und schon war er verschwunden.

Es dämmerte schon arg, als sie endlich die Straße überquert hatten und im Wald verschwunden waren. Niehoff wurde mehr und mehr zu einer Belastung. Hannelore merkte, daß er zu fiebern begann. Seine Stirn war heiß und feucht.

„Je weiter wir in den Wald kommen, desto besser", mahnte Henning und trieb seine Gruppe immer wieder an. Der hohe Nadelwald war ihm einfach noch zu offen.

Endlich erreichten sie eine Schonung. Etwa zwanzigjährige Kiefern. Sie mußten unter den tief hängenden Ästen hindurchkriechen. Der Handwagen verhakte sich immer wieder am Gezweig. Es war mühsam.

Tief drinnen in der Schonung konnten sie schließlich lagern.

Niehoff fror, obwohl sie ihm fast alle Decken gegeben hatten.

Die Mädchen schliefen bald ein. Henning und Hannelore setzten sich etwas abseits.

„Morgen früh will ich losgehen, die Gegend erkunden. Ich würde gern eines der Deern mitnehmen."

„Warum das? Wenn ihr etwas passiert?"

„Ihr wird nichts passieren. Am besten, ich nehme Ihre Jüngste mit. Die ist am stabilsten und der würden die Russen nichts antun, selbst wenn wir ihnen in die Hände fallen. Aber das wird nicht geschehen."

Und zur Beruhigung fügte er hinzu: „Ich bin schon zweimal hinter die russischen Linien geraten, mit ein paar Leuten. Wir sind immer gut durchgekommen. Und wir haben dabei keinen einzigen Kameraden verloren."

So gingen Henning und Gisela am nächsten Morgen los, nachdem sie gegessen hatten.

Sie verließen die Schonung und gingen wieder durch älteren Wald. Henning markierte von Zeit zu Zeit einen Stamm mit seinem Messer.

„Wenn wir zurückgehen, können wir uns an diesen Markierungen orientieren. Dann verfehlen wir unseren Weg nicht. Immer dreißig Schritt, dann eine Markierung."

Es war schon fast Mittagszeit, als sie ein alleinstehendes Haus fanden. Ein Forsthaus. Es war leer. Die Eingangstür hing halb zerbrochen in ihren Angeln.

„Ideal ist das nicht", meinte Henning, „aber fürs erste muß es genügen. Besser wäre ein Dorf. Da könnte man sich zwischen die anderen mischen. In einer Menschengruppe würden die uns kaum suchen."

„Aber dann könnte uns doch jeder verpetzen!"

„Den Niehoff müßten wir natürlich verstecken. Das ginge nicht anders. Und den Leuten erzählen wir eine Geschichte, die mit eurem Dorf überhaupt nichts zu tun hat. Wir kommen eben ganz woanders her, sind vor den einmarschierenden Russen geflüchtet und wollen nun wieder nach Hause zurück."

„Da müssen wir uns aber eine gute Geschichte ausdenken."

Als sie zurückkamen, war es schon zu spät, um noch aufzubrechen. So verbrachten sie die zweite Nacht in der Kiefernschonung.

Niehoff konnte nicht mehr laufen. Er fieberte und redete wirres Zeug.

„Sein Fieber ist ein guter Schutz für ihn und für uns alle", meinte Henning. „Wenn einer fragt, dann hat er eine Lungenentzündung oder so etwas."

So setzten sie ihn auf die Decken im Wagen.

Henning schulterte einen Sack, den anderen hatte er an einen klafterlangen Ast gebunden, den er zurechtgeschnitten hatte. So konnten ihn Hannelore und Ilse zu zweit tragen. Inge und Gisela zogen den Handwagen.

Henning ging vor und sicherte die Lage, vor allem, als sie später auf einem Waldweg weitergingen. Das war gefährlich, aber durch den Wald kamen sie mit dem Wagen zu langsam vorwärts.

Noch bevor es dunkel wurde, erreichten sie das Haus.

Niehoff brachten sie in einer Kammer unter, vor deren Tür sie einen Schrank schoben, dessen Rückseite sie herausgeschlagen hatten. So konnte man durch den Schrank in die Kammer gehen. Wenn die Schranktür geschlossen war, ahnte niemand etwas von der dahinterliegenden Kammer.

Der Verwundete hat noch lange gefiebert; die Wunde fing an zu eitern und wollte anfangs nicht heilen. So blieben sie länger in dem Forsthaus, als es Henning recht war.

Aber Niehoff hat die Krise überstanden und wurde wieder gesund. Er konnte sogar seinen Arm wieder richtig bewegen.

Inzwischen hatten sie sich eine wasserdichte Legende ausgedacht. Sie stammten aus Woldenberg. Woldenberg lag weit nordöstlich hinter Friedeberg. Da konnte man sie mit den Ereignissen von Seitels Hof bestimmt nicht in Verbindung bringen.

Und sie hatten in der Arnswalder Straße gewohnt.

„Eine Arnswalder Straße gibt es bestimmt; denn Arnswalde müßte doch irgendwo hinter Woldenberg liegen."

Nach Woldenberg wollten sie nun zurück. Auf dem Rückweg ist der Vater krank geworden.

Sie hießen natürlich auch nicht mehr Seitel oder Wartner, sondern Lore Henning und Ilse und Inge und Gisela Henning, geborene Niehoff. Diese Namen waren unverdächtig; denn die kannte in Godtschen niemand.

Der einzige Schwachpunkt: Sie trafen auf irgend jemanden, der selbst aus Woldenberg stammte und vielleicht sogar an der Arnsberger Straße gewohnt hatte.

Aber mit diesem Risiko mußten sie leben.

Inzwischen hatte Henning ein kleines Dorf, es hieß Schweinert, ausgemacht, das gut zwei Stunden von ihrem Forsthaus entfernt lag. Es war bewohnt, von Deutschen und von Polen. Viele waren dort hängengeblieben auf der Flucht, waren also auch Fremde. Er hatte sogar schon einen Hof gefunden, der leer stand und für sie bestens geeignet war.

Hier lebten sie bis zu ihrer Ausweisung durch die Polen im August fünfundvierzig.

Es stellte sich heraus, daß ihre Übervorsicht unnötig war. Kein einziges Mal bis zu ihrer Vertreibung fragte sie irgend jemand offiziell nach Namen und Herkunft.

Erst bei ihrer Ausweisung mußten sie dem polnischen Soldaten, der sie kontrollierte, ihre Namen angeben.

Sie gaben die falschen an.

25. März 1945

„Die schleppen alles raus, was sie kriegen können", sagte einer, als er sah, wie die Russen einen Stärkesack nach dem anderen aufladen ließen.

„Und gestern haben sie den Tresor in der Gutsverwaltung aufgebrochen. Da haben sie vermutlich Gold gesucht", wußte ein anderer zu berichten.

„Ach, darum fliegen hier überall die Hundert- und die Fünfzig-Markscheine herum."

Es war in der Tat so. Auf den verbliebenen schmutzigen Schneeresten lagen Hunderte von Geldscheinen herum, durchgefeuchtet, verschmutzt, vielfach zerrissen.

„Und auf dem Scheißhaus haben sie einen ganzen Packen aufgehängt. Damit wollen sie sich in Zukunft den Arsch abwischen."

Fredy las, als sie morgens zum Schafstall gingen, eine Handvoll der Scheine auf, die noch halbwegs sauber waren, obwohl er sie ohne Brille in dem weißbraunen Schneematsch kaum richtig erkennen konnte.

„Was willst du damit anfangen, Fredy", meinte sein Onkel, „die sind ja doch nichts mehr wert. Und fressen kannst du sie auch nicht."

„Macht nichts. Dann hat man wenigstens etwas zur Erinnerung." Fredy hörte aber trotzdem auf, die Scheine aufzulesen. Seine Sammellust war ihm vergangen.

Er erinnerte sich, daß er früher Zigarettenschecks auf der Straße aufgelesen und aus Papierkörben herausgesucht hatte. Für zwölf Junos gab es einen Scheck, für sechs einen halben. Wenn man hundertfünfzig Schecks zusammen hatte, dann konnte man sie einschicken und bekam Bilder für ein Album. *Der Weltkrieg* hieß es. Als er schließlich genug Schecks gesammelt hatte, war Krieg, und es gab keine Bilder mehr.

Jetzt mit dem Geld würde es ähnlich gehen. Trotzdem warf er die Scheine, die er nun einmal aufgehoben hatte, nicht wieder weg. Er steckte sie in seine Jackentasche und wollte den anderen folgen, die schon im Schafstall verschwunden waren.

Ein befehlendes russischen Kommando ließ ihn aufschrecken. So viel verstand er. Er sollte mitkommen.

Blödes Geld, dachte er, deshalb jetzt in den Keller kommen, und überlegte, wie er die Scheine wieder loswerden konnte.

„Ich raboti, drüben, bei mäh, mäh", sagte er. An eine solche Sprache hatten sich alle inzwischen gewöhnt.

„Nix mäh, mäh, du raboti, komm!" Der Russe zog ihn am Ärmel.

Es half nichts. Fredy mußte mitgehen.

Sie verließen den inneren Gutshof. An einem dahinterliegenden Gebäude standen zwei Lastwagen. Sie gingen eine lange steile Treppe hinauf. Oben war ein großer Boden. Mit Bohlen waren einzelne Boxen abgeteilt, und darin lagerten Erbsen, trockene grüne und gelbe Erbsen. Jürgen und Liesel waren auch da.

„Was macht Ihr denn hier?" fragte Fredy.

„Sie haben uns eben geholt. Wir sollen hier helfen. Und du? Warum bist du nicht bei den Schafen?"

Sollte Fredy jetzt sagen, daß er wegen des dummen Geldes getrödelt hatte?

Eine deutsche Stimme enthob ihn einer Antwort. „Hier wird sich nicht unterhalten, hier wird gearbeitet."

Der Mann brachte einen ganzen Arm leerer Säcke mit, warf sie auf den Boden bis auf einen, den er den beiden Kindern hinhielt.

„So, schön aufhalten."

Mit einer Holzschaufel schippte er Erbsen in den Sack. Als er gut halb voll war, hob er ihn an und meinte: „Na ja, ein Schwergewicht bist du ja nicht gerade. Bring ihn jetzt runter." Damit lud er Fredy den Sack auf die Schulter.

Die Treppe runterzugehen, ging leichter, als er gedacht hatte. Vom Lastwagen aus nahm ihm einer den Sack ab, schüttete die Erbsen auf die Ladefläche und gab ihm den leeren Sack zurück.

Fredy war nicht der einzige, der Erbsensäcke tragen mußte. Es kamen noch ein paar andere Männer, die die Russen hergeholt hatten, von anderen Arbeitsstellen. Er kannte kaum einen von denen.

Drei nahmen sich Schaufeln, Fredy mußte nun ebenfalls die Säcke aufhalten. Dazu noch ein anderer Junge etwa in seiner Größe.

Die Sackträger gingen immer alle zusammen einer hinter dem anderen die Treppe hinunter. Dadurch vermieden sie eine Begegnung auf der engen Stiege. Es verging eine kurze Zeit, in der die Säcke entleert wurden. Dann hörte man sie alle zusammen die Treppe wieder heraufkommen.

In dieser Zeit mußten vier neue Säcke gefüllt werden. Ein Russe stand dabei und trieb die Männer an, die Sackträger und die, die die Erbsen einschaufelten. Die wiederum schimpften die Kinder aus, wenn sie die Säcke nicht weit genug aufhielten.

Eine langweilige Arbeit und anstrengend dazu, immer die Arme ausgestreckt zu halten, damit die Säcke auch weit genug offen waren.

Da war Fredy ganz froh, als noch ein paar Helfer kamen, auch noch ein paar Kinder, so daß er wieder zum Tragen eingeteilt wurde.

Man nahm Rücksicht auf ihn und füllte seinen Sack immer nur zur Hälfte. Das war auch für den Schaufelnden leicht; denn auch er hatte dadurch weniger Arbeit.

Allmählich wurden die Erbsen oben weniger. Ein voll beladener Lastwagen war schon weggefahren, dafür warteten zwei neue auf Ladung.

Aber nicht alle Erbsen landeten in den Säcken und dann auf den Lastwagen. Viele fielen daneben und kullerten über die Bodendielen und teilweise auch schon die Treppe hinunter.

„Man sollte sie alle runterrollen lassen", scherzte einer, „und unten einfach auf den Laster raufschippen. Das ginge schneller."

Für den Russen arbeiteten die Leute immer noch zu langsam. Als er sah, daß Fredys Sack nur halbvoll war, nahm er ihn noch einmal von dessen Schulter herunter, packte sich eine Schaufel und füllte den Sack eigenhändig bis obenhin, so daß Fredy kaum noch ein Packende am offenen Teil hatte.

Er glaubte, seine Beine könnten ihn nicht tragen, als er keuchend Stufe um Stufe hinuntertapste.

Als ihm der Sack abgenommen wurde mit den Worten „Na, Junge, kannst wohl nicht genug bekommen", meinte er zu schweben. So leicht kam er sich vor.

Oben bat er, das nächste Mal den Sack nicht so voll zu machen: „Ich kann sonst nicht mehr."

„Ne, Junge, noch einmal lasse ich mich nicht von dem Russen anbrüllen. Deinetwegen will ich nicht in den Keller kommen."

Beim fünften oder sechsten vollen Sack geschah es dann. Fredy rutschte über die Erbsen oben an der Treppe aus. Er verlor das Gleichgewicht, der schwere Sack zog ihn die ganze Treppe hinunter.

Er war der erste in der Reihe. So hatte er wenigstens nicht noch andere mitgerissen. Andererseits hätte man ihn sonst vielleicht auffangen können.

Unten blieb er liegen, mitten zwischen seinen Erbsen. Sein Kopf dröhnte von Sekunde zu Sekunde mehr, seine Rippen schmerzten.

Die Männer halfen ihm hoch. Aber er konnte nicht stehen. Das rechte Knie schmerzte derart, daß er es überhaupt nicht mrhr belasten konnte.

„Bewege einmal das Bein", sagte einer.

Aber es ging nicht. Der Schmerz war zu groß.

„Wahrscheinlich gebrochen", vermutete einer.

Fredy setzte sich auf den Boden. Er achtete nicht darauf, daß der naß, schmutzig und kalt war. Kalter Schweiß stand ihm auf der Stirn. Das Knie wurde heiß, und ihm war, als müsse er sich übergeben.

Da kam Liesel herunter. Sie hatte noch mitbekommen, daß Fredy ausgerutscht war, und gehört, daß er sich verletzt hatte.

„Hier kann er nicht sitzen bleiben. Kommt, helft mir, ihn in unsere Wohnung zu bringen." So energisch hatte Fredy die Kleine noch nie gesehen.

Zwei Männern nahmen ihn zwischen sich, faßten ihre Arme um seinen Rücken und schleppten ihn nach Hause.

Seine Großmutter, die einzige außer den beiden Kindern, die keine regelmäßige Arbeit hatte, war nicht da.

Die Männer legten Fredy auf die Liege, murmelten etwas, das sich anhörte wie „es wird schon wieder werden", und gingen.

„Wo tut es denn am meisten weh?" fragte Liesel.

„Am Kopf, hier am ganzen Körper und vor allem am Knie."

Liesel sah erst einmal zum Kopf und befühlte ihn. „Man sieht aber nichts, und fühlen kann man auch nichts. Der Schädel ist bestimmt nicht gebrochen", stellte sie sachkundig fest. „Sei froh, daß du keine Brille auf hattest, sonst wäre die zweite kaputt."

Richtig, die Brille. Die hatte Fredy ja ganz vergessen.

Er griff in seine Jackentasche. Es war wie ein Wunder. Das Drahtgestell war zwar verbogen, aber die Gläser waren beide noch heil.

„Zieh erst mal die Hose aus. Ich will mal dein Knie ansehen."

Mit Mühe streifte Fredy das Hosenbein hoch. Als Liesel auf das Knie faßte, stöhnte Fredy auf.

„Das Knie ist warm, und rot ist es auch. Ich werde es kühlen."

Liesel nahm ein Handtuch, tauchte es in den Wassereimer, in dem normalerweise das Trinkwasser war, drückte das Tuch aus und legte es auf das Knie.

Das schmerzte zunächst, aber dann wurde es besser.

„Es geht schon, Liesel, morgen kann ich bestimmt wieder arbeiten gehen."

Fredy wollte lachen. Aber da tat ihm der Oberkörper weh.

Bis zum Abend kühlte Liesel das Knie. Es schmerzte zwar nicht mehr so wie am Anfang, doch es schwoll zunehmend an, die Haut spannte sich darüber und die Rötung breitete sich mehr und mehr aus.

Erst am späten Nachmittag kam Martha Vogt. Sie hatte beim Melken aushelfen müssen. Es waren zu wenig Frauen da, weil einige eitrige Hände hatten. Lene auch, aber bei ihr war es noch nicht so schlimm, so daß sie weiter arbeiten mußte.

Die Großmutter schwankte zwischen Schimpfen und Wehklagen. Liesel hatte ihr erzählt, daß Fredy von dem Soldaten gezwungen worden war, die viel zu schweren Säcke zu tragen.

„Plötzlich fiel er runter. Das ging so schnell, daß man gar nicht so schnell denken konnte", sagte sie.

Martha Vogt holte am Abend Lilly, ihre Schwiegertochter, die mit ihrer älteren Schwester und ihrem Vater immer noch mit ein paar anderen zwei Türen weiter wohnte. Aber die konnte auch nicht helfen.

„Anscheinend ist eine Rippe gebrochen. Aber wohl nach außen. Da kann man überhaupt nichts machen. Auch im Krankenhaus nicht. Außer, ein Handtuch fest um den Oberkörper zu binden."

Das tat sie dann auch.

Die Schmerzen im Rücken und die am Kopf sollten auch bald nachlassen.

Mit dem Knie wußte sie nichts anzufangen. „Die Kniescheibe scheint in Ordnung zu sein. Vermutlich eine Prellung."

„Kann eine Prellung denn so weh tun?" fragte Fredy.

Aber sie antwortete nicht und riet, weiter zu kühlen.

Liesel wollte die ganze Nacht über munter bleiben und immer wieder den Lappen naß machen, wenn er warm geworden war. Doch irgendwann schlief sie auf der Bank ein, auf der sie im Dunkeln saß und wartete.

Fredys Schmerzen am Knie waren am Morgen schlimmer denn je. Das Knie glühte.

Lilly empfahl, Speck auf das Knie zu legen, fetten Speck, möglichst ungesalzen.

Aber den hatten sie nicht.

Es mußte sich schnell herumgesprochen haben, was Fredy geschehen war. Schon am Vormittag kam eine Frau und brachte einen Streifen Speck. Martha war zu Hause geblieben und gab der Frau dafür ein Stück Hammelbraten, das Monika mitgebracht hatte. So half man sich gegenseitig.

Der Speck kühlte gut, anfangs. Aber dann wurde er warm, und die Schmerzen nahmen wieder zu. Das Knie war beängstigend unförmig dick geworden. Liesel nahm den Speck herunter und legte wieder den naßkalten Lappen auf das Knie. Das half noch am besten.

Am übernächsten Tag kam die Ärztin. Sie gehörte zum Stab im Schloß. Monika hatte sie gebeten, nach Fredy zu schauen. Als sie ihre Fellmütze abnahm, erschrak Fredy, und Liesel begann zu kiechern.

Daß die Soldaten einen kahlgeschorenen Schädel hatten, das wußte man und daran hatte man sich gewöhnt. Die einen sagten, es sei, weil dann weniger Infektionen entstünden bei Schädelverletzungen, die anderen, weil man so besser mit den Läusen fertig würde.

Aber daß sich auch Frauen ihren Kopf kahlscheren lassen mußten, das hatte niemand geglaubt.

Die Ärztin wirkte sachkundig kühl. Sie bewegte das Bein auf und ab und hielt dabei eine Hand auf die Kniescheibe. Sie maß Fredy Fieber, sagte oder zeigte ihm aber nicht, ob er Temperatur hatte.

„Vous n'avez pas de distorsion", sagte sie, und Fredy war erstaunt, daß sie Französisch sprach, „peut-être que vous avez cassé la rotule, peut-être que c est un ulcère."

Wenn ich nur wüßte, was eine rotule ist und was ein ulcère, dachte Fredy.

„Je ne peux pas vous comprendre", sagte er.

Vogel, Godtschen XXI

„Peut-être que vous avez cassé la rotule“, sagte sie betont deutlich und langsam und tippte dabei mit ihrem Finger auf die Kniescheibe, „peut-être que c'est un ulcère“, sie überlegte einen Augenblick, „un tumeur.“

Sie nahm eine Tube aus ihrer Tasche, drückte daraus eine schwarze Paste auf ein Stück Leinen, verrieb alles gegeneinander und legte das Tuch auf das Knie. Dann umwickelte sie das Bein mit einer elastischen Binde.

„Ne tournez pas jusque à ce que je serai là“, sagte sie und lächelte zum erstenmal.

„Qu' est-ce que vous avez appris à parler le Francais?“ fragte Fredy, mühsam seine Schulkentnisse hervorholend. Schule! Wie lange war das her?

„Ma grand-mère a toujours parlé le Francais avec nous.“ Sie blickte einen Moment auf und schien irgend etwas in der Ferne zu sehen. „Elle a survit à la Révolution.“

Sie klopfte Fredy auf die Schulter und ging.

„Was hat sie gesagt?“ fragten Oma Vogt und Liesel gleichzeitig. Und Liesel fügte noch hinzu: „War das Englisch?“

„Nein, Französisch“, sagte Fredy, und fügte hinzu: „Ich darf mich nicht bewegen“, wobei er sich nicht bewußt war, ob er es war, der sich nicht bewegen sollte, oder ob es der Verband war, der draufzubleiben hatte.

„Und was hat sie noch gesagt. Was ist mit dem Bein?“

„Soviel ich verstanden habe, ist da etwas mit der Kniescheibe passiert und ein Tumor oder so was ähnliches drin. Ich weiß nicht, was ein Ulcer ist, das hatte sie zuerst gesagt.“

Die Schmerzen ließen nach dem Verbinden nach. Oder hatte sich Fredy allmählich daran gewöhnt?

Er hätte es nicht sagen können.

Fast über Nacht zog der Frühling ein. Die letzten Schneeflächen verschwanden, die Sonne trocknete den Hof.

Fredy setzte sich auf einen Hocker vor die Tür und lehnte sich an die von der Sonne gewärmte Hauswand. Das Bein legte er auf den anderen Hocker. Zwei hatten sie ja nur. Solange er das Bein still hielt, konnte er die Schmerzen aushalten. Bewegte er das Knie, dann empfand er für einen ersten Augenblick sogar so etwas wie Befreiung, aber dann stachen die Schmerzen um so heftiger.

Liesel blieb die ganze Zeit bei ihm. Kühlen sollten sie das Knie nicht mehr. Wenn sie die Hand vorsichtig oberhalb des Verbandes auf das auch dort geschwollene Bein legte, fühlte sie ein dauerndes Pochen.

Jedesmal am frühen Abend kam die Ärztin. Es gefiel ihr offensichtlich nicht, daß sich gar nichts weiter entwickelte. Das Knie war inzwischen dick geschwollen, heiß und schmerzte jetzt bei der kleinsten Bewegung. Am dritten Tag brachte sie ein paar Tabletten mit. Danach konnte Fredy wenigstens schlafen in der Nacht.

Einen Vorteil hatte die Verletzung: Fredy hatte jetzt endlich Zeit, um das Leben auf dem Gutshof während des ganzen Tages zu beobachten. Sonst mußte er ja schon während der Morgendämmerung zum Schafstall rübergehen, werktags wie sonntags; und wenn er abends zurückkam, war der Hof genauso verlassen wie am Morgen.

Schräg gegenüber ihrer Baracke standen zwei Dampfmaschinen, auch auf schweren eisernen Rädern, ziemlich verrostet schon und weit größer als die Dampfmobile, die immer noch die Dreschmaschine antrieb. Die Ochsengespanne brachten nämlich jeden Tag neue Fuhren Getreide.

Unter dem Kessel der beiden Maschinen lag quer ein großes eisernes Rad, auf dem ein Drahtseil aufgewickelt war. Dieses Rad war, genau wie die beiden hinteren Räder, über ein Getriebe mit der Schwungachse verbunden.

Diese beiden Ungetüme sollten nun repariert werden. Einheimische sagten, daß man damit früher, als es noch keine Traktoren gab, gepflügt habe. Mit dem Stahlseil hätten die Dampfmaschinen einen schweren Siebenscharpflug über die Schläge gezogen. Auf jedem Ende des Schlages stand eine Maschine, so daß der Pflug immer hin- und hergezogen werden konnte. War er an einem Ende angekommen, dann schoben sich beide Dampfmaschinen mit eigener Kraft ein Stück weiter vor.

Der Schmied des Gutshofes und ein paar Männer, die schon bei der Lokomobile geholfen hatten, unter ihnen auch wieder Leopold Petsch, waren schon seit Tagen zugange. Aus einer Maschine hatten sie den gewaltigen Kolben herausgezogen. Das Kreuzgelenk war auseinandergenommen, die Lager der Schwungachse. Alles wurde abgeschmirgelt, poliert, geölt. Eine schwere Arbeit, zumal sie kaum vernünftiges Hebezeug hatten. Nur zwei Kettenzüge, die an dicken übergroßen Holzböcken hingen.

Andauernd kamen die Russen und feuerten die Leute an. Sie brachten ihnen aber auch, und das war neu in Breitenstein, etwas zu essen, Suppe, Brot, und sie sparten nicht mit Wodka, wie sie jeden Schnaps nannten.

„Sie wollen also die Schläge umpflügen", meinte man untereinander. „Das hätte die Gutsverwaltung schon im Herbst tun müssen."

„Hätte", antwortete ein alter Einheimischer, „aber wie denn? Keine Leute mehr, Diesel für die Traktoren war auch kaum noch da, und allein mit den Ochsen hätte man den ganzen Winter gebraucht, um die viertausend Morgen Acker umzupflügen. Nicht mal die Wintersaat hatten sie reinbekommen."

Der andere nickte: „Und wir können auch vergessen, daß die Deutschen hier noch einmal herkommen. Wenn der Russe an das Bestellen der Äcker denkt! Er wird ja wohl nicht die Absicht haben, alles einzusäen, damit die Deutschen im Sommer kommen, um zu ernten."

„Wird wohl nichts mit der Frühjahrsoffensive."

„O ja, die kommt, aber von den Russen. Denk doch bloß an diese Schwimmpanzer."

Am sechsten Tag nach dem Treppensturz wusch die Ärztin das Knie mit Alkohol ab, den sie mitgebracht hatte. Unter der schwarzen Paste zeigte sich eine dicke gelbliche Blase, viel größer als ein Fünf-Mark-Stück.

„Voila!" sagte sie, umfaßte das Knie unterhalb der Blase und zog die Haut straff, daß Fredy aufschrie.

Im nächsten Augenblick lief wässrige Flüssigkeit das Bein hinunter, es lief und lief, als hätte man einen Becher Wasser über das Knie gegossen, und die Spannung, der Schmerz wurden zunehmend geringer.

Sie drückte noch einmal. Die Flüssigkeit wurde etwas dickflüssiger, eitriger.

Die schwarze Paste ließ sie weg. Dafür bestrich sie die Wunde mit einer gelb-grünlichen Salbe, ehe sie das Knie wieder verband.

Fredy mußte aufstehen und sich auf das Bein stellen. Es ging, wenn auch ungewohnt und unter Schmerzen. Aber die waren jetzt erträglich.

Fredy war erleichtert. Er bekam den Stock seines Onkels, der ihn auf den kurzen Wegen von der Wohnung zum Schafstall ohnehin nicht brauchte, und humpelte über den Hof dahin, wo er schon immer nahe dran sein wollte: zu den beiden Dampfmaschinen.

Von außen waren die zwar immer noch genauso rostig wie vorher, aber die Zylinderwand, der Kolben, das Gleitlager für den Kreuzkopf, das alles glänzte wieder metallisch ölig blank.

„Noch vier, fünf Tage, dann heizen wir die erste an. Mal sehen, ob es klappt", sagte Petsch und fragte den Jungen, was sein Knie mache.

Zuviel Laufen war nicht gut. Dann klopfte und pochte es wieder im Knie. Der Gang zu den Dampfmaschinen war weit genug. Da konnte er sich auf einen Holzklotz setzen, ohne groß zu stören.

Erst jetzt wurde Fredy richtig bedauert, jetzt, da es ihm deutlich besser ging; denn jetzt sah man die große, tiefe, eiternde Wunde. Das vorher so dickgeschwollene Knie hatte man gar nicht so ernst genommen.

„Was mußt du für Schmerzen haben, bei dieser Vereiterung", sagten die Frauen und wollten nicht glauben, daß die Schmerzen jetzt ein Klacks gegen die Qualen vorher waren, ehe die Wunde aufgeplatzt war.

Jeden Abend kam die Ärztin und drückte Eiter aus der Wunde. Sie war noch nicht zufrieden. Das sah man.

Eines Abends wickelte sie zwei große Pinzetten aus einem Tuch, die sie erst einmal mit Alkohol abwusch. Lenk und Kordian mußten Fredy festhalten, Lenk das Bein und Kordian seinen Oberkörper.

Die Russin grub beide Pinzetten in die Wunde, es tat höllisch weh. Fredy biß sich abwechselnd auf die Hand und schrie. Plötzlich riß die Ärztin beide Pinzetten gleichzeitig aus der Wunde. Eingeklemmt in die Stahlzinken war ein dickes Stück eitriges Etwas, so lang und so dick wie die Fingerkuppe des Mittelfingers bis zum ersten Glied. Sie legte es auf ein Tuch.

„Karascho", sagte sie, sichtlich erleichtert, und betupfte die Wunde, erst mit einem trockenen Lappen, dann mit einer bräunlichen Flüssigkeit: Jod. Das schmerzte noch einmal, aber es war ein anderer Schmerz als vorhin, erst brennend, dann beinahe versöhnlich warm.

Nun noch einmal der Salbenverband.

Dann nahm sie sich das Eiterstück, das sie aus der Wunde herausgezogen hatte, legte es auf ein Stück Holz und zerteilte es. Innen drin war ein Knochensplitter, die Form und die Größe fast wie eine Schreibfeder, aber in der Mitte dicker und nicht ganz so lang.

„Un peu de votre rotule", sagte sie, als sie es hochhielt.

Ein Stück aus Fredys Kniescheibe.

Eine gute Woche später fuhren die beiden Dampfmaschinen fauchend und zischend vom Hof runter. Obwohl sie sich selbst fortbewegen konnten, waren trotzdem vor jede zwei Ochsen gespannt. Die Fahrzeuge konnten zwar selbst fahren, mußten aber wie ein normaler Ackerwagen mit einer Deichsel von den Ochsen gelenkt werden.

Zum Heizen benutzten sie übrigens Briketts von jenem Haufen, den Helmut Wegemann, jetzt Helmut Kordian genannt, gefunden hatte. Mit der nächtlichen Glut im Ofen war es jetzt vorbei. Sie hatten nur noch den Rest in ihrem Zimmer, ein sträflich geringer Vorrat. Aber warum hätte man sich bei der Enge in den Zimmern auch so viele Briketts hinlegen sollen, wenn man sie jederzeit holen konnte?

Die wenigen Leute, die von dem Kohlenberg gewußt hatten, als er noch unter dem Schnee verborgen war, hätten noch ein ganzes Jahr davon heizen können.

Jetzt waren alle Kohlen verschwunden, aufgeladen auf ein paar Ackerwagen, die hinter den Dampfmaschinen hergefahren waren.

26. März 1945

Das Wetter war umgeschlagen, innerhalb von wenigen Tagen. Eis und Schnee waren restlos geschmolzen. Das Wasser aus den Brüchen zog sich allmählich zurück. Nur der Anger war noch zu naß, um die Wiesen betreten zu können. Das Wasser wollte einfach nicht abfließen. Und der Weg nach Schulzenwerder war immer noch überflutet.

Das hatte es noch nie gegeben, selbst in den Jahren nicht, in denen der Schnee weit höher gelegen hatte.

Den Grund für diesen seltsamen Wasserstau sollte man erst später feststellen.

Der Sand vor Schuberts Sandberg war noch ziemlich naß. Das war gut für die Männer, Soldaten der Roten Armee, die hier eine große Grube aushoben, etwa vierzig Meter lang, gut bauchnabeltief und etwa siebzig Zentimeter breit.

Der feuchte Boden ließ sich leicht senkrecht abstechen, ohne daß er nachrutschte. Das erleichterte die Arbeit.

Die ausgehobene sandige Erde wurde nur auf eine Seite geworfen, zum Sandberg hin.

Zwei Militärlastwagen mit Planen über der Ladefläche standen seitwärts am Weg.

„Sollen die deutschen Banditen, diese Mörder, doch selbst ihr Grab ausgraben“, murrte einer, und die, die es hörten, stimmten ihm zu.

„So war es bei der SS jedenfalls üblich. Unsere tapferen Partisanenkämpfer mußten das vielfach machen, ehe man sie umbrachte. Warum dann nicht auch diese deutschen Banditen?“

„Die Menschen, die heute noch an dieser Stelle sterben werden, sind keine Banditen, Ewgenij“, unterbrach ein Offizier, der unbemerkt hinzugetreten war, das Gespräch.

„Keine Banditen, Genosse Oberleutnant?“ fragte einer.

„Nein, es sind Geiseln, die für die Tat von anderen erschossen werden müssen.“

Und dann fügte er, mehr für sich selbst, hinzu: „Man sollte ihnen deshalb das Sterben so leicht wie möglich machen.“

„Also noch nicht einmal Nazis?“

„Ob es Nazis sind, weiß ich nicht. Vielleicht sind welche darunter, vielleicht auch nicht.“

„Dann machen wir es wie die SS, Unschuldige zu töten für die Verbrechen von anderen", stellte einer fest. „Ist das richtig, Genosse Oberleutnant?"

„Nein, die SS handelte verbrecherisch und aus purer Rache. Sie rottete willkürlich ganze Dörfer aus und brannte sie nieder, nur weil einer ihrer Bonzen einem Attentat zum Opfer gefallen war. Einer von denen, die den Tod tausendfach verdient hatten."

Er überlegte einen Augenblick.

„Wir kennen keine Rache. Wir handeln ausschließlich zum Schutz unserer Rotarmisten. Jeder Deutsche kennt den Militärbefehl des Genossen Marschall Schukow. Für jeden hinter der Front getöteten Offizier müssen fünfzig Geiseln, für jeden getöteten Rotarmisten fünf Geiseln erschossen werden. Die Geiseln sind aus der unmittelbaren Nähe des Tatortes auszuwählen. Kinder, die jünger sind als zwölf Jahre, und schwangere Frauen dürfen nicht als Geiseln behandelt werden."

Die Soldaten dachten nach.

„Sind der Genosse Unterleutnant und sein Fahrer denn wirklich von deutschen Partisanen erschossen worden?"

„Das ist eindeutig. Der Mörder wurde gefunden. Er hatte sich auf einem Gehöft verschanzt und sofort das Feuer auf den Wagen eröffnet. Genosse Jewgenij Kolesnik konnte mit seinem Maschinengewehr noch das Feuer erwidern und den Banditen töten, ehe er selbst starb. Er war ein Held der Sowjetunion."

„Am nächsten Tag fanden wir den Mörder. Tot. Es war ein deutscher Unteroffizier."

„War er allein, der Deutsche?"

„Es sah so aus. Man fand keine weiteren Bewohner dort. Sie würden natürlich die ersten Geiseln sein. Und sie wären sogar schuldig gewesen; denn sie hätten dem Mörder ja Unterschlupf gewährt."

Die Soldaten gruben weiter.

Sie waren verschiedener Meinung. Einer hielt es für richtig, daß nun auch angeblich unschuldige Deutsche genauso grausam umgebracht werden, wie ihre Angehörigen von der SS getötet wurden.

„Erschießen ist viel zu wenig", hörte man, „aufhängen müßte man sie, nacheinander. Das wäre die richtige Strafe für die Deutschen."

Dieser Auffassung widersprach man.

„Es ist hier völlig ruhig. Man kann unbesorgt herumgehen wie irgendwo bei uns zu Hause. Wenn dort ein Wahnsinniger jemanden ermordet, dann wird der hingerichtet oder kommt für fünfundzwanzig Jahre nach Sibirien. Man würde aber doch nicht auf die Idee kommen, fünfzig Leute aus der nächsten Nachbarschaft zusammenzutreiben und sie erschießen. Das hat doch mit Abschreckung nichts zu tun."

„Gewiß, der Militärbefehl mußte sein, damals, als noch überall deutsche Soldaten herumstreiften. Die sollten sich ergeben und nicht hinter unserer Front weiterkämpfen. Aber jetzt, jetzt war dieser Befehl doch überholt!"

„Nichts da, Oleg, wenn der Befehl heute aufgehoben würde, kämen morgen überall deutsche Soldaten aus ihren Löchern und fingen wieder ihren Krieg an. Schließlich", er mußte lachen, „haben sie ja von uns gelernt, wie man als Partisan überleben und Krieg führen kann."

„Ich kenne deine Meinung, Ilja, wir wissen auch: Ihr habt entscheidend dazu beigetragen, daß die deutsche Front so schnell zusammengebrochen war. Aber ich meine, die Deutschen sind nicht so, wie Ihr gewesen seid."

Oleg sah seinen Kameraden fragend an.

„Glaubst du, die Deutschen als Partisanen hätten den Winter überlebt, mit nichts als mit Wurzeln und Baumrinde zum Essen, in Löchern unter der Erde, in denen das Tauwasser knietief stand. Und dann noch mit den paar Mann gegen eine hochgerüstete Armee gekämpft?"

Er packte erneut seinen Spaten.

„Nie hätten sie das geschafft", er hörte schon wieder auf zu graben, „und deshalb sage ich, daß es hier keine deutschen Partisanen mehr gibt."

Eine einheitliche Meinung über das, was sie tun mußten, war nicht herzustellen.

Es gab aber auch niemanden, der gewagt hätte, dem Befehl nicht zu gehorchen.

Der lange Graben war fertiggestellt.

Der Oberleutnant gab klare Anweisungen.

„Wir fahren jetzt in das Dorf."

Er zeigte auf seine Karte und deutete einen Kreis mit dem Zeigefinger an.

„Das ist das Gehöft, in dem die Tat geschah. Wir fahren als erstes dort hin, vielleicht ist jetzt jemand da. Später werden wir es anzünden und einäschern. Auch das gehört zu unserem Befehl. Dann fahren wir weiter nach", er mußte das Wort sorgfältig buchstabieren, „nach Godtschen-Abbau und holen da die Leute. Die wohnen dem Tatort am nächsten."

Er blickte hoch.

„Wenn ihre Zahl noch nicht ausreicht, fangen wir hier im Westen des Dorfes selbst an."

„Und seid nicht grob mit den Leuten. Sagt, daß sie für ein paar Stunden zur Arbeit gebracht würden."

Dann fiel ihm noch etwas ein.

„Fragt bei Kindern, wie alt sie sind, und nehmt keine schwangeren Frauen!"

Die beiden Laster wühlten sich durch den Sand und rumpelten dann auf der durchfurchten Lehmstraße langsam Richtung Dorf. Sie bogen ab nach Schulzenwerder und dann an der Abbiegung hin zu Seitels Gehöft.

Da fanden sie niemanden.

Auf der Straße nach Schulzenwerder blieben sie hängen. Die Hinterräder des ersten Wagens drehten durch und mahlten sich immer tiefer in den schlammigen Boden.

Es ging nicht weiter.

Selbst, als die Soldaten von der Ladepritsche heruntersprangen und den Laster zu schieben versuchten, rührte der sich nicht von der Stelle. Die mahlenden Hinterräder verdreckten nur die Uniformen.

Es half nichts. Der hintere Lastwagen mußte den vorderen Wagen mit einem langen Stahlseil wieder herausziehen. Sie fuhren rückwärts bis zu der Abzweigung von Seitels Hof und wendeten dann die Fahrzeuge.

Zwei tote Rotarmisten hatten den Leuten in Schulzenwerder das Leben gerettet und das von anderen unschuldigen Leuten aus Godtschen genommen.

Die Leute, meist alte, mehr Frauen als Männer, ließen sich auch ohne Widerstand auf die Ladefläche helfen.

„Was die von uns alten Leuten wollen", meinte eine Frau, „immer dieses Raboti. Was wir wohl noch arbeiten können?"

Ein paar Soldaten blieben bei den Wagen, um zu verhindern, daß die Geiseln heruntersprangen und flüchteten. Sie hatten ihre Maschinenpistolen bewußt unauffällig über den Rücken geschnallt, um kein Mißtrauen und keine Furcht aufkommen zu lassen.

Sie kamen auch auf den Hof von Felix Karbonewski. Er war zufällig da.

„Du Nemjeskij?" fragte ein junger Soldat die Maria.

Ehe Maria auf diese ungewöhnliche Frage antworten konnte, sagte ein anderer: „Njet" und flüsterte anschließend ein paar Worte. Der erste Frager wurde deutlich verlegen.

Dann fragten sie das gleiche die Lisa, die aus dem Kuhstall gekommen war, um zu sehen, was es da gab.

Felix ahnte, was da vor sich ging und weshalb die Soldaten auf dem Hof waren. Von der heutigen Aktion hatte er direkt nichts gewußt. Das war Sache der Roten Armee, der Russen, und die waren gegenüber den Polen nicht besonders mitteilsam. Aber er kannte natürlich den Militärbefehl Nr. 6 des Marschalls Schukow und ahnte, nein, wußte, daß die russische Kommandantur in Driesen diesen Befehl in den nächsten Tagen ausführen würde.

Er verdammte seinen Leichtsinn, die Lisa nicht in diesen kritischen Tagen oben in dem Verschlag auf dem Boden versteckt zu haben, zumal sie mit Lisa bislang immer deutsch gesprochen haben, so daß sie kaum mehr als ein paar Brocken polnisch sprechen konnte.

Er überlegte fieberhaft.

„Das ist die Schwester meiner Frau", sagte er schließlich in seiner Mischung aus russisch und polnisch, die er sich angewöhnt hatte im Umgang mit Angehörigen der Roten Armee, „sie ist taubstumm, sie kann nicht hören und sprechen."

Dann wechselte er ins Deutsche über und sprach sehr laut und deutlich: „Lisa ist taubstumm, versteht Ihr, taubstumm!"

Dabei hielt er sich beide Ohren zu.

Lisa hatte begriffen. Sie ging langsam, unauffällig weg.

„Wir können uns mit ihr nur mit Zeichen verständigen, versteht Ihr, sie hört nichts!" Das sagte er wieder auf russisch-polnisch.

Vielleicht war das zu viel, zu dick aufgetragen, vielleicht brachte es den Oberleutnant erst auf die Idee, dieses *sie hört nichts* .

Er nahm seine Pistole aus der Tasche, lud sie durch, hielt sie hoch in die Luft und gab einen Schuß ab.

Erschrocken drehte sich Lisa um.

Der Oberleutnant gab einen Befehl. Zwei Soldaten schleppten sie zu den Wagen.

Sie fuhren weiter und sammelten Menschen. Die Leute oben auf den Pritschen wurden allmählich unruhig, vor allem, weil sie Lisa weinen sahen.

„Wieviel haben wir?“ fragte der Offizier.

„Vierundfünfzig, Genosse Oberleutnant!“

„Gut, noch einen, dann fahren wir runter.“

Sie hielten vor dem kleinen Gehöft der alten Wernickes und holten den Mann aus der Stube. Luise Wernicke ging hinterher. Sie wollte auch auf den Lastwagen steigen.

„Nix du, Frau“, sagte einer der Soldaten, „genug.“

Sie ließ sich nicht abhalten: „Wo mein Mann hinkommt, da will ich auch hinkommen. Wir waren ein Leben lang zusammen. Da wollen wir uns jetzt nicht mehr trennen lassen.“

Sie wehrte sich, als man sie zurück in ihr Haus bringen wollte.

Auf einen kurzen Befehl des Oberleutnants durfte sie auf den Lastwagen zu ihrem Mann steigen. Die Soldaten hoben sie vorsichtig hoch.

Die beiden Wagen fuhren runter zu Schuberts Sandberg. Die Leute auf der Pritsche mußten sich gegenseitig festhalten. Ihr guter alter Lehmweg war völlig zerfurcht von den Militärfahrzeugen, die ihn natürlich auch bei Nässe benutzt hatten.

Die Geiseln mußten sich in den Graben stellen. Vom Oberkörper an ragten sie über den Rand hinweg. Sie schwiegen. Einige weinten, aber niemand schrie.

Der Offizier gab einen Befehl. Die Rotarmisten schossen erst in die Luft und hielten dann auf die Menschen, bis ihre dicken, runden Magazine leer waren.

Keiner ging mehr hin zu den Toten.

Einer erbrach sich.

Sie kletterten auf die Lastwagen und fuhren zurück ins Dorf.

Einer der Laster fuhr noch einmal zu Seitels Gehöft. Kurze Zeit später stiegen dichte Rauchwolken auf.

Der andere Lastwagen hielt vor dem Bürgermeisteramt. Der Offizier stieg aus und gab dem Mann, der dort saß, einen Befehl.

Eine Minute später kam er wieder heraus und stieg in die Kabine. Sein Gesicht war starr, grau.

Dann fuhren erst der Militärlaster mit dem Offizier und später auch der andere weg in Richtung Driesen.

Felix Karbonewski befolgte den Befehl, den Graben zuschaufeln zu lassen, nicht.

Er trommelte sofort soviel Männer zusammen, wie er erreichen konnte, und ließ Gespanne zu Schuberts Sandberg hinunterfahren.

Sorgfältig hoben sie einen Köper nach dem anderen aus der Grube. Manche bluteten noch schwach. Sie legten sie nebeneinander auf die Pferdewagen.

Plötzlich ein Ruf: „Hier lebt noch eine, eine junge Frau!"

Und ein zweiter Ruf: „Das ist ja Pastors Lise."

Das Mädchen lag in tiefer Ohnmacht. Man fühlte ihren Puls. Er schlug noch. Auf der Jacke an ihrer rechten Schulter hatte sie einen großen, langsam verschorfenden Blutfleck.

Sie legten sie flach auf einen Wagen. Einige zogen ihre Jacken aus und schoben sie unter ihren Körper, damit sie weicher liegen konnte. Felix nahm ihren Kopf in seinen Schoß und sprach sie an.

Sie reagierte nicht. Ihr Puls schlug immer noch.

„Rauf zu Dr. Hollander", rief er.

Der Pferdelenker wollte im Galopp den Lehmweg hochpreschen.

„Fahr lieber langsamer," mahnte Felix, „die Wunde fängt wieder an zu bluten."

Am nächsten Tag wurden alle fünfundfünfzig Toten beerdigt, achtunddreißig Frauen, siebzehn Männer, dreiundzwanzig aus Godtschen, zweiunddreißig Fremde, auf dem freien Platz innerhalb des Friedhofs, auf dem früher der Leichenwagen gewendet und während der Beisetzung gewartet hatte.

Die Männer fällten zum Schluß zwei junge Birken, schlugen die Äste ab, nagelten sie zu einem Kreuz zusammen und stellten es am Kopfende des Massengrabes auf.

Einen Tag später war das große Grab über und über bedeckt mit Kiefernzweigen. Dazwischen leuchteten einige Frühlingsblumen, weiß die Schneeglöckchen und gelb die Primeln.

25. April 1945

„Daß Ihr mir die Schafe ja nicht auf den nassen Klee treibt", mahnte August Wrobel, der alte Schäfermeister, wie er es jeden Morgen tat. Diesmal hielt er es besonders nötig; denn ein leichter Nieselregen fiel aus den tiefhängenden Wolken herunter, und es sah nicht so aus, als würde sich das Wetter bessern.

Die Mahnung richtete er an Fredy, Helmut Wegemann und Jürgen Schmidtgen. Auch der gehörte seit einigen Wochen zu den Schäfern. Und so viele Hände, oder besser: so viele Beine, waren auch nötig, um die Riesenherde mit über tausend Schafen zusammenzuhalten. Darunter waren über zweihundert Tiere von den Bauernhöfen, die es gar nicht kannten, in der Herde zu laufen, und immer wieder wegrennen wollten. Wenn nicht Stropp wäre, der Hütehund, der dem Lenk gehorchte, als wenn der immer sein Herr gewesen war, dann hätten sie die Herde nie beieinanderhalten können.

Es war ein dreifacher Unsinn, die Schafe an diesem Morgen hinauszutreiben. Sie trugen noch ihre dicke Winterwolle. Die nasse, über acht Zentimeter lange Wolle würde so schwer werden, daß die Schafe zu sehr geschwächt würden. Nur hin und wieder waren große Wollfetzen vor allem aus dem Rücken herausgerissen, daß das Vlies wie zerlumpt aussah. Die Wolle hatten die Schafe sich gegenseitig weggefressen, weil sie Salz brauchten und die Lecksteine längst alle waren. Die Wolle enthielt das notwendige Salz.

Weiter: Die Gutsherde bestand aus pommerschen Landschafen. Die waren zwar bekannt für ihre gute Wollqualität, aber sie waren empfindlich gegen falsches und vor allem nasses Futter. Besonders schlimm war es bei feuchtem Klee. Der blähte ihre Leiber so auf, daß sie tot umfielen. Zu dem Zweck nahmen die Schäfer jetzt immer einen Spaten mit zum Hüten; denn wenn die Russen oder Polen irgendwo auf dem vorgeschriebenen Weg ein totes Schaf mit aufgeblähtem Leib fanden, dann mußte Artur Lenk ab in den Keller.

So stach Lenk einfach mit seinem Schneider mehrfach in den Leib des toten Tieres, damit die Gase entweichen konnten und das Tier nur noch halb so viel Platz in der Grube brauchte, und sie verscharrten es.

Zum dritten war ihnen eine viel zu weite Runde vorgeschrieben worden, die sie täglich mit den Schafen zurückzulegen hatten. Anfangs war ein Soldat mitgekommen. Aber später durften sie den Weg auch alleine zurücklegen. Das war ein besonders Privileg; denn es war den Deutschen streng verboten, den Gutshof ohne ausdrückliche Genehmigung zu verlassen. Und die gab es fast nie. Sie waren weiterhin Gefangene, Internierte. Um das den Leuten immer wieder deutlich zu machen, patrouillierten nach wie vor Rotarmisten in der Nacht entlang des Zaunes, der rings um den Gutshof verlief.

Das einzige, was sie von regulären Kriegsgefangen unterschied, war die Tatsache, daß sie sich um ihre Verpflegung selbst kümmern mußten. Nur ein einziges Mal hatte es bislang für jeden ein Stück rohes Fleisch gegeben. Nach Fredys Kalender war das zwei Tage nach Ostern gewesen. Ein geschlachtetes Rind, das, in handliche Stücke zerlegt, auf mehreren Tischen lag, an denen jeder vorbeigehen mußte und sich ein Stück nehmen konnte.

Gewiß, in jeder Unterkunft stand ein mehr oder weniger voller Sack mit Kartoffelstärke. Aber auch der war einmal requiriert worden. Alle anderen Nahrungsmittel mußten beschafft, also gestohlen werden. So machten es die Frauen mit der Milch und auch die Schäfer, die inzwischen wenigstens einmal in der Woche heimlich für sich ein Schaf schlachteten und das Fleisch unter den Mänteln hinausschmuggelten.

Das ging besonders leicht immer dann, wenn sie Schaffleisch für den Stab und später in noch größerer Menge für das Lazarett abliefern mußten. Dann fiel es am wenigsten auf, wenn ein Schaf mehr geschlachtet wurde. Die oben auf dem Boden hängenden Felle zählte überdies niemand.

Ein Großteil des Fleisches wurde vertauscht gegen Mangelwaren, die sie dringend brauchten: Kartoffeln, Streichhölzer, Seife, Machorka - das rauchbare, stinkende Zeug aus den Strünken der Tabakpflanzen - Nägel, Hammer, Zange; denn an den alten Holzbetten gab es immer wieder etwas zu reparieren. Und niemand fragte danach, woher die Tauschwaren kamen.

Nur etwas wollte niemand haben: Geld, Reichsmark, Scheine, von denen Fredy einen ganzen Packen, gut getrocknet, bei sich trug. Jeder war überzeugt, daß man damit nie mehr würde etwas anfangen können. Merkwürdigerweise auch die paar, die immer noch zu glauben behaupteten, daß sie eines Tages von deutschen Truppen befreit würden.

Die Schäfer gehörten also zu den wenigen, die privilegiert waren, das Lager - so nannte man den Gutshof inzwischen überall - zu verlassen. Dazu hatte jeder ein Papier bekommen, links oben und unten mit einem Stempel versehen, in kyrillischer Schrift, die niemand lesen konnte.

So wußte auch niemand, was in dem Papier stand. Aber so viel stand fest: Es wirkte Wunder. Begegneten ihnen fremde Soldaten, dann zeigten sie dieses Papier, ohne einen Ton zu sagen, und die Soldaten waren gleich freundlich und grüßten manchmal sogar, ehe sie weiterfuhren.

Hin und wieder freilich hatte Fredy den Eindruck, als wenn manche Soldaten gar nicht lesen konnten. So hielt einmal ein Rotarmist das Papier verkehrt herum, studierte es auffallend lange und sagte dann: „karascho“ und „poschal wom“. Sie konnten also weiterziehen mit ihren Schafen. Die beiden Stempel mußten doch mächtig Eindruck auf die Soldaten machen!

Auch Liesel hatte eine solche Bescheinigung; denn ihre Aufgabe bestand jetzt immer darin, den vier Schäfern das Mittagessen zu bringen. Suppe in dieser oder jener Form war das einzige, was es noch gab.

Brot, das sie gleich am Morgen für den ganzen Tag hätten mitnehmen können, hatten sie nicht mehr, seit Monika Schröder gegangen war. Sie konnten auch keines backen, weil es nirgendwo richtiges Mehl gab. Und alle Versuche, aus Kartoffelstärke Brot zu backen, waren gescheitert, selbst bei denen, die einen richtigen Backofen in ihrer Behausung hatten.

Deshalb mußte die Liesel jeden Tag mit der Suppe zu ihnen kommen.

Liesel durfte, nein sie mußte jetzt immer kochen, und das machte sie sehr gut. Martha Vogt war nämlich seit einiger Zeit weg. Sie hatte, wie mehrere alte Männer und eine Reihe von Frauen, kurz nach Ostern nach Hause zurückkehren dürfen, auch versehen mit einem gestempelten Papier.

Daß jüngst Ostern gewesen sein mußte, entnahm Fredy seinem selbsterstellten Kalender und der Beobachtung der Mondphasen. Der erste Frühlingssonntag nach Vollmond mußte Ostern sein. Allerdings hatte sich Fredy in den Wochentagen vertan. Sein Kalender lief zwei Tage vor. Es war also erst Sonntag, wenn sein Kalender schon den

Dienstag anzeigte. Da hatte er sich damals, bei der Rekonstruktion nach den ersten schlimmen Wochen, um diese beiden Tage verrechnet.

Deshalb erhielten sie auch das Ostergeschenk, das Stück Rindfleisch, nach Fredys Meinung am Dienstag.

Erst hatte Martha gar nicht fort wollen. Aber dann hatte sie erfahren, daß auch Leopold Petsch und seine beiden Töchter gehen durften, sie also gleichsam im Schoße der Verwandtschaft reisen würde. Lilly war ja die Frau von Oskar, ihrem Jüngsten. Dafür allerdings hatte sich ihre Schwiegertochter die ganze Zeit über herzlich wenig um sie gekümmert.

Daß Petsch und die beiden jungen Frauen entlassen wurden, hatte übrigens allgemein verwundert und viele verärgert. Warum der Petsch, wo so viel ältere Männer bleiben müssen? Und warum die beiden Frauen? Auch hier gab es doch viele ältere und kranke Frauen, die es weit eher verdient hätten, von der Schinderei im Kuhstall erlöst zu werden.

Seitdem, also schon seit über drei Wochen, hat man nichts von Martha Vogt gehört. Aber das war nichts Beunruhigendes. Wie sollte man auch eine Nachricht von Godtschen bekommen?

Abgesehen von der Angst vor dem Keller, der man ausgesetzt war, wenn irgendwo etwas nicht so lief, wie es sich die Russen und der Aufseher mit seiner roten Binde gedacht hatten, war es ausgesprochen friedlich geworden in Breitenstein. Bei den Schäfern war es immer die Sorge, daß ein Schaf unterwegs sterben würde - oder besser gesagt: daß zufällig jemand kommen könnte, wenn sie draußen gerade ein totes Schaf vergruben; bei den anderen waren es wieder andere Mißgeschicke, die ihnen unterlaufen konnten.

Wie gesagt, es war ruhig geworden in Breitenstein. Keine neuen Truppen mehr, die eine Bedrohung hätten sein können, keine Zwischenfälle, keine zusätzliche Arbeit durch den Abtransport von Lagergut. Wie sollte es auch? Es war schließlich schon alles, was einen Wert hatte oder verwertbar war, weggeschafft worden.

Der Stab war schon kurz nach Ostern aus dem Schloß ausgezogen. Es diente seitdem als Lazarett.

Als der Stab auszog, konnte Fredy noch gar nicht richtig laufen. Kaum waren die Russen weg, waren Fredy und Artur Lenk vorsichtig reingeschlichen in das Schloß. Vielleicht war noch etwas zu finden.

Jürgen mußte draußen Schmiere stehen. Sollte ein russisches Fahrzeug auf den Gutshof kommen, dann wollte er laut pfeifen. Lenk und Fredy hätten dann noch Zeit genug gehabt, über die Gartenterrasse und durch den anschließenden Park wegzulaufen. Das hätten sie wohl geschafft, trotz ihrer Behinderungen.

Aber es war alles ruhig geblieben, und die beiden hatten in der Küche im Keller wertvollste Funde gemacht: eine große Korbflasche mit Sirup, noch gut halbvoll, eine unangebrochene Halbkilodose mit Saccharin und zwei etwas feuchte Päckchen mit Salz.

Seitdem schmeckte die Stärkesuppe viel besser, immer abwechselnd mit Sirup oder mit Süßstoff gesüßt. Und die Wrukensuppe konnten sie jetzt wieder salzen.

Liesel hatte inzwischen schon gut kochen gelernt. Die Suppe brannte ihr nicht mehr an. Sie lüftete auch die Decken aus und lebte richtig auf in ihrer neuen wichtigen Rolle als Hausmütterchen, so sehr, daß sie schon an die Zukunft dachte und Fredy eines Tages ein ernsthaftes Angebot machte: „Wenn ich groß bin, dann heirate ich dich. Dann bringe ich dir und Jürgen auch immer die Suppe raus zu den Schafen. Und im Winter in den Schafstall."

Fredy hatte im Schloß noch einen Riesenfund gemacht: In einem der Zimmer im zweiten Stock lagen drei große Alben voller Briefmarken auf dem Boden. Zwar hatten Soldatenstiefel draufgetreten und manche Seite verdreckt oder zerfetzt; aber die meisten Marken war noch gut erhalten. Fredy hatte früher auch Marken gesammelt, wie viele seiner Mitschüler. Jedoch die, die er hier fand, hatte er noch nie gesehen.

Er hatte gleich die Alben mitnehmen wollen. Aber da war Lenk dagegen: „Essen ist wichtiger. Briefmarken schmecken nicht."

Fredy hatte seinen Fund oben auf einem Schrank versteckt und sich vorgenommen, die Alben am nächsten Tag zu holen.

Aber das ging nicht mehr. Schon am nächsten Morgen wurde das Schloß umfunktioniert: Auf Lastwagen brachten sie Bettgestelle, Matratzen und viele Kisten. Vorn wurde eine Fahne mit dem Roten Kreuz aufgezogen. Das Schloß Breitenstein war jetzt ein Lazarett.

Monika Schröder mit dem kleinen Mark war auch weg. Sie war zusammen mit dem Stab losgefahren und hatte zuerst einfach ihren kleinen Jungen zurückgelassen. Darüber waren alle, vor allem Selma

Kordian, wütend gewesen, und es hatte böse Worte gegeben, als sie gesagt hatte, daß sie den Mark vorerst nicht gebrauchen könne.

„Solch eine Rabenmutter wie Sie gibt es ja wohl nicht ein zweites Mal, einfach das eigene Kind zurückzulassen, um mit diesem Mann, diesem Kerl zu verschwinden!"

Das mußte gewirkt haben; denn ein paar Tage später war sie noch einmal mit Smirnow zurückgekommen und hatte Mark geholt, ohne einen Ton zu sagen. Kein Dank, kein Lebewohl, nichts.

Später soll sie noch einmal gesehen worden sein, als das Lazarett schon lange in Betrieb war und immer wieder Lastwagen mit dem roten Kreuz auf der Plane und manchmal auch richtige Krankenwagen mit Verwundeten vorfuhren und Kordian wieder abkommandiert war zum Gräberschaufeln.

Aber diesmal waren es Einzelgräber auf dem Dorffriedhof außerhalb des Gutshofes. Auf jedes Grab wurde eine Holzplatte gesteckt mit einer kyrillischen Aufschrift und einem großen roten fünfzackigen Stern darüber.

Es nieselte noch immer. Die Herde trottete lustlos hinter Lenk her. Eingedenk der Mahnung des alten Schäfers hat der einen anderen, strenggenommen, einen unerlaubten Weg gewählt. Nur nicht in die Nähe des Klees kommen! So viele Löcher hätten sie gar nicht buddeln können.

So zogen sie gleich hinter dem Dorf über einen frisch gepflügten und wohl auch schon eingesäten Acker in eine Schonung aus etwa zwanzigjährigen Kiefern, dem sich später ein älterer Kiefernwald anschloß.

Hinten, fast am Horizont, sah man eine der beiden großen Dampfmobile zum Schleppen des Siebenscharpfluges. Die andere mußte noch weiter entfernt stehen. Die war in dem Dunst nicht mehr zu sehen. Die Maschine arbeitete nicht. Es kam kein Qualm aus ihrem Schornstein. Die Russen hatten wohl eingesehen, daß es bei dieser Nässe nicht möglich war zu pflügen.

Nur sie, die Schäfer, hatten hinaus müssen! Lenk nahm sich vor, so lange wie möglich im Wald zu bleiben; denn es gab eine Menge Klee- und Luzerneschläge. Luzerne war zwar nicht so gefährlich wie Klee; aber auch davor sollte man die Schafe zurückhalten, solange sie naß war.

Im Vorjahr hatte man nämlich Klee und Luzerne zusammen mit dem Sommergetreide ausgesät, und nach der Getreideernte konnten die Futterpflanzen wachsen, die den Schafen so gut schmeckten und jetzt, in der Nässe, für sie reines Gift waren.

Den Weg durch den endlosen Wald waren sie noch nie gegangen. Für die Schafe war das Laufen zwischen den Bäumen hindurch, an deren Ästen sie sich immer wieder mit ihrer dichten Wolle verfingen, erst recht unheimlich und sie strebten zu dem Helleren, Lichteren, so als suchten sie das freie Feld. Die Jungen mußten mächtig aufpassen, daß ihnen nicht die ganze Herde auseinanderlief.

„Weißt du, was wir vergessen haben?" fragte Fredy den Jürgen.

Der schüttelte den Kopf. Was sollten sie wohl vergessen haben? Außer dem Stecken, mit denen sie die Schafe antrieben, hatten sie doch nie etwas bei sich.

„Wir haben vergessen, deiner Schwester Bescheid zu sagen, daß wir nicht auf der üblichen Strecke sind. Sie wird uns bestimmt suchen und nicht finden."

„Scheiße, und das bedeutet, den ganzen Tag nichts zu essen zu haben."

Lenk mußte es als erstes gesehen haben, weil er vorn an der Spitze der Herde lief. Später sahen es alle: Das Lager.

Da waren zwei richtige primitive Blockhäuser aus Stämmen errichtet, mit Kiefernzweigen bedeckt, die ihre Nadeln natürlich längst verloren hatten, und so hoch, daß man darin aufrecht stehen konnte. Die Seitenwände waren mit Zweigen getarnt, die jetzt kahl herabhingen und einen freien Durchblick in das Innere der Hütten ermöglichten. Feuerstellen waren in ihnen, aus ein paar Steinen zusammensetzt, in denen noch angekohlte, halbverbrannte Holzscheite lagen. Auf einer stand ein großer Topf. Ringsum Äste und Spreu auf dem Boden, auf denen die Menschen geschlafen haben mochten. Uniformteile lagen herum, vor allem Militärmäntel und Koppel, Wehrmachtskochgeschirre, die zylindrischen Gasmaskenbehälter, Feldflaschen, Seitengewehre, aber sonst keine Waffen.

Und die da gelebt hatten, waren auch noch da, dicht neben ihren Hütten: deutsche Soldaten, tot, die Gesichter teilweise skelettiert. Manche trugen einen verrosteten Stahlhelm auf dem Kopf. Grausam, erschütternd: die Totenköpfe und darüber die Stahlhelme, alle mit Schußlöchern.

Bei anderen lag der Stahlhelm neben ihnen. Auch die mit Schußlöchern.

So viele Kopfschüsse konnte es doch gar nicht geben! Es sah eher so aus, als hätten damals die Rotarmisten den Toten noch zusätzlich durch ihren Stahlhelm geschossen.

Keiner trug einen Mantel, obwohl es doch noch kalt gewesen sein mußte, als die Russen ihren Unterschlupf gefunden und ausgehoben hatten. Sie hatten die Deutschen anscheinend völlig überrascht, daß sie gerade noch ihr Gewehr nehmen und hinausrennen konnten.

Ob sie noch Gelegenheit hatten, sich zu verteidigen? Russische Leichen lagen nicht herum. Aber ihre Gefallenen hätten die Russen sicher ordentlich beerdigt.

An den Schulterklappen konnte man die Dienstränge der Soldaten erkennen: ein Oberfeldwebel mit zwei Sternen, zwei Unteroffiziere und achtzehn Soldaten, möglicherweise Gefreite und Obergefreite darunter. Aber die Ärmel waren zu sehr verschlissen, um ihre Dienstränge zu identifizieren, und teilweise lagen die Toten auch auf der Seite.

Sie zählten die Toten noch einmal. Es waren einundzwanzig Gefallene.

Später, als sie schon weitergezogen waren, fanden sie noch einen Toten. Diesmal mit einem Mantel. Ob der damals Wache gestanden hatte, als sie überfallen wurden, oder ob es ihm gelungen war, als einziger bis hierhin zu entkommen?

Man konnte es nicht sagen.

Es fiel auf, daß niemand von den Toten auch nur eine einzige Auszeichnung oder ein Verwundetenabzeichen trug, ausgenommen die aufgenähten Bänder des EK Zwei und des Gefrierfleischordens, der Gedenkauszeichnung an den ersten, strengen Rußlandwinter einundvierzig-zweiundvierzig. Die Sieger müssen ihnen ihre Auszeichnungen abgerissen haben, genau wie sie die Waffen mitgenommen hatten.

Trotz der ekligen dicken dunkelblauen Fliegen, die herumflogen und sich überall auf die Toten setzten, und trotz des süßlichen Gestankes überwand sich Fredy und fingerte unter die Uniformjacke von einem Toten, der noch am wenigsten verwest aussah. Er fand das, was er suchte: die ovale Erkennungsmarke, und zwar beide Teile, das Unterstück, das er abnehmen müßte und das um den Hals hängende Oberstück, das er dem Toten hätte zwischen die Zähne schieben müssen.

So hatten sie es bei der HJ gelernt.

Also hatte niemand von den Soldaten den Überfall überlebt; denn der hätte später mit Sicherheit die halben Erkennungsmarken seiner Kameraden mitgenommen.

So mußte Fredy es tun und den Toten die Marken abnehmen.

Aber Lenk hielt ihn zurück: „Willst du dir den Tod holen?"

Und als ihn Fredy erstaunt ansah: „Du bekommst die Hände doch nie mehr sauber, wenn du die hier anpackst."

Fredy versuchte, seinem Onkel zu erklären, daß man auf diese Weise vielen Angehörigen mitteilen könnte, daß die Soldaten hier gefallen seien.

„Es ist ja sehr die Frage, ob du überhaupt jemals dazu kommen wirst, irgend jemandem die Erkennungsmarken zu geben."

Er hatte noch ein weiteres Argument: „Wenn du zwei Dutzend solcher Erkennungsmarken mit dir herumschleppst und die Russen finden sie bei dir, dann wirst Du nicht mehr lange leben."

Und als ihn Fredy fragend ansah: „Glaubst du denn, dir nimmt einer ab, daß du die Toten hier in einem Wald gefunden hast? Sie werden dich für einen verkappten Soldaten halten, den einzigen Überlebenden einer Einheit, der seinen Kameraden diese Marken abgenommen hat."

Fredy wurde nachdenklich.

„Dann bist du reif für Sibirien."

Jürgen unterstützte Lenk: „Dein Onkel hat recht, Fredy. Wenn du die Toten hier anfaßt, dann will ich nicht mehr in deine Nähe kommen."

Und er setzte nach einer kurzen Überlegungspause noch eins drauf: „Und die Liesel wird dir auch nie mehr die Hand geben."

So ließ es Fredy sein. Er warf die eine Marke, die er schon hatte, auf den Toten zurück. Ganz im Inneren war er sogar über das Verbot seines Onkels froh; denn er wußte nicht, ob er es fertiggebracht hätte, jedem der einundzwanzig stinkenden Leichname die Uniformteile auf seiner Vorderseite aufzureißen. Den zweiundzwanzigsten Soldaten hatten sie zu der Zeit ja noch nicht gefunden.

Später sollte sich Fredy bittere Vorwürfe machen, vor allem, wenn er im Rundfunk bei den Vermißtenmeldungen Angaben wie „zuletzt im Raum Schneidemühl" oder gar „letzte Nachricht aus dem Kreis Friedeberg, Neumark" hörte.

Er hätte das Schicksal von zweiundzwanzig Vermißten aufklären können. Aber er hatte es nicht getan.

Liesel war an jenem Tage mit ihrem Essenskorb trotz des Regens zu dem üblichen mittäglichen Treffpunkt gegangen. Da war aber niemand, und es meldete sich auch keiner, als sie laut rief.

Verunsichert ging sie zurück. Erst langsam, dann immer schneller.

„Die werden bei dem Regen gar nicht mit den Schafen rausgegangen sein", dachte sie und ärgerte sich, daß sie nicht erst im Schafstall nachgesehen hatte.

Der Schreck lähmte sie, als sie feststellen mußte, daß der ganze große Schafstall leer war.

Nur der alte Schäfer war da. Die Herde war heute morgen ganz normal weggezogen.

„Am späten Nachmittag werden sie schon wieder zurückkommen," meinte der.

Das war aber kein Trost für das Mädchen.

9. Mai 1945

Es war auf Fredys Kalender der 11. Mai, der ja, wie sich später herausstellen sollte, zwei Tage vorlief.

Vor der Kommandantur stand ein gummibereifter Wagen. Darauf hatte man ein Gerüst gebaut, das Ähnlichkeit mit einem Rednerpult haben mochte. Rechts und links davon zwei Rotarmisten mit schräggehaltener Maschinenpistole, an den Körper gepreßt. Sie hatten saubere Uniformen an, die wie neu aussahen, und trugen auf der linken Brustseite einige Auszeichnungen, die an bunten Ordensbändern hingen. Die Soldaten standen da wie erstarrt.

An einer Seite des Wagens waren ein paar Stufen montiert, eine Treppe, aber ohne einen Handlauf.

Vor dem Wagen drängten sich etwa dreihundert Menschen, alte Männer und Jungen in der Mehrzahl, dazwischen auch Frauen und Kinder.

Die Leute vor dem Wagen waren eher gleichgültig als aufgeregt, eher gelangweilt als besorgt, mehr verärgert als überrascht über den plötzlichen Befehl, der sie dazu gezwungen hatte, sich hier am Abend zu versammeln.

Die meisten hatten nach dem üblichen langen Arbeitstag noch nicht gegessen, so auch Lenk und die Jungen aus dem Schafstall nicht. Die Beine taten Fredy, wie an jedem Abend, weh. Wenn man eine Schafherde etwa fünfzehn Kilometer treibt, dann ist man mindestens dreißig Kilometer weit gelaufen und gerannt, um einzelne Tiere wieder zur Herde zurückzuholen. Sein Knie schmerzte immer noch, wenn er es zu sehr belastete, und die Stiefel seiner Tante, die er nach wie vor trug, waren ausgetreten und unbequem.

Und nun standen sie hier scheinbar sinnlos herum und warteten.

Endlich geschah etwas: Ein Offizier mit viel Rot und Gold an den Kragenspiegeln und auf den Schulterklappen, auf der linken Brustseite eine Fülle von Auszeichnungen, stieg über die Stufen auf den Wagen und trat sofort an das Rednerpult. Der Untersetzte mit der roten Armbinde wieselte hinter ihm her und stellte sich halbrechts hinter ihn.

Der Offizier hielt eine endlos scheinende Ansprache. Auf russisch natürlich.

Allmählich entstand Unruhe in der Menge. Die Leute konnten nicht so lange völlig still stehen, und keiner schien zu verstehen, was das ganze eigentlich sollte und noch viel weniger, was er sprach.

„Verstehen Sie, was er sagt?" fragte Fredy den Max Kordian.

Dem Offizier wurde die Unruhe wohl zu groß, oder Fredy hatte zu laut gesprochen. Jedenfalls unterbrach der Offizier abrupt seine Ansprache und sah ärgerlich auf die Leute hinunter. Die beiden Soldaten richteten wie auf Kommando fast gleichzeitig ihre Waffen auf die Menge und blieben in dieser Haltung wieder starr stehen.

Erst eine Weile später legten sie ihre Maschinenpistolen zurück in ihre alte Position.

Als es wieder etwas unruhiger wurde, der Offizier sprach noch immer, flüsterte Kordian den Umstehenden zu: „Ich glaube, der Krieg ist aus."

Der Offizier schwieg. Urplötzlich. Dann hob er den linken Arm hoch, ballte eine Faust und schrie dreimal: „urrä - urrä - urrä".

Nur der mit der roten Armbinde antwortete. Das paßte den beiden Soldaten nicht. Sie richteten erneut ihre Waffen auf die Menge.

Da begriffen einige, hoben ebenfalls die Faust und stießen auch den russischen Siegesruf aus.

Der Offizier trat vom Rednerpult zurück und machte dem Zivilisten mit der roten Armbinde Platz.

„Der Major Samoilow hat folgendes gesagt", begann er: „Die ruhmreiche Rote Armee hat die deutschen Naziarmeen besiegt. Die deutschen Naziarmeen haben bedingungslos kapituliert. Die Nazigenerale, die Major Samoilow eben genannt hatte, haben irgendwo bei Berlin die Kapitulationsurkunde unterzeichnet."

Er machte eine Pause und versuchte, sich an den umfangreichen Text des Majors zu erinnern.

„Sie alle, die an dem Krieg beteiligt waren, Sie alle sind schuld an den Massenmorden an den Angehörigen der ruhmreichen Roten Armee und an der Zivilbevölkerung der ruhmreichen Sowjetunion. Sie alle werden persönlich dafür zur Verantwortung gezogen werden und beim Wiederaufbau der ruhmreichen Sowjetunion eingesetzt werden."

Er unterbrach sich noch einmal und überlegte. Nein, das war wohl alles, was zu übersetzen war.

War es wirklich die Übersetzung? Zu oft hatten sie schon, wenn der mit der Binde mit ihrer Arbeit unzufrieden war, gleiche oder ähnliche Sprüche gehört.

War das wirklich die Meinung der Russen oder seine eigene?

Mit Sicherheit hatte er viel zu wenig übersetzt. Seine Rede dauerte nur einen Bruchteil der Zeit, die der Major benötigt hatte.

Auch er streckte seinen linken Arm hoch und schrie: „Wir danken der ruhmreichen Roten Armee und grüßen alle zusammen die ruhmreiche Rote Armee: Urrä . . ."

Als wieder nur wenige einstimmten, schrie er noch lauter: „Ich habe gesagt, wir alle grüßen die ruhmreiche Rote Armee. Also alle zusammen: urrä - urrä - urrä."

Diesmal klappte es zur Zufriedenheit auch des Offiziers. Er nickte seinem Dolmetscher wohlwollend zu, stieg von dem Wagen und verschwand in der Kommandantur. Der Zivilist folgte, die beiden Rotarmisten marschierten hinterher.

Die Menge blieb zuerst ganz stumm. Aber dann ging das Stimmengewirr los.

Einige bezweifelten die Glaubwürdigkeit insgesamt und unterstrichen es mit der Tatsache, daß die Amerikaner und Engländer überhaupt nicht erwähnt worden seien.

„Es wurde nur vom Kampf an der Ostfront gesprochen. Von der Westfront keine Spur. Wenn da schon etwas nicht stimmt, dann ist bestimmt alles erlogen", so diese Meinung, die aber nur eine immer geringer werdende Minderheit vertrat.

Obwohl die meisten glaubten, daß der Dolmetscher seinen Haß auf die Deutschen mit in seine Übersetzung hat einfließen lassen, bereiteten die zuletzt ausgesprochenen Drohungen doch Sorge.

Alle waren sie irgendwie in diesen Krieg verwickelt. Direkt oder indirekt.

Sollte mit diesen Drohungen, wenn sie wirklich von dem russischen Offizier stammten, gemeint sein, daß die Russen jetzt alle Deutschen zur Strafe nach Sibirien oder in die Ukraine schaffen werden, um Rußland wiederaufzubauen?

Doch unmittelbar schien keine Gefahr zu drohen. Der Alltag nahm seinen gewohnten Gang. Nur die Verwundetentransporte gingen merklich zurück. Schon nach einer Woche kamen überhaupt keine Verwundeten mehr.

Ein untrügliches Zeichen dafür, daß der Krieg tatsächlich zu Ende war.

Also war dieser Teil der Ansprache wahr.

Und dann kam der erste Viehtransport. Pferde. Immer zwei Pferde nebeneinander. Auf dem ersten Pferd links ritt eine junge Frau, daneben ein russischer Soldat. Die nächsten Pferde waren mit dem Halfter an den Schweif der vor ihnen gehenden Tiere gebunden. Und so war eine lange Reihe gebildet worden. Rechts und links ritten ein paar Frauen mit einer Gerte in der Hand. Sie schlugen auf die Tiere in der langen Schlange, wenn sie nicht weitergehen wollten und dadurch an den Schwänzen der vor ihnen laufenden Pferde zerrten. Den Schluß bildeten zwei berittene Rotarmisten.

Etwas später kam noch ein vollbeladener Wagen, mit zwei Pferden bespannt. Auf dem Bock saßen ein Rotarmist und eine Frau, die die Zügel in der Hand hatte. Ein paar junge Frauen saßen oben auf der Ladung.

Alle Frauen trugen Kopftücher, auch die auf den Pferden.

„Bestimmt Fremdarbeiterinnen, russische Fremdarbeiterinnen, die nun wieder zurückgehen und dabei die Pferde mitnehmen."

„Aber die Kopftücher sagen noch nichts darüber aus, daß es tatsächlich russische Frauen waren."

Auch die hiesigen Bäuerinnen trugen oft Kopftücher bei der Arbeit, zumindest die älteren. Die bei dem Pferdetransport allerdings waren alles noch junge Mädchen.

So gingen die Vermutungen hin und her.

Die Frauen schienen völlig teilnahmslos zu sein. Sie beachteten die Leute, die zusammengekommen waren, um sich diesen seltsamen Zug anzusehen, überhaupt nicht, so als existierten die gar nicht.

Und dann das merkwürdige Verhalten der Reiterinnen neben dem Pferdezug. Es ist doch üblich, daß man Pferde, wenn sie zu langsam sind, mit Worten zum Weitergehen ermuntert. Eine Peitsche sollte doch immer nur ein Hilfsmittel sein, nie ein Tatwerkzeug. Diese Reiterinnen neben dem Zug sagten kein Wort. Sie schlugen mit ihren Gerten sofort auf ein Pferd ein, wenn es zu langsam war.

„Das können keine Deutschen sein", meinte man schließlich in der Mehrheit. „Kein Deutscher würde so brutal mit den Pferden umgehen."

Bei diesem Viehtransport sollte man keine Gewißheit bekommen. Aber ein paar Stunden später kam schon der nächste. Auch wieder Pferde. Und auch wieder nur von Frauen und Rotarmisten begleitet. Und dieser Transport übernachtete in Breitenstein.

Die Pferde wurden in die große leere Scheune getrieben. Ein paar Männer vom Hof wurden abkommandiert, den Frauen beim Füttern und Tränken der Tiere zu helfen. Das war viel Arbeit, weil man das Heu durch das Giebelfenster vom Schafstall hinunterwerfen und dann rüberschleppen mußte. Das Wasser wurde eimerweise aus dem Pferdestall geholt, in dem immer noch die Kühe aus der Umgebung standen.

Da wußte man es schon: Es waren deutsche Frauen. Sie sprachen deutsch ohne jeden Akzent.

Am Abend klopfte es zaghaft an die Tür. Zwei der Frauen standen draußen und fragten, ob man sich bei ihnen waschen könne. Sie seien jetzt schon den vierten Tag unterwegs.

Lene machte in dem großen Topf, in dem Liesel sonst die Suppe kochte, Wasser heiß, und die beiden Frauen, eigentlich waren es noch Mädchen, erzählten.

Sie kamen aus Klobbicke, das liegt bei Eberswalde. Da hatte man alle Pferde aus dem Dorf, die noch da waren, zusammengetrieben und war mit ihnen losgezogen.

Wo es hingeht, wußten sie auch nicht. „Mal sagen die Russen, daß sie die Pferde in die Ukraine treiben müßten, mal hieß es, daß sie bald von anderen abgelöst würden."

Bei Altküstrinchen habe man mit einer Fähre über die Oder gesetzt. Die Eisenbahnbrücke dort habe im Wasser gelegen.

„Das war ein Umstand! Die Pferde auf der Fähre ruhig zu halten", sagten sie.

„Dieses Altküstrinchen, liegt das nahe bei Küstrin?" wollte Fredy wissen.

„Nein, Küstrin muß noch ein ganzes Stück entfernt sein. Viel weiter südlich."

„Als ob es nichts Wichtigeres zu erzählen gibt", tadelte Lene ihren Neffen, „warum seid Ihr denn bei diesem Transport, ich meine, warum hat man euch für diesen Transport eingeteilt?"

Da lachte die eine. Aber das Lachen wurzelte in einer tiefen Verzweiflung: „Wenn wir das mal wüßten. Wir wurden einfach so vom Hof heruntergeholt. Wir durften nur das mitnehmen, was wir gerade greifen konnten. Elfriede hier," sie zeigte auf ihre Begleiterin, die sich gerade wusch, „konnte sich noch nicht einmal von ihren Leuten verabschieden. Die waren auf dem Feld, als sie geholt wurde."

„Und Ihr hattet nicht, ich meine, konnte man euch nichts vorwerfen?“ Lene versuchte zu erfragen, ob sie möglicherweise, wie bei ihnen der Gendarm, Dreck am Stecken hatten.

„Überhaupt nicht. Elfriede stammt aus dem Dorf. Ich selbst komme aus Oranienburg. Da bin ich vorher zur Schule gegangen, bis zum Abitur. Dann kam ich vorigen Sommer nach Klobbicke, als Landjahrmädchen.“

Landjahrmädchen aus der Stadt. Die kannte man zur Genüge. Die konnten doch nichts. Wie sollten die mit den vielen Pferden zurechtkommen?

„Nein, das war reiner Zufall, daß es uns getroffen hatte.“

„Und wie soll es weitergehen?“

„Man hat uns offiziell mitgeteilt, daß wir die Pferde als Wiedergutmachung für die von der Wehrmacht angerichteten Schäden in die Ukraine bringen werden. Im Herbst sollen wir da sein. Dann haben wir unsere Schuld gesühnt, ja, so haben sie gesagt, und wir können wieder nach Hause fahren.“

„Aber glauben tun wir das nicht“, sagte Elfriede, die bislang geschwiegen hatte.

„Was können wir wohl für Schuld auf uns geladen haben, die Charlotte und ich, für die wir nun sühnen müssen?“ brach es aus ihr heraus.

Man schwieg. Jeder dachte daran, daß in Breitenstein zwar keine Pferde, aber Kühe und Schafe waren in großer Zahl. Wieviel Leute würden die Russen wohl brauchen, um dieses ganze Vieh wegzubringen?

Und Fredy wurde schlagartig klar, warum sie jeden Tag die langen Strecken mit den Schafen ziehen mußten.

Die sollten an derartige Märsche gewöhnt werden!

Das war der Grund!

Wie kann man den beiden Mädchen helfen? Wie kann man selbst der drohenden Gefahr entweichen, die da auf einen zukam?

Da hatte Hermine Schmidtgen einen Einfall: „Die Männer können euch heute über Nacht auf dem Boden über dem Schafstall verstecken. Dann wartet Ihr, bis die anderen weg sind, und dann versucht Ihr, wieder zurück nach Hause zu gehen.“

Die Mädchen überlegten nicht lange.

„Nein, das geht nicht. Man hat uns gesagt, daß man unsere Angehörigen erschießen wird, wenn wir fliehen“, wandte Elfriede ein.

„Aber die kennt doch kein Mensch.“

„Doch, man hat auf der Kommandantur unsere Namen und die unserer Angehörigen mit deren Adressen aufgeschrieben.“

„Das war einer in Zivil mit einem dicken roten Stern auf seinem Jackett mit Hammer und Sichel drin.“

„Wie es die russischen Soldaten an ihrer Mütze tragen?“ fragte Liesel.

„Ja, und der hat uns auch das alles mit den Verbrechen der deutschen Armeen und mit dem Sühnen gesagt. Der sprach russisch mit den Soldaten und deutsch sprach er, so wie wir alle, ohne Akzent. Wir wissen bis heute nicht, ob das ein Deutscher oder ein Russe war. Für einen Russen sprach der zu gut deutsch, aber ein Deutscher kann doch nicht ein russisches Abzeichen tragen?“ fragte Charlotte sich und alle Zuhörenden.

Beide Mädchen weinten.

Durch das Erzählen ist ihnen ihr Schicksal, die Ausweglosigkeit, die Hoffnungslosigkeit ihrer Lage wieder voll bewußt geworden.

„Dabei wollte ich die nächsten Tage zurück nach Oranienburg gehen“, sagte Charlotte resignierend, um dann fortzufahren: „Wäre ich doch bloß die paar Tage früher aufgebrochen.“

Die Mädchen mußten wieder zurück in die Scheune zu den Pferden.

Am nächsten Morgen, als Artur und die Jungen zu ihren Schafen gingen, hatten sie schon ihre Pferde zusammengebunden. Kurze Zeit später waren sie weg.

Weiter in Richtung Ukraine.

In den folgenden Tagen und Wochen kamen regelmäßig Viehtrecks durch das Dorf. Erst nur Pferde, später dann auch Kühe und Schafe, riesige Schafherden.

Charlottes und Elfriedes Schicksal und das der vielen Mädchen und der Jungen, die die Viehtransporte begleiten mußten, standen ihnen allen vor Augen.

Und keiner wußte einen Rat, wie er dem entgehen könnte.

Außer Artur Lenk, der zwei Achsen zusammensuchte und die dazugehörenden Räder, und anfing, abends auf dem Boden über dem Schafstall erst einen und dann noch einen zweiten stabilen einachsigen Karren zu bauen.

7. Juni 1945

Die Ereignisse der nächsten Tage überschlugen sich.

Schon bald, nachdem die ersten Viehtrecks durchgezogen waren, tauchte das Gerücht auf, daß das Lager Breitenstein völlig aufgelöst würde. Sämtliche Tiere müßten in die Ukraine getrieben und die Leute, die für die Viehtransporte nicht gebraucht würden, sollten in die Heimat entlassen werden.

Es veranlaßte vielfältige Spekulationen vor allem um die Frage, wer denn nun in die Ukraine würde ziehen müssen, ja, ob man die Tiere überhaupt bis dahin treiben könne oder ob sie nicht irgendwo in Eisenbahnwagen verladen würden. Gerade diese Version hörte man immer häufiger. Dann würde man ja praktisch kaum noch Helfer benötigen, beruhigte man sich; denn fast alle befürchteten, mit den Herden ziehen zu müssen. Und jeder versuchte, Gründe zu finden, daß er keinesfalls geeignet wäre, das Vieh zu begleiten.

Alle die, die auf dem Feld arbeiteten, vertraten selbstverständlich die Meinung, daß nur diejenigen das Vieh treiben könnten, die monatelang mit den Tieren umgegangen seien.

„Ist doch klar", sagte einer von denen, „ich wüßte doch gar nicht, wie ich eine Schafherde zusammenhalten soll. Und außerdem: Auf mich würde der Hund überhaupt nicht hören."

Andere - und das waren natürlich die Älteren, die auch wohl keine heranwachsenden Kinder hatten - meinten, daß praktisch nur junge Mädchen und die Jungen dafür in Frage kämen. Sie konnten das mit den Eindrücken begründen, die man täglich hatte, wenn die Viehtrecks durchzogen.

So zerfiel innerhalb kürzester Zeit die Solidargemeinschaft der Leute vom Lager Breitenstein.

Hatte man sich noch bis vor wenigen Tagen gegenseitig beigestanden, unterstützt, mit Dingen ausgeholfen, die der andere nicht hatte - wobei man natürlich in irgendeiner Weise eine Kompensation erwartete -, hatte man sich bislang gegenseitig Mut gemacht und hatte das *Wir* immer im Mittelpunkt gestanden - „Irgendwie werden wir (!) hier schon herauskommen" -, so herrschten plötzlich Mißtrauen gegenüber jedem anderen, Argwohn, Mißgunst.

Nur nichts sagen, was ein anderer vielleicht irgendwann einmal später ausnutzen könnte, um sich selbst vor dem Zug ins Ungewissen zu bewahren.

So waren plötzlich alle Gespräche verstummt. Das einzige Thema war das Wetter, und selbst das wurde gefährlich, wenn nur einer etwas wie „bei diesem Regen das Vieh durch die Gegend treiben? Nein, kommt nicht in Frage, nicht mit mir!" sagte, dann bestand schon wieder die Gefahr, daß man selbst seine eigenen Argumente gegen seine Teilnahme an den Viehtrecks offenbarte.

Kordian, der jetzt wieder im Schafstall arbeitete und mit dem alten Schäfer zusammen den Tieren die Klauen beschnitt, eine Arbeit, die schon längst und vor dem ersten Austrieb hätte erledigt werden müssen, sprach kaum noch mit Lenk.

Ihm war klar, daß zumindest einer von ihnen beiden mit den Schafen würde ziehen müssen. Er war deutlich älter, fast zwanzig Jahre, als Lenk. Das sprach gegen, seine, Kordians Teilnahme.

Aber Lenk hatte nur ein Bein. Und in der letzten Zeit lahmte und hinkte der übertrieben deutlich und schien keinen Schritt ohne seinen schweren Stock gehen zu können.

Dahinter steckte doch Absicht!

Nur Helmut, Fredy und die beiden Schmidtgen-Kinder redeten weiter miteinander, gerade so, als wollten sie den Erwachsenen zeigen, daß man sich trotz der Bedrohung verstehen kann, oder aber, als wenn der Viehtreck für sie gar keine so fürchterliche Bedrohung wäre.

Genau zu diesem Zeitpunkt brachte Lene den Brief von Martha Vogt aus Godtschen.

Lene Lenk hatte nun doch zum Arzt nach Friedeberg fahren müssen. Sie hatte sich lange gegen die anstehende Untersuchung gewehrt und ihre Weigerung immer damit begründet, daß ihr ja nie ein Russe zu nahe getreten sei.

Aber es gab einen Befehl: Alle Frauen mußten untersucht werden.

Der galt auch für sie.

Als der letzte Trupp Frauen auf den Militärlaster stieg, der die Frauen nach Friedeberg bringen sollte, war sie unter ihnen.

Der alte Arzt, ein Deutscher, arbeitete in seiner Praxis, so als habe es überhaupt keine Veränderung gegeben. Seine Frau führte die Patientenkartei, und als Helene Lenk ihren Namen nannte, da dachte sie einen Augenblick nach und meinte dann: „Ich glaube, Frau Lenk, ich habe etwas für Sie."

Sie holte einen Schuhkarton hervor, der prall gefüllt war mit hintereinandergesteckten Briefen. Sie sah die Sammlung durch und nahm einen Umschlag heraus.

„Von einer Frau Martha Vogt. Das ist doch für Sie?"

„Lesen Sie den Brief jetzt nicht", riet ihr die Arztfrau, „sonst nimmt man den Ihnen noch ab. Eigentlich dürften wir das nämlich nicht tun."

Lene Lenk war so aufgeregt, daß sie die Untersuchung völlig teilnahmslos über sich ergehen ließ.

Was hatte Mutter geschrieben?

Lene konnte es nicht erwarten, endlich wieder in Breitenstein zu sein; denn auch auf dem Lastwagen traute sie sich nicht, den Brief herauszuholen. Wer weiß, wer von den Frauen sie dafür anzeigen würde.

Nur nicht auffallen!

Das könnte man schon zum Anlaß nehmen, um sie mit den Kühen mitzuschicken, fürchtete sie.

So konnte Lene den mehrseitigen Brief erst lesen, als sie endlich wieder in ihrer Behausung war.

Sie war allein. Das war noch besser. Artur und Max Kordian hüteten mit den Jungen die Schafe; Liesel war wohl auch dort. Sie blieb meistens bei ihnen, wenn sie das Mittagessen gebracht hatte.

Selma, Herta und Hermine waren bei den Kühen. Melken.

Sie riß den Umschlag auf und las:

„Liebe Lene und Artur, ich weiß nicht, ob Ihr jemals diesen Brief bekommen werdet. Aber ich versuche es trotzdem.

Lise, ja Pastors Lise, muß nämlich morgen nach Friedeberg zum Arzt, und man erzählt sich hier, daß man da eine Nachricht hinterlegen kann. Die Lise ist nämlich vor kurzem angeschossen worden, und Dr. Hollander meinte, es ist besser, wenn sich mal ein Menschendoktor die Wunde ansehen würde.

Felix bringt sie hin.

Dr. Hollander wohnt nicht mehr neben uns. Da wohnt jetzt ein Pole mit einer Frau. Ich habe keinen Kontakt zu ihnen. Dr. Hollander wohnt jetzt in meinem Elternhaus. Das war leer. Wo Strauchs abgeblieben sind, weiß kein Mensch.

Ich wohne bei uns zu Hause in meiner alten Stube. Es ist ganz so wie früher. Felix und Maria hatten gut auf das Haus aufgepaßt. Sie wohnen auch unten, auf Eurer Seite. Aber jetzt ist Felix nach oben gezogen, weil die Lise nicht nach oben gehen kann. Sie ist dazu zu schwach. Jetzt schläft sie mit Maria zusammen.

Wenn Ihr kommt, dann will Maria auch nach oben ziehen, damit Ihr Eure Stuben auch wieder für Euch habt. Die Möbel sind noch alle da, wie wir sie verlassen hatten. Und die Betten. Nur Arturs Motorrad ist weg und das Radio. Aber wir haben ja sowieso keinen Strom.

Auf dem Hof ist es wie früher. Wir haben auch wieder zwei Pferde, aber nicht so schöne wie unsere. Wir haben auch drei Kühe. Zwei für Felix und Maria, eine für mich. Die hat nur ein Horn und steht trocken. Sie wird aber die nächsten sechs Wochen kalben.

Vier Ferkel haben wir auch. Felix meint, daß die im Winter noch ein bißchen klein sein werden. Aber schlachten wird man sie schon können. Eine Sau lassen wir leben.

Die Tauben sind auch noch da. Ich weiß aber nicht, ob da welche fehlen. Das wird Artur freuen."

Lenks Leidenschaft waren seine Tauben, für die er oft die steile Leiter in der Scheune hinaufgestiegen war, ungeachtet seiner Prothese, um nach dem Rechten zu sehen.

„Petsch ist schon wieder weg. Kaum, daß er da war, wurde er auch schon von den Soldaten abgeführt und weggebracht. Man erzählt sich, daß er zu laut gefordert hatte, seinen alten Hof zurückzubekommen. Da saßen aber zwei Familien drauf.

Ob das stimmt, wußte Felix aber nicht.

Felix ist hier der wichtigste Mann im Dorf. Er ist Bürgermeister. Das Bürgermeisteramt ist nicht mehr in dem Haus vom Blumenhöf. Das steht nicht mehr. Ist abgebrannt. Das Bürgermeisteramt ist jetzt auf Adlers Hof. Die sind nämlich nicht zurückgekommen. Sie hatten sich damals von dem Treck getrennt. Angeblich sind sie von Tieffliegern beschossen worden.

Lotte und Lilly sind noch da. Lilly ist wieder Krankenschwester und wohnt in ihrem und Oskars Haus. Es gehen da aber viele Polen hin. Das paßt mir gar nicht. Sie sagte immer: Mutter, wenn ein Patient zu mir kommt, muß ich ihn behandeln. Außerdem kann ich so am besten auf unser Haus aufpassen.

Ich wollte, daß dann Lotte dabei ist. Aber das wollte sie nicht.

Ach ja, Artur, Dein Vater und Deine Mutter leben noch. Es geht ihnen gut und sie sind auf ihrem Hof. Nur Dein Vater ist völlig taub. Er kann überhaupt nichts mehr hören. Nicht einmal, wenn man ihm etwas ins Ohr brüllt.

Ja, und Richard Vogt, Hermanns Bruder, und seine Frau Selma sind tot und die Schuberts von gegenüber und die alten Janetzki-Schwestern und die alten Rabitsch und der Helmke und auch die beiden alten Wernickes, ich meine August Wernicke und Luise, also nicht die Wernickes von dem Gasthof.

Es sind überhaupt viele tot, hier in Godtschen.

Alle erschossen.

Es ist nur gut, daß wir nicht hier waren. Sonst wären wir auch alle tot.

Aber jetzt könnt Ihr ruhig kommen. Jetzt ist hier alles ruhig. Es sind auch gar keine Russen mehr hier.

Kommt bald!

Eure Mutter.

PS. Ihr könnt ruhig über den Fährweg kommen. Die Fähre ist weg, aber der alte Gustav fährt die Leute mit seinem Kahn rüber. Die Netze hat auch nicht viel Wasser."

Ein langer Brief! So viel hatte Mutter lange nicht mehr geschrieben.

Lene mußte weinen. Der Brief hatte alles wieder in ihr Gedächtnis zurückgerufen, was sie schon fast vergessen hatte.

Ihren Hof; ihre Nachbarn.

Wieder die eigene Kuh melken und die eigenen Schweine füttern können.

Abends auf der Bank unter der Linde sitzen können, und wenn es kalt ist, den Kachelofen einheizen und sich mit dem Rücken an ihn lehnen können!

Und dagegen dieses Jammertal hier!

Als sie wieder daran dachte, daß es doch viel besser gewesen wäre, wenn man gleich zu Hause geblieben wäre, da fiel ihr der merkwürdige Satz in dem Brief ihrer Mutter ein.

Wie schrieb sie doch gleich? „Es ist gut, daß wir nicht hier waren. Sonst wären wir auch alle tot."

Was das soll?

Ist Mutter krank am Kopf? Der übrige Brief klingt doch ganz vernünftig.

Sie nahm sich vor, darüber mit Artur zu sprechen. Allein. Niemand durfte etwas von dem Brief erfahren. Nicht einmal Fredy. Der erzählte doch alles gleich den anderen Kindern.

Und dann stand ja da, daß jetzt alles ruhig sei und sie kommen könnten. Es seien keine Russen mehr da.

Keine Russen!

Was das wohl für ein Gefühl sein mußte!

Doch zunächst mußte man hier erst einmal wegkommen. Jetzt, nachdem sie so viel von Godtschen gelesen hatte, kam es ihr noch viel ungeheuerlicher vor, mit den Kühen bis in die Ukraine zu trecken.

Sie dachte nach. Es mußte doch einen Weg geben!

Ja, das war es. Warum war sie denn heute beim Arzt? Und niemand war dabei, der sagen könnte, daß das nicht stimme.

Sie wurde richtig froh bei diesem Gedanken.

Aber nein. Froh durfte sie nicht aussehen; eher traurig, niedergeschlagen, hoffnungslos.

Sie nahm sich etwas von der Kartoffelstärke in die Hand und rieb sie in ihre Haut ein. Sie rieb lange, damit man nicht sehen konnte, daß die Blässe künstlich war.

Wenn man doch bloß einen Spiegel hätte!

Erst kamen die drei Frauen zurück. Da konnte sie gleich mit ihrem Spiel beginnen.

„Na, wie war es, Lene?“ fragte Hermine.

Lene versuchte, ein paar Tränen herauszudrücken. Aber das gelang ihr nicht. Sie wartete einige Zeit.

„Es war schlimm. Ich habe Krebs. Gebärmutterkrebs. Der Arzt meint, ich habe höchstens noch vier Monate zu leben.“

„Das kann doch nicht wahr sein! Sie hatten doch bislang keine Beschwerden“, meinte Herta.

„Doch, schon. Aber darüber spricht man nicht so gern. Der Arzt sagt, da gäbe es überhaupt keinen Zweifel.“

Die beiden Frauen waren erschüttert.

Nach dem Abendessen ging Lene mit ihrem Mann nach draußen. Fredy wollte mitgehen, aber Hermine hielt ihn zurück.

„Laß die beiden allein, Fredy, es ist besser so.“

Fredy verstand nichts.

Oder sollte in der Zwischenzeit eine Nachricht über die Viehtrecks gekommen sein?

Die kam genau neun Tage später. Alle Leute hatten sich innerhalb der nächsten drei Tage in der Kommandantur einzufinden außer denen, die dreizehn Jahre oder jünger waren und fünfundsechzig oder älter.

Lenk war dafür, sich möglichst bald zu melden. Lenes Krankheit war für ihn ein weiterer Grund, daß sie möglichst schnell nach Godtschen zurückgehen müssen. Er hoffte, Dr. Hollander würde sie schon wieder gesund bekommen. So groß war sein Vertrauen in den Tierarzt.

Aus Vorsicht hatte Lene auch ihren Mann in dem Glauben an ihre Krankheit gelassen.

„Wenn sie am Schluß merken, daß sie zu wenig Treiber haben, dann nehmen sie jeden", meinte er.

Und so reihten sie sich am nächsten Morgen in die Schlange der Wartenden ein, die sich vor der Treppe der Kommandantur gebildet hatte. Fredy war nicht dabei. Er brauchte ja nicht mitzukommen, weil er noch keine vierzehn Jahre alt war.

Darüber waren alle froh. Nicht auszudenken, was Erich, sein Vater, sagen würde, wenn der Junge nicht mehr da ist!

Die Entscheidungen fielen sehr schnell. Kaum war jemand hinter der Tür des Verhandlungsraumes verschwunden, kam er auch schon wieder heraus. Manche mit einem Papier. Denen sah man ihre Erleichterung an, andere mit leeren Händen. Die waren blaß, einige Männer fluchten und stießen üble Drohungen aus, andere ergaben sich in ihr Schicksal, hoffnungslos; viele Frauen weinten.

Lenk humpelte mehr als nötig mit seinem Stock in das Zimmer. An einem Tisch gegenüber der Tür mit dem Rücken zum Fenster saßen ein russischer Offizier und der Untersetzte mit der roten Armbinde, dessen Namen man nie erfahren hatte und der jetzt zusätzlich einen großen roten fünfzackigen Stern mit Hammer und Sichel an seiner Jacke trug, ähnlich dem, den die Soldaten an ihren Mützen hatten.

Die Gesichter der beiden konnte man kaum erkennen.

Lene weinte jetzt wirklich. Sie hielt sich den Arm vor den Unterleib und krümmte sich.

Der Offizier rief etwas. Lenk drehte sich um und sah, daß hinter ihnen, nahe der Tür, noch zwei Russen an einem kleineren Tisch saßen. Die hatten Blätter vor sich und waren bereit zu schreiben.

Einer kam mit einem Stuhl, damit Lene sich setzen konnte.

Die Verhandlung führte der Zivilist mit der roten Binde.

„Name?“
„Lenk. Wir sind Artur Lenk und Lene Lenk“, sagte Lene.
Der Zivilist übersetzte es ins Russische.
„Wie alt?“
„Wir sind beide einundvierzig.“
„Gibt es einen Grund, daß Sie keine weiten Strecken laufen können?“
„Artur, nun sag du doch auch mal was“, forderte Lene ihren Mann auf.
Der zog im Stehen sein rechtes Hosenbein hoch und zeigte seine Prothese. Dabei torkelte er und wäre fast hingefallen. Er konnte sich gerade noch an Lenes Stuhl festhalten.
„Invalide. Ich bin Invalide. Ich habe nur ein Bein.“
Der Offizier sagte etwas, und auch Artur bekam einen Stuhl.
„Im Krieg verwundet?“
„Nein, Knochenfraß, vor zweiundzwanzig Jahren.“
„Sag ihnen doch, daß das ganze Bein durchgescheuert ist. Das schlechte Essen, da paßt die Prothese nicht mehr.“ Lene gefiel es nicht, daß ihr Mann so passiv war.
Artur nestelte an seinem Hosenbund. Er wollte die Hose ausziehen und seine Prothese abnehmen, um die wunden Stellen an seinem Stumpf zu zeigen.
Da wehrte der Offizier mit deutlicher Gestik ab und sagte etwas, das wie „njet“ klang, und der Zivilist übersetzte: „ Nicht notwendig.“
Artur Lenk bekam einen Schein, den der Offizier unterschrieb. Ein runder Stempel machte das Papier noch offizieller.
„Und Sie?“
Lene weinte.
„Meine Frau hat Krebs, Unterleibskrebs. Sie hatte schon lange Beschwerden. Vorige Woche hat es der Arzt festgestellt.“
Auch Lene bekam ihren Schein.
„Haben Sie nicht noch einen Sohn?“ fragte der Zivilist.
„Ja, aber der braucht sich nicht zu melden. Der ist erst dreizehn“, antwortete Lene.
„Und wann wird er vierzehn?“
„Vierzehn? Im Juni, am 18. Juni hat er Geburtstag.“
„Also ist er 1931 geboren?“
Lene mußte erst rechnen. Richtig, 1931, wenn er an seinem Geburtstag vierzehn Jahr alt wird. Sie nickte und hatte plötzlich einen merkwürdigen Kloß im Hals, der sie nicht sprechen ließ.

Kam es daher, daß sie Fredy als ihren Sohn ausgegeben oder daß sie eben ein falsches Datum genannt und ihren Neffen um zwei Jahre jünger gemacht hatte oder daß sie an Erich, ihren Bruder, dachte, wenn sie ihm sagen müßte, daß sie nicht gut genug auf seinen Sohn aufgepaßt hatten?

„Dann muß er hierbleiben. Es gilt immer das Geburtsjahr."

Da fiel Lenk Fredys Knie ein.

„Der Junge hatte vor ein paar Wochen einen Unfall. Danach war das Knie vereitert. Er kann immer noch nicht gut laufen."

Der Untersetzte mit der roten Armbinde sprach auf den Russen ein. Es schien so, als sagte er viel mehr als die bloße Übersetzung der drei kurzen Sätze.

Das gab den Ausschlag.

Im Kommandoton entschied der Offizier, und der Zivilist übersetzte: „Der Junge muß hierbleiben. Ich habe gesehen, daß er schon sehr gut laufen kann, wenn er die Schafe treibt."

Also war er es, der über Fredys weiteres Schicksal entschieden hatte, und nicht der Offizier. Denn der war offensichtlich fremd hier und hatte Fredy bestimmt noch nie gesehen. Erst recht nicht, wenn er jeden Morgen mit den Schafen loszog.

Fredy bekam seinen Schein nicht. Er würde also die Schafe in die Ukraine bringen müssen.

Am nächsten Tag gingen auch Lenks Mitbewohner zur Kommandantur. Max und Selma Kordian, Herta und Helmut Wegemann, sie alle waren trecktauglich. Sie mußten im Lager bleiben.

Hermine bekam einen Entlassungsschein.

„Ich habe ihnen gesagt, daß ich schwanger bin."

„Das hättest du doch auch sagen können", sagte Kordian zu seiner Tochter. „Dann wärest wenigstens du davongekommen."

„Das hätte kaum geholfen", meinte da Hermine, „sie glaubten mir erst, als ich die Bescheinigung von dem Arzt in Friedeberg vorlegte."

„Also sind Sie wirklich schwanger?" fragte Lene ungläubig.

„Natürlich. Sonst hätte mir der Arzt die Bescheinigung doch nicht gegeben. Ende des dritten Monats."

Fredy rechnete nach, indem er seine Finger zu Hilfe nahm. Drei Monate, jetzt haben wir den zehnten Juni. Dann kann es unmöglich von den Russen damals sein in Bissow, als man sie aus der Schulstube herausgeholt hatte.

Lene war leichenblaß geworden.

Wenn man sie auch nach einer Bescheinigung des Arztes gefragt hätte! Dann wäre alles aufgeflogen. Nicht auszudenken, was dann passiert wäre.

Bestimmt hätte dann Artur auch mit den Schafen ziehen müssen. Zur Strafe.

Artur machte sich noch am gleichen Abend daran, die beiden Karren zusammenzubauen. Die Achsen waren ja fertig, die Bretter zurechtgesägt. Alles versteckt unter dem letzten Heu auf dem Schafstallboden.

„Morgen fahren wir", entschied er, „ehe sie es sich anders überlegen."

Lene wollte plötzlich nicht weg. „Ohne Fredy gehen wir nicht nach Godtschen zurück. Was soll Erich denken, wenn wir den Jungen allein lassen?"

Dem widersprach Fredy energisch: „Ihr fahrt morgen früh. Onkel Artur hat völlig recht. Ihr beide haltet den Treck mit den Schafen bestimmt nicht aus. Außerdem: Wenn ich allein bin, finde ich vielleicht einen Weg, um abzuhauen. Zu dritt wäre das viel schwieriger."

Damit war das entschieden.

Für Hermine Schmidtgen und die Kinder war es selbstverständlich, daß sie sich den Lenks anschlossen.

„Aber Fredy soll mitkommen", jammerte Liesel, „sonst will ich auch hierbleiben."

„Das geht beides nicht. Fredy kann nicht mit. Er hat keinen Schein. Sie würden ihn spätestens ein paar Kilometer von hier schon wieder eingefangen haben", sagte Hermine Schmidtgen.

„Und du kommst mit uns mit. Fredy kann dich hier auch gar nicht gebrauchen," entschied sie.

„Und wer bringt Herrn Kordian und Fredy und Helmut das Mittagessen, wenn ich weg bin?" machte Liesel noch einen letzten, zaghaften Versuch.

Aber sie wußte, daß sie ihre Mutter nicht würde umstimmen können.

Fredy konnte lange nicht einschlafen. Er überlegte bis weit in die Nacht hinein, wie auch er aus dem Lager herauskommen könnte. Aber alle Pläne, die er sich machte, waren nichts wert.

Irgendwo nachts unter dem Zaun herkriechen und dann abhauen?

Zu gefährlich. Gerade nachts patrouillierten die Soldaten immer durch das Gelände. Und besonders jetzt würden sie besonders aufmerksam sein.

Oder einfach so tun, als habe man den Schein?

Die würden bestimmt alle am Tor genauestens kontrollieren.

Oder sich auf einem der Karren verstecken und mit dem Gepäck zudecken lassen?

Dazu war der Karren zu klein. Das wäre höchstens auf einem richtigen Pferdewagen gegangen.

Aber was hatte Hermine Schmidtgen zu der Liesel gesagt?

„Fredy hat keinen Schein!"

Das stimmte doch gar nicht. Er hatte doch einen Schein! Der hatte sich immer bewährt, jedesmal, wenn sie angehalten wurden.

Er besprach das früh am Morgen mit Helmut, als sie glaubten, daß alle anderen noch schliefen.

„Laß uns doch einfach morgen zusammen verschwinden. Wir gehen wie normal mit den Schafen raus, und draußen laufen wir weg."

„Aber wenn sie uns unterwegs anhalten?"

„Dann zeigen wir einfach unsere Scheine."

„Und wenn da etwas von einer Schafherde draufsteht?"

„Wenn schon. Die meisten Russen können doch sowieso nicht lesen. Und wenn, dann sagen wir einfach, die Schafe wären uns weggelaufen."

Fredy merkte selbst, daß diese Argumentation schwach war.

Doch er hatte einen weit besseren Einfall.

„Liesel, du hast doch auch diese Bescheinigung von der Kommandantur, daß du das Lager verlassen darfst."

Sie wußte nicht, was Fredy damit wollte. Aber sie gab sie ihm.

„Nun laß uns mal meine Bescheinigung mit der von Liesel vergleichen."

Sie studierten Zeichen für Zeichen. Die ersten beiden Zeilen waren gleich. Sie waren schon voller Hoffnung.

„Hier wird es anders. Bei mir steht etwas anderes als bei dir, Fredy", stellte Liesel fest.

Der hatte es gleichzeitig gesehen.

„Scheiße!"

Da holte auch Helmut seine Bescheinigung heraus.

„Bei mir steht an der Stelle noch etwas anderes!"

Sie stutzten einen Augenblick.

„Mensch, was sind wir bekloppt", rief Fredy, „das sind unsere unterschiedlichen Namen."

So schien es zu sein. Nach diesen Namen stimmten die Texte wieder genau überein.

„Sag ich's doch", meinte Fredy, „wenn bei der Liesel etwas von den Schafen gestanden hätte, dann hätte man sie doch auch danach gefragt, wo sie die Schafe gelassen hat."

Um dann fortzufahren: „Oder hat dich einer nach den Schafen gefragt, Liesel?"

„Genau genommen hatte mich in der ganzen Zeit überhaupt niemand gefragt, warum ich da herumlaufe. Ich habe meinen Schein niemals zeigen müssen."

Damit war natürlich Fredys Argumentation hinfällig.

„Aber es hätte, versteht Ihr, es hätte sie ja jemand fragen können."

Er wußte aber, daß er genauso wenig wußte wie am Anfang, ob dieses Papier ihm helfen würde oder nicht, wenn er unterwegs angetroffen würde.

„Auf alle Fälle können wir damit erst mal aus dem Lager rauskommen. Was dann wird, werden wir ja sehen."

„Du kommst doch mit, Helmut", bettelte nun auch Liesel, „die Lenks haben ein riesiges Haus. Da kannst du auch noch darin wohnen."

Gerade das gab für Helmut den Ausschlag, nicht mit Lenks zu ziehen. Gewiß, er kannte Godtschen. Doch Kordians hatten ihr Gehöft genau am anderen Ende des Dorfes. So war ihm Lenks Hof fremd geblieben.

Plötzlich schien ihm die Anwesenheit von Kordian und Herta, seiner Tochter, selbst bei dem Viehtreck mehr Sicherheit und mehr Geborgenheit zu bieten als die Ungewißheit der Flucht und die Fremdheit in Lenks Haus.

„Ich bleibe bei Kordian. Habe ich dir schon gesagt, daß Selma und Herta nicht mit den Kühen ziehen müssen, sondern uns helfen sollen, die Schafe zu treiben? So bleiben wir wenigstens zusammen. Die ganze Sache mit dir ist mir viel zu unsicher. Da treibe ich lieber die Schafe ..."

„... bis in die Ukraine. Weißt du, wie weit das ist? Kiew liegt in der Ukraine, und da ist sie noch lange nicht zu Ende. Das sind mindestens fünftausend Kilometer."

Fredy wußte, daß er übertrieb.

„Stelle dir vor, Ihr schafft jeden Tag fünfundzwanzig Kilometer. Das sind dann zweihundert Tage, bis Ihr da seid."

„Eben nicht. Sie erzählen alle, daß wir das Vieh bis höchstens nach Posen treiben müssen. Da würde es dann in Waggons verladen, und wir werden entlassen."

Er wartete auf eine Reaktion.

„Und wenn ich mit Euch mitgehe und der Schein hier ist ungültig, dann verhaften sie mich und schicken mich nach Sibirien. Das ist noch viel weiter als fünftausend Kilometer."

Dabei blieb es.

Die Jungen tauschten ihre Heimatadressen aus. Fredy riß zwei Seiten aus seinem Kalender, der immer noch zwei Tage vorging, und schrieb mit dem Bleistift, der von Anfang an schon ziemlich klein, jetzt aber ein winziger Stummel war, den man kaum noch halten konnte, die Anschrift ihres Hauses, besser ihrer Ruine in Berlin.

Er wußte, daß dort bis nach Weihnachten seine andere Großmutter gelebt hatte, in der umgebauten Garage. Helmut Wegemann gab ihm seine Adresse in Remscheid. Auch das Haus war zerbombt. Fredy faltete das kleine Blatt und steckte es hinter das Schweißband seiner Mütze.

Lenk holte die beiden Karren vom Boden herunter. Alle halfen ihm dabei. Er brachte sie vor ihre Behausung. Er zog die eine und Jürgen die andere.

Lene und Hermine hatten noch am Abend das meiste zusammengepackt. Sie fingen sofort an, die Karren zu beladen.

Max Kordian führte die Schafe aus dem Stall. Das hatte er zwar noch nicht oft gemacht. Aber es klappte ganz gut. Die Schafe folgten ihm genauso wie vorher Artur Lenk. Das lag daran, daß die Herde ein Leitschaf hatte, das direkt neben dem Schäfer ging. Diesem Mutterschaf folgten alle anderen.

Als Schäfer mußte er im Grund nur darauf achten, daß dieses Schaf bei ihm war. Zu diesem Zweck hatte er Rübenschnitzel in der Tasche, die er dem Tier, aber nur diesem Tier, von Zeit zu Zeit gab, damit es sich an ihn gewöhnte und wußte, daß er jetzt der oberste Leithammel war.

Es würde schwer werden für ihn, nur mit Helmut und Herta, die heute zum ersten Mal mit der Herde ging, die Tiere zusammenzuhalten. Für den großen Treck würde er sicher außer seiner Frau noch ein paar weitere Helfer bekommen. Aber bis dahin war es schwierig genug.

Er hoffte nur, daß Fredy mit den anderen im Laufe des Tages weit genug kommen würde; denn wenn er heute abend ohne einen seiner Hütejungen zurückkäme, dann würde man sicher sofort losfahren, um ihn zu suchen.

Nicht auszudenken, wenn sie ihn finden!

Deshalb müssen sie mindestens durch Friedeberg hindurch sein und dürfen dahinter nicht die übliche Straße wählen. Aber das wußte ja Lenk.

Um Fredy wenigstens etwas zu helfen, nahm er sich vor, die Herde so spät wie möglich zurückzutreiben. Vielleicht könnte er das Verschwinden des Jungen sogar bis zum nächsten Morgen verheimlichen.

Die Herde nahm den üblichen Weg durch die Dorfstraße und hinter dem Dorf nach rechts in den Feldweg. Dort lagen die Schläge, die sie beweideten.

Als sie weit genug vom Dorf entfernt waren, ging Fredy. Er versuchte nicht noch einmal, Helmut zum Mitkommen zu bewegen. Er wußte, daß das vergeblich sein würde. Im Gegenteil. Er hatte schon gestern abend gemerkt, daß Helmut mehr und mehr Bedenken gegen Fredys Fluchtpläne hegte, je mehr Fredy darüber sprach.

Kordian hatte sich dazu überhaupt nicht geäußert. Er hatte Helmut auch nicht beeinflußt, ihn weder ermutigt, nach Godtschen zurückzugehen, um von dort aus vielleicht irgendwie nach Deutschland zu kommen, noch ihm zugeredet, bei ihm zu bleiben.

Fredy mußte das ganze Gut in einem weiten Bogen umkreisen, weil Friedeberg und dahinter Godtschen genau auf der anderen Seite lagen.

Dieser Weg war nicht ungefährlich. Fredy mußte befürchten, daß draußen auf den Feldern gearbeitet würde. Für den schlimmsten Fall hatte er sich schon eine Ausrede parat gelegt: Sie hatten etwas ganz Wichtiges vergessen, und er müßte es holen.

Er überlegte hin und her, was es da wohl so Wichtiges geben würde. Ihm fiel nichts Vernünftiges ein.

Aber er hatte Glück und wurde von niemandem gesehen. Er erreichte die Straße nach Friedeberg an einer Stelle, die durch einen kleinen Wald führte. Sie war nach beiden Seiten leer. Lenk und er hatten verabredet, hier aufeinander zu warten. Es war keiner da. Also konnten sie noch nicht durch sein.

Sicherheitshalber versteckte er sich hinter ein paar Büschen und wartete. Nach einer knappen halben Stunde hörte er sie kommen.

„Da bist du ja, Junge", sagte sein Onkel. Er ging vorn und steuerte das Doppelgefährt an der starren Deichsel. Die zweite Deichsel hatten sie hinten an den vorderen Karren gebunden. Weder Hermine und erst recht nicht Jürgen hatten ihr Gefährt in der Spur halten können. Bei jeder Unebenheit auf der Straße schlug die Deichsel zur Seite. Deshalb hatte Lenk die beiden Karren einfach aneinandergekoppelt.

Sie kamen trotz der vielen Schlaglöcher auf der Straße zügig voran. Lenk und Fredy hielten vorn die Deichsel, die beiden Frauen und die Kinder schoben gleichzeitig den vorderen und hinteren Karren.

Sie waren auf dieser Straße schon einmal gefahren. Damals im Winter. Aber Fredy hätte sie nicht wiedererkannt.

„Artur, da kommt jemand von hinten", rief Lene nach einer knappen Stunde.

Bislang waren sie auf der Straße ganz allein gewesen.

Für Fredy gab es keine Möglichkeit, sich zu verstecken. Die weiten Schläge rechts und links der Straße, die wohl schon zu Falkenstein gehörten, boten keinen Schutz.

Es war ein Einspänner, der immer näher an sie herankam und schließlich an ihnen vorbeifuhr.

„Wohin des Weges? Auch nach Friedeberg?" fragte der Mann, der als einziger auf dem kleinen Wagen saß. Ein größeres Gefährt hätte das Pferd, eher ein etwas zu groß geratenes Pony, auch gar nicht ziehen können.

Er ließ sein Tier halten.

„Ja, und darüber hinaus", antwortete Lenk.

Genaueres wollte er nicht sagen.

„Dann hängt euch doch hinten dran und kommt rauf. Das geht leichter und schneller. Laufen könnt Ihr später immer noch genug."

Lenk knotete die vordere Deichsel an den Wagen und setzte sich mit dem Rücken zur Fahrtrichtung auf den Wagenboden, um die Karren im Auge zu behalten. Lene ging nach vorn zu dem Mann, und die anderen drängten sich in dem verbleibenden Teil.

„Wißt Ihr", der Mann war sehr gesprächig, „ich muß zum Arzt nach Friedeberg. Jede Woche. Ich bekomme jedesmal eine Salvarsanspritze."

Als er merkte, daß damit niemand etwas anzufangen wußte, erklärte er es: „Ich habe die Syphilis. Angesteckt bei meiner Frau. Und die hatten die Russen angesteckt."

Lene rückte ein Stück von ihm ab, so gut es auf der schmalen Bank ging.

„Meine Frau ist schon wieder gesund. Bei mir haben sie es erst später gemerkt. Aber noch ein paar Spritzen, dann bin ich es auch wieder los."

Für ihn war dies eine Krankheit wie jede andere auch.

Sie kamen durch Finkenstein. Das Dorf war eine Trümmerwüste. Der Weg verlief offensichtlich nicht auf der früheren Straße, die man an sechs vor sich hin rostenden Ungetümen mit ihren blind in die Gegend gerichteten Geschützrohren ausmachen konnte. Man holperte über plattgefahrene Ziegelsteinhaufen, Brandreste und dazwischen lehmigen, schmutzigen Boden. Hinter dem Dorf lag ein weiterer stählerner Koloß, mit Riesenkräften in den Straßengraben geschoben, wo er auf der Seite liegengeblieben war.

„Ja, das kommt davon", sinnierte der Mann, „da hatten so ein paar dumme Jungen Krieg spielen wollen."

„Sind sie alle tot?" fragte Lene.

„Was weiß ich? Ich war genausowenig dabei wie Sie."

Der Mann brachte sie noch bis an den Ausgang von Friedeberg.

„Ich habe noch ein bißchen Zeit", sagte er und winkte den sechs Leuten nach, als sie den Berg hinunterfuhren.

Die Karren rollten schneller, als gut war. Deshalb hielten die beiden Frauen die Gefährte an Stricken zurück, und Fredy und Lenk stemmten sich gegen die Deichsel.

So kamen sie unten an. Sie überquerten die Schienen und bogen dann ab durch die Felder in Richtung auf die Fährstelle.

Die Wege waren fest. Niemand hielt sie auf, weder ein kontrollierender Soldat noch ein Bewohner der hier ziemlich verstreut liegenden Gehöfte.

So kamen sie an die Fähre, als die Sonne noch hoch am Himmel stand.

Gustav, der alte Fährmann, mußte viermal mit seinem Kahn überwechseln, ehe die Gruppe, die beiden Karren und das ganze Gepäck auf der anderen Seite waren.

Lenk zögerte: „Was bekommst du dafür, Gustav?" und fingerte an seiner hinteren Hosentasche, in der er tatsächlich ein Portemonnaie stecken hatte.

Der lachte: „Was schon? Früher hätte man gesagt: Vergelt's Gott. Die Scheine sind ja doch nichts mehr wert. Laß sie man stecken. Vielleicht kannst du mir auch mal helfen."

Er stieß den Nachen vom Ufer ab und stakte ihn zurück über den Fluß. Er wohnte auf der holländischen Seite.

„Noch drei Kilometer, dann haben wir es geschafft", sagte Fredy.

Das war die schwerste Strecke. Die Räder malten sich in den trockenen Sand ein. Sie mußten die beiden Karren voneinander lösen und jeden mit vereinten Kräften einzeln durch den Sand zerren.

Sie brauchten für das kurze Stück bis zu Schuberts Sandberg über zwei Stunden.

Lenk machte den anderen Mut: „Nachher kommt der Lehmweg. Dann geht es wieder leichter."

Doch auf dem Lehmweg konnte man überhaupt nicht fahren. Schwere gummibereifte Fahrzeuge hatten in den Lehm, als er naß gewesen sein mußte, tiefe Furchen gegraben, in denen jetzt teilweise noch das Wasser stand. Sie verliefen auf dem Weg hin und her, so daß er mit den kleinen Rädern an den Karren überhaupt nicht befahren werden konnte.

So mußten sie auf dem Sandweg fahren, der allgemein der Sommerweg hieß, und da war es noch schwerer als vorhin, weil der Weg, der direkt vor Lenks - oder sollte man sagen, vor Vogts - Hof auf die Dorfstraße stieß, jetzt mehr und mehr zum Dorf hin anstieg.

Also mußten sie weiter erst den einen und dann den anderen Karren schieben.

Als sie den ersten Wagen oben hatten, sahen sie das Hoftor, dahinter links die Ställe und rechts das Fachwerkhaus. Ihr Haus.

An dem Hoftor hing eine kleine weiß-rote Fahne und neben dem Hauseingang eine große.

Lene weinte, als sie das sah.

2. Juli 1945

Der Steg, der über das Fließ führte, war neu. Er bestand nicht nur, wie der alte, aus einer dicken Kiefernbohle, sondern er hatte sogar auf einer Seite einen Handlauf.

„Den hat Felix gebaut", sagte Martha Vogt, „er wollte nicht, daß Maria womöglich stürzt."

Hintereinander gingen sie auf dem schmalen Weg durch die Wiesen hinüber zum Friedhof, Martha Vogt, Lene, Hermine Schmidtgen, deren beide Kinder und zum Schluß Fredy.

„Darf man denn ohne Genehmigung zum Friedhof gehen?" hatte Lene am Abend vorher, dem ersten Abend in Godtschen, gefragt.

Da hatte Felix gelacht: „Du darfst hier in Godtschen überall hingehen, wohin du willst. Nach Schulzenwerder, zum Hof von Arturs Eltern, wohin du willst. Und wenn du nach außerhalb willst, dann bringe ich dir vom Bürgermeisteramt einen Passierschein mit, daß dich unterwegs keine Militärstreife festnimmt. Du mußt es mir nur sagen."

So war das also in Godtschen.

Es gab keine russische Kommandantur, überhaupt keine Soldaten. Es war Felix, der selbsternannte Bürgermeister, der hier Ordnung hielt und in Streitfällen geschlichtet hat; zwischen Polen und Deutschen oder zwischen Polen untereinander, vor allem, unter denen, die hinzugezogenen waren.

Das war oft schwierig gewesen. Anfangs hatten sich die Deutschen überhaupt nicht getraut, irgendwelche Anliegen vorzutragen. Sie hatten es hingenommen, wenn man ihnen eine Kuh aus dem Stall geholt, ihre Pferde vor ihren Wagen gespannt, den vollgepackt hatte und damit davongefahren war. In Gedanken hatten sie die Diebe verdammt und die Räubereien, aber sie hatten die Fäuste geballt vor ohnmächtiger Wut in der Tasche gehalten; Tränen des Zorns waren ihnen über die Wangen gelaufen.

Aber sie waren die Verlierer. Sie konnten nichts machen. Jeder Versuch, sein Eigentum zu schützen, konnte tödlich verlaufen.

Felix Karbonewskis Landsleute, vor allem die, die neu aus den ostpolnischen Gebieten gekommen waren und denen dort in den letzten vier Jahren alles mehrfach weggenommen worden war, hatten in den ersten Wochen geglaubt, sich einfach bedienen zu können, wo sie etwas Mitnehmenswertes fanden.

Sie, bei denen kaum eine Familie keine Angehörigen verloren hatte, verschleppt, erschossen, ermordet, sie glaubten nun, hier endlich wenigstens materielle Wiedergutmachung für all das Unrecht zu erlangen, das man ihnen zugefügt hatte, und sie meinten, die Deutschen so behandeln zu dürfen, wie es ihnen geschehen war.

Später erkannten die Deutschen, daß sie sehr wohl ihr Eigentum verteidigen konnten, und so begannen sie, sich gegen die zu wehren, die sich bei ihnen schadlos halten wollten. Und schon prallten die Fronten aufeinander.

„Wir müssen miteinander auskommen", hatte Felix zu Lenk und den Frauen gesagt, und es klang so, als habe er das schon sehr oft sagen müssen. „Die Sowjets haben uns Polen den gesamten Osten unseres Landes weggenommen. Warschau liegt nicht mehr in der Mitte von Polen, sondern fast an der östlichen Grenze. Dafür bekommen wir von euch Land, möglicherweise bis an die Oder und an die Neiße."

Lenk hatte den Kopf geschüttelt: „Dann gehört auch Godtschen jetzt zu Polen?"

„Ja, so ist es. Aber das hatten wir Polen nicht gewollt. Wir Polen wollten unser altes Land wiederhaben. Dazu vielleicht ein paar Gebiete in Schlesien, wo man schon immer polnisch sprach. Aber so kommt es nicht. Die Alliierten haben es anders beschlossen. Auf der Krim. Im Februar. Und demnächst soll wieder eine Konferenz der Sieger stattfinden, ohne Deutsche und ohne Polen. Dann wird das wohl bestätigt werden."

„Euch Polen haben sie also Land weggenommen, und dafür bekommt Ihr unser Land", stellte Lenk resignierend fest.

„Ja, so ist es. Artur, wir haben den Krieg genauso verloren wie Ihr. Die alte Grenzlinie, die Hitler und Stalin neununddreißig bei der Aufteilung unseres Landes festgelegt hatten, die soll jetzt so ungefähr die Grenze zwischen Polen und Rußland werden. Über die Hälfte unseres Landes fällt an Rußland."

„So ist das also."

„Die meisten Polen wollen oder können dort nicht mehr wohnen und kommen deshalb hierher. Das sind die Neuen. Und mit denen habe ich meine Schwierigkeiten. Sie wollen Ersatz für ihren Verlust.

Das ist ihr volles Recht. Aber sie dürfen sich ihr Recht nicht einfach allein nehmen."

„Und wir?" fragte Lene ängstlich.

„Ihr bleibt hier, bewirtschaftet euren Hof, genau wie früher. Artur kann auch in den Wald fahren, Holz rücken, wie all die letzten Jahre." Er lächelte. „Und vielleicht kann er später sogar wieder mit Vieh handeln und Ferkel verkaufen."

„Ich meine nicht uns selbst, ich meine uns als Deutsche. Werden deine Leute aus dem Osten alle unsere Höfe besetzen? Und müssen wir nun Polen werden?"

„Es kommen bestimmt nicht so viele hierher nach Godtschen, daß sie alle Höfe belegen werden. Es stehen ja noch eine ganze Reihe von Gehöften leer. Achtzehn Höfe sind abgebrannt; die kann man gemeinsam wieder aufbauen. Nein, ich meine, bei ein bißchen gutem Willen ist für alle Platz."

Felix überlegte einen Augenblick, so als wollte er die richtigen Worte finden. „Drüben, jenseits der alten Grenze, hatten vor dem Krieg doch immer Deutsche und Polen zusammengewohnt. Warum soll das jetzt hier nicht auch gehen? Wer hierbleiben will, der kann hierbleiben. Das ist meine feste Meinung."

Felix Karbonewski hatte ganz klare Vorstellungen darüber, wie sich die Verhältnisse in Godtschen, das sich jetzt offiziell Goscen schrieb, entwickeln würden. Polen und Deutsche sollten nebeneinander und miteinander wohnen und leben. Die Neusiedler sollten sich erst einmal auf den Höfen niederlassen, die von Deutschen nicht mehr bewohnt waren. Auf den großen Gehöften könnten auch gut zwei Familien leben.

Das Land wollte er neu verteilen. Der alte Lenk und die paar anderen Großbauern sollten Land abgeben. Mehr als achtzig Morgen sollte keiner haben. Dafür sollten alle mindestens vierzig Morgen, besser sechzig Morgen besitzen.

Er wußte nicht, daß er damit die Landverteilung in einen Zustand zurückversetzen wollte, die es so ähnlich schon einmal gegeben hatte, vor sechs Generationen, vor einhundertneunundsiebzig Jahren.

Im Bürgermeisteramt hingen große Flurkarten an der Wand, an denen er oft mit ein paar Freunden, auch mit Deutschen, gestanden und beratschlagt hatte, wie sie am besten und möglichst gerecht vorgehen könnten. Er wollte tunlichst wenig Land umverteilen. Andererseits sollten die einzelnen Schläge größer werden, also kleinere Felder zusammengelegt werden.

Mit dem alten Hauptlehrer hatte er verhandelt. Die Schule sollte wieder anfangen. Es ging nicht, so meinte er, daß die Kinder nun schon monatelang herumliefen mit immerwährenden Ferien. Die deutschen Kinder sollten weiter deutsch lernen, aber auch polnisch. Und die polnischen Kinder sollten in die gleiche Schule gehen, aber nur polnisch schreiben und lesen lernen.

Was ihm fehlte, war ein polnischer Lehrer oder eine polnische Lehrerin. Er war deswegen mehrfach bei der Woiwodschaft in Driesen gewesen. Aber die hatten bislang niemanden für ihn. Die Deutschen hatten zu viele Angehörige der Intelligenz ermordet.

Das war schlimm.

So fragte er bei jedem der Zuwanderer nach, ob jemand in der Lage war, polnisch ohne Fehler sprechen und vor allem auch schreiben zu können. Der sollte dann Lehrer sein, egal, ob er eine Prüfung abgelegt hatte oder nicht.

Aber er hatte noch niemanden gefunden. Sprechen, richtig polnisch sprechen? Ja, das konnten die meisten. Aber schreiben? Wenn überhaupt, dann hatten sie in deutsche Schulen gehen müssen, und in denen durfte man kein Wort polnisch sprechen, geschweige denn schreiben.

Ihm selbst ging es ja genauso. Sprechen konnte er beide Sprachen gut, deutsch und polnisch. Russisch verstand er zumindest, und die Russen hatten bislang auch ihn immer verstanden. Aber mit dem Schreiben stand es schlecht. Seit neununddreißig, als deutsche Soldaten sein Land überfallen hatten, hatte er keine polnische Zeitung mehr gesehen, und seitdem er vierzig zur Zwangsarbeit ins Reich, wie es damals hieß, gekommen war, hatte er auch kein polnisches Buch mehr gelesen und kaum noch ein Wort geschrieben. Da hat er natürlich viel verlernt in all den Jahren.

Felix ahnte nicht, als er seine Sorgen vor Lenks ausbreitete, daß er just am nächsten Tag auf ein junges Mädchen treffen würde, eine Zuwanderin, gerade sechzehn Jahre alt, die von sich behauptete, polnisch so gut wie fehlerfrei schreiben zu können.

Sie war nach neununddreißig weiter in die Schule gegangen, in eine kleine deutsche Schule. Einer ihrer Lehrer, ein alter Mann, ein Volksdeutscher, wie es amtlich hieß, hatte mit ihr weiter polnisch gesprochen, wenn sie allein waren, er hatte ihr polnische Bücher gegeben und ihr die polnische Grammatik nahegebracht.

Das war vier Jahre so gegangen, bis zum Spätsommer dreiundvierzig. Dann wurde der alte Mann eines Nachts abgeholt.

„Wenn man das hier mit Breitenstein vergleicht", sagte Lene zu ihrer Mutter, die auf dem Wiesenweg vor ihr ging, „das ist doch wie Tag und Nacht", und fügte hinzu: „Warum waren wir nicht damals im Winter gleich hiergeblieben?"

„Warte ab. Es war besser so", antwortete Martha Vogt und ging ohne ein weiteres Wort weiter.

Schon ehe man den Friedhof betrat, sah man das Birkenkreuz und den riesigen Grabhügel, mit Kiefernzweigen bedeckt, die inzwischen vertrocknet waren, und mit vielen Blumen geschmückt, die meist in Einweckgläsern steckten.

Hier hatte früher immer bei Beerdigungen Spechts Leichenwagen mit dem altertümlichen schwarzen Baldachin und dem silbern gestrichenen verzierten Kreuz darauf gehalten. Die beiden Braunen, mit weiten schwarzen Tüchern bedeckt, kannten das schon und hatten geduldig gewartet, bis die Beerdigung beendet war und sie den leeren Wagen wieder zurück ins Dorf ziehen konnten.

Von hier aus hatten die Nachbarn den Sarg bis zur Gruft getragen.

Und jetzt lag auf diesem Platz das gewaltige Grab mit den fünfundfünfzig Erschossenen. Aus Godtschen und aus der Fremde.

Andächtig, betroffen, erschüttert standen sie alle vor dem braungrün bedeckten Sandhügel, über den man wegen seiner Höhe nicht hinwegsehen konnte. Auf der Stirnseite, gegenüber dem Friedhofseingang, das große Kreuz aus zwei Birkenstämmen, mit Nägeln zusammengehalten.

Lene und ihre Mutter weinten.

„Das hat Felix angeordnet. Sie wurden gleich am Morgen danach hier beerdigt", sagte Martha Vogt.

Schweigen.

„Die Russen hatten gewollt, daß der Graben unten an Schuberts Sandberg einfach zugeschüttet werden sollte. Aber das hat Felix nicht geduldet."

Erst nach einer Weile fuhr sie fort: „Und das war ein Glück für die Lise. Sie war zwar ohnmächtig, aber sie hat noch gelebt, als man die Toten aus dem Graben herausholte."

Martha Vogt machte immer lange Pausen, als müßte sie sich jeden Satz ins Gedächtnis zurückrufen. Auch sie kannte ja alles nur vom Hörensagen. Als sie nach Godtschen gekommen war, war alles schon geschehen.

„Felix hat sie dann gleich zu Dr. Hollander gebracht. Der hat sie verbunden und ihr ein paar Spritzen gegeben. Er sagte, daß er sie durchbekommen würde; aber viel Hoffnung, daß sie wieder den Arm würde bewegen können, konnte er nicht machen. Das Schultergelenk war total zersplittert."

„Aber sie lebt wenigstens", sagte Lene.

„Das schon."

Martha wollte noch mehr sagen. Aber sie ließ es sein.

Was ist das schon für ein Leben, wenn der rechte Arm wie tot am Körper herunterhängt?

Hinter dem Massengrab, noch vor den alten Grabreihen, vier Gräber mit Holzbrettern, in die ein großer Stern mit Hammer und Sichel darin geschnitzt war. Der Stern war blutig rot gestrichen, die beiden Werkzeugsymbole waren golden ausgemalt.

„Ich dachte, es waren nur zwei Soldaten, die erschossen wurden", wunderte sich Fredy.

„Ja, das stimmt. Die beiden anderen sind erst später gefunden worden. Du hältst es nicht für möglich. Sie steckten in einer der Röhren vom Fließ, kurz vor Schulzenwerder. Man vermutet, daß das entflohene Gefangene waren, die sich da verborgen hatten. Jeder hatte den Kopf nach einer Öffnung, einer soll ein Messer und einer sogar eine Pistole in der Hand gehalten haben. Außerdem hatten sie noch eine ganze Menge verrosteten Eisenkram bei sich. Sie müssen erfroren sein."

Fredy schauderte.

Dann war er im Winter über das Versteck der beiden hinweggestapft, als er zu Richard Vogt, seinem Großonkel, gegangen war, an jenem Sonntagmorgen.

„Mein Gott", dachte er, „wie lange ist das her?"

Die Zeit seither kam ihm endlos vor.

Er versuchte, sich zu erinnern.

Sicher waren es die beiden, die damals die Telefondrähte zerschnitten hatten. In der Röhre hatten sie sich anschließend verkrochen. Deshalb hatte er keine Spuren gefunden! Sie waren einfach auf dem Weg weitergelaufen. Auf dem festen Schnee hatte man natürlich keine

Fußspur erkennen können. Sie müssen dann hinunter zum Fließ gesprungen sein und in die Röhren gekrochen.

Nur an dieser Stelle hätte er vielleicht Abdrücke im Schnee finden können. Aber da hatte er schon überhaupt nicht mehr darauf geachtet.

„Die Ratten sollen sie fast ganz aufgefressen haben. Es sollen nur noch die Knochen, die Stiefel und Reste ihrer Kleidung vorhanden gewesen sein."

Erst jetzt gingen sie weiter zu den Gräbern ihrer eigenen Toten.

Lenk war nicht mit zum Friedhof gegangen. Es war höchste Zeit, Heu zu machen. Felix war bei seiner vielen Arbeit auf dem Bürgermeisteramt nicht dazu gekommen, sich viel um den Hof zu kümmern.

„Weißt du, Artur", so hatte er gesagt, „ich war froh, wenn ich abends schnell das Futter schneiden konnte für die Kühe. Es ist ein Segen, daß Ihr jetzt wieder hier seid. Maria fällt es auch mit jedem Tag schwerer, das Vieh zu versorgen, und da war es schon gut, daß Martha gekommen war."

Er sagte „Martha", nicht „Frau Martha" oder „Frau Marthe", wie es Artur bislang immer getan hatte.

Die Mähmaschine war noch in Ordnung. Sie mußte nur abgeschmiert und das Messer mit den großen scharfen Zähnen geschliffen werden. Das hatte Lenk früh als erstes gemacht. Fredy mußte den Schleifstein drehen.

Jetzt saß Lenk auf der Mähmaschine und schnitt das Gras auf Schuberts Wiese. Felix hatte ihm dazu geraten, hierher zu fahren. Schuberts waren beide tot, erschossen von den Russen. Der Hof stand leer. Die Wiese hatte Felix seinem Land zugeschlagen. Lenk hatte sowieso zu wenig Wiesen und Ackerflächen, weniger als vierzig Morgen. Da paßte die Wiese genau dazu und vervollständigte den Besitz.

Wenn das Wetter anhielt, könnte Lenk am nächsten Tag schon wenden und einen Tag drauf das Heu einfahren.

Lenk genoß die Ruhe. Das Messer der Mähmaschine surrte ihr vertrautes Lied. Einer der beiden Störche von Schuberts Dach stolzierte hinter der Maschine her und hackte hin und wieder in den feuchten Wiesenboden. Mit der Beute flog er zurück zu seinen Jungen.

Sah man von den ausgebrannten Höfen in der Nachbarschaft ab, ging man darüber hinweg, daß die Polen schließlich und endlich das Sagen hatten, und dachte man nicht an die, die tot waren oder nicht nach Godtschen zurückgekommen, dann war es eigentlich wie früher.

Mit dieser beschaulichen Ruhe sollte es ein paar Tage später vorbei sein: Mit quietschenden Bremsen hielt ein Militärlaster vor dem Bürgermeisteramt, das man an der großen weißroten Fahne, in die laienhaft ein Adler gestickt war, erkennen konnte und an dem Holzschild, auf dem mit großen Buchstaben BURMISTRZ geschrieben stand.

Soldaten sprangen von der Ladefläche mit schußbereiten Maschinenpistolen. Ein Offizier und zwei Mann stürmten die Stufen hoch in das Haus.

Im ersten Augenblick vermutete Felix, daß erneut ein Erschießungskommando gekommen war.

Es ging auch tatsächlich noch um die Schießerei auf Seitels Gehöft.

Als Entschädigung für den von deutschen Partisanen verwundeten Rotarmisten sollte das Dorf achtzig Rinder abstellen. Sie müssen morgen früh in einer Koppel nahe des Dorfes zur Verfügung stehen und würden sofort weggetrieben. So der Befehl des Offiziers.

Er warf Felix ein Papier auf den Schreibtisch, das der ohnehin nicht lesen konnte. Die kyrillischen Buchstaben waren mit einer Schreibmaschine geschrieben. Eine Unterschrift, zwei runde Stempel, rechts oben und links unten.

Falls die Rinder nicht bereitstünden, würden zehn Bewohner des Dorfes als Geiseln erschossen.

Diese Drohung ließ alle Verhandlungsversuche von Felix scheitern. Als einziges konnte er eine weitere Forderung verhindern, nach der vom Dorf zehn Mädchen und Jungen zum Treiben der Tiere bereitgestellt werden müßten.

So ging Felix mit zwei Männern von Gehöft zu Gehöft, um die achtzig Stück Vieh zusammenzubekommen.

Es waren armselige Tiere, die sich schließlich in der Koppel ängstlich zusammendrängten. Junge Färsen, halbe Kälber noch, ausgemergelte und kranke Tiere, denen der Rotz aus dem Maul lief. Und nur wenige Kühe, denen man zutrauen konnte, daß sie einen längeren Marsch überstehen würden. Es waren auch keine achtzig Tiere. Felix hoffte, daß die Russen nicht so genau nachzählen würden oder könnten.

Auch er selbst hatte eine seiner beiden Kühe hergegeben. Die ältere. Vogts Kuh würde ja bald kalben. Wenn sie Glück hätten, würde es ein Kuhkalb werden. Dann wäre in zwei Jahren der Verlust wieder ausgeglichen.

Die Russen kamen am nächsten Morgen, mit einem Laster, ohne den Offizier. Drei Mann. Zwei waren schon ziemlich alt und ergraut. Der Jüngere, der auch am Steuer gesessen hatte, hatte das Sagen.

Felix zeigte ihnen von der Dorfstraße aus, wo die Rinder standen.

„Und die Treiber?" fragte einer.

„Keine Treiber", antwortete Felix, „Treiber brauchen wir keine zu stellen."

„Doch Treiber!" brüllte der Jüngere und gab einen Befehl. Abrupt marschierten alle drei zu ihrem Lastwagen, stiegen in das Führerhaus, der Motor brummte auf, und sie fuhren die Dorfstraße entlang. Jedesmal, wenn sie irgendwo jemanden sahen, hielten sie an, griffen sich den und schleppten ihn auf die Ladefläche. Einer bewachte sie dort, das Gewehr schußbereit vor die Brust haltend.

Vor Lenks Hof machten sie einen besonders guten Fang: gleich drei Jungen auf einmal, Fredy und die beiden älteren Jungen von Benkendorfs, die zufällig auf der Dorfstraße gestanden und sich etwas erzählt hatten.

Die Soldaten gehörten ganz gewiß nicht zu einer Eliteeinheit. Sie waren nicht mit den üblichen Maschinenpistolen mit dem runden Magazin bewaffnet, das so unendlich viel Patronen fassen konnte, sondern trugen alte, übermäßig lange Gewehre, die Fredy irgendwie bekannt vorkamen.

Richtig, es waren die gleichen Waffen wie das Gewehr seines Onkels, der tschechische Karabiner mit dem Magazin, das nur drei Patronen faßte.

Insgesamt waren sie sechs: Horst und Hans Benkendorf, Fredy, Karl-Heinz und zwei fremde, schon etwas ältere Mädchen, die nicht zum Dorf gehörten, Katharina und Annemarie. Zwei Schwestern.

Der Lastwagen rumpelte den zerwühlten Lehmweg hinunter, daß sich die sechs oben auf der Ladefläche kaum halten konnten, und hielt vor der Koppel mit den Rindern.

Sie mußten die Kühe treiben.

Ein Rotarmist ging vorweg, ein anderer hinter der Herde zusammen mit den beiden Mädchen, und die vier Jungen jeweils zu zweit an den Seiten. Sie sollten dafür sorgen, daß die Tiere nicht auseinanderliefen.

Der Lastwagen fuhr hinterher.

„Ob überhaupt jemand bemerkt hatte, daß wir verschleppt wurden?" fragte sich Fredy. Womöglich wird man sie überall suchen.

Man hatte es gesehen. Maria jedenfalls, die zufällig oben am Giebelfenster gestanden hatte, von dem man einen guten Ausblick auf die Dorfstraße und den abfallenden Lehmweg runter zur Fähre hat.

Sie war gleich zu Felix gelaufen.

Aber der meinte, nichts ausrichten zu können; er versuchte es nicht einmal.

Zunächst trieben sie die Rinder nahe der Netze stromauf. Das war schwierig und zeitaufwendig, weil es keinen richtigen Weg gab und die Tiere sich dauernd zur Seite absonderten, um auf den Wiesen zu grasen.

Der Russe, der hinter der Herde ging und die Mühen der Jungen beobachtete, nahm ein Taschenmesser und schnitt von einer Kopfweide eine Reihe von Ruten ab, die er auf eine brauchbare Länge kürzte. Nun hatten sie wenigstens Stöcke, mit denen sie die Kühe zu den anderen zurücktreiben konnten.

In Trebitsch kamen sie auf die Chaussee nach Driesen.

Jetzt trieb es sich leichter, und sie kamen schneller voran. Die Rinder schienen begriffen zu haben, wo es lang ging. Die Straßengräben rechts und links verhinderten zudem das häufige Ausbrechen nach den Seiten.

Auf dieser Straße kamen ihnen zweimal Trecks entgegen. Ganz andere Trecks als die, die im Januar vor den Russen hatten fliehen wollen. Auf Handwagen, ein- oder zweirädrigen Karren, vereinzelt auch auf Fahrrädern, meist ohne Bereifung, zogen und schleppten sie ihre letzte Habe mit. In ihr Schicksal ergeben, teilnahmslos, erschöpft, schwitzend und mit rotem Kopf, den willkommenen Halt zum Verschnaufen nutzend, warteten sie, bis die Viehherde an ihnen vorbeigetrieben war.

Sie kamen aus der Umgebung von Kreuz.

„Nein, zwangsweise ausgetrieben wurden wir nicht“, sagte eine Frau zu Fredy, die einen überladenen Kinderwagen schob, mit drei Kindern, jedes mit einem kleinen Sack auf dem Rücken, „aber wir wollen keine Polen werden. Die Kinder sollten in die polnische Schule gehen. Und überhaupt. Diese Schikanen hält auf die Dauer niemand aus. Von unserem Hof haben sie uns vertrieben. Da wohnen jetzt Polen drin. Wir mußten zu vier Familien in einer Landarbeiterwohnung hausen. Den ganzen Tag schwere Arbeit. Ohne Lohn. Drüben im Reich kann es nur besser sein.“

So hatten sie beantragt, nach Deutschland auswandern zu dürfen. Die Anträge waren schnell bewilligt worden. Sie alle hatten die entsprechenden Papiere bekommen. Mit Auflagen: Keine Betten, nur eine Decke pro Person, Lebensmittel für höchstens eine Woche, selbstverständlich keine Tiere. Und alles war streng kontrolliert worden, ehe sie endlich losziehen durften. Stundenlang hatten sie in der Hitze warten müssen.

„Und wer hat Sie so schikaniert?"

„Na, wer schon? Die Polen natürlich. Die sind ja jetzt die Herren. Da ging es uns in den ersten Monaten unter den Russen besser als heute."

Fredy mußte hinter der Herde herlaufen.

Wie schnell selbst Kühe vorankommen, wenn man mit anderen spricht!

Rechts der Straße Kiefernwald.

„Da hinten, bei Modderwiese, brennt es", rief Horst Benkendorf und zeigte mit seinem Stock in die Richtung. Der war genauso alt wie Fredy und kannte die Umgebung von Godtschen natürlich viel besser als er.

Modderwiese war ein Walddorf. Es lag ganz dicht vor der alten polnischen Grenze. „Ein Schmugglerdorf", hatte Artur Lenk immer gesagt, aber Fredy hatte sich nie vorstellen können, was für Waren diesseits oder jenseits der Grenze so begehrenswert waren, daß sich das Schmuggeln gelohnt hatte.

Nun sahen es alle: Weit hinten in dem Kiefernwald stieg Rauch auf, hellgrauer Rauch, der zunehmend stärker wurde.

Der Russe schien es auch bemerkt zu haben. Er sah ein paarmal hin, kümmerte sich aber weiter nicht um den Rauch. Der animierte ihn anscheinend nur, seine Pfeife herauszuholen, sie mit Machorka zu stopfen und anzuzünden.

Die Kühe hatten noch nichts wahrgenommen. Sie zogen ihren Trott weiter, an den sie sich inzwischen gewöhnt hatten, stur, gleichmäßig träge, die Köpfe hin- und herschaukelnd, und schlugen dauernd, fast automatisch, mit den Schwänzen, um die Fliegen zu verscheuchen.

Ihr Russe war überhaupt ein gutmütiger Mensch. Immer wieder versuchte er, mit ihnen ins Gespräch zu kommen. Er konnte ein paar Worte deutsch, die Deutschen ein wenig russisch, und das waren meist Flüche, die sie gehört hatten. Der Rest der Unterhaltung wurde durch Gesten bestritten.

„Ich Isjum", sagte er und die Deutschen glaubten, daß das sein Name sei.

„Njet, Ukraine!" Er streckte alle zehn Finger aus und schob die Hände mehrfach nach vorn. Dann sagte er etwas, dem sie nur das Wort „Charkow" entnahmen. Das kannte Fredy. Bei Charkow hatte sein Vater gelegen.

„Du Ukraine, Charkow?" fragte ihn Fredy.

„Njet, ich Isjum, Ukraine", und er schob wieder die beiden Hände nach vorn.

„Ich glaube, ich weiß, was er meint. Er kommt anscheinend aus diesem Kaff Isjum und das liegt bei Charkow in der Ukraine."

Der Russe hörte aufmerksam zu.

„Da, da, ich Sergej", und er tippte mit dem Zeigefinger auf seine Brust.

„Aha, und er heißt Sergej."

Vor Driesen bogen sie von der Straße nach rechts ab auf einen Feldweg. Der Rauch stand jetzt halbrechts hinter ihnen. Die Rauchwolke hatte sich ausgedehnt.

Sie überquerten die Eisenbahnlinie nach Driesen. Die sah trostlos aus. In beiden Richtungen lag da nur noch die eingleisige Trasse aus den kleingehackten Steinen und den hölzernen Schwellen. Die Gleise fehlten.

„Das mußten deutsche Kriegsgefangene machen", wußten Benkendorfs Jungen zu berichten. „Sie hatten irgendwo im Westen damit begonnen. Die Schienen abgeschraubt und auf die Waggons geschoben, die Waggons vorgezogen, wieder Gleise abgebaut und so weiter."

Allmählich hatten sie sich so Godtschen genähert. Dort hatten sie auch die Weichen und die nebeneinander verlaufenden Gleise im Bereich des Bahnhofs mitgenommen und waren dann in Richtung Driesen immer weiter gezogen, bis sie verschwunden waren und mit ihnen die Gleise.

Nur zwanzig Jahre hatte die Bahnlinie bestanden. Sie war wenig befahren worden, die Schienen noch wie neu. Eine gute Kriegsbeute.

Kurze Zeit später hielten sie an. Die Kühe wurden in eine Koppel getrieben, die unbeschädigt zu sein schien, und die Jungen mußten Holz sammeln.

Der Lastwagen fuhr weg, kam aber bald wieder. Der Fahrer reichte eine Zinkkanne voll Wasser herunter, mit der man früher die Milch zur Molkerei gebracht hatte, zwei Eimer, zwei volle Kisten, ein paar Planen und einen ganzen Stapel verdreckter Decken.

Die Eimer gaben sie den Mädchen. Die sollten Kühe melken. Weil die nicht angebunden waren, gingen sie immer weiter, und so mußten die Jungen die Tiere an den Hörnern festhalten, damit die Mädchen melken konnten.

Sie machten das gekonnt. Also stammten sie von einem Bauernhof.

Die Soldaten hatten inzwischen Feuer gemacht und ein abenteuerliches Eisengerüst über die Feuerstelle gestellt. Daran hängten sie einen großen, von außen völlig verrußten Topf, in den sie die Milch schütteten. Als die fast kochte, streuselten sie Mehl hinein und Zucker und verrührten alles, bis der Topfinhalt hochkochte.

Zu dritt hängten sie den Topf aus dem Gerüst, wobei sich der Fahrer die Hand verbrannte. Er steckte sie sofort in den Mund.

Den Topf stellten sie auf die Erde, hockten sich davor, luden mit Worten, die niemand verstand, und durch Gestik die Deutschen ein, sich dazuzusetzen, und fingen an, die Suppe zu löffeln.

Löffel waren für alle da.

Die beiden Mädchen ekelten sich erst davor, mit den anderen aus einem Topf zu essen.

„Kommt nur, es schmeckt gut“, ermunterte sie Karl-Heinz.

Sie überwanden sich. Wann mögen sie zum letzten Mal etwas gegessen haben?

Heute früh?

Wenn überhaupt.

Der große volle Topf war nach kurzer Zeit leer. Man konnte nur noch mit dem Löffel an der Wand entlangkratzen und etwas von dem dicken Brei wegholen, der sich dort festgesetzt hatte.

Ein Soldat goß aus der Zinkkanne ein paar Liter Wasser in den Topf, wischte ihn oberflächlich mit einem schmutzigen Lappen aus, kippte das Wasser weg, hängte den Topf wieder über das Feuer und füllte ihn dann zur Hälfte mit Wasser.

Als das Wasser kochte, schüttete er eine kleine Hand voll eines braunschwarzen krümeligen Pulvers in das Wasser und zum Schluß noch einmal Zucker. Sie rührten um, füllten ein paar Blechtassen mit dem Gebräu und reichten sie herum. Vorsichtig tranken sie daran.

„Ich glaube, das soll Tee sein", vermutete eines der Mädchen.

Die Soldaten holten aus einer Kiste einen Laib Brot, zerbrachen ihn mehr, als sie ihn zerschnitten, und gaben die Teile an die sechs.

Die Mädchen wollten nichts nehmen. Doch Horst Benkendorf ermahnte sie, zuzulangen.

„Alles nehmen, wer weiß, wofür wir es noch gebrauchen können."

Allmählich wurde es dunkel, und vereinzelt, dann immer eindringlicher, fingen die Kühe zu brüllen an. Erst waren es einzelne, dann die ganze Herde. Sie hatten Durst und es war Melkenszeit. Aber niemand kam, um sie zu tränken und ihre prallen Euter zu entlasten, soweit sie nicht trocken standen.

Viele Kühe, so erzählte man sich, besonders die guten Milchkühe, seien im Winter daran gestorben, daß niemand da war, der sie ausgemolken hätte. Die paar Leute, die im Dorf zurückgeblieben waren, hätten es gerade geschafft, die Tiere zu füttern und zu tränken. Selbst das wäre anstrengend genug gewesen, weil überall das Wasser erst hochgepumpt und die Eimer zu den Kühen geschleppt werden mußten. Pro Kuh zwei Eimer.

Sie hatten natürlich alle Kälber losgebunden, damit sie die Milch absaugen konnten. Aber nicht überall gab es Kälber in den Ställen.

Und hier hatten sie überhaupt keine Kälber!

Die Soldaten warfen eine Plane über einen Weidezaun, schlugen mit ihren Absätzen ein paar Pflöcke in den Boden und banden sie daran fest. Vorn und hinten klappten sie die Plane um, so daß ein richtiges Zelt entstand, in das sie ein paar Decken warfen.

Sie zeigten auf die liegengebliebene Plane und sagten etwas.

Die beiden älteren Soldaten verkrochen sich in ihrem Zelt. Der dritte zog sich mit einer Decke in sein Fahrerhaus zurück.

„Wir sollen uns wohl auch solch ein Zelt bauen", vermutete einer.

Sie machten es den Russen nach. Es klappte. Das Zelt war aber ein bißchen klein für sechs Personen.

„Laßt uns alle zusammenkriechen", bat Katharina, „damit uns die Russen nichts tun."

„Die sind doch viel zu alt dafür", meinte Fredy.

„Hast du eine Ahnung", antwortete ihm Annemarie, „ich habe schon Pferde kotzen sehen."

Dieser Ausdruck paßte eigentlich gar nicht zu ihr.

Fredy wollte, nein mußte noch einmal nach draußen gehen. Es war inzwischen schon ziemlich dunkel geworden. Der Mond stand am Himmel.

Langsam und vorsichtig entfernte er sich von dem Zelt. Er wollte nicht in irgendein Loch treten und sich den Fuß verstauchen.

„Stoi", hörte er da hinter sich rufen. Er drehte sich um und sah den Soldaten, der zum Schlafen in das Fahrerhaus gegangen war.

Der hatte die Autoscheinwerfer angemacht. Aber nur eine Lampe brannte und die schien in eine andere Richtung, weil der Lastwagen nicht in Fredys Richtung stand.

Fredy hob fast automatisch die Arme und ging auf den Wagen zu.

Der Russe drohte und schimpfte mit ihm. Dabei fuchtelte er mit seinem Gewehr.

„Karascho, karascho", sagte Fredy, soviel russisch hatte er inzwischen mitbekommen, „ich wollte ja nur ..." und deutete dann an, was er wollte.

Da lachte der Russe und verschwand in seinem Fahrerhaus.

Am nächsten Morgen machten die Russen wieder Feuer, kochten erneut ihren süßen Tee auf und verteilten Brot.

Beim Essen redeten sie miteinander, vor allem mit den Mädchen, und waren fröhlich wie Kinder.

Sie bauten ihr Zelt ab; die Jungen taten es ihnen nach. Das Gepäck wurde auf den Lastwagen geworfen. Der Fahrer rief den beiden anderen noch ein paar Worte zu. Dann startete er den Motor, eine stinkende schwarze Wolke entwich dem Auspuff, und der Wagen rumpelte davon. Es hatte sich herumgesprochen, daß die Russen Kartoffelsprit, Rapsöl und alles mögliche andere in ihre Tanks füllten. Deshalb also der fürchterliche Gestank, der so oft aus dem Auspuff kam.

Kurze Zeit später treckten sie weiter und kamen später wieder auf eine feste Straße.

„Das muß die Straße von Driesen nach Dratzig sein", vermutete Horst Benkendorf. „Dratzig liegt auch an der Netze, aber schon hinter der alten Grenze. Gegenüber muß Kreuz liegen."

Es war schon weit am Nachmittag. Die Jungen hatten inzwischen gelernt, die Uhrzeit nach dem Stand der Sonne zu schätzen.

Die Beine taten ihnen weh. Fredy bedauerte, daß sie nicht einen Hütehund wie in Breitenstein bei sich hatten. Dann brauchten sie nicht halb so viel zu laufen.

Sie aßen das Brot von gestern abend. So konnten sie wenigstens den knurrenden Magen beruhigen. Nur der Durst machte ihnen zu schaffen.

Sie kamen durch Wald. Kiefernwald.

„Hier irgendwo lag die alte Grenze. Hier fing vor dem Krieg Polen an."

Sie trieben die Kühe in den nächsten Ort hinein. Es war tatsächlich Dratzig. Das Ortsschild war zwar umgeworfen, sie konnten den Namen darauf aber noch lesen. Menschen sahen sie keine. Auf einem der letzten Höfe machten sie Rast. Der war verlassen.

Auf der Straße stand ihr Lastwagen. Der Fahrer hatte schon auf sie gewartet und diesen Hof ausgewählt. Er war ringsherum durch Zäune abgeschlossen, und an der Seite stand eine hölzerne Pumpe mit einem Wassertrog davor, so daß die Kühe endlich saufen konnten.

Die Jungen mußten abwechselnd pumpen. Sie teilten sich die Arbeit ein. Jeder fünfzig Züge, dann wurde gewechselt. Es dauerte endlos lange, bis alle Kühe genug gesoffen hatten.

In der Zeit melkten die Mädchen einige Kühe.

Sie kochten an einem richtigen Herd, saßen auf Stühlen und hatten sogar jeder einen eigenen Teller. Dafür hatten die Mädchen gesorgt, die im Laufe des Abends in dem Haus noch eine ganze Menge zusammensuchten, Wäsche vor allem, was sie mitnehmen wollten.

Die Mädchen hätten in einem Zimmer für sich, und noch dazu auf richtigen Matratzen, schlafen können. Aber das wollten sie nicht.

Wegen der Russen.

So schliefen die sechs zusammen auf der Erde in einer Stube.

Der Fahrer blieb wieder in seinem Wagen und hatte den so gestellt, daß der Kühler direkt auf den Hauseingang gerichtet war.

„So etwas Blödes", dachte Fredy am nächsten Morgen. Der Laster stand drohend vor ihm, als er nach draußen gehen wollte. „Wenn wir hätten abhauen wollen, dann hätten wir auch nach hinten durch das Fenster verschwinden können. So hoch ist das doch nicht."

Zurück in der Stube berichtete er den anderen von dem Mißtrauen des Soldaten.

„Wollen wir denn nicht abhauen?" fragte Fredy, „oder wollen wir uns hier jeden Tag zwanzig Kilometer oder mehr von zu Hause wegschleppen lassen?"

„Das nicht", sagte Horst, „aber dann hätten wir es in der Nacht machen müssen. Jetzt ist es zu spät. Die haben uns in weniger als einer Stunde."

„Ich meine, es ist besser, nicht in der Nacht abzuhauen. Bei der Dunkelheit kann man nichts sehen. Wie wollen wir uns da zurechtfinden? Es sei denn, daß wir auf der Straße langgehen. Und wenn die uns vermissen, dann würden sie sofort mit ihrem Lastwagen hinter uns herfahren und uns erwischen", sagte Fredy.

„Wann denn sonst?" wollte Hans Benkendorf wissen, der sonst kaum etwas sagte.

„Ganz einfach. Wir hätten gestern mitten am Tage abhauen sollen. Kein Lastwagen da, und die beiden Alten hätten alle Hände voll zu tun gehabt, auf die Kühe aufzupassen."

„Aber die haben Gewehre", sagte eines der Mädchen.

„Na und? Das sind tschechische Karabiner mit Drei-Schuß-Magazinen. Dann müssen sie erst nachladen. Und das dauert. Mit drei Schuß können die uns nicht alle umlegen. Außerdem ist unser Sergej viel zu gutmütig. Der würde nicht auf uns schießen."

Das glaubten die anderen nicht, das mit der Gutmütigkeit und daß er nicht auf sie schießen würde.

„Aber sie können einen oder ein paar von uns treffen", sagte Annemarie, das andere Mädchen, „auch mit drei Schuß. Wenn das überhaupt stimmt."

„Da müssen wir uns eben was einfallen lassen", antwortete Fredy selbstbewußt und hatte doch keine Ahnung, wie sie das bewerkstelligen sollten. Auf den stillen Vorwurf, daß er sich mit den Waffen nicht auskennen würde, ging er gar nicht erst ein. „Hauptsache, der Lastwagen fährt wieder voraus, daß er uns frühestens am Abend nachfahren kann, und Sergej bleibt bei uns hinten."

Das geschah wirklich.

Die Soldaten hatten sich offensichtlich auf einen neuen Treffpunkt geeinigt.

Zunächst ging es wieder durch Wald. Hohe Kiefern.

„Sollen wir hier?" fragte Hans.

Die sechs gingen alle hinter der Herde her. Hier im Wald machten die Kühe gar keinen Versuch, von der Straße abzukommen. Hier gab es nichts zu fressen mit Ausnahme des trockenen Grases am Straßenrand. Von dem mußten sie die Rinder immer wieder weitertreiben. Auf dem Hof hatten sie ja keine Möglichkeit zum Fressen gehabt.

„Unmöglich. Viel zu offen. Wir müssen viel schneller verschwunden sein. Eine Schonung oder so, das wäre das richtige, um abzuhauen", entschied Fredy.

„Vielleicht, wenn ein Dorf kommt?" fragte Annemarie.

„Vielleicht, wenn es verlassen ist."

Der Wald lichtete sich.

Dann hörte er auf.

Rechts und links der Straße vor ihnen lagen jetzt Felder, mit Winterroggen bestellt, der bereits gelb und reif wurde.

Getreidefelder, soweit sie sehen konnten.

Fredy überlegte fieberhaft.

Die Getreidefelder waren doch fast so gut wie eine Schonung. Und wer weiß, wann sie durch eine solche kommen würden.

Auf einem Telegrafenmast saß eine Krähe.

Fredy zeigte Sergej die Krähe und machte mit seinem Arm eine Gebärde, als wenn er darauf schießen wollte. Dabei lächelte er den Alten an.

Der nahm tatsächlich sein Gewehr, entsicherte es, legte an, zielte und schoß. Die Krähe fiel, mit den Flügeln schlagend, zu Boden.

Die Kühe störte der Schuß überhaupt nicht.

„Karascho", sagte Fredy und klatschte in die Hände. Die anderen taten es ihm nach.

„Und was sollte das?" fragte Horst.

„Zweierlei. Erstens wissen wir, daß sie die Gewehre tatsächlich geladen haben, und zweitens hat er jetzt nur noch zwei Schuß. Wenn wir nach hinten abhauen, kann der vorn nicht schießen. Der hat kein Schußfeld."

Sie zogen weiter. Immer noch der Roggenschlag zu beiden Seiten.

Mehr und mehr erschien er Fredy als die ideale Fluchtmöglichkeit.

Da kam eine weitere Krähe angeflogen. Sie breitete ihre Schwingen aus und setzte sich tatsächlich auf eine Stange, diesmal hinter der Herde.

„Tu du es diesmal", flüsterte Fredy Horst Benkendorf zu.

Wieder legte der Soldat an und schoß.
Daneben.
Er repetierte und schoß noch einmal.

Die sechs warteten die Wirkung des Schusses überhaupt nicht ab. Sie rannten gebückt, damit sie nicht mehr zu sehen waren, nach rechts und links in das Getreide. Jeder für sich.

Fredy schob mit den Armen die Getreidehalme auseinander und versuchte so, keine Spur zu hinterlassen.

Er traf auf eine Furche, auf der keine Halme standen. Die lief er entlang, geduckt, nicht zu schnell, damit sich die Halme nicht zu sehr bewegten.

Er hörte den Russen rufen. „Stoi, stoi". Und er hörte einen ihm bekannten russischen Fluch.

Nach einer Weile bellten Schüsse. Einmal, zweimal, dreimal.

Sofort beim erstem Schuß warf sich Fredy zu Boden. Genau in die Furche hinein. Den Kopf preßte er auf die Erde und legte die Arme schützend über ihn. Am liebsten hätte er sich in der Erde verkrochen.

Dann war es ruhig. Nein, ruhig eigentlich nicht. Immer wieder raschelte das Getreide, es schlug gegeneinander.

Fredy hörte förmlich, wie jemand durch das Getreide ging.

Das konnte nur der Russe sein.

Die Kühe brummten.

Fredy schloß die Augen. Er fühlte sein Herzschlag am ganzen Körper. Solche Angst hatte er nicht mehr gehabt seit jenem Abend in Bissow, als die ersten Russen in die Schulstube kamen.

Er hätte nicht sagen können, wie lange er so gelegen hatte. Minuten? Eine Viertelstunde?

Noch länger?

Allmählich wurden die Geräusche von der Herde leiser.

Aber das Rascheln blieb. Streifte der Russe immer noch herum?

Fredy meinte, Schritte zu hören, und wähnte über sich das auf ihn gerichtete Gewehr.

Schließlich hörte Fredy von der Herde gar nichts mehr.

Das Getreide raschelte immer noch.

Es war doch nicht möglich, daß die Herde weiterzog und einer der Soldaten hier noch nach ihnen suchte!

Fredy stand ganz vorsichtig auf und streckte seinen Kopf einen Augenblick aus dem Getreide heraus.

Er war froh, daß er seine Brille bei sich hatte. Sonst hätte er jetzt überhaupt nichts erkennen können.

Da hinten zog die Herde. Und hinter ihr Sergej, der Soldat. Er hatte sein Gewehr schon wieder auf den Rücken gehängt.

Sicher würden sich die Soldaten bei nächster Gelegenheit neue Treiber suchen.

Sergej hatte sie also vorhin nicht in dem Getreidefeld verfolgt. Es war vielmehr der Wind, der die Ähren gegeneinanderstieß.

Die Angst hatte die Geräusche, die man sonst kaum vernimmt, so sehr verstärkt.

Dicht neben Fredy tauchte ein Mädchenkopf auf. Katharina.

„Kommt alle auf die Straße", flüsterte Fredy. „Weitersagen!"

Niemand war verletzt. Die drei Schüsse waren wohl nur blind abgefeuert worden. Der Soldat hatte erst nachladen müssen. Dadurch hatten alle Zeit genug gefunden, sich irgendwo in dem Getreidemeer zu verstecken.

Fredy fiel die Geschichte von der Getreidemuhme ein, die sie im Lesebuch gelesen hatten. Sie holte sich kleine Kinder, die in das Getreidefeld hineinliefen, um sie zu töten.

Dahinter stand natürlich die Absicht, die Kinder zu warnen, in einen Getreideschlag hineinzugehen. Sie sind noch so klein, daß sie nicht über die Halme hinwegsehen können, und würden sich darin verirren wie die Großen in einem undurchdringlichen Wald.

Hier die Getreidemuhme und zu Hause am Sandberg die Sandmuhme. Böse Frauen, deren Geschichten die Kinder vor echten Gefahren warnen und beschützen sollten.

Erleichtert gingen sie auf der gleichen Straße zurück, auf der sie vorhin gekommen waren. Jeder wollte den anderen mitteilen, wie groß seine Angst gewesen sei oder daß er überhaupt keine Angst gehabt habe. Alle waren sie stolz auf ihre Umsicht und ihren Mut.

„Wenn wir hier so weiterlaufen, dann haben uns die Russen bestimmt bald wieder." Eines der Mädchen war die einzige, die über der ganzen frohen Stimmung nicht die Realität verloren und die Gefahr erkannt hatte, in der sie immer noch schwebten.

„Katharina hat Recht", unterstützte Fredy sie, „unser Lastwagen wird uns frühestens am späten Nachmittag verfolgen. Aber es gibt bestimmt noch andere Militärstreifen. Schließlich muß jeder, der sich aus seinem Dorf entfernt, ein Papier bei sich haben."

„Na, und?"

„Und wir haben nichts. Wenn die Russen uns sechs hier finden, dann wissen die doch sofort, daß hier etwas überfaul ist, und kassieren uns erst mal ein."

„Und was sollen wir machen?"

„Von der Straße runter. Durch den Wald gehen, die Straße beobachten, aber selbst nicht gesehen werden."

Er erinnerte sich an seine HJ-Zeit und seinen Führerlehrgang. Da mußten sie einen Waldweg beobachten und Aufzeichnungen machen, was sie alles beobachtet hatten. Wer dabei gesehen wurde, fiel auf. Öfteres Auffallen war gleichbedeutend mit dem Nichtbestehen des Lehrgangs. Und wer zu wenig beobachtet hatte, dem ging es nicht viel besser.

Sie streiften durch den Wald, durchquerten Dratzig hinter den Höfen und kamen wieder in den Wald.

Lange geschah nichts. Der eine oder andere mochte innerlich über das unbequeme Laufen fluchen. Aber es sagte niemand etwas. Nur die Stimmung war gereizt. Das Reden war vollständig verstummt. Es dämmerte schon, und niemand hatte eine Ahnung, wie und wo sie übernachten sollten.

Da hörten sie ein Motorengeräusch. Ein Jeep fuhr auf der Straße in der gleichen Richtung, in der sie liefen. Das Auto fuhr vorbei.

Sie wußten, daß hinter der alten Grenze der Wald aufhört. In den Wiesen hätten sie sich viel schlechter verstecken können.

Das war jetzt allen klar.

„Wir sollten im Wald bleiben und in der Nähe des Waldrandes in Richtung Modderwiese gehen", schlug Horst Benkendorf vor.

„Aber da hat es doch gebrannt", wandte ein Mädchen ein.

„Wir wollen ja nicht bis an das Feuer herangehen. Aber wenn wir nahe am Waldrand weiterlaufen, dann kommen wir irgendwann in eine Gegend, die ich kenne."

Es war schon ziemlich dunkel, als die sechs endlich einen primitiven Unterschlupf fanden: einen Holzstapel, an den sie sich lehnen konnten.

Sie hatten nichts zu trinken und nur ein paar Brocken Brot vom Vortage.

Sie froren in der Nacht und schliefen kaum.

So brachen sie schon bei beginnender Dämmerung auf.

Das Feuer schien sich noch erheblich ausgeweitet zu haben. Es lag aber weiter hinten im Wald und störte sie nicht.

Nach einiger Zeit überquerten sie eine Straße.

„Jetzt weiß ich, wo wir sind", sagte Horst Benkendorf erleichtert, „das ist die Straße von Driesen nach Modderwiese."

„Nach Driesen wollen wir doch nicht", meinte Annemarie fragend, zweifelnd.

„Natürlich nicht. Wir gehen hier weiter."

Als die Sonne am höchsten stand, kamen sie an den Waldseen vorbei, in denen man so herrlich baden konnte. Hier konnten sie endlich, nach fast zwei Tagen, trinken. Sie hatten die Hosen hochgekrempelt, standen bis zu den Knien im Wasser und schöpften mit den Händen das Naß.

Karl-Heinz zog sich aus bis auf die Unterhose und sprang ins Wasser.

„Herrlich! Die beste Erfrischung, die man sich denken kann."

Die anderen Jungen machten es ihm nach.

Die beiden Schwestern genierten sich offenbar. Sie hoben nur ihre Kleider ein wenig hoch und wateten durch das Flache. Daß die Kleider hinten ganz naß wurden, merkten sie wohl nicht.

Von hier aus bis nach Hause war nur noch eine gute Stunde. Sie kamen am Bahnhof Godtschen vorbei. Auf der schienenlosen Bahntrasse, auf dem Bahnsteig, auf den Wegen wuchs Unkraut. Alles sah verlassen, verloren aus.

Aber dafür hatten die sechs keinen Blick.

Es war noch hell, als Fredy heimkam.

Lene war natürlich froh, ihn wiederzusehen. Aber ihre größte Sorge galt ihrem Mann: „Die Männer, auch die Polen, sind alle im Wald zum Löschen. Seit gestern schon. Die Russen haben die ganzen Wälder angesteckt, so erzählt man sich, weil sie glauben, daß da noch deutsche Soldaten drin sind."

16. Juli 1945

„Euer Neffe muß ausreisen."

Mit dieser Botschaft kam Felix Karbonewski an einem späten Abend nach Hause.

Niemand begriff zunächst, was er da gesagt hatte.

„Heißt das, daß wir alle weg müssen?" fragte Lene ängstlich.

„Nein, Lene, Ihr könnt natürlich bleiben. Ich habe nur den Befehl bekommen, dafür zu sorgen, daß alle, die nicht hier geboren sind, ausreisen müssen."

„Aber dann müssen wir ja auch weg ins Reich." Hermine Schmidtgen hatte das zugleich gefragt und festgestellt.

„Sie müssen hier weg. Das stimmt, Frau Schmidtgen. Sie können sich entscheiden. Entweder Sie fahren nach Deutschland, oder Sie gehen zurück in Ihre alte Heimat."

Man sah, daß es dem jungen Mann schwer fiel, diese Bescheide weiterzuleiten.

„Übermorgen am Abend fährt ein Zug von Friedeberg-Bahnhof nach Berlin. Ich werde alle zusammenstellen, die ausreisen müssen. Sie und Fredy können dann den Zug nehmen."

Das klang unwahrscheinlich und doch wieder vertraut. Ein Zug nach Berlin? Früher war das selbstverständlich. Aber heute, da man sich hatte angewöhnen müssen, alle Strecken zu Fuß zurückzulegen, klang es unvorstellbar, utopisch.

„Dann fahren wir zusammen mit Fredy nach Berlin", schwärmte Liesel. Fredys Eltern haben da ein großes Haus, da können wir alle drin wohnen."

„Ein Haus, das abgebrannt ist", dämpfte Lene den Enthusiasmus des Mädchens, der so gar nicht in die Situation paßte.

Hermine Schmidtgen sagte nichts.

Die Stimmung war bedrückend.

Dabei hatte der Tag so gut angefangen. Die Männer und die Jungen, dazu auch ein paar junge Frauen, waren mit zwei Gespannen in den Wald gefahren, um beim Löschen des Brandes zu helfen, der nun schon seit Wochen immer wieder aufloderte.

Es hatte am gestrigen Abend gewittert und die ganze Nacht durch geregnet. Am nächsten Morgen schien wieder die Sonne, und alles glänzte in frischem Grün.

Nach der langen Trockenzeit hatten sich die Wiesen und Felder über Nacht neu belebt.

Und das Schönste: Das Feuer war praktisch aus. Hier und da glühte zwar noch ein Holzstoß. Diese aufgeschichteten Brennholzmieten, einen Meter breit, einen Meter hoch, drei oder vier Meter lang, hatten die Brandstifter angezündet. An vielen Stellen. Von dort aus hatte sich das Feuer in dem trockenen Unterholz ausgedehnt.

Die Löschtrupps hatten in tagelanger Arbeit Schneisen geschaffen, in denen sie auf zwei Meter Breite alles Brennbare entfernt hatten. Trotzdem war das Feuer weitergewandert.

Doch nun war es besiegt, tot. Was die Menschen nicht vermocht hatten, hatte der Regen in einer Nacht bewirkt. Die Männer rissen die paar glimmenden Holzstöße auseinander, warfen sie auf die nassen, sandigen Wege, damit sie nicht erneut zündeln konnten, und schaufelten feuchten Sand auf die Hölzer. Schon am frühen Nachmittag konnten sie beruhigt nach Hause fahren.

Diese Gefahr war gebannt, und es herrschte eine ausgelassene Stimmung auf den beiden Wagen.

Und nun die neue Aufregung!

Fredy hatte noch einen ganzen und einen halben Tag Frist. Er wußte nicht, was er mit dieser Zeit anfangen sollte. Etwas Neues beginnen? Dazu hatte er keine Lust. Seine Spielgefährten aus früheren Ferienzeiten aufsuchen? Sie waren bei diesem Wetter wohl meist auf den Feldern, Kartoffeln und Rüben hacken, und würden ihn nur bemitleiden - oder beneiden; wer weiß?

Liesel heulte und brottete vor sich hin. Ihre Mutter hatte entschieden: Sie fahren zurück nach Kalischka.

Hermine Schmidtgen hatte sich schon einen Passierschein vom Bürgermeisteramt geholt. Artur verbesserte die zweite Karre aus Breitenstein. Er verschob die Achse um ein paar Zentimeter nach hinten, schraubte eine längere Deichsel an und schmierte die Achsen.

„So, nun werdet Ihr keine Last haben mit dem Ziehen", sagte er zu Jürgen, der aufmerksam zusah.

Lenk zeigte ihm, wo der Karren vielleicht Schaden nehmen und wie er den beheben könnte. Er gab ihm auch einiges Werkzeug und Nägel zum Mitnehmen.

„Du bist ja jetzt der einzige Mann, Jürgen. Du mußt das in die Hand nehmen."

Jürgen war mächtig stolz darüber und gar nicht traurig, daß sie nach Hause und nicht mit dem Zug nach Berlin fahren würden.

Hermine hatte Lene auch dargelegt, warum Sie lieber nach Hause zurückfahren wollte. Sie kenne da viele Leute, auch Polen, die sicher noch da seien. Dann habe sie wenigstens ein bißchen Beistand, wenn das Kind kommt. In Berlin, da wäre ihr alles zu unheimlich, zu fremd. Und sie wolle ja auch Fredys Eltern nicht zur Last fallen.

Ausschlaggebend sei schließlich gewesen, wie Lene betont habe, daß das Haus von Fredys Eltern ausgebrannt sei.

Wo hätten sie da wohnen sollen?

Früh am nächsten Morgen fuhren Schmidtgens los. Fredy begleitete sie noch durch das ganze Dorf hindurch bis hinter Kletschens Mühle, genau den gleichen Weg, den sie im Winter gekommen waren.

Er lenkte und zog die Karre. Artur hatte einen Strick mit Sackleinen umwickelt und an dem Wagen befestigt. Den konnte man bequem über die Schulter legen und so das Gefährt ziehen.

Liesel ging hinter ihm und versuchte, ihn zu überreden, doch mit zu ihnen zu kommen.

„Wir sagen einfach, daß du mein großer Bruder bist!" Sie wußte selbst, daß das nicht ging.

Dann schnallte sich Hermine Schmidtgen in das Zuggeschirr. Die beiden Kinder schoben von hinten.

Zuerst drehte sich Liesel mehrfach um und winkte Fredy zu. Aber dann ließ sie es sein.

Schließlich verschwand der Karren hinter einer Biegung.

Fredy mußte sich beeilen, weil sie gegen Mittag zum Friedeberger Bahnhof aufbrechen sollten.

Sie waren zu acht. Drei Frauen mit ihren vier Kindern und Fredy. Eine der Frauen hatte das Ausreisepapier für sie alle. Ihre Namen standen alle auf einem Blatt. Fredy hieß nun wieder Alfred Vogt, aber er war immer nur erst vierzehn Jahre alt.

Richtig, inzwischen hatte er ja Geburtstag gehabt.

Niemand hatte daran gedacht.

Auch er nicht.

Sie hatten einen alten, klapprigen Handwagen dabei, in dem die beiden jüngsten Kinder sitzen konnten.

„Na, ja, bis zum Bahnhof wird er ja halten", hoffte Artur, als er die Fuhre sah. „Dann geht es ja weiter mit der Bahn."

„Junge, paß auf dich auf", mahnte Lene unter Tränen und fuhr dann fort: „Nein, den Jungen so allein ins Ungewisse ziehen zu lassen. Das paßt mir überhaupt nicht."

„Tante Lene. Ins Ungewisse geht es ja nicht. Der Zug soll morgen schon in Berlin sein." Er dachte einen Augenblick nach: „Und bestimmt kann ich euch auch bald wieder besuchen. So wie früher."

„Ich glaube nicht, daß wir uns noch einmal wiedersehen werden. Dich werden sie nicht reinlassen, wenn das hier alles polnisch wird, und uns werden sie hier festhalten."

Lene versuchte, ihre Tränen mit einem Zipfel ihrer Schürze abzuwischen.

„Bestell deinem Vater einen Gruß von uns, wenn du ihn siehst, und sag ihm, wie es uns ergangen ist", sagte seine Großmutter zum Abschied und fügte hinzu: „Was der Krieg doch alles aus uns gemacht hat."

Fredy hatte sich einen kleinen Sack mit einem Strick als Rucksack zurechtgemacht. Zwei Kartoffeln rechts und links unten in dem Sack. Daran waren die Enden des Strickes gebunden, der oben am offenen Sackende eine Schlaufe hatte.

So war der Sack leicht zu tragen und reichte für seine paar Sachen, die ihm verblieben waren, für ein Stück Brot und einen Streifen Speck, die ihm seine Großmutter noch reingesteckt hatte.

„Man kann nie wissen, Fredy, was kommt", hatte sie gesagt.

Niemand ahnte, wie recht sie haben sollte.

Eine Flasche mit Wasser hatte Fredy wieder nicht. Dabei hätte ihm doch der Durst, den sie beim Viehtreiben hatten, Warnung genug sein müssen. Aber der Gedanke, morgen in Berlin zu sein, nach so langer Zeit wenigstens seine Mutter wiederzusehen, war viel stärker.

Sie kamen unbeschadet in Friedeberg-Bahnhof an. Der Karren hatte gehalten.

Hier war Normalität eingekehrt. Sie mußten sogar alle eine Fahrkarte kaufen. Einhundert Zloty.

„Wir haben aber keine Zloty."

„Sie können auch wechseln. Zwei Mark sind ein Zloty."

Gut, daß Fredy in Breitenstein die damals wertlos scheinenden Geldscheine eingesammelt hatte. Er nahm zwei Hunderter und kaufte sich eine Fahrkarte.

Es war eine dieser länglichen festen braunen Karten aus der deutschen Zeit. Damals sollte die Fahrt 7,20 RM kosten.

Als es schon ziemlich dunkel war, kam der Zug.

Güterwagen. Geschlossene Güterwagen.

„Da können wir wenigstens unseren Wagen mitnehmen", meinte eine der Frauen.

Von außen wurde die schwere Wagentür zugeschoben. Erst allmählich gewöhnten sie sich an die Dunkelheit. Es waren außer ihnen nur noch ein paar Leute in dem Waggon. Sie kamen aus Driesen und waren in Vordamm eingestiegen.

Der Zug rollte an.

Fredy lehnte sich an die Wand und versuchte zu schlafen. Aber dazu war er zu aufgeregt.

Ein langer Tag heute!

Wo Hermine Schmidtgen und die Kinder wohl schon waren? Möglicherweise übernachteten sie in Dratzig, vielleicht sogar auf dem gleichen Gehöft wie sie, als sie die Kühe getrieben hatten.

Wie lange war das her?

Er rechnete nach. Es war fast genau ein Monat!

Was in dieser Zeit alles passieren war! Das Treiben der Rinderherde, ihre Flucht, die Rückkehr, die Fahrten in den Wald wegen des Feuers, der Alltag auf dem Hof, das Kalben ihrer Kuh, die Liesel, die kaum von seiner Seite gewichen war, und heute der Abschied.

Die Räder quietschten, sie wurden alle in Fahrtrichtung gedrückt, und der Zug hielt.

Die große Schiebetür ließ sich von innen nicht öffnen. Ein Mann schaute oben durch die Gitter. „Das ist noch nicht Landsberg. Es muß ein kleiner Bahnhof sein. Man sieht kaum etwas."

Man hörte einige polnische Laute, dann auch deutsche, einige Türen rollten und quietschten. Ein Pfiff, ein richtiger Pfiff!

Der Zug rollte wieder an.

Beim nächsten Aufenthalt wurde ihre Tür geöffnet. Neue Fahrgäste stiegen zu. Jetzt waren sie in Landsberg.

Der Zug hielt länger. Einmal ruckte es. Vermutlich hatten sie eine neue Lokomotive bekommen.

Ihre Schiebetür wurde wieder geschlossen. Wieder der Pfiff, und der Zug fuhr weiter.

Fredy rechnete sich aus, daß sie bei diesem Tempo tatsächlich morgen früh in Berlin sein könnten. Von Friedeberg-Bahnhof bis Landsberg waren es immerhin gut dreißig Kilometer. Die hatten sie doch zügig zurückgelegt.

Da hielt der Zug schon wieder.

Wieder hörte man das typische Rollen und Quietschen der Schiebetüren. Und polnische Laute, polnische Befehle.

Auch ihre Tür wurde aufgeschoben. Wieder der polnische Befehl.

„Wir sollen alle aussteigen", übersetzte ein Fahrgast.

Wieder jemand, der polnisch konnte oder es zumindest verstand. Fredy wunderte sich, daß ihm früher gar nicht so bewußt geworden war, wie viele Angehörige der Grenzbevölkerung auch die Sprache jenseits der Grenze sprachen.

„Wieso das?" fragte eine der Mütter. Ihr Kind war gerade in ihrem Arm eingeschlafen.

„Der Zug wird für russische Transporte benötigt. Wir steigen nur in einen anderen Zug um."

Sie waren in Wepritz.

Aber das lasen sie erst am nächsten Morgen; denn es war stockfinster, als sie den Waggon verließen.

Keine Bahnhofsbeleuchtung. Nichts.

Wie sollte es auch? Schließlich gab es nirgendwo Strom.

Mit geöffneten Schiebetüren fuhr der leere Zug weiter. Der andere Zug, in den sie umsteigen sollten, sahen sie nicht.

Er war nicht da, noch nicht da.

Das Bahnhofsgebäude, in dem sie hätten warten können, fanden sie nicht.

Sie gingen ein paar Schritte und legten sich auf eine Wiese. Es war kalt und der Boden war feucht. Eine Decke hatte Fredy nicht mitgenommen.

Wozu auch?

Am nächsten Morgen sahen sie den Bahnhof. Er war völlig zerschossen.

Ihr Zug war noch immer nicht da. Die Zahl der Wartenden vergrößerte sich am Morgen von Stunde zu Stunde. Auf der ganzen Wiese saßen Menschen. Die meisten kamen aus Landsberg.

„Sie sind aber nicht in Landsberg geboren?“ fragte Fredy eine Frau.

Die sah ihn verwundert an.

„Natürlich bin ich hier geboren. Warum fragst du?“

„Ach, nur so.“

Fredy ging weiter und erkundigte sich in einer anderen Gruppe nach dem Geburtsort und danach, ob man sie zur Ausreise gezwungen habe.

„Glaubst du, wir verlassen unsere Heimat freiwillig?“

Da stimmte doch etwas nicht!

Felix hatte erklärt, daß nur die ausreisen müßten, die nicht hier geboren waren. Die, die von hier stammen, die dürften bleiben.

Dann hörte er, daß die Leute, die hier warteten, gar nicht nach Berlin fahren würden, sondern nach Frankfurt. Dort kämen sie erst einmal in ein Sammellager, sagten sie, ehe es über die Oder ins Reich ginge. Wie es dann weiterginge und wo ihr Ziel wäre, konnte niemand sagen.

Es gab nur Vermutungen, Gerüchte. Und niemand schien ein besonderes Interesse daran zu haben, zu erfahren, wohin man sie transportieren würde.

Fredy wußte nicht, was er denken und was er tun sollte. Nach Frankfurt? Das lag doch gar nicht auf der direkten Strecke nach Berlin. Und dann irgendwohin verfrachtet zu werden?

Er wollte, er mußte doch nach Berlin!

In diesem Augenblick kam ihm erstmals der Gedanke, sich nicht willenlos irgendwohin verschleppen zu lassen, sondern seinen Sack zu nehmen und zu Fuß nach Berlin zu gehen.

Aber die Frau, die mit ihm aus Godtschen gekommen war, riet ihm vor einem solchen unbedachten Schritt ab. Schließlich stünde sein Name ja mit den der anderen zusammen auf dem Passierschein. Wie weit würde er wohl kommen, allein und ohne jedes Papier? Wenn sie aber alle zusammenblieben, dann könnte ihnen nichts passieren.

Später kamen Mönche in langen dunkelbraunen Kutten mit einem gelblichen Strick um den Leib und barfuß in Sandalen. Jeder trug einen kleinen Beutel. Sie wirkten irgendwie gelöst und entspannt, so als beträfe sie ihre augenblickliche Situation überhaupt nicht.

Der Anblick dieser Gruppe machte Fredy Mut. Warum, das hätte er nicht sagen können.

Sie waren möglicherweise der Anlaß, daß Fredy zunächst noch blieb und mit den anderen wartete.

So verging der ganze Tag und ein weiterer. Fredy knabberte an seinem Kanten Brot, schnitt sich mit einem silbernen Messer und der Gravur *Aenne* auf dem Griff ein Stück Speck ab. Das stammte aus dem Schloß Breitenstein. Er hatte es mitgenommen, mehr als Erinnerungsstück, als Kriegsbeute, und weniger, um es zu benutzen. Trinken konnte er vor der Bahnhofsruine. Da stand eine Pumpe.

Am nächsten Vormittag, es war nun schon der vierte Tag nach dem Aufbruch aus Godtschen, warteten noch viel mehr Leute auf den Zug.

Fredy wollte sich die Beine vertreten. Er schulterte seinen Sack und ging ein Stück vom Bahnhof weg in Richtung auf das Dorf.

Da erschrak er. Die ganze Straße war voll von dahintreckenden Menschen, genau wie die, die er vor Driesen gesehen und gesprochen hatte. Teilnahmslos, wortlos, verhärmt, gebeugt, ohne nach rechts und links zu blicken, zogen und schoben sie ihre Wägelchen und Karren, Schritt für Schritt.

Fredy ging neben einem alten Mann her und fragte ihn, woher sie kämen.

Die Antwort erschreckte ihn ein zweites Mal: „Aus Trebitsch."

„Dann sind Sie doch durch Godtschen gekommen?"

„Ja, sind wir. Godtschen war leer, verlassen."

Das kann doch nicht wahr sein! Felix hatte doch hoch und heilig versichert, daß niemand, der aus Godtschen stammt, weggehen müsse.

Andererseits, auch die Landsberger müssen ihren Geburtsort verlassen. Warum dann nicht auch die Leute aus Godtschen?

Er fragte andere nach den Godtschenern. Eine Frau wußte es genauer: „Godtschen muß einen Tag vor uns sein."

Fredy war jetzt klar, was er tun mußte. Er ging noch einmal zurück, sagte Bescheid und zog los, mitten zwischen den Leuten aus Trebitsch.

Da sollten sie ihn erst einmal finden ohne einen Schein.

Und außerdem, er hatte ja immer noch das Papier aus Breitenstein!

Er durfte seinen kleinen Sack auf einen Wagen legen und half dafür schieben. Er sah in Gedanken vor sich schon seine Tante, seinen Onkel und die Oma. Irgendwo da vorn mußten sie ja sein.

Ein paar Kilometer weiter? Eine Tagesreise weiter? Er wußte es nicht.

Die Leute aus Trebitsch machten im nächsten Ort Rast und beschlossen, über Nacht zu bleiben. Der Ort war menschenleer.

Das war Fredy gar nicht recht. So würde er die Godtschener nie erreichen. Er mußte schneller sein als die Trecks! Es war ja noch heller Tag. Da könnte man noch etliche Kilometer schaffen.

Er schnallte sich seinen Sack wieder auf den Rücken und marschierte weiter, an den Leuten vorbei, die zum Teil unschlüssig nach einer Unterkunft für die Nacht suchten, sich aber auch nicht trauten, auch nur kurze Zeit ihr Gefährt mit ihren letzten paar Sachen auf der Straße allein stehen zu lassen.

Die Straße war leer. Vor dem Treck aus Trebitsch fuhr kein anderer Treck. Seine Hoffnung, in der Ferne den Treck aus seinem Dorf zu sehen, erfüllte sich nicht.

Er kam gut voran auf der Straße. Links verlief dicht daneben die Bahn, nur durch einen Ackerstreifen getrennt. Dahinter die weite Ebene, in der irgendwo die Warthe fließen mußte. Man konnte sie von hier aus nicht sehen. Rechts der Straße lag hinter ein paar Feldern ein Kiefernwald, der sanft anstieg.

Genau umgekehrt als die Chaussee in Godtschen, dachte Fredy. Da lag links der Wald, und rechts erstreckten sich die Wiesen hinunter zur Netze. Nun ja, hier war er ja auch auf der anderen, der nördlichen Seite der Brüche.

Die Straße hätte er wiedererkennen müssen. Sein Vater hatte sie immer benutzt, wenn sie nach Godtschen gefahren waren. Es war die Reichsstraße 1, die von Aachen bis Königsberg in Ostpreußen führte, fast tausend Kilometer lang. Teile davon lagen auf der Trasse, die Napoleon hatte anlegen lassen, um sie später bei seinen Feldzügen benutzen zu können.

Das wußte er aus der Schule.

Merkwürdig, daß er jetzt plötzlich an die Schule denken mußte. Vielleicht kam das daher, daß die Schule immer drohte, wenn er auf dieser Straße zurückgebracht wurde.

Wollte er noch zur Schule gehen? Konnte er es überhaupt noch? Hatte er nicht viel zu viel vergessen in der zurückliegenden Zeit?

Wieviel Latein, wieviel Griechisch hat er noch behalten? Würde er sich noch mit seinen Klassenkameraden messen können, die wahrscheinlich viel weniger Unterricht versäumt hatten und deren Denken nicht so sehr durch die Ängste, die Aussichtslosigkeit, die Hoffnungslosigkeit der letzten Monate geprägt worden war?

Hätte er in Godtschen bleiben können, dann wäre die Schule für ihn kein Thema mehr gewesen.

Aber wäre das sein Ziel?

Der Erbe eines kleinen Bauernhofes in einer ungewissen Zukunft und einer unsicheren Umgebung, in der völlig ungeklärt war, ob Felix Karbonewski oder Artur Lenk der Herr auf dem Hof war.

Merkwürdig: Vor ein paar Wochen noch war die einzige Frage die des Weiterexistierens von einem Tag zum anderen, des Überlebens von einer Woche zur nächsten. In eine fernere Zeit wagte keiner zu blicken. Und jetzt, da Berlin so greifbar nahe gerückt wurde, kamen ganz von allein diese anderen Gedanken, die Fragen an die Zukunft.

Ohne daß Fredy es merkte, war die Dämmerung hereingebrochen. Er mußte sich nach einer Übernachtungsmöglichkeit umsehen. Vor ihm die lange, schnurgerade Straße, die sich in leichten Wellen irgendwo am Horizont verlor. Aber kein Dorf, keine Siedlung, nicht einmal ein einsames Haus an der Straße.

Als er schon glaubte, ein weiteres Mal unter freiem Himmel schlafen zu müssen, sah er links an der Bahnlinie ein Häuschen. Ein Feldweg führte dahin und hinter den Schranken weiter in die Wiesen und Äcker, möglicherweise bis hin zur Warthe.

Da ging er hin.

Das Türschloß war herausgerissen, aber sonst war nicht allzuviel demoliert.

Es war ein Bahnwärterhaus mit zwei kleinen Räumen. In dem einen, dem Dienstraum, aus dem man durch ein großes Fenster die Gleise überblicken konnte, dominierten sechs große eiserne Hebel mit schweren Gegengewichten, die es überall bei der Reichsbahn gab.

Damit konnte man irgendwelche Signalanlagen oder Weichen stellen. Die Schranken mußte man von draußen bedienen. Da standen, inzwischen verrostet, die beiden Kurbelgehäuse.

Ein Schreibtisch vor dem Fenster mit einem Telefon, das jemand zerschlagen hatte, ein offenes Regal daneben und ein eiserner Ofen vervollständigten das Inventar. Überall lagen Papiere verstreut herum. Ein halb abgerissenes Plakat: Räder müssen rollen für den Sieg!

Das Nebenzimmer, durch eine Tür vom Dienstraum aus zu begehen, dessen Fenster zur anderen Seite, also zur Straße hin ging, war wohnlich eingerichtet. Hier war mehr gewütet worden: Ein Küchenschrank, dessen Türen herausgerissen waren, ein Kohleherd, ein demolierter Tisch und angebrochene Stühle, Reste von Gardinen an dem Fenster und ein Sofa. Neben der Tür ein Kleiderrechen. An der Wand helle Flecken. Hier müssen früher Bilder gehangen haben.

Und das Schönste: Auf dem Sofa lag eine Decke, unordentlich hingeworfen. Es roch nach kaltem Tabakrauch. Hier müssen erst in jüngerer Zeit Leute gewesen sein.

Warum auch nicht? Wo die Dörfer so weit auseinander lagen. Da werden es ihm die Flüchtlinge auf dem erzwungenen Weg, der sie Schritt für Schritt weiter von der Heimat brachte, vorgemacht und hier übernachtet haben.

Fredy trank Wasser an der Pumpe draußen vor der Tür und aß von seinem Brot und dem Speck. Er hatte richtig Hunger.

Er packte sicherheitshalber alles wieder in seinen Sack, zog nur die Stiefel aus, legte die Brille auf den Tisch - es war immer noch die zu kleine mit den zu engen Gläsern aus Breitenstein - und schlief sofort ein.

Endlich eine Nacht, in der er nicht zu frieren brauchte.

Plötzlich schreckte er auf. Ein Lichtstrahl tastete sich durch das Fenster. Er hörte einen Motor, einen Automotor, der im kleinen Gang aufheulte.

Da kommen welche!

Zur Tür raus und weg?

Das ging nicht mehr. Er würde voll in das Licht der Scheinwerfer laufen.

Also durch das Fenster. Das Fenster zu den Gleisen.

Er setzte die Brille auf, packte die Stiefel und den Sack.

Hätte er doch vorher an eine Fluchtmöglichkeit gedacht!

Wenn das Fenster sich nicht öffnen läßt! Was dann?

Er riß den Fensterhebel nach unten. Das Fenster ließ sich entriegeln. Fredy drückte es nach draußen auf.

Er warf die Stiefel und den Sack ins Dunkle und sprang hinterher.

In letzter Minute.

Er nahm sich keine Zeit mehr, das Fenster wieder zuzustoßen. Es blieb weit geöffnet stehen.

Sekunden später hörte er Tritte und Stimmen und Gelächter in dem Haus.

Fredy duckte sich unter dem Fenster und wagte kaum zu atmen.

Männerstimmen. Er unterschied deutlich die Stimmen von mindestens zwei Männern. Das muß russisch oder polnisch sein. Er konnte die beiden Sprachen immer noch nicht auseinanderhalten.

Dann wieder Gelächter und eine Frauenstimme. Auch die sprach russisch oder polnisch.

Er vermutete polnisch.

Schwacher Geruch von Tabak drang ins Freie, und ein flackernder Lichtschein fiel aus dem Fenster. Sie mußten Kerzen angezündet haben. In dem Licht konnte man ganz schwach die blanken Laufflächen der Schienen erkennen.

Die Zeit zog sich hin.

Nach der ersten Aufregung, die ihn zum Schwitzen gebracht hatte, fing er an zu frieren. Sein Körper schüttelte sich.

Dann hörte er es ganz deutlich durch das offene Fenster: „Mir ist kalt. Wollen wir nicht vorher erst ein Feuer machen? Wenn man friert, hat man doch nichts davon. Da kommt doch keine Stimmung auf."

Die andere weibliche Stimme. Deutsch. Dann die polnische Frauenstimme. Anscheinend die Übersetzung. Die Männer lachten und sprachen dann miteinander.

Eine Tür ging. Wahrscheinlich die Tür zwischen den beiden Räumen.

Fredy erschrak. Wenn jetzt einer herauskäme und um das Haus gehen würde, um Feuerholz zu suchen. Was sollte er dann machen?

In der Dunkelheit weglaufen? Auf den Schienen würde er sofort stolpern. Also ginge es nur über den Weg. Und da würden sie ihn mit ihrem Wagen schnell eingeholt haben.

Er mußte hierbleiben und sich verstecken, so gut es ging.

Er versuchte zu überlegen, ob und wo er Feuerholz gesehen hatte. Er konnte sich nicht erinnern.

Er war ja vorhin auch gar nicht richtig um das Haus herumgegangen.

Vorsichtig schob er sich um die Ecke. Er stieß gegen etwas. Er fühlte. Nein, ein Holzstoß war es nicht. Er fühlte weiter, eine Rahmentür, engmaschiges Gitter darin.

Das mußte ein Karnickelstall sein.

Er hockte sich dahinter.

Da ging auch schon die Tür auf.

Er hörte Schritte und ein paar Augenblicke später, wie die Wagentür geöffnet und kurz darauf wieder zugeschlagen wurde. Der Fremde ging in das Haus zurück.

Kurze Zeit danach begann ein Poltern und Krachen und Splittern im Haus.

Die Männer machten Feuerholz. Aus den Möbeln.

Lange Zeit geschah nichts.

„Karascho, is gutt?" fragte eine Männerstimme. Sie schien aus dem hinteren Raum zu kommen, dem Raum mit dem Küchenherd und dem Sofa.

Also doch wohl russische Soldaten.

Gelächter und Gekichere war die Antwort.

„Komm, paninka, spat!" Fredy hatte diese werbenden Worte in Breitenstein oft gehört.

Eine Tür schlug zu. Das flackerende, durch das Fenster scheinende Licht war weg.

Stimmen und Geräusche drangen nur noch gedämpft zu ihm.

Später, als es ganz ruhig wurde in dem Bahnwärterhäuschen, wagte Fredy, sich aufzurichten. Er reckte sich.

Inzwischen hatte er sich so an die Dunkelheit gewöhnt, daß er den Kaninchenstall besser erkennen konnte. Er war groß. Hinter den beiden drahtbespannten Flügeltüren waren oben und unten durchgehende Käfige; groß genug für ihn, wenn er sich etwas krumm machte.

Fredy packte den Sack und seine Stiefel in den unteren Käfig und kletterte selbst oben hinein. Hinter sich zog er die Türen zu.

Hier war es wärmer als draußen, hier war er geschützt. Hier, so glaubte er, würden sie ihn so bald nicht finden.

Er schlief ein.

Die morgendliche Kälte weckte ihn auf. Es war noch dämmerig.

Er kletterte aus seinem selbstgewählten Gefängnis, zog sich leise die Stiefel an, nahm seinen Sack unter den Arm und schlich vorsichtig in dem Graben neben den Gleisen weg. Zu dieser Seite gab es kein Fenster. Der Weg zurück zur Straße verbot sich. Da hätte man ihn von dem hinteren Fenster aus sehen können.

Das Auto stand noch vor dem Häuschen. Es war ein alter kleiner Lastwagen, kein richtiges Militärfahrzeug. Beutegut.

Das Gras war nicht geschnitten. Es war hoch und feucht vom Tau. Nach kurzer Zeit war seine Hose bis zu den Knien durchnäßt.

Deshalb suchte Fredy die nächste Möglichkeit, wieder zur Straße zurückzukommen.

Da sah er die Frau. Eine junge Frau. Sie lag direkt am Straßenrand auf der Seite.

„Sie dürfen hier nicht schlafen", sagte Fredy zu ihr. „Wie schnell kann ein Auto kommen und Sie überfahren."

Die Frau reagierte nicht.

Fredy faßte sie an der Schulter und wollte sie wachrütteln. Das ging nicht.

Die Frau war starr.

Sie war tot.

Fredy blieb noch einen Augenblick stehen, so als hoffte er, daß er sich geirrt hatte und die Frau sich aufrichten würde.

Er ließ die Frau liegen und ging weiter. Was hätte er auch sonst tun sollen?

Tote und Tote, welch ein Unterschied! Die Soldaten im Wald, das waren auch Tote. Doch das war anders, grausamer zwar, ekelhaft, aber nicht so nahe, so gegenwärtig. Man hatte die Gesichter der Männer nicht mehr erkennen können. Das waren Totenköpfe unter ihren Stahlhelmen. Man sah keine wirklichen Menschen; man mußte sich erst vorstellen, daß das einmal menschliche Wesen gewesen waren, vor langer Zeit, ehe man begriff, daß da vielleicht einer seiner älteren Klassenkameraden gelegen hatte, die vor einem Jahr eingezogen worden waren.

Aber diese Tote war gegenwärtig. Fredy konnte ihr Gesicht im Profil sehen. Ein schlafendes Gesicht, ein ruhendes Gesicht. Die Augen nicht ganz geschlossen. Eine schlafende Frau, eine ruhende Frau, noch ziemlich jung. Kein Körper, dem man Gewalt angetan zu haben schien, ein Mensch, der darauf wartete, wieder aufgeweckt zu werden.

Aber der Mensch war tot.

Warum gestorben? Wie gestorben?

Fredy ging weiter.

Er dachte daran, daß diese Frau gestern noch in einem Treck mitgelaufen war. Und jetzt lag sie da. In ein paar Wochen würde sie aussehen wie die Soldaten im Wald.

Ihm grauste, als er daran dachte.

Den Wagen sah er erst, als es schon zu spät war, sich zu verstecken.

Das Auto hielt vor Fredy.

Merkwürdig, nicht einmal die Bremsen quietschten.

Es war ein Opel P4. Vorn hatte es noch das deutsche Kennzeichen.

Ein Rotarmist sprang heraus. Ohne Waffe.

Das war auch das einzig Beruhigende.

„Dokumenta", oder so ähnlich.

Fredy versuchte es erst so: „Ich", er zeigte nach vorn, „Treck. Ich spat, verschlafen." Er legte beide Hände aufeinander, hielt sie an seine rechte Wange und hielt den Kopf schief. Die Schlafensgeste.

Der Russe wurde ärgerlich.

„Nix spat", er zog das „i" lang, „Dokumenta."

Fredy fingerte das Breitensteiner Papier aus der Rocktasche.

Als er es dem Russen gab, zitterte seine Hand, obwohl er sich Mühe gab, so gelassen wie möglich zu erscheinen.

Der Soldat nahm es, begann umständlich, es zu lesen, und - Fredy traute seinen Augen nicht - er hielt es verkehrt herum.

Der Rotarmist studierte das Papier lange. Zu lange. Selbst ein Kind hätte die paar Zeilen längst zu Ende gelesen.

Dann gab er es Fredy zurück: „Poschol wom", sagte er und zeigte in die Richtung, in der Fredy gehen sollte. „Poschol wom."

Der Rotarmist stiefelte wieder zu seinem Wagen, startete und schlug erst beim Wegfahren die Fahrertür zu.

Das war noch einmal gut gegangen.

Jetzt, da die Gefahr gebannt war, wurde Fredy taumelig. Sein Herz raste. Er mußte sich erst einmal hinsetzen.

Als er sich einigermaßen beruhigt hatte, kam der Ärger über seinen Leichtsinn. Wie umsichtig waren sie gewesen, als sie von dem Viehtreck geflohen waren!

Und jetzt dies.

Er stand wieder auf und bog bei der nächsten Gelegenheit nach rechts in den Wald ab, der höher lag als die Straße. Er hatte Glück und traf auf einen Weg, der nahe am Waldrand fast parallel zu der Straße verlief und von dem man die Straße gut sehen konnte.

Ein idealer Weg!

Das Laufen war hier war zwar etwas beschwerlicher; aber er fühlte sich sicher und war es wohl auch.

Er begann die Schritte zu zählen, um ein Maß für die zurückgelegte Entfernung und für die Zeit zu haben. Tausend Schritte, das waren achthundert Meter oder zwölf Minuten, wenn er stramm ging. Er zählte immer bis hundert und merkte sich die einzelnen Hunderter.

So verging die Zeit schneller.

Fredy mußte auch darauf achten, daß er nicht so weit von der Straße wegkam. Sein ursprünglicher Weg verlor sich nach einiger Zeit zu sehr im Wald, und er mußte quer durch das Unterholz gehen, bis er auf einen neuen Weg traf.

Der führte direkt auf ein Dorf. Erst wollte er es umgehen. Doch dann sah er von hier oben Leute, Handwagen, Karren.

Sollten das die Leute von Godtschen sein?

Wo Treckleute, Ausgewiesene, Flüchtlinge waren, da war es für ihn ungefährlich. Er ging geradewegs auf das Dorf zu.

20. Juli 1945

Das Dorf war leer. Wie ausgestorben.

Die polnische Militäreinheit, die die Ausweisung der Deutschen durchzuführen und zu kontrollieren hatte, war mit ihrem Lastwagen wieder abgefahren.

Auftrag ausgeführt! Keine besonderen Vorkommnisse.

Felix Karbonewski hatte die Dorfältesten ins Bürgermeisteramt gebeten, noch zum Abend des folgenden Tages. Keiner dieser Ältesten hatte das vierzigste Lebensjahr überschritten, mit Ausnahme der drei Deutschen, die zu dieser Runde eingeladen waren. Der Schmied Wiezorke, Specht, der Stellmacher, und Kletsch von der Sägemühle.

Es beschlich sie ein wehmütiges, deprimierendes Gefühl; denn jetzt war ihnen so richtig bewußt geworden, daß aus Godtschen das polnische Goscen geworden war. Sie waren jetzt Minderheit, geduldete Minderheit, weil man auf ihre Fachkenntnis angewiesen war, noch angewiesen war.

Wie lange man sie hier festhalten würde oder dulden würde - je nach ihrer persönlichen Einstellung konnte man das eine oder das andere sagen -, das wußten sie natürlich nicht. Es könnten Monate, ja Jahre vergehen, ehe sie ersetzbar wären; es könnte auch von heute auf morgen geschehen, daß sie auf Grund eines höheren Befehls ausgewiesen würden wie ihre Nachbarn, die vorgestern noch auf den Äkkern gearbeitet hatten und heute schon hinter Landsberg sein mochten.

Sollten sie froh über die Verzögerung sein, weil sie hier noch ihr Dach über dem Kopf hatten? Oder sollten sie zusehen, daß sie so schnell als möglich den anderen folgen konnten? Denn je später sie ins Reich kamen, um so schwieriger würde es werden, dort Unterkunft und Arbeit zu finden.

Sie wußten keine Antwort darauf.

Die polnischen Mitglieder des Ältestenrates von Goscen waren alles ehemalige Fremdarbeiter. Die Deutschen hatten im Winter neununddreißig/vierzig in Polen fast ausschließlich junge, kräftige Männer und Frauen ausgesucht, die sie als Zwangsarbeiter im Reich arbeiten ließen. Deshalb waren sie jetzt noch so jung.

Sie waren damals unter Groll und Zorn und ohnmächtiger Wut hierhergekommen. Aber in den vergangenen fast fünf Jahren hatten sie das Dorf kennengelernt. Jetzt, da sie wieder hätten in ihre frühere Heimat zurückkehren können, soweit die nicht im Osten lag und von den Russen okkupiert worden war, jetzt merkten sie, daß Goscen, wie es nun hieß, zu ihrer neuen Heimat geworden war. Sie waren nicht zurückgekehrt. Im Gegenteil: Einige hatten inzwischen ihre Familien hierhergeholt.

Doch die meisten der jungen Männer saßen noch immer ganz allein oder zu zweit auf ihren viel zu großen Höfen und besaßen plötzlich viel zu viel Land, das sie gar nicht alles bestellen könnten, selbst wenn sie wollten.

Aber sie taten wenig. Nur das, was ihnen zum täglichen Leben notwendig erschien.

Warum auch? Waren sie nicht die echten Sieger? Warum durften sie sich nicht richtig ausruhen? Sie hatten doch in den vergangenen Jahren mehr als genug und für lange Zeit im voraus geschuftet.

Hier lag das erste Problem, das Felix mit ihnen besprechen mußte.

Sie saßen alle an einem großen Tisch. An der Wand die Flurkarten mit den Eintragungen des Bürgermeisters. Sie waren weitgehend wertlos; die dort eingetragenen Besitzer irrten heimatlos irgendwo auf der Landstraße umher.

„Dreiundneunzig Höfe stehen jetzt leer." Felix Karbonewski hatte sich entsprechende Aufzeichnungen gemacht. „Über zweihundert milchende Kühe müssen versorgt, gemolken, gefüttert werden. Dazu Kälber, Färsen, Schweine, Schafe, Hühner."

Felix sah in die Runde. Die Gesichter der Polen spiegelten teils Zufriedenheit wider, bisweilen Stolz, weil man es den Deutschen so richtig gezeigt hatte, teils träge Gleichgültigkeit, Interesselosigkeit.

„Das Problem ist, daß uns die Deutschen fehlen. Vor allem die Frauen."

Einige verzogen ihren Mund zu einem Lächeln.

Felix wußte, was sie dachten, und konnte es ihnen auch nicht verübeln: „Ich meine es anders, als Ihr denkt. Wollt Ihr als Männer in Zukunft jeden Tag acht oder zehn Kühe melken? Und die Schweine füttern?"

Das waren Frauenarbeiten. Von jeher. Nicht einmal als Fremdarbeiter waren sie gezwungen worden, das zu tun.

Man schlug vor, bei dem nächsten Treck, der durchzog, einfach ein paar Dutzend Mädchen und Frauen festzuhalten, hierzubehalten.

„Versucht es! Aber keinen Zwang! Ich warne euch: Goscen darf nicht in den Ruf kommen, daß hier Menschen gefangengehalten werden. Versucht es, die Leute zu überreden, zu überzeugen."

Er schaute in die Runde. „Aber wenn sich auch nur eine Frau beschwert, daß sie einer zwangsweise festgehalten hat, dann wird der hier in Goscen keine gute Stunde mehr haben."

„Da haben wir gestern über hundert Frauen weggejagt, und nun fehlen sie uns."

„Du sagst es. Nicht alles, was die Herren da oben anordnen, ist klug."

Es wurde vereinbart, daß die Kühe auf die Höfe gebracht werden sollten, die bewirtschaftet wurden. In den Ställen war ja überall noch Platz frei. Soweit es ging, würde man auch die Schweine und die Schafe umstallen. Nur das Federvieh sollte auf den leeren Höfen bleiben und von den Nachbarn versorgt werden. Es würde ja doch in ihre alten Ställe zurücklaufen.

Das bedeutete eine Menge Arbeit. Hatte einer der jungen Leute heute eine Kuh oder zwei, das genügte ihm völlig, so bekam er morgen vier oder sechs Kühe dazu.

Fünf, sechs Kühe oder noch mehr allein melken, das Futter beschaffen, ausmisten.

Eine Menge Arbeit. Nutzlose Arbeit; denn niemand konnte sagen, was man mit der vielen Milch anfangen sollte.

Eine Menge Arbeit, wie gesagt. Und dabei blieb es nicht.

„Leute, wir haben überhaupt nicht für den Winter vorgesorgt. Nur das bißchen Winterroggen und die Wintergerste, kein Sommergetreide, kaum Kartoffeln, kaum ein Rübenfeld, das Gras ist schon viel zu hart. Es hätte längst geschnitten werden müssen."

Die jungen Leute hatten fast fünf Jahre lang nur das getan, was man ihnen befohlen hatte. So hatten sie nicht gelernt oder wieder vergessen, wie ein Bauer zu fühlen, an den Winter zu denken, in die Zukunft zu blicken.

„Die Deutschen hatten ja auch nichts getan in diesem Frühjahr."

Das stimmte. Aber waren die nicht in einer besonderen Lage? Arbeitsfähige deutsche Männer hatte es ohnehin kaum im Dorf gegeben. Die waren Soldaten. Deshalb ja die Fremdarbeiter.

Und die wenigen, die noch hätten pflügen und eggen und säen können, die waren ja weg während der Zeit der Frühjahrsbestellung, auf der Flucht vor den Russen.

Einer vergeblichen Flucht.

Und wenn eine der wenigen Frauen, die geblieben waren, ihrem früheren Fremdarbeiter, der jetzt der Herr war, befohlen, nein: angeraten hätte, auf das Feld zu fahren und den Acker zu bearbeiten, hätte der das wohl getan?

„Für die Ackerbestellung ist es jetzt zu spät. Pflügen können wir die brachliegenden Felder auch im Herbst. Wichtig ist, daß so schnell wie möglich gemäht wird. Wenn das Vieh nichts anderes bekommt, wird es im Winter schon das harte Heu fressen."

Felix fragte sich, wann er es gelernt hatte, so befehlend Anweisungen zu geben.

„Wir müssen die heißen Tage unbedingt nutzen. Gleich morgen früh werden die Mähmaschinen instand gesetzt. Ihnen, Herr Wiezorke, schicke ich zwei Männer, die beim Schleifen der Messer helfen, und Sie halten sich für Reparaturen bereit."

Wiezorke nickte. Deshalb hatte man ihn hierher bestellt.

„Übermorgen will ich jeden Mann auf einer Mähmaschine sitzen sehen. Morgen abend bekommen alle gesagt, welche Wiesen ihnen zugeteilt werden."

„Herr Kletsch", Felix sprach das nächste Problem an, „Sie haben doch einen Generator. Können Sie uns, sagen wir, jeden Tag für zwei, drei Stunden Strom liefern? Wir können ja überhaupt nicht dreschen, beispielsweise. Und schön wäre es natürlich, wenn man abends wieder Licht hätte."

„Da gibt es einige Schwierigkeiten, Herr Karbonewski."

Er mußte sich erst an den Nachnamen gewöhnen. Früher hieß er eben überall im Dorf Felix.

„Niemand weiß, ob das Leitungsnetz noch in Ordnung ist. Das müßte ein Elektriker durchprüfen, ehe man Spannung drauf gibt. Dann hätten wir Strom für die Beleuchtung."

Er wartete einen Augenblick. Felix dachte angestrengt nach. Einen Elektriker. Im Dorf gab es keinen mehr.

Wer hatte denn früher elektrische Reparaturen durchgeführt?

„Das größte Problem ist aber, daß mein Generator nur Gleichstrom liefert. Damit können wir keine Elektromotoren antreiben. Die laufen mit Wechselstrom oder die großen zum Dreschen mit Drehstrom."

Das ging also nicht.

„Wenn wir unseren Bulldog noch hätten“, sagte einer, der früher bei Leopold Petsch auf dem Hof gearbeitet hatte, „aber den haben ja die Nazis mitgenommen.“

Die deutschen Truppen.

„Schuberts hatten früher einen Deutz, einen alten Glühkopfmotor. Mit dem hatten sie gedroschen, ehe sie Strom bekamen. Der müßte noch irgendwo herumstehen. Vielleicht bekomme ich den wieder ans Laufen.“

Eine gute Idee von Wiezorke, dacht Felix und war froh, daß er sich gegenüber den Soldaten durchgesetzt hatte, alle Handwerker in Goscen trotz der Anordnung aus Gorzow zurückzubehalten.

So gingen sie bis spät in den Abend Problem auf Problem durch. Auch die anfangs Gleichgültigen beteiligten sich mehr und mehr. Jeder hatte begriffen, daß sie viel tun mußten, um den Winter zu überstehen.

Früher, so dachte Felix, hatte das Dorf Mengen an Nahrungsmittel abgeliefert, praktisch eine kleine Stadt miternährt. Jetzt haben sie Sorge, für sich selbst genug zu beschaffen für den kommenden Winter.

Als sich jeder schon zum Gehen aufmachte, hatte Felix noch eine Frage: „Seht euch doch mal unter der Rindern um. Wir brauchen unbedingt ein paar Bullen. Vielleicht ist das eine oder andere Bullkalb im letzten Winter nicht verschnitten worden.“

Er unterbrach sich. „Das gleiche gilt übrigens auch für Hengste und Böcke. Es muß doch schließlich weitergehen hier bei uns.“

„Sonst muß eben Doktor Hollander kommen und ihnen die Eier wieder drannähen“, scherzte einer.

Aber keiner mochte darüber lachen.

Als Felix nach Hause kam, wartete Lisa schon auf ihn.

„Maria hat ihre Wehen bekommen, Felix.“

„Dann geh rüber zu . . .“, er unterbrach sich, „nein, ich gehe lieber selbst. Bleibe du bei Maria.“

Er sah nur kurz bei seiner Frau hinein. Das Zimmer war von ein paar blakenden Talglichtern beleuchtet.

Es wäre doch gut, wenn wir bald Strom bekommen, und wenn es nur für das Licht ist, dachte Felix und ging die Dorfstraße wieder zurück, um Lilly Vogt zu holen, die auch geblieben war.

Noch in der Nacht wurde seine erste Tochter geboren. Sie nannten sie Tanja.

Tanja war somit die erste in Goscen geborene Bürgerin.

23. Juli 1945

„Fredy, wo kommst du denn her?" Die Frau kannte er. Es war Erna Lenk, die den Max, einen von Arturs Brüdern, kurz vor dem Krieg geheiratet hatte, der inzwischen gefallen war.

„Ist Onkel Artur auch dabei?"

„Sicher, die müssen weiter vorne sein."

Fredy war froh. Endlich war er nicht mehr allein, nicht mehr schutzlos, nicht mehr sich selbst überlassen.

Jetzt erst merkte er, wie groß die Geborgenheit war, die die Gemeinschaft mit anderen bietet, mit Leuten, die man kennt und denen man vertrauen kann.

Was wäre aus ihm in der ganzen schlimmen Zeit geworden, wenn er immer allein gewesen wäre?

Da sah er auch schon seinen Onkel. Er zog den Karren - es war das in Breitenstein gebaute und in Godtschen schnell noch verbesserte Gefährt - durch ein Hoftor auf die Straße. Ein Mädchen schob den Wagen von hinten.

Fredys Herz stockte und machte dann einen ungewohnten Schlag.

Sollte das Liesel sein?

Sie war es nicht. Das Mädchen war kleiner als Liesel und auch viel jünger.

Er kannte sie. Es war Charlotte, Ursels Tochter. Ursel war die jüngste Schwester von Artur, die ins Holländische geheiratet hatte.

Das war eine gute Partie gewesen, damals, und manches Mädchen hatte sie darum beneidet. Drei Gespanne, die Pferde mit Brandzeichen auf der Hinterhand, zwei große Glashäuser, davon eines beheizt. Die Schwiegereltern lieferten bereits Anfang Juni Tomaten und Gurken in die Stadt und hatten die letzte Gemüseernte im November, wenn draußen schon Schnee lag.

Das hatte gutes Geld gebracht.

Im Frankreichfeldzug war ihr Mann gefallen, und sie zog zu ihren Eltern zurück, noch ehe Charlotte geboren wurde. Auf ihres Vaters Hof war sie eben doch noch mehr zu Hause als auf dem ihres Mannes, mit dem sie nur ein knappes Jahr zusammengelebt hatte. Und mit der Schwiegermutter soll sie sich nicht so gut verstanden haben, sagte man.

Nun treckte sie mit ihrem Bruder.

Der alte Wilhelm Lenk, der Vater, hatte genug zu tun mit seiner schwerkranken Frau, die nicht mehr laufen konnte und in einem kleinen Leiterwagen auf ein paar Decken saß, der für den alten Mann viel zu schwer war.

Beide sollten die Flucht nicht überleben. Erst starb Anna Lenk, Arturs Mutter. Sie begruben sie noch vor Frankfurt, in Kunersdorf, neben der Straße; und eine knappe Woche später mußte Artur auch seinen Vater begraben, kurz vor Fürstenwalde.

Lene war sichtlich froh, ihren Neffen wieder bei sich zu haben.

Während sie den Handwagen, ihren alten Handwagen, miteinander zogen, mit dem Lene einst ihre jüngeren Geschwister ins Dorf und aufs Feld gefahren hatte, erzählten beide, was sich in den letzten Tagen ereignet hatte.

Erst Fredy, dann Lene.

„Am gleichen Abend, als du weg warst, kam Felix nach Hause und sagte, daß wir nun doch alle weg müßten. Am nächsten Tag schon. Höchstens vierzig Kilogramm Gepäck, aber keine Betten, nur eine Decke, Essen für höchstens acht Tage, keine Tiere. Es würde alles streng kontrolliert."

Lene wußte nicht, ob sie Felix noch trauen konnte. „Heute sagte er hü und morgen hott. Man konnte sich überhaupt nicht auf das verlassen, was er versprochen hatte."

Wahrscheinlich tat sie ihm Unrecht. Sein Fehler wahr wohl eher, daß er seinen Einfluß und seine Möglichkeiten überschätzte. Gegen die Anordnungen von oben war er genauso machtlos wie alle anderen auch.

Beim Abschied hatte Felix noch einmal bekräftigt, daß er sich nach wie vor nur als Verwalter des Hofes betrachte.

„Es ist euer Hof und bleibt euer Hof, Artur", so sagte er, „ich sorge dafür, daß er euch erhalten bleibt."

Am nächsten Vormittag mußten sie sich aufstellen, fast an der gleichen Stelle wie ein knappes halbes Jahr zuvor im Winter. Doch wie viel ärmlicher war das jetzt gegenüber damals. Da hatten sie ihre Gespanne, wertvolle Teile ihrer beweglichen Habe, Verpflegung für viele Wochen und wenigstens ein Dach über dem Kopf, auch wenn es auf Rädern stand und nur eine Plane war.

Aber jetzt? Handwagen und Karren, die sie selbst ziehen mußten.

Spärliche Reste ihrer einstigen Habe, und auch die noch reglementiert und kontrolliert; denn Soldaten mit viereckigen Mützen auf dem Kopf waren gekommen und hatten Handwagen für Handwagen und Karren für Karren durchgesehen. Erst dann bekamen sie ihren Ausreiseschein.

Artur hatte eine Ersatzprothese, in einen Sack gesteckt, auf seinem Karren. Die wollten ihm die Polen wegnehmen, weil sie sie für eine lange Speckseite gehalten hatten. Erst als Artur das Ersatzbein ausgewickelt hatte, durfte er es wieder einpacken und aufladen.

Wilhelm Lenk hatte seinen Hofhund vor den Leiterwagen gespannt. Der sollte helfen, seine Frau Anna zu ziehen. Der Alte mußte den Hund wieder abschirren.

Alle Leute aus Godtschen waren aber nicht dabei.

„Alle Handwerker, Dr. Hollander, der Tierarzt, Lilly als Krankenschwester, Kletsch, der Sägemüller, natürlich auch Lisa, die wäre keine drei Kilometer weit gekommen mit ihrer Verwundung, und ein paar andere, die durften, besser: sie mußten zurückbleiben."

Martha Vogt hatte es überhaupt nicht gepaßt, daß Lilly zurückbleiben wollte, bei all den Polen, mit denen sie nach Ansicht ihrer Schwiegermutter schon viel zu engen Kontakt hatte.

„Euer Felix hat mir versprochen, meinen Vater wiederzufinden. Deshalb ist es gut, daß ich dabei bin", hatte sie gesagt und damit jede weitere Diskussion um ihr Bleiben abgebrochen.

Felix hatte anfangs auch versuchen wollen, daß Artur Lenk mit seiner Familie bleiben konnte.

Aber da hatte Artur abgewinkt: „Wenn alle anderen gehen müssen, dann will ich auch gehen!"

Und dabei blieb es.

Martha und Ursel schoben vor ihnen den Karren, den Artur zog. So konnten sie hören, was die beiden hinter ihnen erzählten.

Martha ließ sich aber mehr von der Karre ziehen, als daß sie sie tatsächlich vorwärtsschob. Da machte sich eben doch ihr Alter bemerkbar und die körperlichen und vor allem die nervlichen Strapazen des vergangenen halben Jahres. Der kleinen Charlotte taten die Beine weh, und deshalb saß sie oben auf dem Karren und hielt sich an dem Strick fest, der die Ladung zusammenhielt.

Es ging langsam voran. Der Zug zog sich immer mehr in die Länge.

Manch einer der Älteren mußte sich für ein paar Augenblicke hinsetzen, den Schweiß von der Stirn wischen und etwas trinken. Dann warteten eben auch die folgenden Fahrzeuge.

Hier und da zerbrach ein Holzrad, einfach so, spack geworden in der Hitze und überlastet durch die zu schwere Ladung.

Artur wußte um diese Gefahr und machte morgens und abends und immer, wenn er irgendwo Wasser besorgen konnte, die Räder naß. So konnte das Holz unter den eisernen Reifen nicht zusammenschrumpfen.

Es war schlimm, wenn ein Rad brach. Provisorisch richten konnte man es meist nicht. Wenn man es nagelte, platzte das Holz gleich wieder weg.

Die Folge war, daß an den Straßenrändern, je weiter man kam, immer häufiger ein Wagen lag und darauf die Ladung.

So verloren viele auch noch das letzte bißchen, das ihnen geblieben war. Mehr als die Decke und ein paar Lebensmittel konnte kein anderer zusätzlich auf sein Gefährt laden.

Besonders ärgerlich war, wenn man seine Karre wegen eines zerbrochenen Rades hatte zurücklassen müssen und wenig später ein ähnliches liegengelassenes Gefährt fand.

Mit wenigstens noch einem brauchbaren Rad.

Eines der heilen Räder nehmen und zurückgehen?

Aber war das wirklich gerade erst gewesen, daß man seine Karre an den Straßenrand hatte schieben müssen, oder war das doch schon länger her? War vielleicht schon eine Stunde vergangen oder noch mehr?

Wer hätte das sagen können? Man verlor so schnell das Zeitgefühl.

Manch einer wagte es, zurückzugehen. Einige hatten Glück, den eigenen Wagen noch wiederzufinden, ohne daß allzuviel weggekommen war und ohne daß andere die restlichen noch heilen Räder mitgenommen hatten.

Das geschah immer häufiger; denn jeder liegengelassene Wagen wurde zum Ersatzteillager für die Nachfolgenden.

Wer weiterdachte und ein brauchbares Rad an einer Karre oder einem Wagen fand, baute es nämlich sofort aus und nahm es mit.

So auch Artur. Die beiden Räder seiner eigenen schweren Karre waren stabil; aber der Handwagen, den Lene und jetzt auch Fredy zogen, der war wohl schon an die vierzig Jahre alt, und die Räder waren morsch. Er wußte, daß er dafür im Laufe der nächsten Tage Ersatz brauchen würde. Und wenn es ganz schlimm kommen würde, gleich vierfach!

Die Spitze machte halt.

Niemand hatte das angeordnet. Ohne sichtlichen Grund wurden vorn die Wagen an die Seite gefahren. Man begann, ein paar Sachen abzuladen und Rast zu machen.

Das war ganz anders damals bei dem ersten Treck, bei dem Gutsbesitzer Virus das Kommando hatte. Er hatte sich auch um die Reihenfolge der Wagen gekümmert und zwischendurch immer wieder erfahrene Gespannführer gestellt. Auf seinen Befehl hin wurde losgefahren und angehalten. Er hatte sich mobil gemacht mit seinem Sachs-Motorrad und immer für freie Durchfahrt sorgen wollen.

Jeder wußte, was daraus geworden war. Der Treck fuhr direkt in die Klammer der Russen hinein und fiel schon am zweiten Tag auseinander.

Jetzt gab es keinen Treckführer. Keiner fühlte sich für mehr als für sich selbst verantwortlich. Und dieser endlose Wurm von Fahrzeugen, viel ärmlicher, mit Menschen, alten, ausgemergelten Menschen und halben Kindern als Zugtiere, der hielt zusammen!

Man setzte sich in den Straßengraben. So konnte man sich schön anlehnen und hatte ein bißchen Schatten durch die Chausseebäume oder wenigstens durch die Wagen.

Martha holte ein paar Lebensmittel, Brot, Speck, fünf Blechtassen.

„Für dich haben wir keine, Fredy", entschuldigte sie sich, „wer konnte auch ahnen, daß wir dich wiedertreffen."

Fredy trank aus dem Deckel der Blechkanne. Das ging ganz gut. Nur konnte er ihn wegen des Henkels oben nicht auf die Erde stellen.

Er war müde und schlief ein.

Er meinte, kaum die Augen geschlossen zu haben, da ging es auch schon wieder los.

„Na, du Langschläfer", neckte ihn Lenk, „nachts bei Liebespaaren zu lauschen und tagsüber müde sein. Du bist mir der richtige."

Also hatte Artur bis nach vorne hören können, was Fredy erzählt hatte.

Das Ziehen wurde schwerer. Wurden sie zu müde? Möglicherweise. Es lag aber auch an der Straße, die ganz langsam anstieg.

Oben ein Dorf. Man sah den Kirchturm und die ersten Häuser.

Langsam schob sich die Spitze in den Ort hinein.

Das Ortsschild war weg, wie meist. Erst an einem schuppenähnlichen Gebäude mit einer Laderampe davor konnten sie auf der abblätternden Farbe lesen, wo sie waren: Landwirtschaftliche Genossenschaft Vietz.

Fredy erinnerte sich. Sein Vater pflegte zu sagen, daß man hier in Vietz die halbe Strecke zwischen Küstrin und Landsberg zurückgelegt habe. Er wußte: Von Godtschen bis Landsberg waren es knapp fünfzig Kilometer, von Landsberg bis Küstrin gut fünfzig Kilometer und von Küstrin bis zu ihrem Haus in Berlin noch einmal achtzig Kilometer.

Zusammen einhundertachtzig Kilometer.

Bis Küstrin waren es also noch rund fünfundzwanzig Kilometer - das würden sie heute nicht mehr schaffen - und etwas über hundert Kilometer bis Berlin.

In dem Ort stockte der Zug ungewöhnlich lange. Es ging einfach nicht weiter.

Unruhe kam auf.

Was war da vorn los?

Fredy blickte angestrengt. Wenn er doch nur seine richtige, seine alte Brille hätte!

Da sah er Männer auf Pferden an den Wagen entlangreiten.

Was sollte das?

Männer auf Pferden. Das konnten doch nur Russen oder Polen sein.

Sie kamen langsam näher.

Erst ganz unwirklich und leise, später deutlicher hörte man das Schreien und Jammern von Frauen.

„Nein! Nein!"

Und dann sah man es.

Die Männer holten sich Leute aus dem Treck.

Einfach so.

Leute?

Junge Frauen, Mädchen; aber auch Jungen.

Die meisten stemmten und wehrten sich. Da warf man ihnen einen Strick über den Kopf und zogen den über dem Oberkörper fest.

Mit dem Strick in der Hand zerrten sie ihre Beute hinter den Pferden her. Andere folgten von allein.

Aber da hatte Fredy schon seinen Sack von dem Leiterwagen gerissen und war mit einem „ich haue hier ab" in dem nächsten Bauernhof zur Rechten verschwunden.

Er hetzte über den Hof, stieg über einen heruntergerissenen Zaun, kam auf eine kleine Querstraße, sah vorsichtig nach links und rechts, da war nichts, rannte in das nächste Gehöft hinein und hetzte und hetzte, bis er das freie Feld vor sich hatte, das langsam anstieg.

Ein paar hundert Meter weiter, vielleicht auch ein knapper Kilometer, da war Wald.

Fredy sah sich um.

Niemand verfolgte ihn.

Es war überhaupt niemand zu sehen.

Fredy hastete über das Feld, es war unbestellt und mit hüfthohem Unkraut bewachsen. Keuchend kam er an den Wald heran.

Erst dann drehte er sich wieder um.

Das hintere Ende des Trecks konnte er sehen. Die Karren und Wagen standen immer noch. Der Blick auf die Straße im Dorf und damit auf den Großteil des Trecks war durch die Häuser versperrt.

Fredy zog sich noch etwas weiter in den Wald zurück, setzte sich halb unter einen Holunderbusch. Von hier aus konnte er das Dorf übersehen. Es war ein gutes Versteck. Da müßte schon einer bis auf wenige Meter herankommen, um ihn zu entdecken.

Er wartete.

Irgendwann mußten die ersten Wagen doch vorn wieder aus dem Dorf herauskommen.

Nichts geschah.

Die Leute am hinteren Ende warteten immer noch.

Da waren sie wieder, die Reiter. Jetzt außerhalb des Dorfes, am Ende des Trecks.

Fredy konnte aber nicht erkennen, ob sie auch da welche raussuchten und mitnahmen.

Endlich ging es weiter. Das Ende des Zuges näherte sich langsam dem Dorfeingang.

Nun muß doch die Spitze bald irgendwo da vorne am Dorfausgang erscheinen.

Aber sie kam nicht.

Das hintere Ende verschwand unten im Dorf hinter den Gehöften. Vorne geschah nichts.

Also machten sie Rast zum Übernachten.

Merkwürdig. Es war doch noch heller Tag. Vielleicht zwei, drei Uhr.

Und mitten unter den Polen übernachten, die sich in der Nacht noch mehr Leute herausfangen würden wie die Kälber auf der Weide mit einem Strick?

Das war schwer vorstellbar.

Den Gedanken, wieder hinunterzugehen, um nachzusehen, verwarf er. Jetzt, da er mit so viel Glück einer neuen Gefangenschaft entkommen war, wollte er sich nicht vorsätzlich in Gefahr bringen.

Er hatte sich auch genug erholt und ging vorsichtig los, auf Sichtweite zum Dorf, innerhalb des Waldes in westlicher Richtung.

Er mußte über eine Straße hinweg, die war frei, und etwas später eine breite Wiese mit kniehohem Gras.

Er mußte sie überqueren und wußte, daß man ihn hier vom Dorf aus sehen kann. Er lief ganz normal, nicht hastig.

Im Wald angekommen, versteckte er sich wieder und beobachtete, ob sich etwas tat.

Nichts. Niemand schien ihn beachtet zu haben.

Er ging weiter. Inzwischen lag das Dorf halblinks hinter ihm. Die Straße, die aus dem Dorf herausführte, war deutlich zu erkennen.

Aber sie war leer, wie ausgestorben.

Kein einziger Wagen.

Und dann sah er seinen Treck.

Er zog einen ganz anderen Weg. Aus Vietz heraus mußte nach Süden noch eine Straße verlaufen. Die Spitze des Trecks überquerte die Bahnlinie, die gerade noch auszumachen war, und schob sich auf die Warthe zu, die man dort hinten irgendwo vermuten konnte.

Der Treck ging gar nicht nach Küstrin! Nach Berlin!

Er erinnerte sich, etwas von Frankfurt an der Oder gehört zu haben. Richtig, der Zug, der zweite Zug, in den sie umsteigen sollten, der sollte von Wepritz aus dorthin fahren. Dort sollte ein Sammellager sein.

Bestand hier ein Zusammenhang und führte diese Straße da unten nach Frankfurt?

Möglich wäre es. Frankfurt liegt südlich von Küstrin. Aber mehr wußte Fredy nicht. So gut hatte er die Karte nicht im Kopf.

Als er die endlos lange Schlange der kleinen Fahrzeuge immer weiter nach Süden, in die für ihn falsche Richtung, ziehen sah, war er froh, daß er sich gezwungen gesehen hatte, vom Treck wegzugehen.

Nun kann er doch ungehindert und unbehindert direkt nach Berlin kommen. Schneller als mit dem lahmen Treck, unabhängiger von den anderen. Und vor allem auf dem direkten Weg!

Schritt für Schritt ging er weiter am Waldrand und merkte gar nicht, daß er sich der Reichsstraße gefährlich näherte.

Es ist doch merkwürdig, dachte er. Heute früh war er so froh, daß er endlich wieder unter Menschen, bei seinen Verwandten war, weil sie ihm ein Gefühl der Sicherheit, der Geborgenheit vermittelten.

Und nun, nur ein paar Stunden später, war er froh, allein zu sein. Jetzt glaubte er, so am sichersten zu sein.

Er wunderte sich, wie schnell man doch seine Meinung, sein Denken, sein Fühlen ändern konnte.

Fredy marschierte ging noch eine lange Strecke. Nach seiner Rechnung müßte er etwa zehn Kilometer vor Küstrin sein.

In einer Feldscheune voller Roggenstroh fand er sein Nachtquartier.

Das Getreide war noch nicht gedroschen. Er puhlte eine Menge Körner aus und zermahlte sie langsam mit seinen Zähnen.

Dadurch bekam er unbändigen Durst. So viel Durst, daß er glaubte, im nächsten Augenblick auszudörren. Seine Zunge fühlte sich dick und gefühllos an.

Er fluchte, weil er wieder vergessen hatte, nach einer Flasche zu fragen. Sie hatten bestimmt mehr als die Blechkanne auf dem Wagen gehabt.

Aber wann hätte er es auch tun sollen, da er so unvermutet und Hals über Kopf abhaute, abhauen mußte? Er hatte ja gerade mal seinen Sack schnappen können.

Fredy schlief ungestört die ganze Nacht hindurch.

Am nächsten Morgen war die Brille weg.

Er hatte vergessen, sie abzusetzen. In der Nacht mußte sie ihm abgegangen und in das Stroh gerutscht sein.

Er suchte lange und fand sie auch wieder. Sie lag zwischen den zwei Garben, auf denen er gelegen hatte.

In Zukunft, so sagte er sich, würde er die Brille immer in einen Stiefel stecken. Da würde sie sicher sein.

Er hatte keinen Hunger. Nur Durst.

So ging er los und hoffte, irgendwo Wasser zu finden. Am besten eine Pumpe.

Aber eine Pumpe gibt es nur dort, wo Häuser sind. Und die wollte er ja meiden.

Später fand er Waldhimbeeren. In rauhen Mengen. Die aß er. Das löschte etwas den Durst, und er bekam Hunger.

Trotzdem mochte er seinen inzwischen steinharten und ausgedörrten Kanten Brot nicht. Er steckte sich einen Brocken in den Mund, er kaute lange darauf herum, bis er ihn schließlich hinunterschlucken konnte.

Dabei hatte er weiter Hunger; Appetit auf rohe Mohrrüben, auf die gelben Wruken in Breitenstein, auf grüne Erbsen, die man auspahlen konnte, auf gekochte Kartoffeln mit Specksoße. Nur dieses elende trockene Brot und den glasigen, schmierigen, glitschigen Speck, die mochte er nicht.

Und er hatte schon wieder unbändigen Durst.

Er näherte sich Küstrin und sah sich damit dem Problem gegenübergestellt, das er bislang immer verdrängt hatte: Wie sollte er über die Oder kommen?

Ohne ein vernünftiges Papier.

Küstrin lebte. Es begegneten ihm Leute, die hier wohnten. Sie hatten kein Gepäck wie er und waren wohl nur mal kurz aus dem Haus gegangen. Frauen meist, Kinder. Es waren auch Deutsche unter ihnen. Sie sprachen deutsch.

Ein Teil der Häuser war zerstört, zerschossen. Es gab aber auch einige Bauten, die unbeschädigt geblieben waren oder nur geringe Spuren vom Krieg aufwiesen. Die Straßen waren trümmerfrei.

Es mußte Mittagszeit sein. Fredy ging möglichst so, daß die Sonne links von ihm stand.

Es dauerte nicht lange, da sah er die Brücke. Sie war zerstört. Die beiden großen stählernen Bogen waren in der Mitte abgeknickt, die Straße endete auf beiden Seiten im Wasser.

Zu Fuß konnte man sie aber benutzen. Ein schmaler Holzsteg verband die beiden Fahrbahnrümpfe.

Am anderen Ende der Brücke standen Soldaten.
Wie an denen vorbeikommen?
Fredy zögerte. Sollte er es versuchen? Oder sollte er lieber am Ufer entlang weiter nach Norden oder weiter nach Süden gehen, um irgendwo einen Kahn zu suchen?

„Na, willst du nach drüben?“ fragte eine Stimme. Sie gehörte einem bärtigen massigen Mann. Er sah furchterregend aus und sprach ein hartes Deutsch.
Fredy schluckte und murmelte „ja“, um dann deutlicher fortzufahren: „Ich will nach Berlin, zu meinen Eltern.“
„Der offizielle Übergang nach Deutschland ist in Frankfurt, nicht hier.“
Wieder Frankfurt! Es verfolgte ihn.
Müßte er doch noch diesen gewaltigen Umweg machen?
„Aber warte, ich kenne die Soldaten hier. Komm mit.“
Fredy zögerte. Sollte jetzt, kurz vor dem Ziel, alles vergeblich gewesen sein? Würde man ihn im nächsten Augenblick festnehmen?
„Du brauchst keine Angst zu haben. Ich habe selbst einen Enkel in deinem Alter.“
Das beruhigte.
Später fragte sich Fredy, warum ihm der Hinweis auf einen Enkel die Angst nehmen konnte.
Er hätte es nicht sagen können. Aber es war so.
Fredy lief hinter dem Alten her, erst die Straße runter zum Wasser, dann über die Holzbohlen und am anderen Ende wieder die Straße hinauf.
So leicht war das.
Der Alte wechselte ein paar Worte mit den Soldaten? Auf polnisch? Auf russisch?
Fredy würde es nie lernen, die beiden Sprachen zu unterscheiden.
Sie gingen weiter.
„Vielen Dank auch“, sagte Fredy und wollte sich davonmachen.
„Wo willst du denn hin?“
„Weiter, nach Berlin. Da bin ich zu Hause.“
„Du mußt doch noch über die Oder rüber.“
„War das nicht die Oder?“
Der Mund in dem Bart des Alten verzog sich. Er lachte und sah dadurch gar nicht mehr unheimlich aus.
„Nein, Junge, das war die Warthe. Die Oder kommt noch.“

Sie gingen jetzt nebeneinander her. Sie liefen durch eine Trümmerlandschaft. Hier war kein einziges Gebäude auch nur einigermaßen erhalten.

„Hier hatten beide Seiten reingeschossen, die Deutschen und die Russen. Das war Niemandsland, und jede Seite glaubte, daß da die anderen drin saßen", sagte der Alte.

„Die Russen hatten mehr Munition, viel mehr. Drüben steht kein Stein mehr auf dem anderen", er zeigte mit dem Kopf nach Westen, „die Russen haben das Gelände drüben wochenlang mit Artillerie und mit Stalinorgeln beschossen."

Fredy sah ihn fragend an.

„Ich habe es miterlebt, hier, auf der russischen Seite. Ich bin so etwas wie ein Dolmetscher für sie."

„Dann sprechen Sie russisch?"

„Du hast es doch gehört, eben. Ich stamme ja aus Rußland, von der Wolga. Volksdeutscher. Wir sind im Sommer vierzig rübergekommen, nach dem Stalin-Hitler-Pakt."

So war das also.

Die Brücke über die Oder, die beträchtlich breiter war als die Warthe eben, bestand aus einer Reihe von Booten und Kähnen, die an einem starken quer über den Fluß gespannten Stahlseil nebeneinander festgemacht waren. Von Boot zu Boot waren Bohlen gelegt. Über die konnte man bequem laufen.

Wieder standen Rotarmisten herum. Unbewaffnet. Ihre Aufgabe war es wohl vor allem, darauf zu achten, daß die zerbrechlich wirkende Brückenkonstruktion funktionsfähig blieb.

Die beiden überquerten die Oder wie selbstverständlich.

Auf der östlichen Seite der Oder gab es überhaupt kein Haus mehr. Nur noch Trümmer.

„Die Grenzkontrolle ist weiter vorn, bei Kietz. Am besten, du gehst jetzt in der Nähe des Ufers lang, mindestens eine halbe Stunde. Da kommt erst die Bahnlinie und danach ein Bach. Durch den mußt du unbedingt durch. Dann gehst du noch ein ganzes Stück weiter."

Der Alte zeigte weit nach rechts, nach Norden.

„Dann machst du einen großen Bogen. Wenn du wieder an einen Bach kommst, bist du weit genug weg. An dem gehst du lang, daß die Sonne genau von vorn kommt. Du überquerst wieder die Bahnlinie und stößt dann auf die große Straße."

„Die Reichsstraße 1?"
„Ja die. Auf der kannst du immer weiter laufen. Irgendwann kommt dann Berlin." Er lachte, als habe er einen tollen Scherz gemacht.

Den Bach zu durchqueren war leichter, als Fredy gedacht hatte. Er brauchte nur seine Stiefel und die durchlöcherten Strümpfe auszuziehen. Der Boden war etwas matschig und glitschig. Aber das war auch alles.

Fredy hatte oft genug gehört, wie gefährlich es war, offenes Wasser zu trinken, das nicht aus der Tiefe hochgepumpt worden war. Doch sein Durst ließ ihn alle Bedenken vergessen. Er legte sein Gepäck ab, stieg noch einmal in den Bach hinunter und schöpfte sich Hand für Hand das Wasser aus dem Bach und trank und trank, bis ihm fast schwindlig wurde.

Da meldete sich der Hunger. Er packte sein Brot aus. Es schmeckte wieder, und auch der Speck. Das Schmierige vom heraustretenden Fett störte ihn jetzt überhaupt nicht.

Er aß genauso unmäßig, wie er getrunken hatte.

Er wollte sich nur einen Augenblick hinlegen und ausruhen. Es war völlig still um ihn herum. Nur ein paar Fliegen und Mücken surrten. Wie von selbst schlief er ein.

Waren es Minuten, Stunden? Er wußte es nicht, wie lange er geschlafen hatte. Er zog sich wieder an, schnallte den Sack auf den Rücken und ging los, am Bach entlang, wie ihm der Alte es gesagt hatte.

An der Straße, da, wo der Bach unter ihr herlief, trank er noch einmal.

Die Nacht schlief er etwas abseits der Straße in einem Schuppen, dem einzigen Gebäude, wenn man von einem solchen überhaupt sprechen konnte, das noch stand.

Die Straße war leer. Keine Menschen, keine Trecks. Ganz selten fuhr ein russisches Militärfahrzeug an ihm vorbei. Anfangs erschrak er, doch die Soldaten kümmerten sich nicht um ihn.

Die erste Stadt, die er am nächsten Tag erreichte, war total zerstört und menschenleer. Er mußte doch schon etwa zwanzig Kilometer weit von der Oder entfernt sein. So weit hatten die Russen das gesamte Gelände beschossen, bevor sie über die Oder gegangen waren. Mit den

Schwimmwagen, die in Breitenstein und bestimmt auch an vielen anderen Stellen in Bereitschaft gestanden hatten.

Er hatte gehofft, hier irgendwo eine Pumpe zu finden. Aber nichts.

In den Gärten standen Büsche voller leuchtend roter, süßer Johannisbeeren. Daran stillte er seinen Durst. Man konnte sie viel schneller abpflücken als gestern die kleinen Waldhimbeeren. Er füllte sich, als er satt war, eine Hand voll mit den dicksten Trauben für unterwegs.

Am gleichen Tag kam er noch bis Müncheberg. Hier gab es Wasser. Mitten auf dem Marktplatz stand eine große eiserne Pumpe, die tatsächlich Wasser zog. Hier waren auch wieder Menschen, viele Menschen mit vollbepackten Kinderwagen, wenigen Karren und Handwagen. Andere Gefährte, als Fredy in dem Treck aus Godtschen erlebt hatte. Und viele mußten ihr Gepäck sogar auf dem Rücken tragen.

Die Leute waren über Frankfurt gekommen und stammten aus Schwiebus.

Schwiebus? Das lag doch weit südlich von Zuhause. Schwerin - Meseritz - Schwiebus. Hatten sie denn da nicht rechtzeitig fliehen können vor den Russen? Die waren doch im Norden durchgebrochen und dann von Westen gekommen?

Er fragte eine Frau, die einen Kinderwagen vor sich herschob, an dem sich ein kleiner Junge festhielt. Fredy nahm seine Hand und ging neben den beiden her.

„Wir dachten, die Front hätte sich stabilisiert. Es waren ja auch reichlich Truppen da, deutsche Soldaten. Da fühlten wir uns sicher. Zu sicher."

Die Frau schwieg.

„Eines Morgens waren die Soldaten weg. Da war es zu spät. Es gab keine Züge mehr. Am Nachmittag kamen die Russen. So schnell ging das, damals."

„Dabei hätten wir es wissen müssen. Es waren Tage vorher so viele Trecks durchgekommen. Die hatten es bestimmt noch geschafft."

Sie machten Halt und suchten sich Unterkunft in einem Haus. Da waren schon andere, die in dem Küchenherd Feuer gemacht hatten.

„Ich habe noch Speck bei mir. Wenn wir irgendwo eine Pfanne finden, dann braten wir den Speck auf", schlug Fredy vor, der sich sagte, daß er ja am nächsten Tag zu Hause sein würde. So weit konnte es doch nicht mehr sein bis Berlin, und sie wohnten ja ziemlich am östlichen Rand der Stadt.

Eine Pfanne fand man bald.

Fredy holte von draußen Holz und legte es auf das Feuer, das schon ziemlich runtergebrannt war.

Der ausgelassene Speck schmeckte zu dem trockenen Brot herrlich. Fredy wischte mit seinen letzten Bissen den Rest von Fett aus der Pfanne.

Sehr früh am Morgen brach er wieder auf. Er wartete nicht auf die Frau; denn sie kam wegen des Kindes viel zu langsam voran. Er wollte doch am gleichen Tag schon in Berlin sein.

Aber diese Hoffnung erfüllte sich nicht. Er sah zwar eine gewaltige Siedlung breitausladend in der Ferne liegen. Aber es dauerte und dauerte, bis er sich der genähert hatte, und dann war es doch noch nicht Berlin, besser Lichtenberg, denn da wollte er hin, sondern erst Hoppegarten.

Gegen Mittag das nächsten Tages war er dann endlich zu Hause. Er stand vor ihrem Zaun.

Das Tor war geschlossen, die Ruine sah gar nicht so schlimm aus, wie er sie in Erinnerung gehabt hatte. Die Außenwände standen noch, die Fensterhöhlen waren zugenagelt. Daneben die Garage mit dem Anbau, in dem die Futterküche war.

Darin hatte seine Mutter gewohnt mit deren Mutter, seiner anderen Großmutter, als er Berlin verlassen hatte, kurz vor Neujahr.

Er drückte auf den Klingelknopf.

Nichts geschah.

Da warf er seinen Sack über den Zaun, kletterte selbst darüber und ging hin zu der Seitentür der Garage.

„Wer ist da?“ hörte er die Stimme seiner Großmutter. Gleichzeitig wurde die Tür von innen abgeschlossen.

„Nun mach schon auf, Oma, ich bin es, Fredy!“

Vorsichtig schob sich die Gardine von dem kleinen, einflügligen Fenster neben der Tür, und ein altes Gesicht erschien.

„Tatsächlich, es ist Fredy“, hörte er es rufen. Die Tür ging auf.

Beide lagen sich in den Armen.

„Wo ist Mutter?“

„Ich weiß es nicht. Sie ist schon im Februar weg nach Hohenbucko runter. Seitdem habe ich nichts mehr von ihr gehört.“

In Hohenbucko wohnte Mutters Verwandtschaft. Ihr Vater war vor dem Krieg, dem Krieg vierzehn-achtzehn, als Lehrer nach Berlin gekommen. Und nach Hohenbucko hatten seine Eltern auch Fredys jüngeren Bruder ausquartiert, seit es die Luftangriffe auf Berlin gab.

Da war sie also hin.

Genau eine Woche später kamen auch Artur und Lene Lenk, Martha und Lenks Schwester Ursel mit der kleinen Charlotte. Beide Karren hatten den langen Weg über gehalten. Der alte Handwagen hatte vier neue Räder.

Sie waren tatsächlich über Frankfurt gekommen, wo sie zwei Tage warten mußten, und durften nur ein paar Tage in Berlin bleiben. Sie mußten sich in einem provisorischen Lager in einer Turnhalle melden und wurden mit der Bahn auf offenen Waggons von Berlin weggebracht nach Gransee.

Fredy aber kaufte sich als erstes eine neue Brille mit Gläsern, mit denen er wieder richtig sehen konnte. Er bezahlte mit einem Schein aus Breitenstein

Drei Wochen später ging er wieder in die Schule.

Er traf dort weniger als die Hälfte seiner früheren Klassenkameraden an. Fünf waren als Flakhelfer gefallen, als ihr 8,8cm-Geschütz einen Volltreffer bekam. Einer ist mit seiner Mutter und den beiden Schwestern bei einem Luftangriff kurz vor dem Ende umgekommen. Von den übrigen fehlenden Mitschülern wußte man überhaupt nichts.

Joachim von Strahl, Sohn eines Generalmajors, mußte neu schreiben lernen, mit der linken Hand. Der rechte Arm war ihm zerschossen worden, als er seinen vierten Panzer abschießen wollte, und hing nun leblos an seiner Seite. Er hatte das EK 2, drei der silbernen Spangen für abgeschossene Panzer und das Verwundetenabzeichen. Er trug die Auszeichnungen in der Tasche und zeigte sie überall stolz herum.

Nachträge: Zwei Briefe und eine Begegnung

Der erste Brief:

„Remscheid, 15. Juli 1948

Lieber Herr Vogt,

Sie hatten Ihren Brief an Helmut, meinen Sohn, geschrieben. Aber ich mußte ihn aufmachen; denn von Helmut haben ich nichts mehr gehört, seit ich damals von Godtschen weggefahren bin mit meinen beiden Töchtern.

Erst aus Ihrem Brief konnte ich erfahren, daß er den Russeneinmarsch und die ersten Monate überlebt hat.

Vielleicht können Sie mir Genaueres darüber mitteilen, wie Sie später voneinander getrennt wurden. Sie schreiben etwas davon, daß Helmut Schafe wegtreiben sollte.

Das alles verstehe ich nicht.

Wohin sollte er sie bringen?

Freundliche Grüße!

Gisela Wegemann

PS. Waren Sie nicht der junge Mann, der uns damals mit seinem Wagen zum Bahnhof gefahren hatte?"

Der zweite Brief:

„Goscen, am 26. Februar 1951

Liebe Frau Lenk!

Ich schreibe Ihnen diesmal etwas ganz Trauriges: Felix ist tot. Vorige Woche haben wir ihn beerdigt. Er war im Wald Holz fällen. Und da hat sich ein Stamm gedreht. Der hat ihm das Rückgrat gebrochen. Erst hat er noch gelebt. Er hatte furchtbare Schmerzen. Dann ist er gestorben.

Wäre nicht Frederic hier, Felix jüngerer Bruder, der voriges Jahr die Lisa geheiratet hat, dann könnte ich bei meinen drei Kindern mit dem Hof gar nicht fertig werden.

Lisa hat einen kleinen Sohn bekommen. Er heißt Alex.

Nächstes Jahr wollen wir das Haus putzen und streichen. Felix wollte es noch machen. Ihm gefiel das schwarze Fachwerk nicht mehr.

Es grüßt Sie

Ihre Maria Karbonewski"

Die Begegnung:

Es geschah im Herbst neunundachtzig in dem Dienstzimmer eines Schulleiters in einer westfälischen Stadt.

Eine ältere Frau kam herein, mehr von der Last vergangener schwerer Jahre gebeugt als von ihrem Alter, ein wenig korpulent, altmodisch, aber sauber bekleidet mit einem weiten grauen Kleid, darüber eine Strickjacke. Gefolgt von einer jüngeren Frau, zurückhaltend, fast schüchtern, und drei Kindern, einem Mädchen, herausgeputzt mit strahlend weißer Bluse und einem dunkelblauen, knielangen Rock, einem Jungen, auch der in bestem Sonntagsstaat, beide vielleicht zehn, elf Jahre alt, und einem Jungen, der schon altväterlich wie ein Erwachsener gekleidet war.

Die beiden Frauen setzten sich nach Aufforderung durch den Schulleiter, die Kinder wollten stehenbleiben.

„Ich bin doch richtig hier? Ich möchte nämlich die Kinder bei Ihnen anmelden."

„Ihre Enkel?"

„Ja, die beiden Kleinen. Der große Junge ist mein Bruderssohn. Sein Vater Jürgen ist tot. Ein Unfall."

Sie waren Spätausgesiedelte und kamen aus Kaliska, Polen.

„Kaliska ist ein Dorf. Das liegt in der Nähe von Wagrowiec", sagte die ältere Frau.

Sie hatte schon früh die Mutterstelle für ihre Brüder Jürgen und Artur übernehmen müssen. Kurz nach dessen Geburt war die Mutter gestorben, sagte sie.

Sie wäre damals selbst erst zwölf Jahre alt gewesen.

Der Vater, sagte sie, wäre aus dem Krieg nicht wieder zurückgekommen.

„Mein Mann, der Sevtczik, ist auch schon lange tot. Aber der jüngere Bruder und der Tochtermann sind mit uns aus Polen gekommen", sagte sie, „sie gehen auch zur Schule. Sie müssen noch deutsch lernen."

Der Registrierschein, die Zeugnisse der Kinder mit beachtlich guten Noten; alles sprach für die Aufnahme.

Die Frau erzählte viel von sich und ihrer Familie, ungewöhnlich viel, während sonst die Spätaussiedler eher zurückhaltend, verschwiegen sind, so als schämten sie sich ihres Schicksals.

„Wissen Herr, Herr Schuldirektor . . .“

„Nennen Sie mich bitte bei meinem Namen: Vogt.“

„Nein, das gehört sich nicht. Also, die Kinder können kein deutsch. Wir durften ja kein deutsch sprechen. Tochter Lene versteht noch ein bißchen, aber sprechen kann sie auch nicht deutsch.“

Sie sprach hart, wie die meisten Spätaussiedler. Und es war auch nichts Ungewöhnliches, wenn nur noch die Großeltern das Deutsche beherrschten.

Die Kinder konnten aufgenommen werden. Für ein Jahr auf Probe. Dann mußten sie deutsch können. Sie würden am zusätzlichen Unterricht teilnehmen müssen, an vier Nachmittagen, in einer kleinen Gruppe.

Routineauskünfte, wie sie jetzt häufig waren, seitdem sich der Ostblock langsam auflöste.

„Und was kostet das? Wir haben nämlich nicht so viel deutsches Geld.“

„Das ist für Sie kostenlos. Das bezahlt der Bund, ich meine, der Staat.“

Vogt nahm den Hörer und wählte die Nummer der Schulsekretärin: „Frau Welter, machen Sie bitte die Anmeldungen fertig und bringen Sie mir dann die Unterlagen herein.“

Und zu der alten Frau: „Unsere Sekretärin wird alles erledigen. Die Kinder können sich morgen bei mir melden. Ich bringe sie in ihre Klassen.“

Und als er die ängstlichen Gesichter besonders der beiden jüngeren Kinder sah: „Wir haben noch mehr solcher Kinder wie Ihr. Mit denen könnt Ihr euch auch unterhalten. Auf polnisch. Ihr werdet sehen, es gefällt euch hier bei uns bestimmt ganz gut.“

Die Großmutter übersetzte alles.

Der Schulleiter legte seine Hand lose auf die Schulter des kleineren Jungen, eine Geste, um sie zum Gehen zu animieren.

„Nun sagt dem Herrn Schuldirektor schön Guten Tag. Und zu ihm: Das können sie nämlich schon.“

„Ich bin der Herr Vogt.“ Und zu dem älteren Jungen: „Und ich heiße wie Du, Alfred: natürlich nicht Alfred Schmidtgen, sondern Alfred Vogt. Ist das nicht ein Zufall?“

Die Kinder waren viel zu aufgeregt und brachten natürlich kein Wort heraus, weder ein polnisches noch ein deutsches.

Später sah sich der Schulleiter die Papiere an.

Die Großmutter war Lieselotte Sevtczik, geborene Schmidtgen. Die junge Frau hieß Lene Wronsky, geborene Sevtczik. Deren Tochter, also die Enkelin der alten Frau, war Lieselotte Wronsky, offensichtlich nach der Großmutter benannt, und der Enkel hieß Andreas.

Der Neffe der alten Frau hieß Alfred Schmidtgen, das hatte Vogt schon registriert, als er die Zeugnisse ansah. Dessen verstorbener Vater war Jürgen Schmidtgen. Und das war der Bruder der alten Frau.

Lieselotte Sevtczik, geb. Schmidtgen, geboren am 17.09.34, so stand es auf dem Registrierschein. Der jüngere Bruder, der Anfang 1946 geboren war, hieß Artur.

Alfred Vogt, der Schulleiter, saß lange still da und studierte die Anmeldeunterlagen viel länger, als es bei einem solchen Routinevorgang üblich war, so, als könne er den wenigen amtlichen Daten noch mehr von dem Schicksal der Familie Schmidtgen entlocken.

Die alte Frau hatte ihn bestimmt nicht wiedererkannt.

Wie sollte sie auch?

Und auch er hätte ohne diese Papiere in ihr niemals die Liesel vermutet, jenes liebenswerte kleine Mädchen, das ihm seit damals nie ganz aus dem Sinn gekommen war, seit sie ihm am Ortsausgang von Godtschen in Höhe von Kletschens Mühle noch einmal zugewinkt hatte, als sie nach - er sah in die vor ihm liegenden Papiere - Kaliska bei Wagrowiec zurückfuhren.

Die Ortsnamen kamen ihm fremd vor. Bestimmt hießen die früher anders. Aber er konnte sich auch an die alten Namen nicht mehr erinnern.

Namensliste

Firmian von Salzburg, Erzbischof
Sebastian Zillner von Zillerberg, sein Kanzler

Graf Franz Balthasar von Brenckenhoff,
Geheimer Finanzrat und Oberster königlicher Kommissar unter Friedrich II.
Friedrich von Bissow, Leutnant
Moritz Wiezorke, Grenadier und Schmied

Balthasar Vogler, gen. Vogt, Treckführer der Siedler
Katharina, seine Frau
Ferdinand Vogt, gen. Ferdy, beider Sohn, Dorfschulze
Johannes Vogt, Ferdinands Sohn
August Vogt, Johannes Sohn, Dorfschulze
Julius Vogt, Augusts Sohn, Bürgermeister
Richard Vogt, Bügermeister
Selma Vogt, geb. Wagner, seine Frau
Herbert Vogt, beider Sohn
Elfriede Vogt, Herberts Frau
Charlotte Vogt, beider Tochter

Franz-Joseph Specht, Siedler und Zimermann
Ernst Milling, Siedler
Leopold Adler, Siedler
Ruprecht Schubert, Siedler
Ernst Seitel, Siedler
Dietrich Strauch, Siedler

Hermann Vogt, Bruder von Richard, Schneidermeister
Martha Vogt, geb. Strauch, seine Frau
Erich Vogt, beider Sohn, Holzhändler
Helene Lenk, geb. Vogt, beider Tocher
Konrad Vogt, beider Sohn, Fleischergeselle
Oskar Vogt, beider Sohn, Schneidermeister
Alfred Vogt, gen. Fredy, Sohn von Erich

Jakob Strauch, Vater von Martha Vogt, Flößer,
Else Strauch, seine Frau
Ernst Strauch, beider Sohn

v. Falkenberg, Gutsbesitzer und Sägewerker

Adelbert Freiherr von der Lenk, Bauer
Wilhelm Lenk, Bauer, Urenkel von Adelbert
Anna Lenk, Wilhelms Frau
Artur Lenk, beider Sohn, Viehhändler, verh. mit Helene, geb. Vogt
Paul Lenk, beider Sohn, Bauer
Max Lenk, beider Sohn
Erna Lenk, Frau von Max
Ursel, geb. Lenk, beider Tochter
Charlotte, Ursels Tochter

Leopold Petsch, Bauer und Rohstoffhändler
Selma Petsch, seine Frau
Bernhard Petsch, beider Sohn
Erwin Petsch, beider Sohn
Lotte Petsch, beider Tochter
Lilly Vogt, geb. Petsch, beider Tochter, verh. mit Oskar Vogt

Wilhelm Virus, Gutsbesitzer und Major a.D.

Herbert Blumenhöf, Bürgermeister, Ortsbauernführer, Ortsgruppenleiter
Schultze, Gendarm
Benjamin Eisermann, ambulanter Händler

Dr. Hollander, Tierarzt

Elfriede Meiser, Bäuerin
Herbert Meiser, ihr Sohn
Trude Meiser, ihre Tochter

Max Kordian, Bauer
Selma Kordian, seine Frau
Herta Kordian, beider Tochter

Hannelore Wartner, geb. Seitel, Bäuerin
Ilse Wartner, ihre Tochter
Inge Wartner, ihre Tochter
Giselas Wartner, ihre Tochter
Hermann Adler, Bauer

Walter Milling, Bauer
Herta Milling, seine Tochter
Hermann Warnemann, Bauer
Schubert, Bauer
Wiezorke, Schmied
Wilhelm Specht, Zimmermann
Kletsch, Sägewerker und Müller
Wernicke, Gastwirt
August Wernicke, Onkel des Gastwirtes, Kleinbauer
Luise Wernicke, sein Frau
Fritz Helmke, Kleinbauer
Marzan, Dorfdiener
Erna Janetzki, Kauffrau
Karl-Heinz Janetzki, ihr Sohn
Witzorke, Kleinbauer und Briefträger
Hans-Jürgen Witzorke, sein Sohn
Hermine Jablonski, Kleinbäuerin
Gustav, Fährmann
Benkendorf, Landarbeiter
Horst Benkendorf, sein Sohn
Heinz Benkendorf, sein Sohn
Warnke, Bauer aus Trebitsch
Gisela Wegemann, Evakuierte aus Remscheid
Helmut Wegemann, ihr Sohn
Pastors Lisa, Landjahrmaid
Luise Henninghaus, Evakuierte aus dem Ruhrgebiet

Felix Karbonewski, polnischer Fremdarbeiter
Maria, seine Braut
Wladi, ponischer Fremdarbeiter
Nikolai, polnischer Fremdarbeiter
Wanja, ponischer Fremdarbeiter
Alex, polnischer Fremdarbeiter
Lukasz, polnischer Fremdarbeiter

Oma Schmidtgen, Bäuerin aus Kalischka bei Wongrowitz
Gerhard Schmidtgen, ihr Sohn
Hermine Schmidtgen, ihre Schwiegertochter
Jürgen Schmidtgen, beider Sohn
Lieselotte Schmidtgen, gen. Liesel, beider Tochter
Artur Schmidtgen, Hermines Sohn
Sevtczik, Liesels Mann

Lene Wronsky, geb. Sevtczik, beider Tochter
Alfred Schmidtgen, Jürgens Sohn
Lieselotte Wronsky, Lenes Tochter
Andreas Wronsky, Lenes Sohn

Monika Schröder
Mark Schröder, ihr Sohn

August Wrobel, Schäfermeister
der Dolmetscher mit der roten Armbinde

Elfriede und Charlotte, Pferdetreiberinnen
Katharina und Annemarie, Viehtreiberinnen

Werner Wegener, HJ-Junge
Robert Hersfeld, HJ-Gefolgschaftsführer
Michael Meyer, HJ-Scharführer

Wagner, Gefreiter
Brünger, Unteroffizier
Alexander Henning, Obergefreiter
Niehoff, Soldat

Marschall Schukow, Oberbefehlshaber der Weißrussischen Front
Walerij Smirnow, Major der Roten Armee
Andrej Owetschkin, Unterleutnant der Roten Armee
Swetlana Owetschkina, seine ältere Schwester
Oksana Owetschkina, seine jüngere Schwester
Samoilow, Major der Roten Armee
Andrej Owetschkin, Unterleutnant der Roten Armee
Sergej Brokowicz, Unterleutnant der Roten Armee
Jewgenij Kolesnik, Soldat der Roten Armee
Anatolij, Soldat der Roten Armee
ein Oberleutnant der Roten Armee
Ewgenij, Soldat der Roten Armee
Oleg, Soldat der Roten Armee
Ilja, Soldat der Roten Armee
Sergej, Soldat der Roten Armee